Rubín Solórzano

DEL CAOS AL ORDEN

LA PERSPECTIVA EN PERSPECTIVA

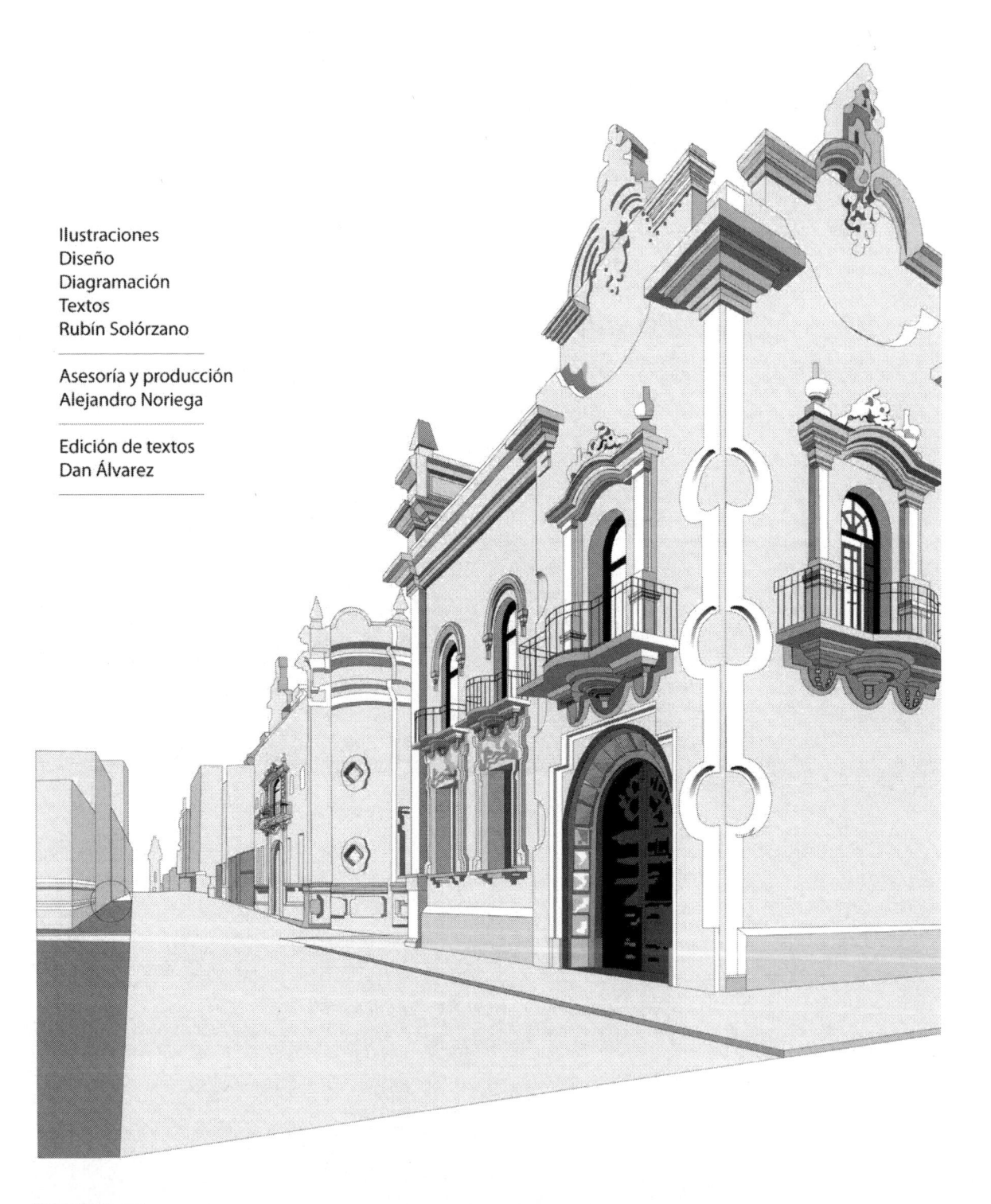

Ilustraciones
Diseño
Diagramación
Textos
Rubín Solórzano

Asesoría y producción
Alejandro Noriega

Edición de textos
Dan Álvarez

Rubín Solórzano
contempopintura@gmail.com   https://www.facebook.com/profile.php?id=100072153443418   www.instagram.com/rubinsolorzano/?hl=es-la

© 2021- 00075 DAC   Guatemala, Centroamérica

PROLOGO

Rubín Solórzano es uno de esos pocos artistas que durante su recorrido se han desarrollado exitosamente en diversas áreas. Además de ser un artista ampliamente reconocido, ha trabajado en el mundo de la ilustración y la publicidad. Inició su formación como alumno de grandes maestros en la Escuela Nacional de Artes Plásticas, en la que obtuvo una educación artística muy amplia, dentro de una tradición formativa que incluyó la escultura y el grabado, además del dibujo, la pintura y la expresión artística. Culminó su recorrido académico con la obtención del título de Licenciado especializado en Artes Visuales en la Universidad de San Carlos de Guatemala. No obstante haber recibido una sólida educación artística formal, siempre ha reconocido que la convivencia fuera de las aulas con sus maestros Dagoberto Vásquez, Guillermo Grajeda Mena y Zipacná de León, entre otros grandes artistas, fue especialmente importante en su formación.

El maestro Rubín Solórzano es un artista ampliamente reconocido. Ha tenido una gran cantidad de exposiciones personales, entre las que destacan "Homo Viator" en el Museo Nacional de Arte Moderno en 1998; "Un discurso ecléctico" en el Centro Cultural Metropolitano en el 2000; "Desnudarte", en la Escuela Nacional de Artes Plásticas" en el 2003; "Filatelia Contemporánea" en el Centro Cultural Casa del Águila en el 2006; "Línea Vector" en la Galería Cantón Exposición en el 2007; "Línea Vector Extensión" en el Vestíbulo del Banco G & T Continental en el 2009; "Línea Vector III" en la Galería Marco Augusto Quiroa, del Hotel Casa Santo Domingo, en el 2012; y "TRANS(DE)FORMACION" en la Galería Cerro del Tenedor en el 2013. A estas se agregan una gran cantidad de exposiciones colectivas. También incursionó profesionalmente en el mundo de la publicidad y la ilustración. Fue infografista del periódico *Prensa Libre*, el diario de mayor circulación en Guatemala.

No obstante su notable recorrido artístico, el maestro Solórzano se ha desarrollado también en el campo de la docencia artística. Entre varias áreas, se ha concentrado en la docencia del dibujo, la pintura y la expresión artística, tanto a nivel de la educación no formal, en la Escuela Municipal de Artes Visuales de la ciudad de Guatemala, en la que ha laborado desde su fundación, como en la educación media y superior, como profesor en la Escuela Nacional de Artes Plásticas y en varias universidades.

Es en la faceta de la docencia en la que se inscribe esta notable obra. En ella, el autor demuestra su rigor profesional en el abordaje de la perspectiva como uno de los temas clásicos del dibujo. Inmediatamente queda claro que la perspectiva se aplica a muchas áreas del dibujo artístico, así como a otras áreas como la ilustración, el diseño y el dibujo arquitectónico. Sin embargo, en la obra destacan dos atributos que saltan inmediatamente a la vista. El primero de ellos es la estructura de los contenidos del libro. El segundo es el desarrollo visual de la resolución de los problemas. En ambos se puede apreciar el cuidadoso tratamiento didáctico que el autor ha desarrollado.

En la estructura del libro se puede apreciar un tratamiento secuencial que va de lo simple a lo complejo. Inicia con los ejercicios primarios de la perspectiva lineal con un punto de fuga y termina con ejercicios extremadamente complejos con tres puntos de fuga. La dosificación y la secuencia de los ejercicios son muy didácticas y muy fáciles de comprender. Para las personas que ya conocen algo del tema, es muy fácil iniciar sus búsquedas en cualquier parte del texto.

En cuanto al desarrollo visual de los problemas clásicos de la perspectiva, es evidente el dominio absoluto del tema que tiene el maestro Solórzano. No recurre a grandes explicaciones teóricas, sino que desarrolla visualmente las soluciones. Esto hace que el libro sea altamente atractivo. La solución de los problemas es muy didáctica y muy fácil de comprender. A esto se agrega que, no obstante que se trata de imágenes del entorno propio del artista (su hogar, sus espacios laborales), tienen una alta calidad visual. Esto hace que el libro sea en sí mismo una obra visual de muy alta calidad.

El libro del maestro Rubín Solórzano es fundamental para la enseñanza del arte en todos los niveles. Puede ser utilizado como un libro de texto en contextos de educación formal, porque tiene una estructura didáctica y una secuencia lógica muy clara. Es una obra fundamental para artistas, ilustradores, publicistas, estudiantes de arquitectura y de diseño gráfico. También puede ser utilizado en la educación no formal. De tal forma que cualquier persona que se interese por aprender por sí misma puede utilizar y seguir la secuencia del libro hasta dominar todas las posibilidades de la perspectiva. No obstante su calidad didáctica, el libro también es una obra de referencia. Cualquier persona que se enfrente con un problema de perspectiva concreto, puede recurrir al libro para ver muy ágilmente como se puede solucionar. Finalmente es un libro que vale la pena tener porque es visualmente muy atractivo.

Con este texto, Rubín Solórzano muestra su vocación como maestro. Muestra su preocupación por desarrollar una obra que facilita la comprensión de la perspectiva a todo el que lo desee. Con esta obra nos muestra el aprecio que ha tenido siempre por sus estudiantes, con lo cual nos muestra también sus cualidades humanas.

Dr. Enrique Gordillo Castillo

Dirección General de Docencia

Universidad de San Carlos de Guatemala

ÍNDICE DE TEMAS

PRÓLOGO

INTRODUCCIÓN

1	FIGURAS GEOMÉTRICAS. USO DE REGLA T Y ESCUADRAS	1-2
2	ÁNGULOS Y GRADOS, PATRONES	3-4
3	VISTAS PRINCIPALES DE UN MODELO, PLANO CARTESIANO	5-6
4	CUBO CON CUADRÍCULA Y ESPACIOS IGUALES, VISTA ISOMÉTRICA	7-8
5	TRAZO DE LA ELIPSE, VISTA ISOMÉTRICA, CUBOS EN SERIE	9-10
6	VISTA ISOMÉTRICA CILINDRO Y CUBO, CUBOS ISOMÉTRICOS	11-12
7	VISTA ISOMÉTRICA, CUBOS Y SERIES	13
8	TRAZAR EL CÍRCULO SIN UTILIZAR COMPÁS	14
9	VISTA ISOMÉTRICA	15-16
10	VISTA ISOMÉTRICA EXTERIOR PALACIO	17-20
11	MAQUETA ISOMÉTRICO 30°	21
12	PERSPECTIVA PARALELA (UN PUNTO DE FUGA)	22-24
13	DIVISIÓN DE ESPACIOS IGUALES EN PERSPECTIVA	25-26
14	PERSPECTIVA PARALELA, UN PUNTO DE FUGA VISTA 360° GRADOS	27-28
15	PERSPECTIVA PARALELA, VISTA DE PÁJARO	29-31
16	PERSPECTIVA PARALELA, (O CÓNICA), UN PUNTO DE FUGA	32
17	PERSPECTIVA PARALELA, VISTA DE HORMIGA	33-34
18	CILINDRO, PERSPECTIVA PARALELA	35
19	ALGUNAS DEFINICIONES BÁSICAS	36
20	PERSPECTIVA PARALELA ESPACIOS IGUALES, COLUMNAS EN PERSPECTIVA	37-38
21	GRADAS EN PERSPECTIVA PARALELA	39-40
22	GRADAS EN PERSPECTIVA FRONTAL, DOS PUNTOS DE FUGA	41-42
23	PERSPECTIVA PARALELA, INTERIOR EDIFICIO	43-46
24	PERSPECTIVA PARALELA CON UN PUNTO DE FUGA, INTERIOR APARTAMENTO	47-52
25	PERSPECTIVA PARALELA, PANORÁMICA CIUDAD	54-59
26	PERSPECTIVA PARALELA CON UN PUNTO DE FUGA, INTERIOR EDIFICIO	62-67

27	PERSPECTIVA PARALELA CON UN PUNTO DE FUGA, FACHADAS	68-73
28	PERSPECTIVA PARALELA CON UN PUNTO DE FUGA, VISTA EXTERIOR	76-81
29	PERSPECTIVA OBLICUA (DOS PUNTOS DE FUGA)	82-85
30	TRAZO DE CUBOS EN PERSPECTIVA	86-87
31	PERSPECTIVA OBLICUA	88-89
32	EDIFICIO CON DOS PUNTOS DE FUGA	90-91
33	PERSPECTIVA OBLICUA, BOTE Y CAJA	92-93
34	PERSPECTIVA OBLICUA, DOBLE CUBO CON GRADAS	94-99
35	PERSPECTIVA OBLICUA, EXTERIOR EDIFICIO	100-105
36	PERSPECTIVA OBLICUA, GRADAS CON 3 PUNTOS DE FUGA	106-109
37	PERSPECTIVA OBLICUA CON 2 PUNTOS DE FUGA, EDIFICIO	110-113
38	PROYECCIÓN ORTOGRÁFICA DE UN RECTÁNGULO EN PERSPECTIVA OBLICUA	114-119
39	PERSPECTIVA OBLICUA, VISTA CIUDAD	120-129
40	GRADAS EN CARACOL	130-133
41	APLICACIÓN DE GRADAS EN CARACOL	135
42	PERSPECTIVA AÉREA, 3 PUNTOS DE FUGA	136-139
43	PERSPECTIVA AÉREA, BOTELLA Y CAJA	140-141
44	PERSPECTIVA AÉREA, INTERIOR COCINA	142-147
45	PERSPECTIVA AÉREA, 4 PUNTOS DE FUGA	148-149
46	PERSPECTIVA AÉREA	150-155
47	PERSPECTIVA AÉREA, TRES PUNTOS DE FUGA	158-161
48	PERSPECTIVA AÉREA, VISTA DE HORMIGA	162-167
49	ANEXO DE DETALLES AMPLIADOS	168-174

Deseo dedicar este esfuerzo a todos mis estudiantes y a todas aquellas personas que en el trayecto de vida me han brindado la oportunidad de aprender no solo sobre los temas relacionados al dibujo y el arte en general, también a quienes me han dado la oportunidad de transmitirles algunos conocimientos que creo les han proporcionado herramientas indispensables para su desarrollo profesional.

Opuesto al caos, está el orden. El cielo estrellado, caótico en apariencia, le ha ofrecido a la humanidad una vida entera de experiencias y conocimiento. Aún hoy seguimos descubriendo, desentrañando las muchas relaciones que se unen para describir el movimiento de todo aquello que nos rodea. Las relaciones que describen el titilar del firmamento, y la desaparición de las estrellas muy fugaces, a quienes les enviamos nuestros deseos. Junto a nosotros, y hace miles de años, los griegos sentaron las bases de la geometría y, con ello, dilucidaron la estructura básica de todo aquello que nos rodea.

Luego, los maestros del renacimiendo italiano encontraron las coordenadas adecuadas para trazar modelos tridimensionales sobre superficies bidimensionales: Filipo Bruneleschi inventó la perspectiva cónica (con 1 punto de fuga), también llamada paralela; León Alberti y otros desarrollaron la perspectiva oblicua (con 2 puntos de fuga). A partir de esto, vinieron otros modelos: la perspectiva aérea y las proyecciones ortogonales por dar ejemplos.

Los artistas gráficos del renacimiento aprovecharon este nuevo y útil método para desarrollar las magistrales obras pictóricas que aún hoy conocemos. Los arquitectos encontraron un nuevo modelo para el trazo y presentación de sus construcciones, aquello que surge en la mente y se plasma en el papel. Con el paso de los siglos, la perspectiva se consolidó como el método más preciso y efectivo para la solución de muchos problemas de proyección. Claro está que el debate sigue abierto, pues hay quienes consideran que la perspectiva analítica es demasiado rígida para cierto tipo de modelos, y remueve algo de la frescura e improvisación con la que ciertas obras rebozan. La decisión es, como siempre, una consecuencia de las necesidades y deberá ser tomada enteramente por el lector. En todo caso, esta es, en todo su esplendor, una rama más de la mota de conocimiento que hasta el día de hoy hemos descifrado. El futuro, omnipotente, dictará lo que proceda.

Este libro se propone ofrecer al lector un breve recorrido por la perspectiva, valiéndose casi enteramente de ejercicios y demostraciones para dar ejemplos prácticos y fácilmente aplicables al trabajo diario. Evitamos el uso de texto en exceso, que en casos como este puede llegar a confundir más de lo que logra aclarar. Por ello empezamos cada ejercicio con el modelo finalizado seguido de los pasos necesarios para llegar a ello procurando detallar siempre los pasos cruciales. De esta manera, el lector puede llevar su propio ritmo y decidir en qué secciones o pasos requiere apoyo.

El orden que hemos intentado darle a este recorrido inicia por la explicación de conceptos básicos que todos debemos conocer: el uso de escuadras y reglas "T", las propiedades de la circunferencia, la medición de ángulos, la división de espacios iguales, el plano cartesiano, entre otros temas que sirven de iniciación.

Para aquel lector sin conocimientos previos en el tema o para quien desee refrescar lo ya conocido, recomendamos seguir el orden aquí dispuesto, pues conforme el libro avanza, los ejercicios se vuelven más complejos y se apoyan cada vez más en contenido previo.

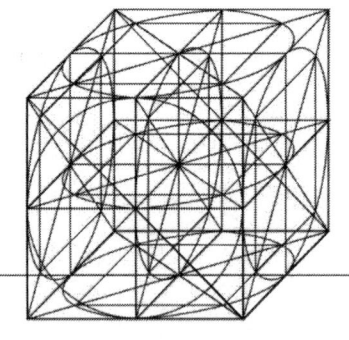

FIGURAS GEOMÉTRICAS BÁSICAS

Las figuras aquí descritas son la base de la mayor parte de modelos que encontramos en la naturaleza. Es importante comprender su estructura, pues esto nos permitirá avanzar hacia modelos cada vez más complejos.

PLANAS
- Círculo
- Triángulo
- Cuadrado

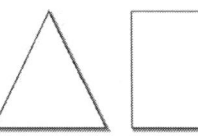

Por su simetría, estas figuras se denominan *perfectas*.

El cuadrado contiene al círculo y al triángulo

POLÍGONOS PLANOS

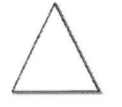

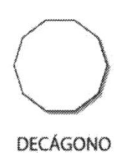

TRIÁNGULO   CUADRADO   PENTÁGONO   HEXÁGONO   HEPTÁGONO   OCTÁGONO   NONÁGONO   DECÁGONO

POLÍGONOS TRIDIMENSIONALES

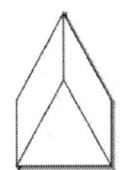

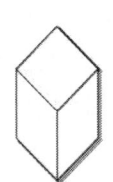

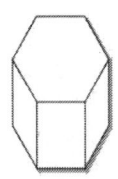

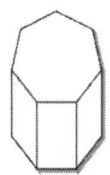

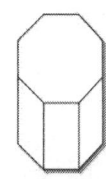

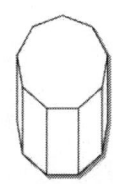

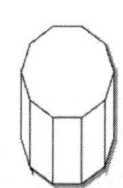

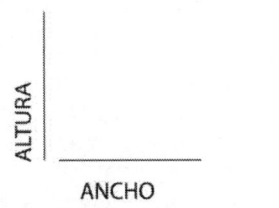

ALTURA
ANCHO
UNIDIMENSIÓN

BIDIMENSIÓN
Altura y ancho

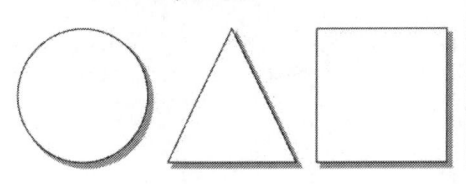

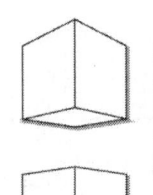

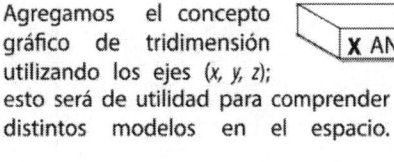

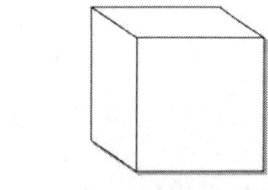

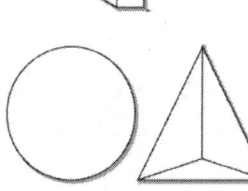

Agregamos el concepto gráfico de tridimensión utilizando los ejes (x, y, z); esto será de utilidad para comprender distintos modelos en el espacio.

PROFUNDIDAD
Y ALTURA
X ANCHO Z

TRIDIMENSIÓN
Altura, ancho y profundidad

1

USO DE LA REGLA "T" Y ESCUADRAS

Las herramientas son clave para lograr un trabajo satisfactorio. Debemos aprender a utilizarlas correctamente.

Su uso correcto no requiere destreza excepcional, y trae consigo la ventaja de brindar exactitud y limpieza al trabajo que realizamos.

TABLERO

REGLA "T"

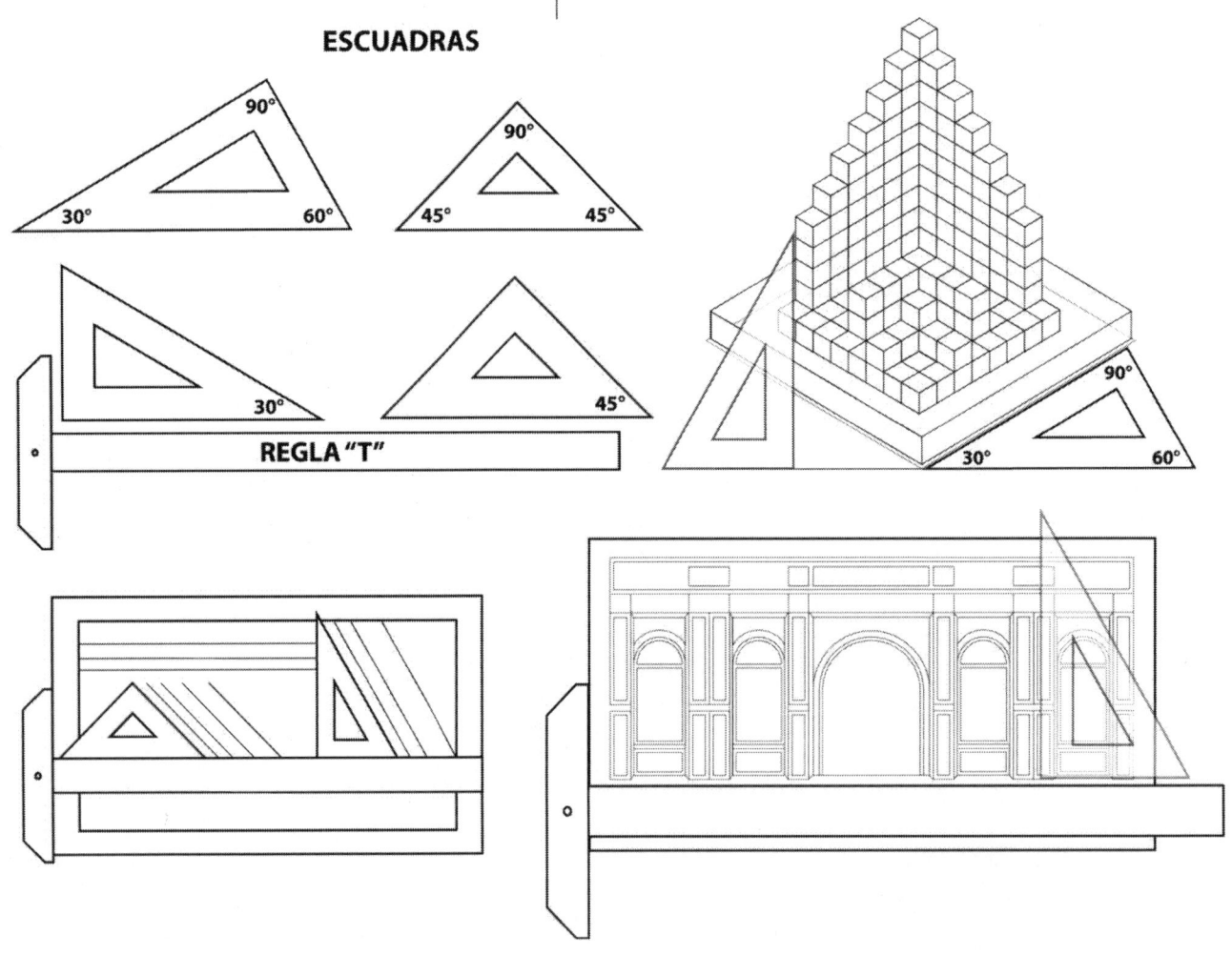

ESCUADRAS

REGLA "T"

CÓMO USAR LA REGLA "T" Y LAS ESCUADRAS:

Primero, debemos colocar nuestra regla "T" en cualquiera de los bordes (verticales u horizontales) del tablero. Luego, manteniendo esta posición, colocamos la escuadra sobre la extensión larga de la regla. Para trazar una variedad de líneas diagonales, horizontales y verticales (según nuestra necesidad), podemos deslizar la escuadra a lo largo de la regla, o cambiar la posición de la regla a lo largo o ancho del tablero.

ÁNGULOS Y GRADOS

El espacio en el círculo se mide y expresa en grados. En esta hoja de trabajo mostraremos varias maneras de encontrar la medida de un ángulo dentro de un círculo utilizando las escuadras de 30° y 45°, según nuestras necesidades.

La circunferencia tiene 360° grados.

RADIO: Abarca la mitad del ancho del círculo.

DIÁMETRO: Abarca todo el ancho del círculo.

Con escuadra de 45° 45° 90°

Cómo trazar los grados usando como base la circunferencia:

Con escuadra de 30° 60° 90°

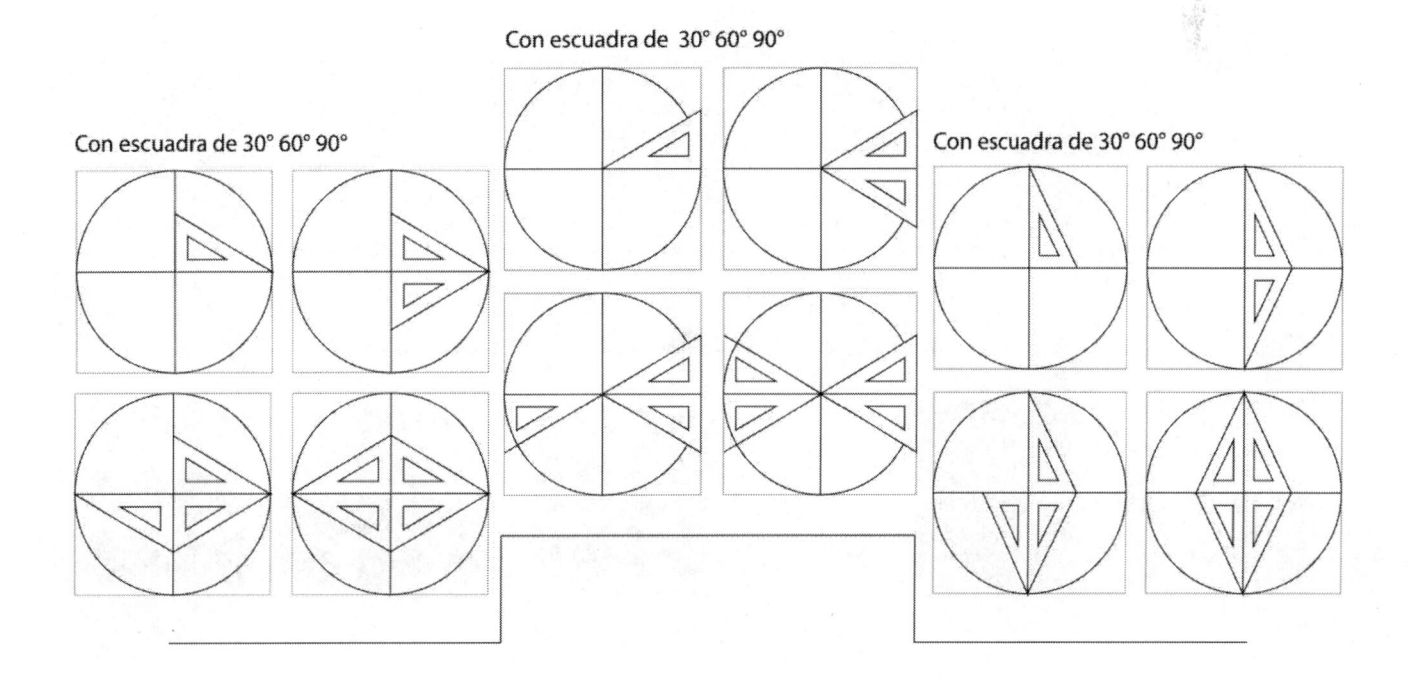

Con escuadra de 30° 60° 90°

Con escuadra de 30° 60° 90°

3

PATRONES

Los patrones son vitales en el relleno de algunos espacios, como tapicería de muebles, paredes, tapices de decoración, entre otros. Como tal, sus formas son diversas, pero todos repiten un motivo, estos pueden ser: cuadrados, círculos, rombos, hexágonos, semicírculos o una combinación de estos. A pesar de que la cantidad de combinaciones para formar un patrón es prácticamente infinita, aquí reproducimos algunos con el fin de ejemplificar.

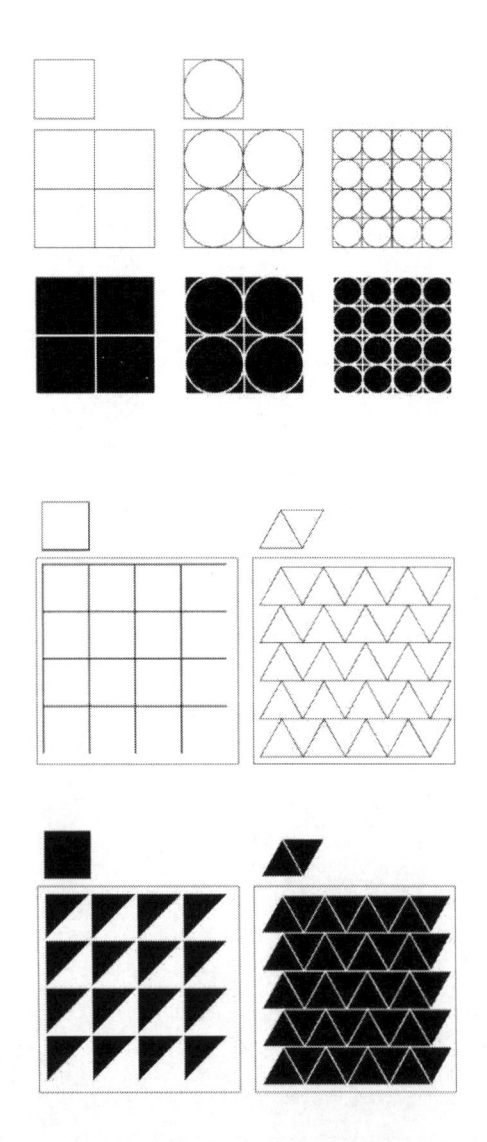

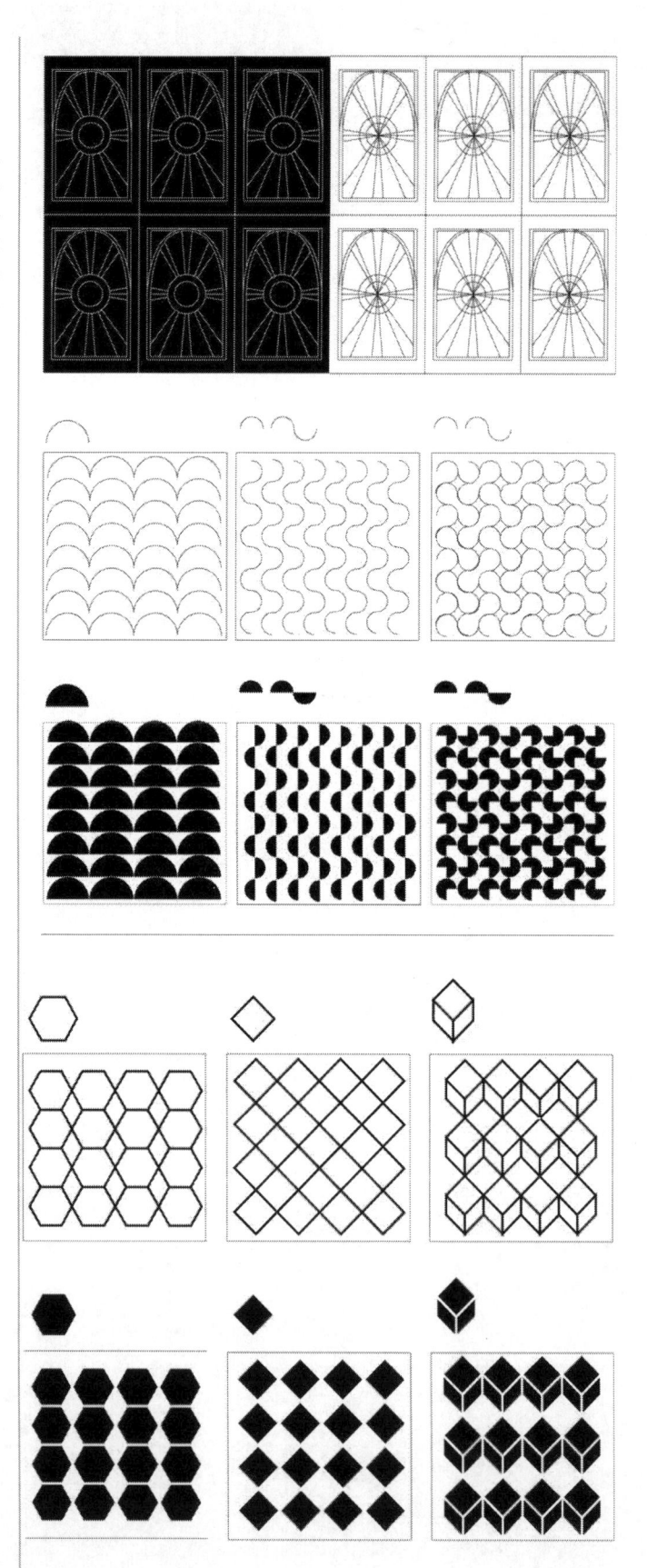

VISTAS PRINCIPALES DE UN MODELO

Existen diversas maneras de representar una figura al momento de dibujarla. A estas se les llama *vistas*, y cada una nos permitirá apreciar distintas caras o detalles de la figura.

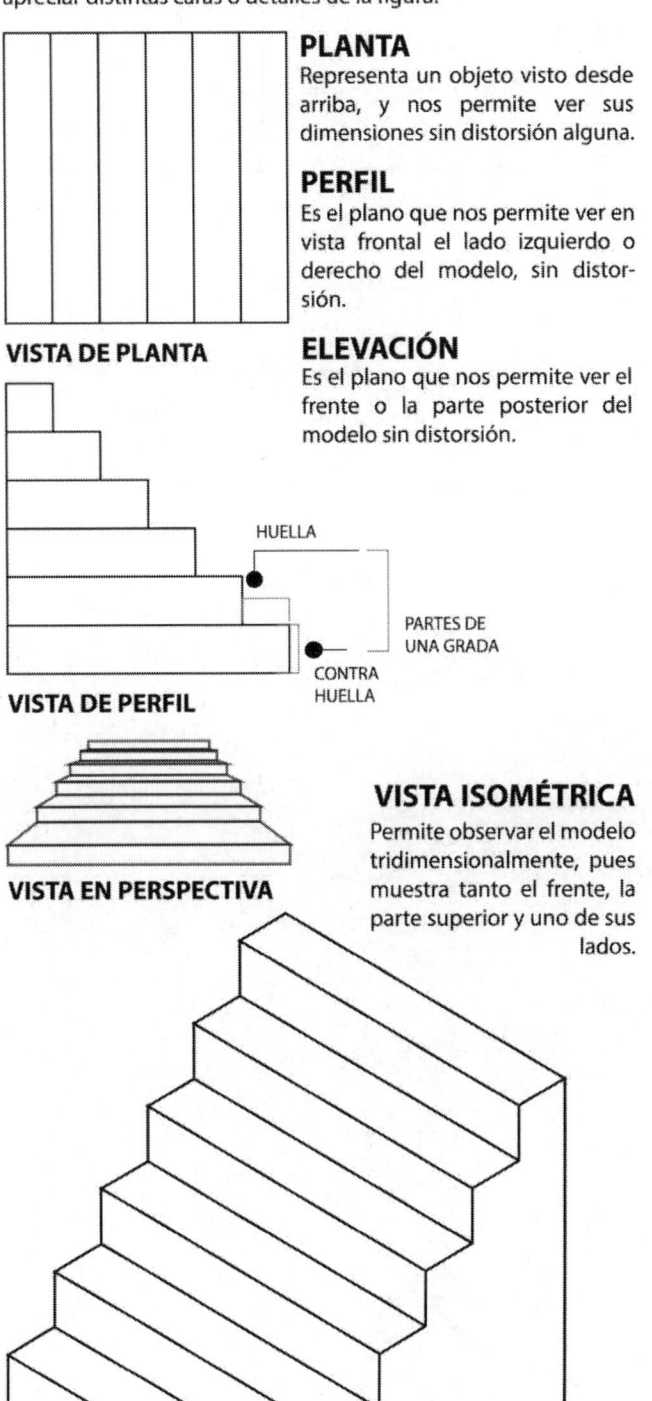

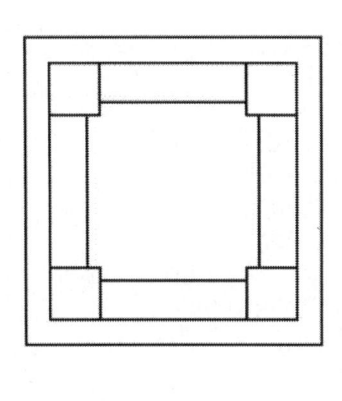

PLANTA
Representa un objeto visto desde arriba, y nos permite ver sus dimensiones sin distorsión alguna.

VISTA DE PLANTA

PERFIL
Es el plano que nos permite ver en vista frontal el lado izquierdo o derecho del modelo, sin distorsión.

ELEVACIÓN
Es el plano que nos permite ver el frente o la parte posterior del modelo sin distorsión.

HUELLA
CONTRA HUELLA
PARTES DE UNA GRADA

VISTA DE PERFIL

VISTA EN PERSPECTIVA

VISTA ISOMÉTRICA
Permite observar el modelo tridimensionalmente, pues muestra tanto el frente, la parte superior y uno de sus lados.

VISTA ISOMÉTRICA

PLANTA

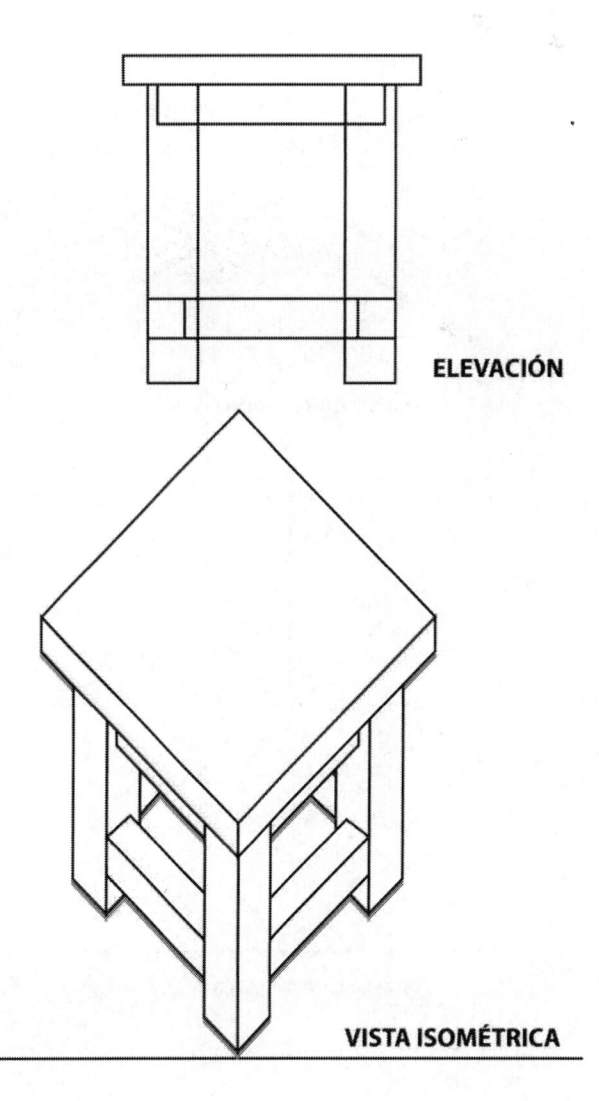

ELEVACIÓN

VISTA ISOMÉTRICA

PLANO CARTESIANO

El término isométrico contiene raíces griegas y significa "de igual medida" o "de dimensiones iguales". En este tipo de modelos, la escala de medición en los tres ejes principales (x,y,z) es igual.

Este método constituye una representación en dos dimensiones de un objeto que inherentemente tiene tres. Los tres ejes ortogonales del objeto, al proyectarse, forman ángulos de 120°

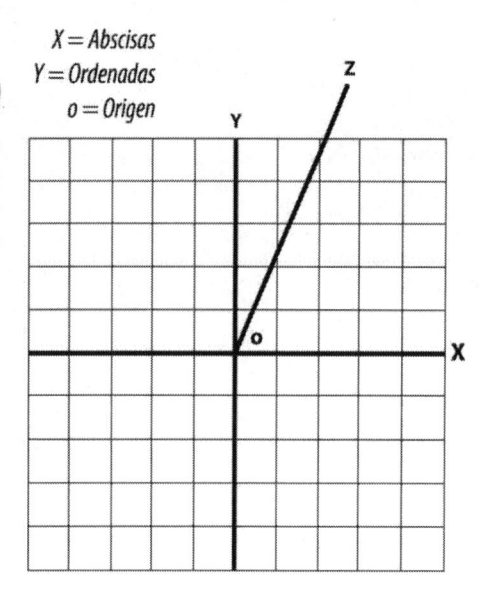

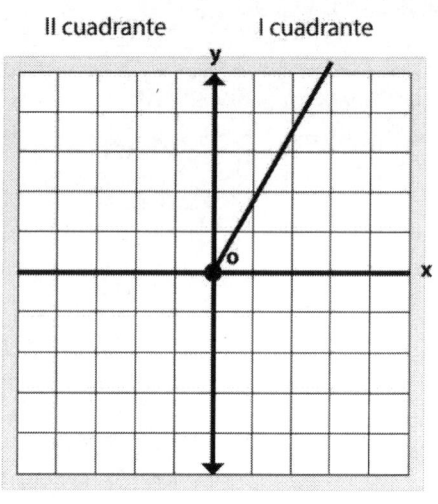

X = Abscisas
Y = Ordenadas
o = Origen

II cuadrante I cuadrante

III cuadrante IV cuadrante

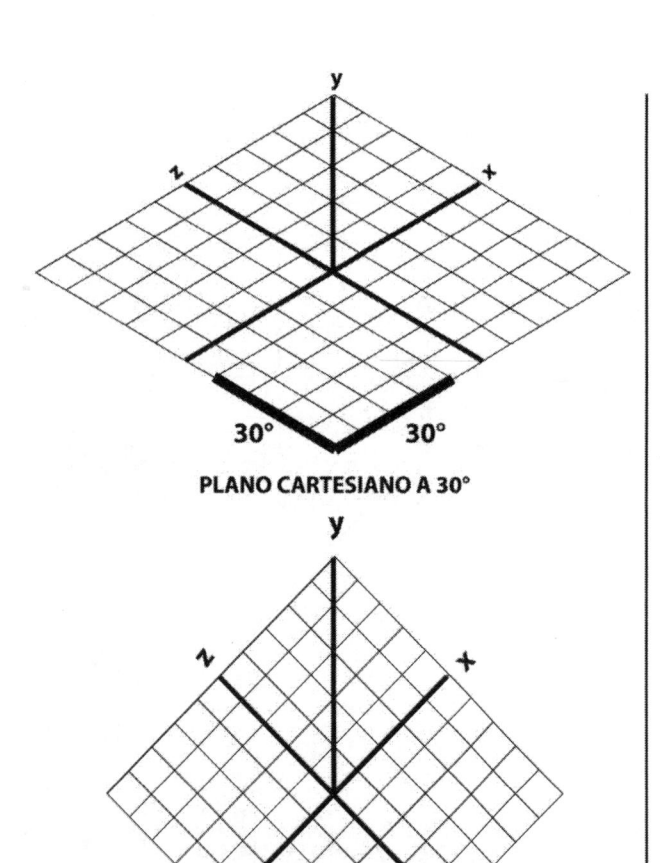

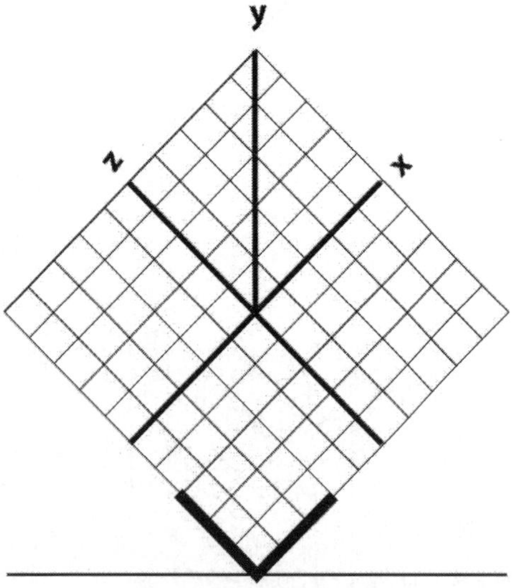

PLANO CARTESIANO A 30°

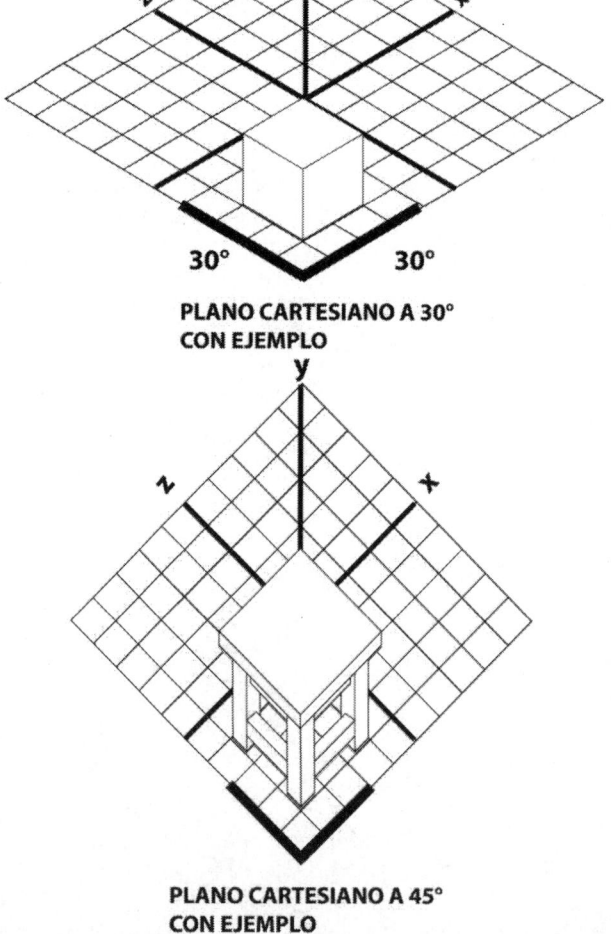

PLANO CARTESIANO A 30° CON EJEMPLO

PLANO CARTESIANO A 45°

PLANO CARTESIANO A 45° CON EJEMPLO

CUBO CON CUADRÍCULA Y ESPACIOS IGUALES

Como sabemos, el cubo tiene seis caras o planos. En este ejercicio, trazamos una cuadrícula en cada uno de ellos, utilizando el método de espacios iguales. Este modelo tiene muchas aplicaciones, entre ellas trazar gradas a 30°.

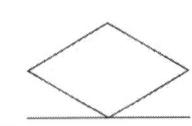

① Trazar un rombo a 30°.
② Un segundo rombo arriba.
③ Trazar el plano izquierdo.
④ Trazar el plano derecho.
⑤ Trazar espacios verticales iguales.
⑥ Trazar cuadrícula en la planta.
⑦ Trazar guía de espacios iguales horizontales.
⑧ Trazar cuadrícula en lado izquierdo.
⑨ Trazar líneas horizontales al lado derecho.
⑩ Trazar cuadrícula en cara superior.
⑪ Trazar cuadrícula en lados izq. y der. frontales.
⑫ Trazar líneas en cruz en la base.

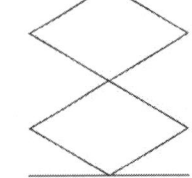

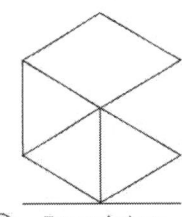

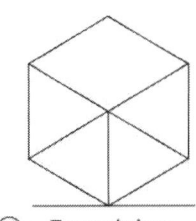

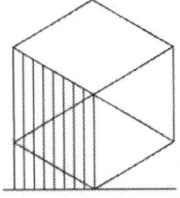

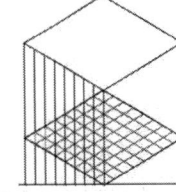

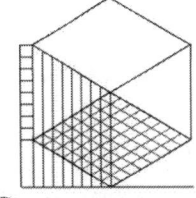

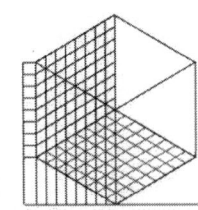

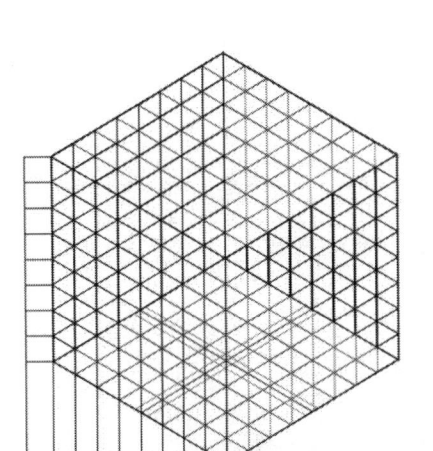

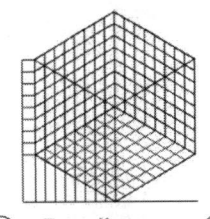

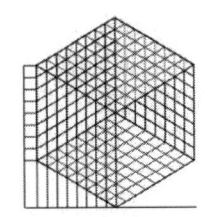

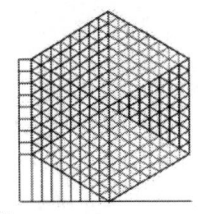

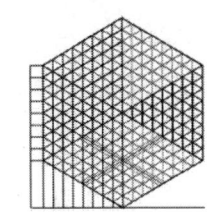

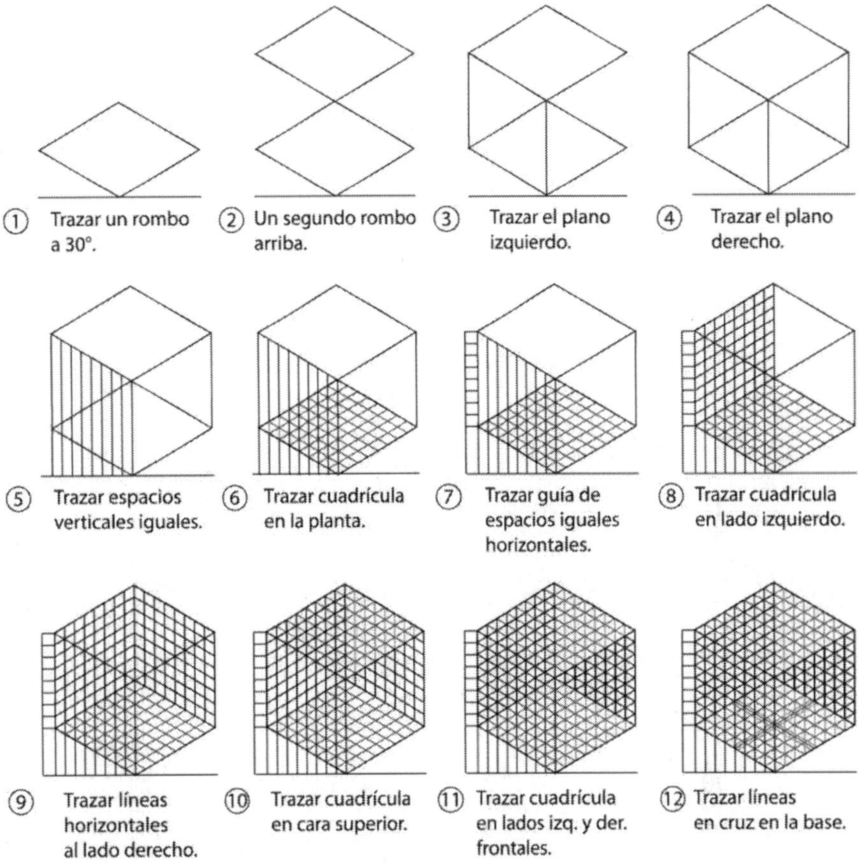

Cómo ubicar un modelo en el plano cartesiano a 30°, utilizando el método de espacios iguales.

7

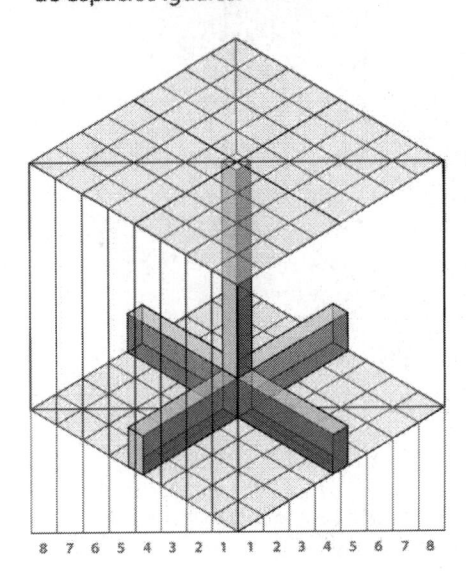

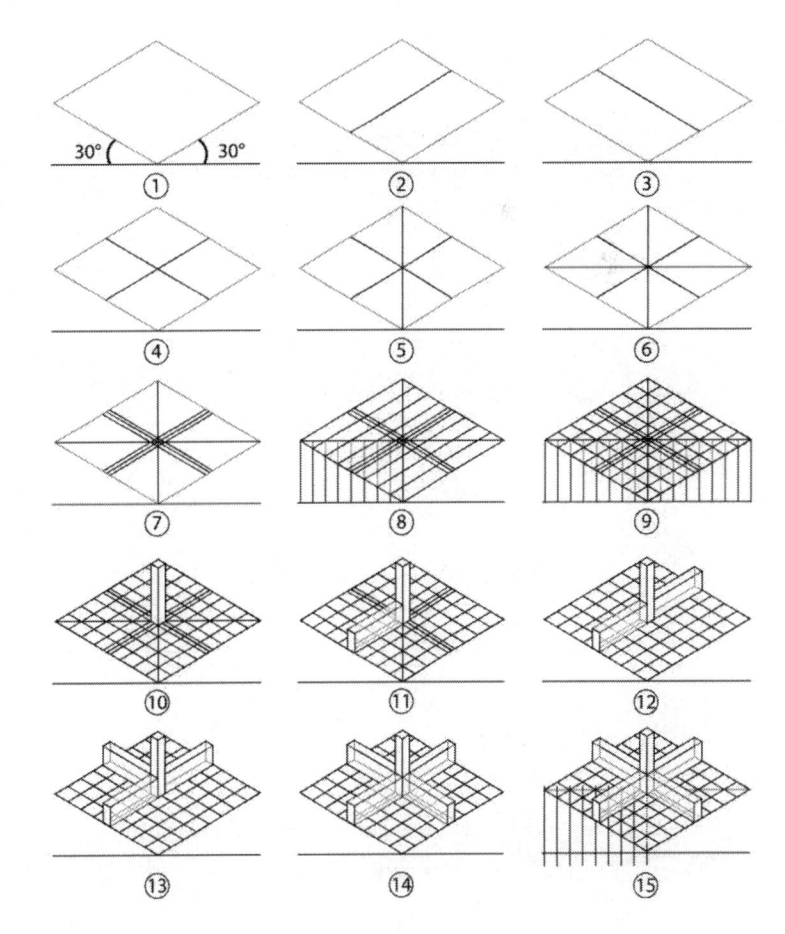

VISTA ISOMÉTRICA

Este modelo cilíndrico ortogonal está representado en vista axonométrica isométrica, lo que significa que sus ejes (líneas) principales (x, y, z) forman ángulos de 120° entre sí. En él, todas las partes están alineadas a un centro.

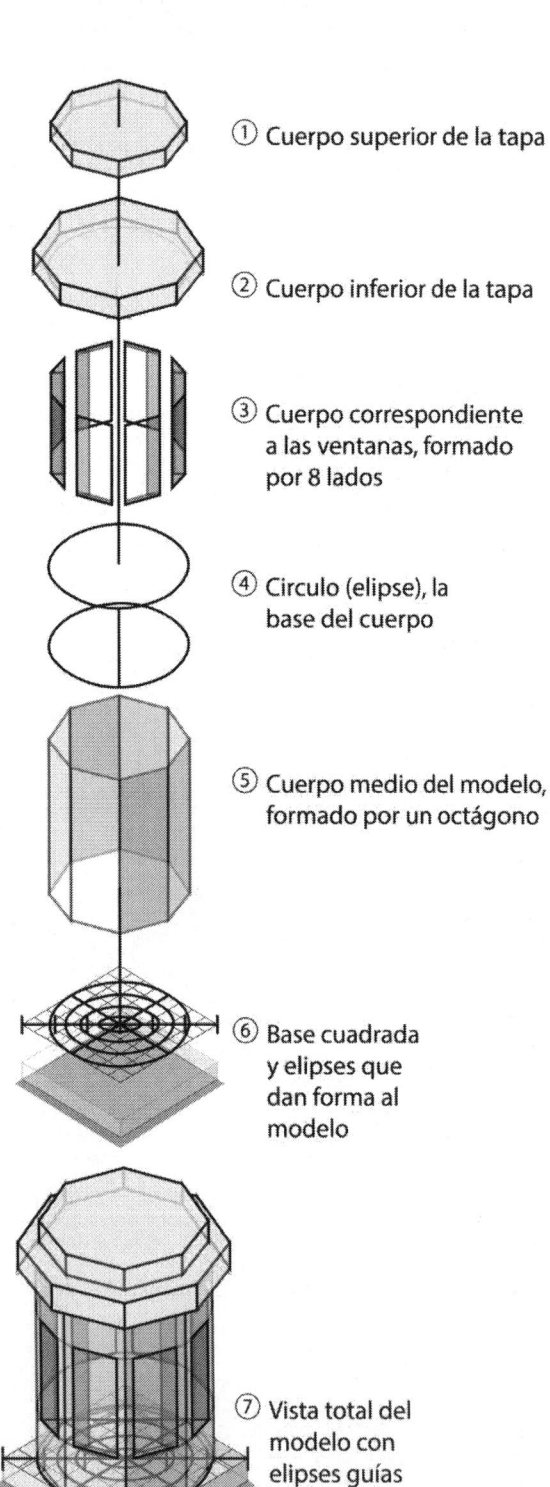

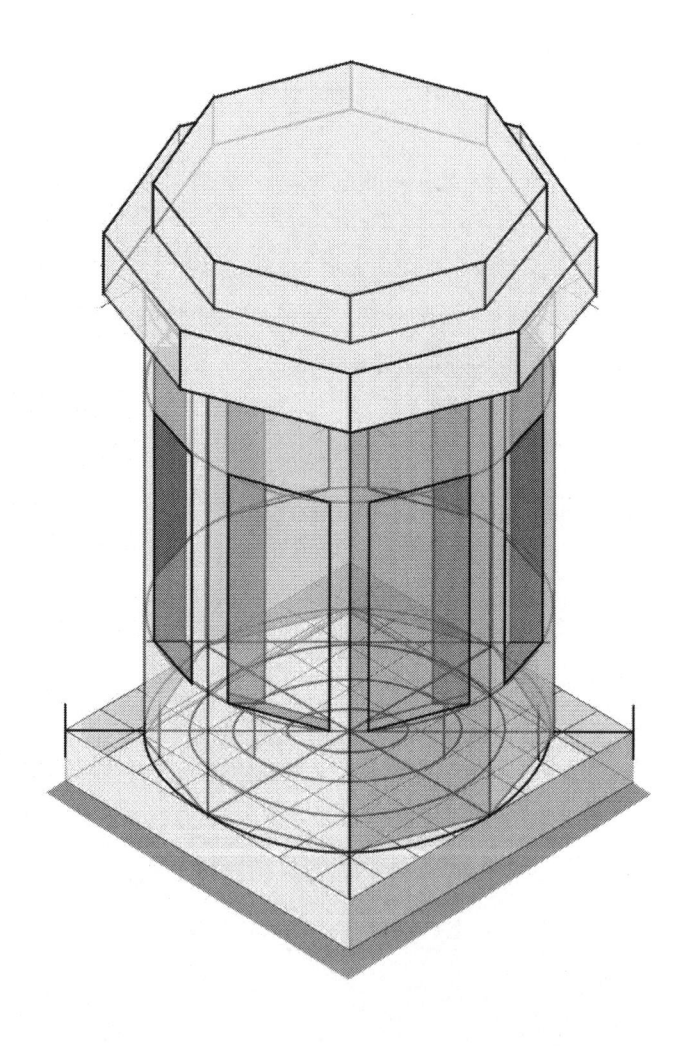

① Cuerpo superior de la tapa

② Cuerpo inferior de la tapa

③ Cuerpo correspondiente a las ventanas, formado por 8 lados

④ Círculo (elipse), la base del cuerpo

⑤ Cuerpo medio del modelo, formado por un octágono

⑥ Base cuadrada y elipses que dan forma al modelo

⑦ Vista total del modelo con elipses guías

Modelo similiar a la linterna de una cúpula

Podemos **trazar una elipse** sin compás, por medio de otros trazos sencillos. Se muestran a continuación.

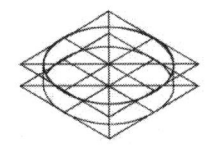

① Establecer la profundidad.

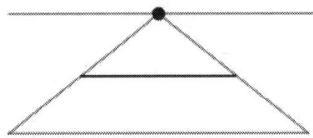

② Trazar una línea vertical y una diagonal.

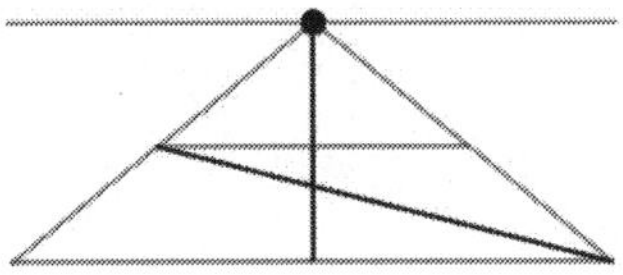

③ Trazar otra diagonal.

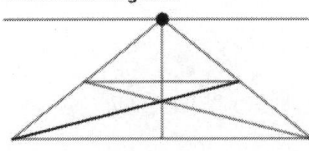

④ Trazar una horizontal al centro. Luego, dividir el segmento a la izquierda en tres partes iguales.

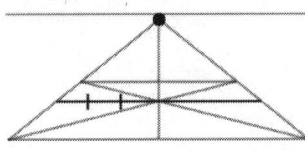

⑤ Trazar una línea desde el punto de fuga, que pase por la división izquierda hasta tocar la diagonal.

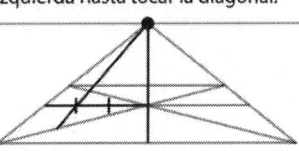

⑥ Trazar una línea horizontal que una las diagonales.

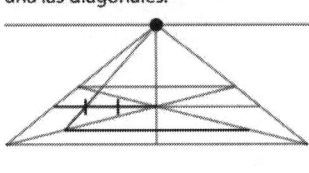

⑦ Trazar la siguiente línea hasta el punto de fuga.

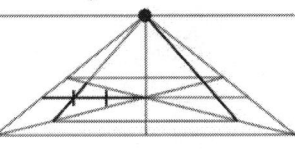

⑧ Trazar la última línea que cierra el recuadro tocando las dos diagonales en la parte mas alta.

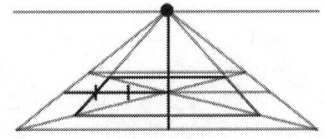

⑨ Trazar el primer segmento de la elipse, según mostrado.

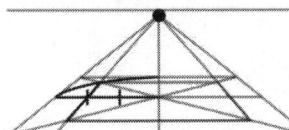

⑩ Continuar del centro izquierdo hacia el borde inferior central.

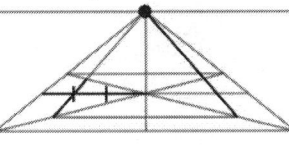

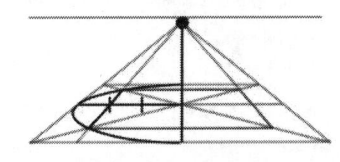

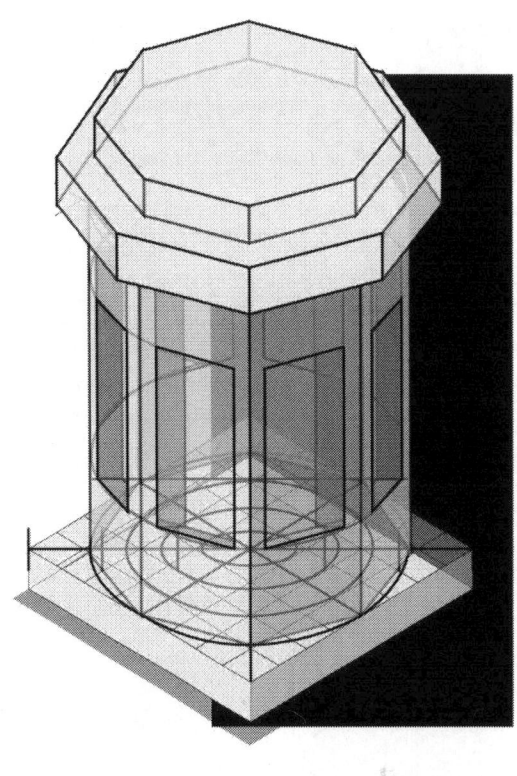

⑪ Continuar del borde central inferior hacia el borde medio de la derecha.

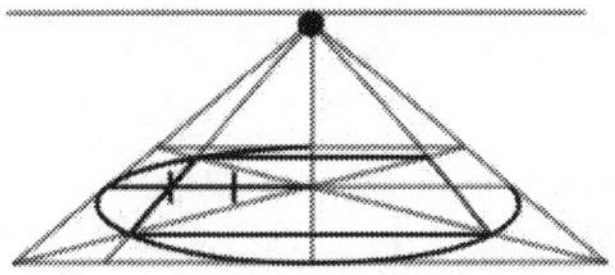

⑫ Trazar el último segmento.

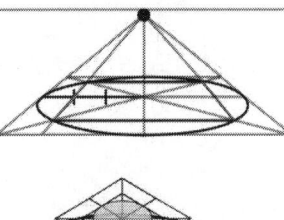

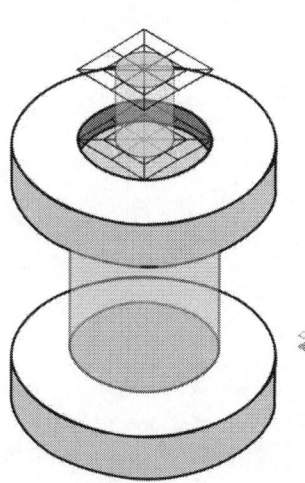

EJEMPLOS DE USO DE LA ELIPSE (ÓVALO)

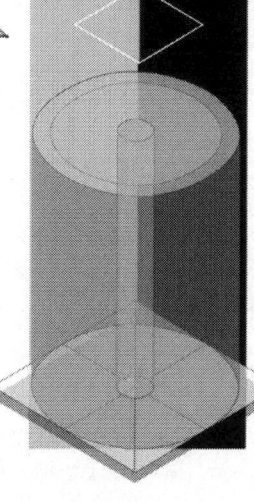

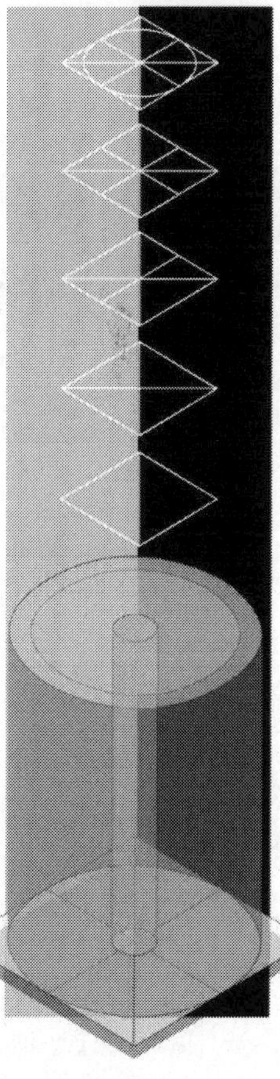

VISTA ISOMÉTRICA CUBOS EN SERIE

Como si se tratase de armar bloques de cubos: primero trazamos un rombo, luego se traza un pequeño cubo en el borde interior inferior, para finalmente reproducir este cubo hacia el extremo de ambos planos. De esta manera se levantan los bloques consecutivamente hasta construir las torres. Este ejercicio también puede contribuir a nuestra comprensión de distintos modelos en el espacio.

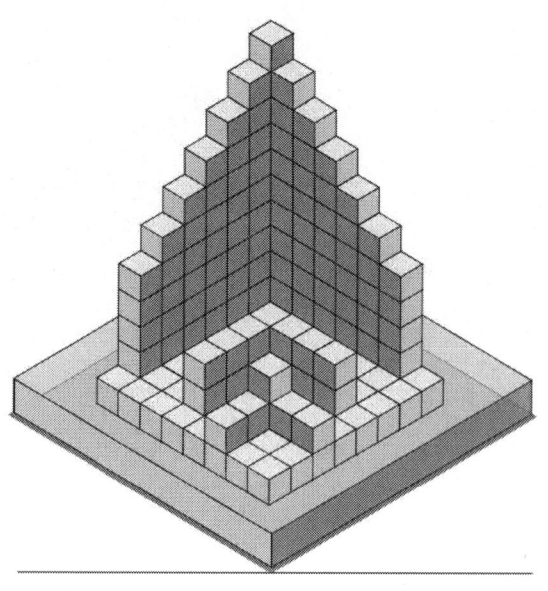

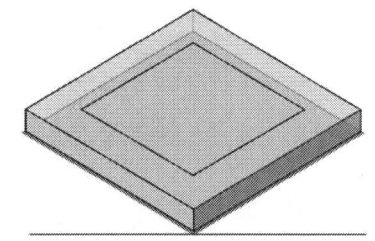

① Trazamos un cuadrado a 30° y un recuadro más pequeño.

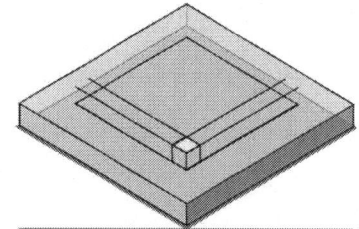

② Trazamos el primer cubo en el vértice interior inferior.

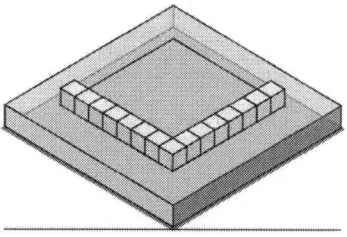

③ Trazamos una hilera de cubos hacia cada plano del cuadrado.

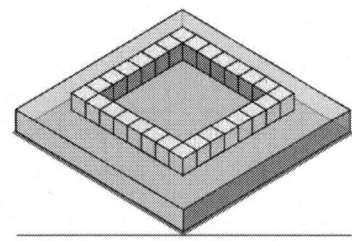

④ Trazamos un primer nivel de cubos formando un cuadrado.

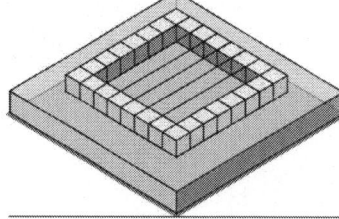

⑤ Trazamos espacios iguales en el plano inferior.

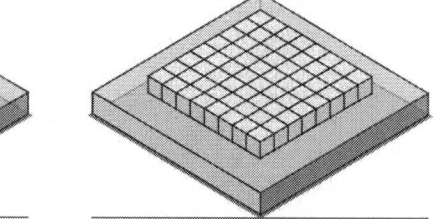

⑥ Trazamos espacios iguales en sentido inverso para formar una cuadrícula.

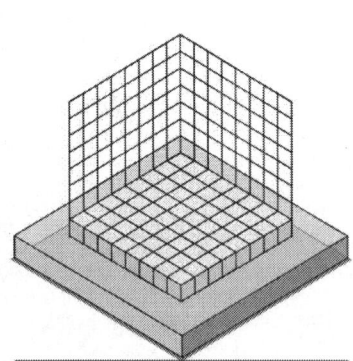

⑦ Trazamos espacios iguales en la parte posterior.

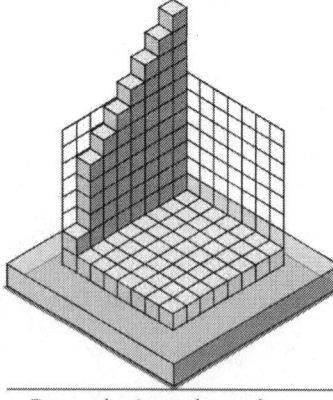

⑧ Reproducimos los cubos hacia arriba sobre el plano izquierdo.

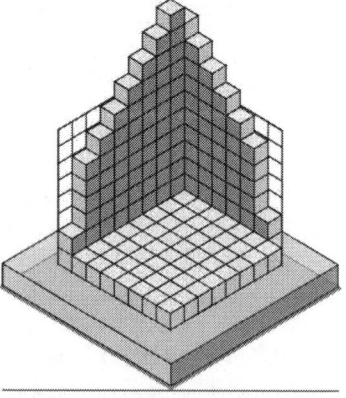

⑨ Continuamos la reproducción en el plano derecho.

Podemos agregar otros cubos al frente como detalles.

VISTA ISOMÉTRICA CILINDRO Y CUBO

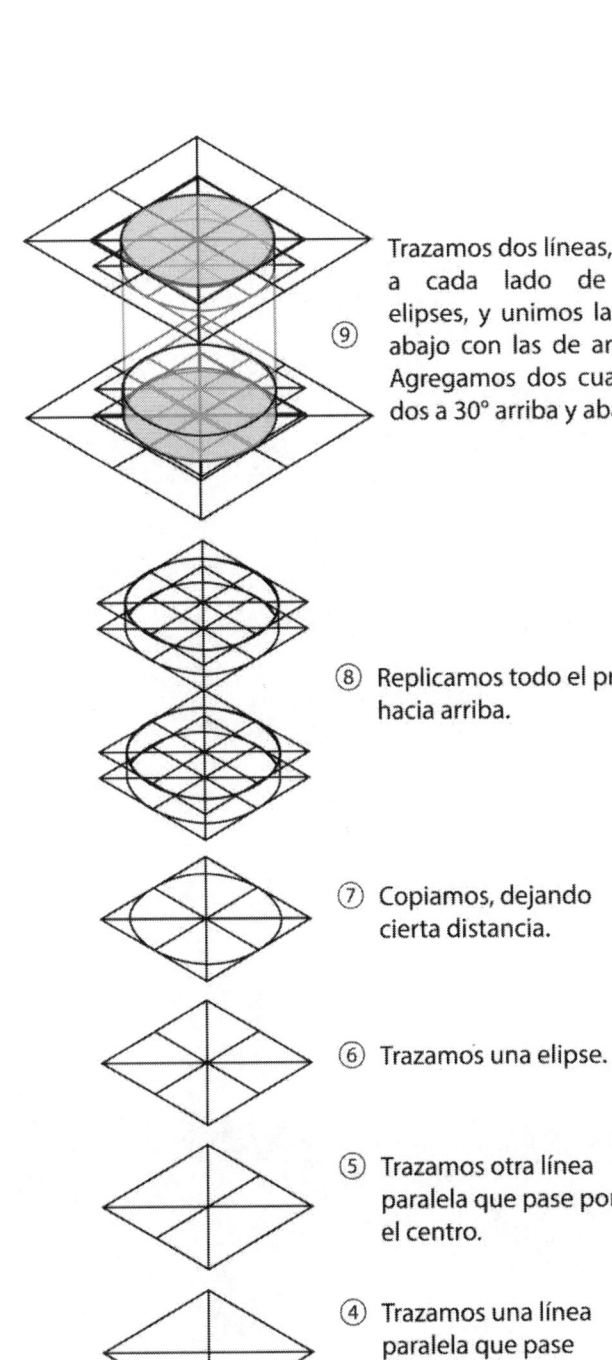

⑨ Trazamos dos líneas, una a cada lado de las elipses, y unimos las de abajo con las de arriba. Agregamos dos cuadrados a 30° arriba y abajo.

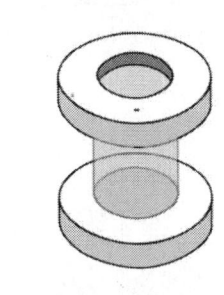

⑧ Replicamos todo el proceso hacia arriba.

⑦ Copiamos, dejando cierta distancia.

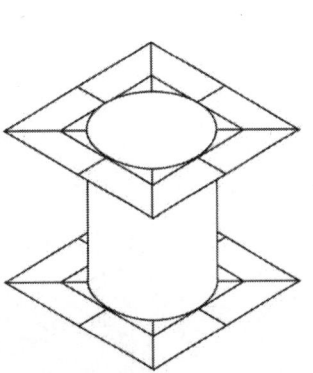

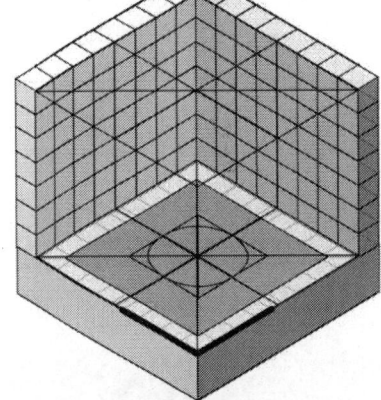

⑥ Trazamos una elipse.

⑤ Trazamos otra línea paralela que pase por el centro.

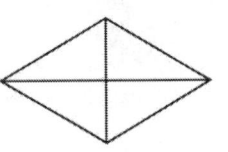

④ Trazamos una línea paralela que pase por el centro.

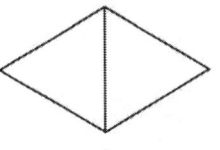

③ Trazamos una línea horizontal al centro.

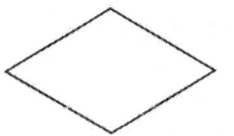

② Trazamos una línea vertical al centro.

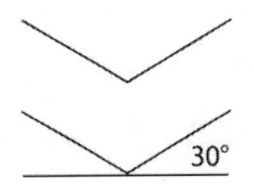

① Trazamos un cuadrado a 30°.

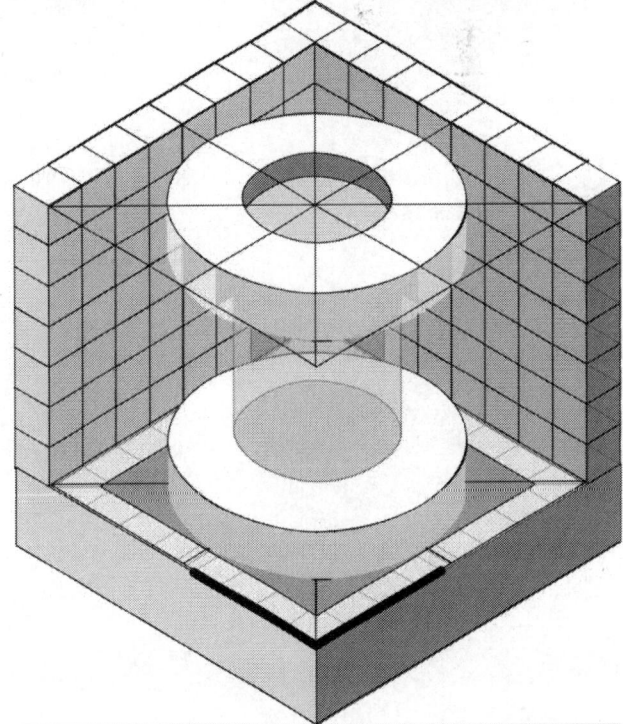

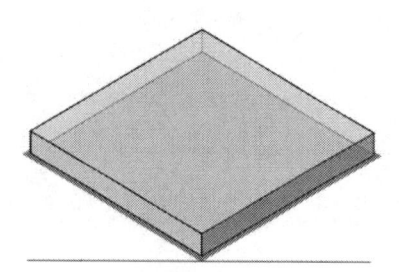

① Trazamos un rombo a 30°.

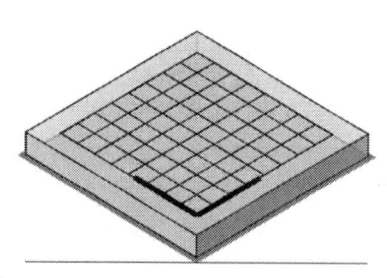

② Trazamos una cuadrícula.

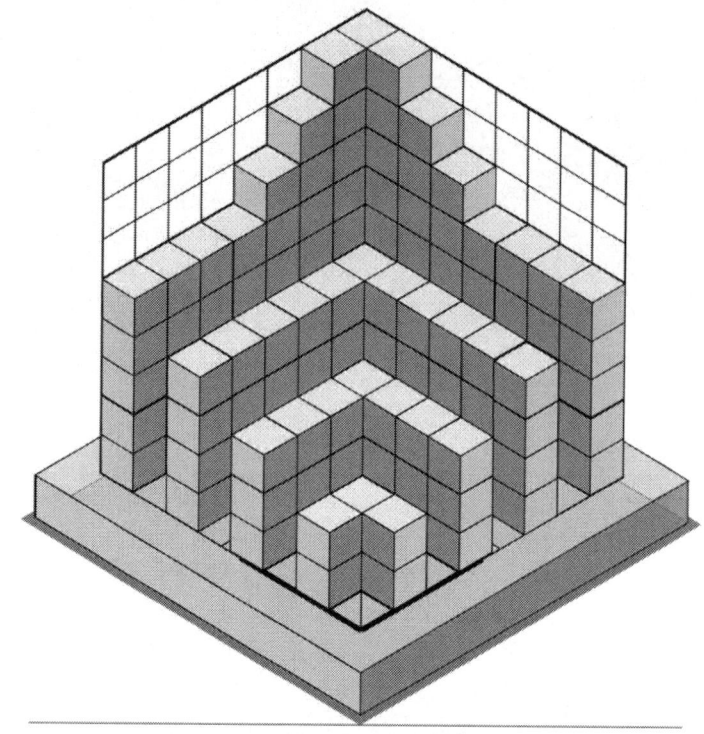

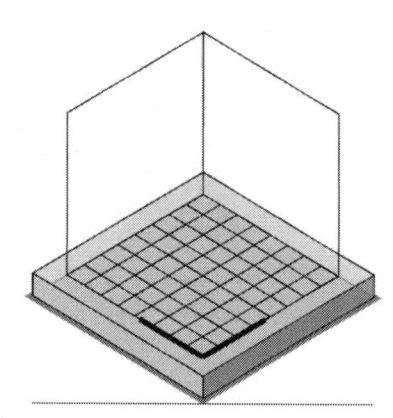

CUBOS ISOMÉTRICOS

③ Trazamos dos planos verticales.

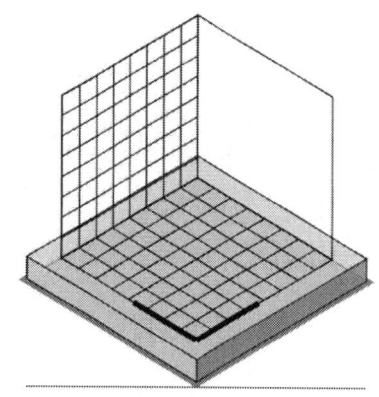

④ Cuadriculamos el plano izquierdo.

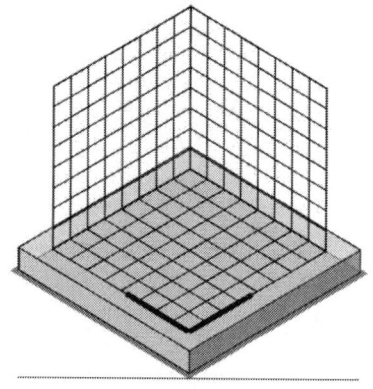

⑤ Cuadriculamos el plano derecho.

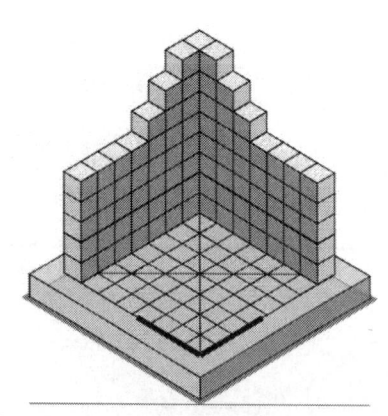

⑥ Trazamos un primer bloque de cubos.

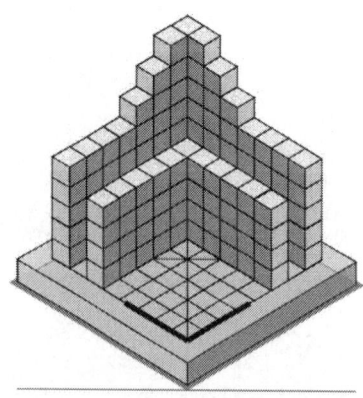

⑦ Segundo bloque de cubos.

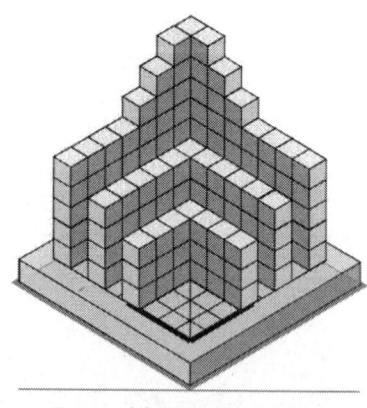

⑧ Tercer bloque de cubos.

12

VISTA ISOMÉTRICA CUBOS EN SERIE

Este ejercicio de experimentación, en el que utilizamos los tres ejes espaciales, nos ayudará a entender la tridimensionalidad y el rol que el cuadrado y el cubo juegan en la construcción de muchos modelos.

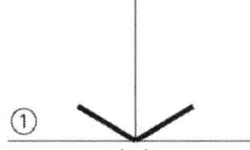

① Trazamos la base a 30°.

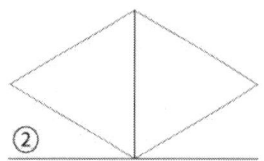

② Trazamos un cuadrado a 30° (un rombo).

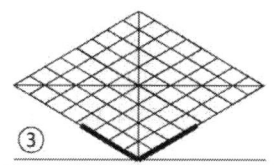

③ Trazamos una cuadrícula a 30°.

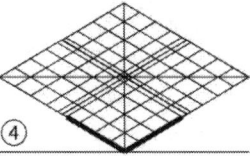

④ Trazamos una guía en cruz.

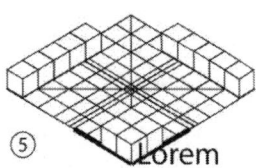

⑤ Trazamos los primeros bloques irregulares de cubos.

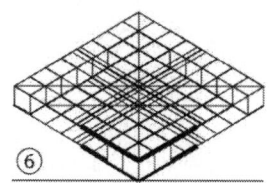

⑥ Continuamos trazando bloques.

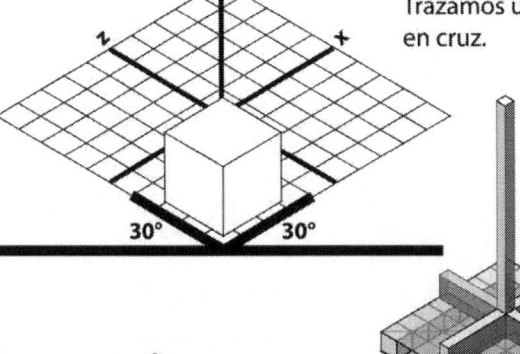

⑦ Agregamos una cruz en relieve, más una barra vertical.

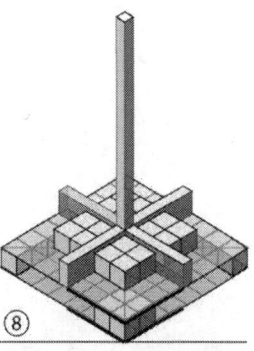

⑧ Agregamos cubos en bloques de cuatro a cada lado de la base de la cruz.

⑨ Agregamos cubos en bloques de cuatro a cada lado de la barra vertical.

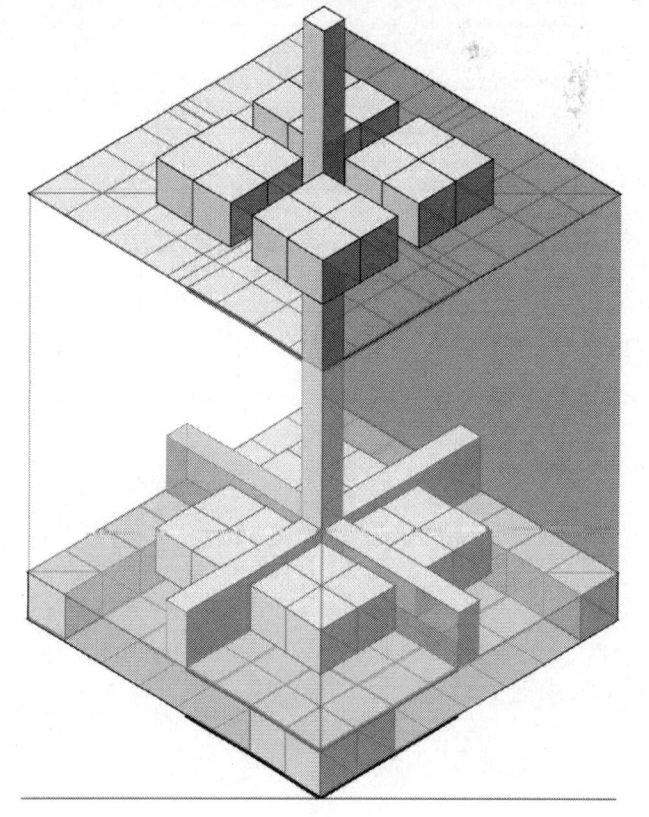

⑩ Encerramos con un cubo grande la sección interior.

TRAZO DEL CÍRCULO SIN UTILIZAR COMPÁS

Es posible trazar un círculo utilizando únicamente una regla. Deben trazarse una serie de líneas guías que permitirán formar un círculo con las proporciones correctas. A continuación se detallan los pasos a seguir para lograrlo.

Cómo convertir el círculo en elipse (óvalo), usando perspectiva:

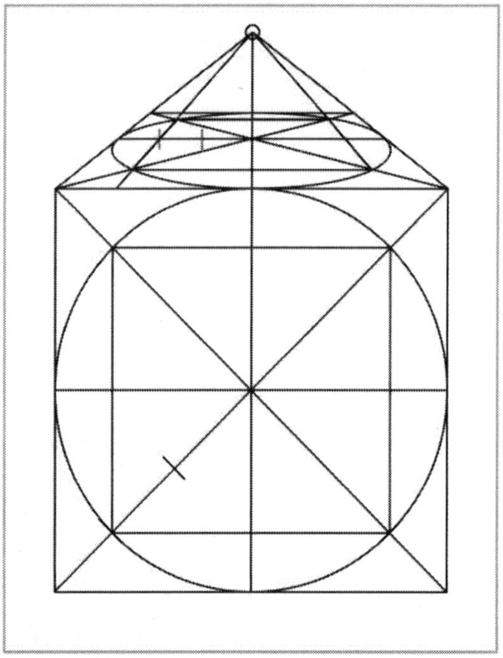

① Trazar un cuadro
② Trazar una diagonal 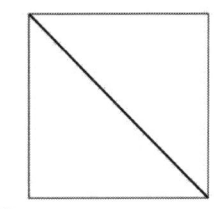
③ Trazar otra diagonal 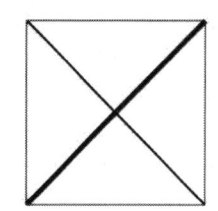
④ Trazar una vertical al centro 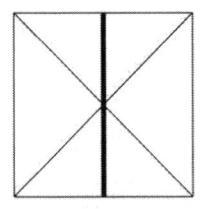
⑤ Trazar una horizontal al centro 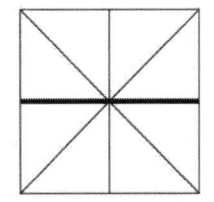
⑥ Dividir este segmento en tres partes iguales 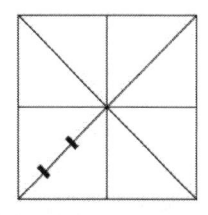
⑦ Trazar otro cuadro partiendo del segmento mas alejado del centro 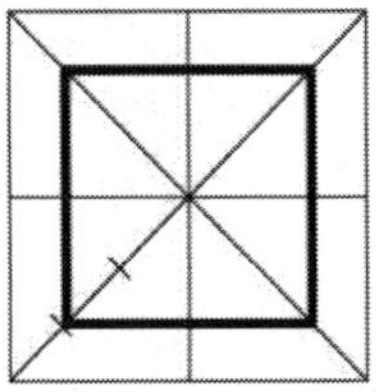
⑧ Trazar el primer segmento del círculo 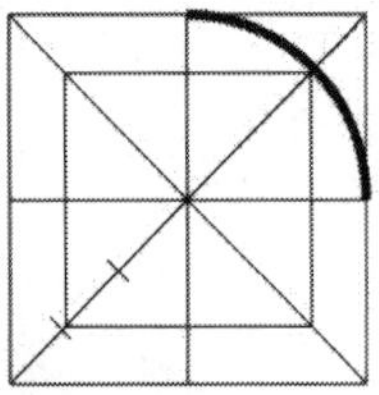
⑨ Trazar el segundo segmento del círculo 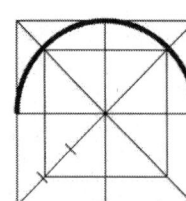
⑩ Trazar el tercer segmento del círculo
⑪ Trazar el cuarto segmento del círculo 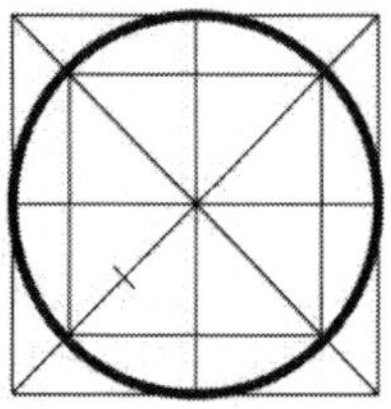

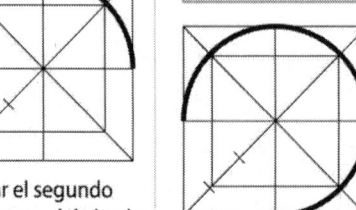

Cómo trazar el arco de medio punto:

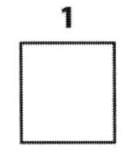

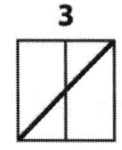

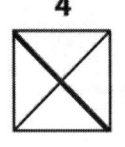

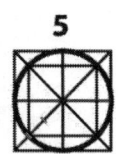

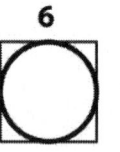

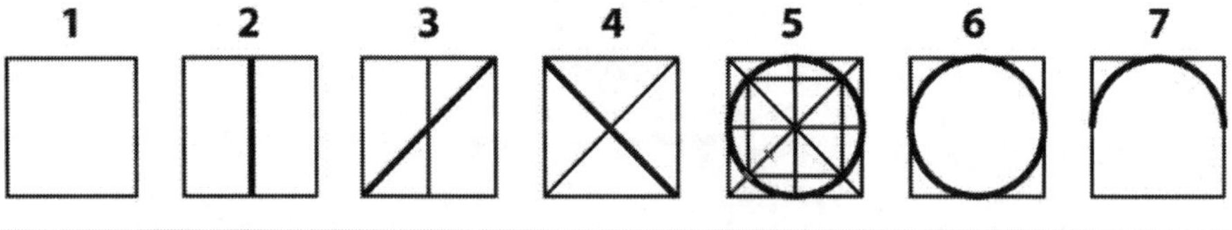

1 2 3 4 5 6 7

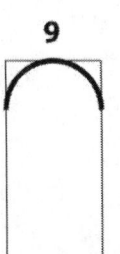

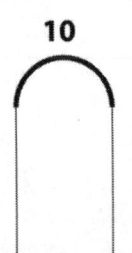

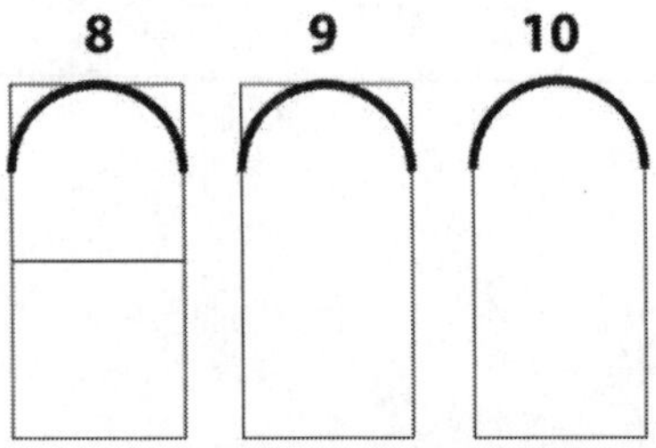

8 9 10

Reproducción en serie del arco de medio punto

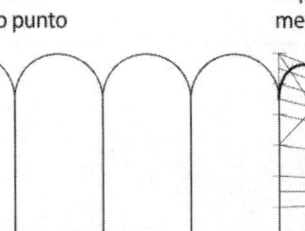

Reproducción del arco de medio punto en perspectiva

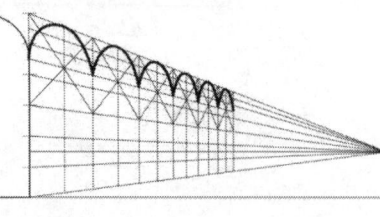

VISTA ISOMÉTRICA

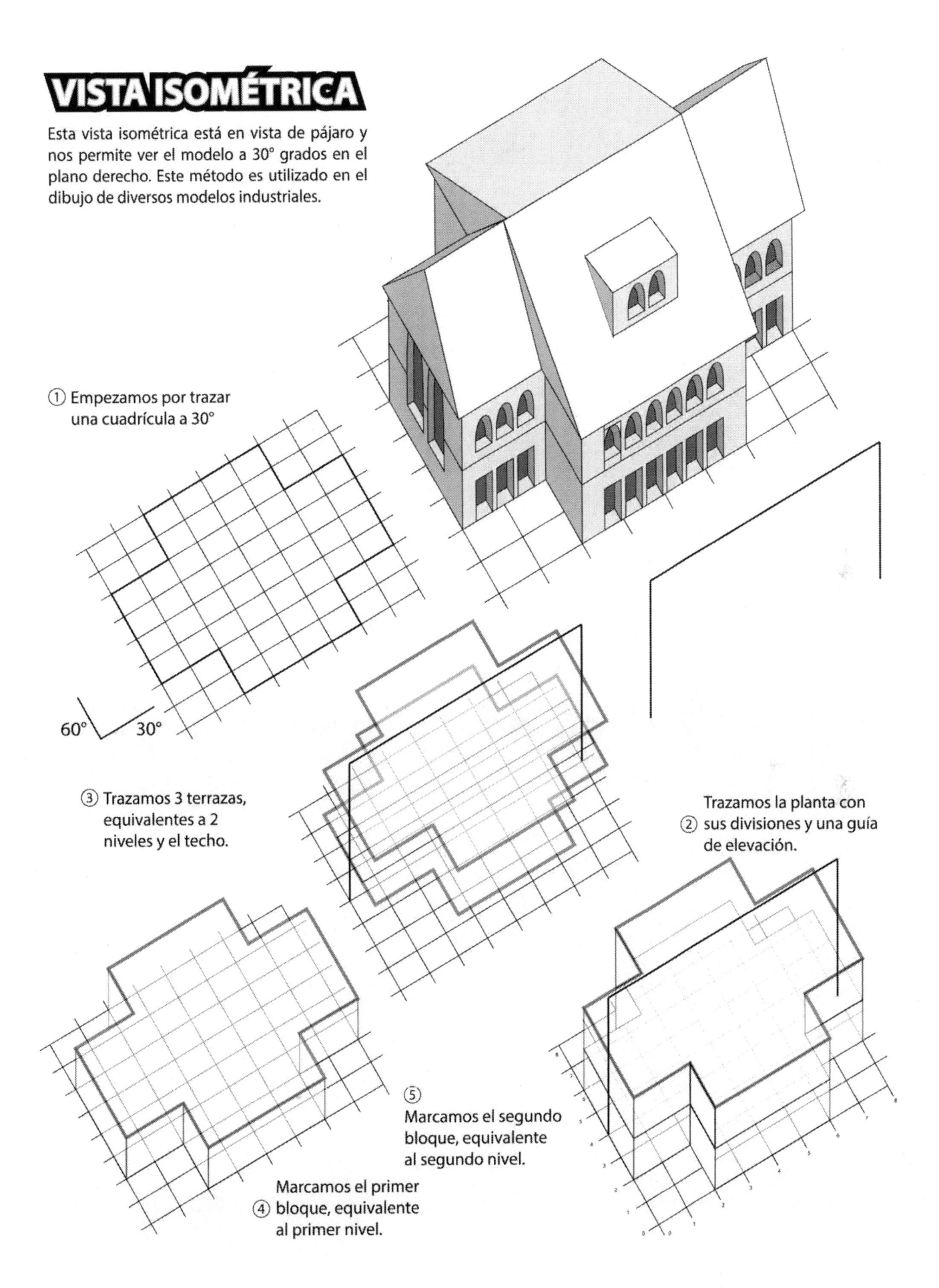

Esta vista isométrica está en vista de pájaro y nos permite ver el modelo a 30° grados en el plano derecho. Este método es utilizado en el dibujo de diversos modelos industriales.

① Empezamos por trazar una cuadrícula a 30°

60°   30°

③ Trazamos 3 terrazas, equivalentes a 2 niveles y el techo.

Trazamos la planta con ② sus divisiones y una guía de elevación.

⑤ Marcamos el segundo bloque, equivalente al segundo nivel.

Marcamos el primer ④ bloque, equivalente al primer nivel.

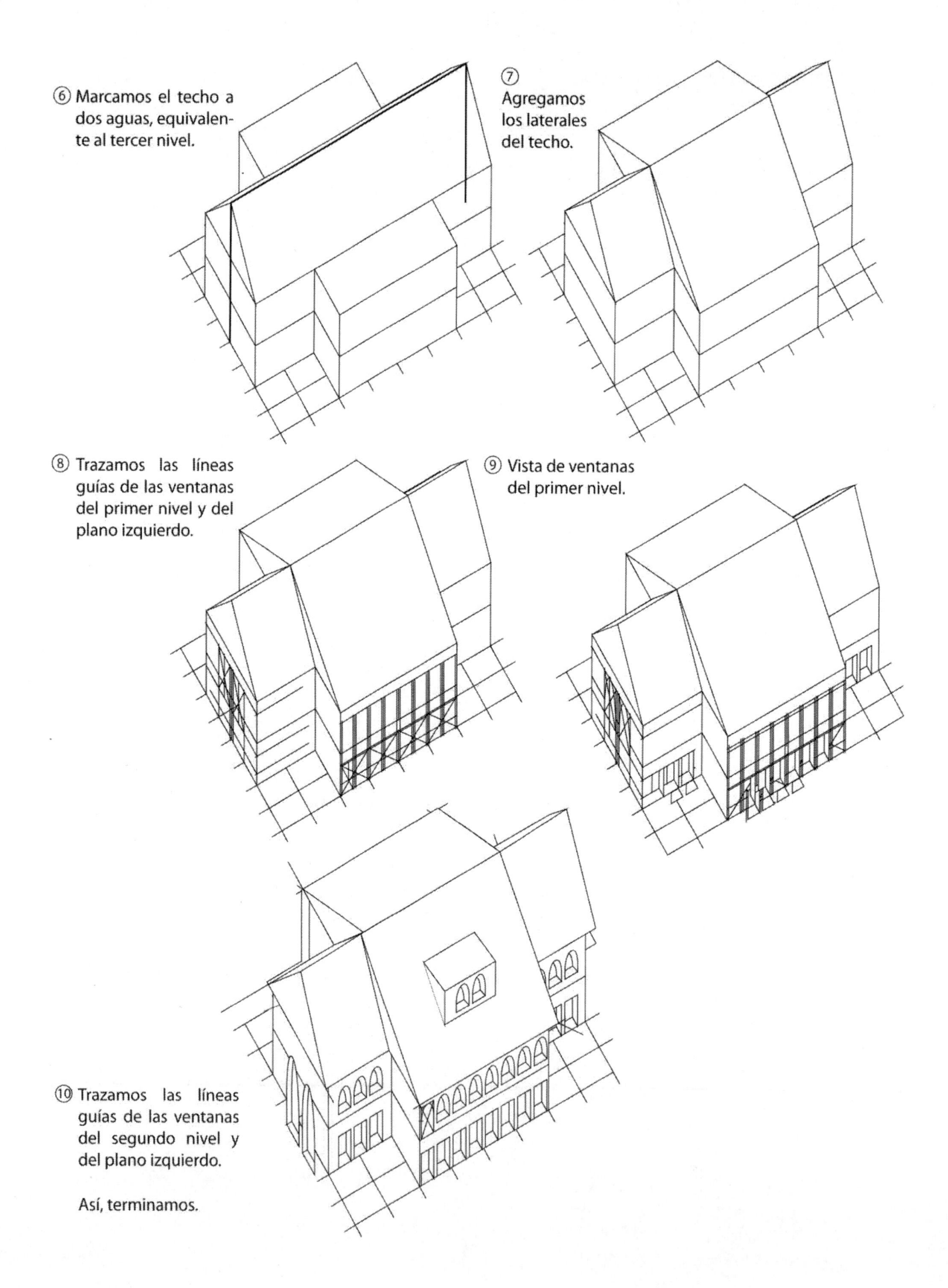

⑥ Marcamos el techo a dos aguas, equivalente al tercer nivel.

⑦ Agregamos los laterales del techo.

⑧ Trazamos las líneas guías de las ventanas del primer nivel y del plano izquierdo.

⑨ Vista de ventanas del primer nivel.

⑩ Trazamos las líneas guías de las ventanas del segundo nivel y del plano izquierdo.

Así, terminamos.

VISTA ISOMÉTRICA EXTERIOR PALACIO

Este ejemplo, trazado a 30° - 60°, está integrado por diversos elementos: ventanas, puertas de arco de medio punto, palcos, dinteles, columnas, torres laterales y voladizos.

A diferencia del tipo de perspectiva en el que a medida que el modelo se aleja, los elementos se ven más pequeños, la vista isométrica nos permite ver sin distorsiones todos los elementos en cada uno de los planos.

① Empezamos trazando una cuadrícula a 30° - 60° luego la planta de nuestro edificio, cuatro columnas y dos torres centrales a los costados.

② Levantamos las columnas de los cuatro costados. El bloque principal de nuestro edificio constará de tres niveles.

La cuadrícula nos ayuda a ubicarnos dentro del plano.

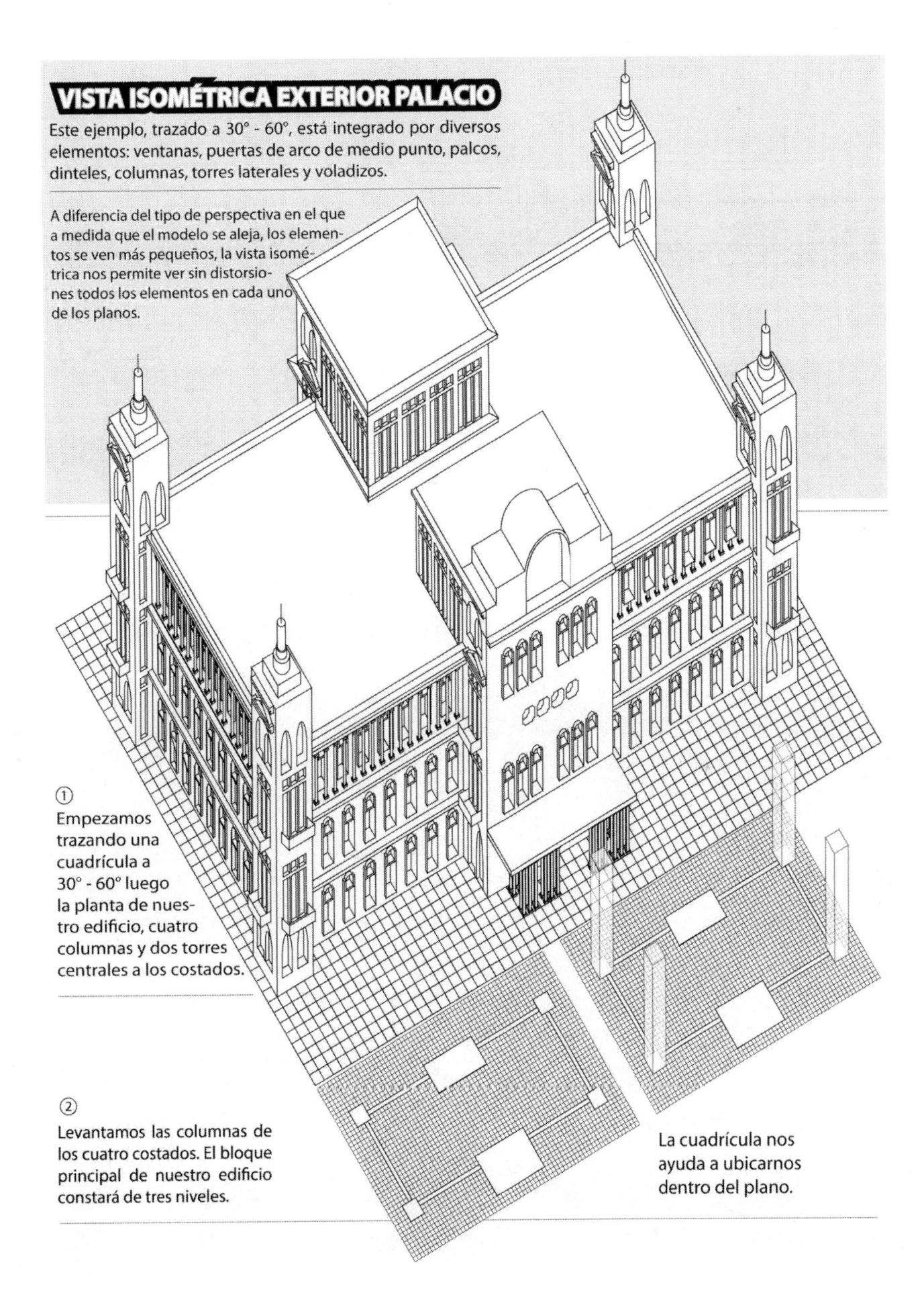

③ Continuamos con las dos torres centrales y los tres bloques correspondientes a tres niveles.

④ Vamos a la cúspide de la torre central frontal.

⑤ Continuamos agregando detalles en la cúspide de las torres.

Detalle desglosado.

⑥ Agregamos ventanas de arco de medio punto en los tres niveles y ventanas de ángulos a 90° en el frente de las torres.

Estructura de las ventanas con arco de medio punto.

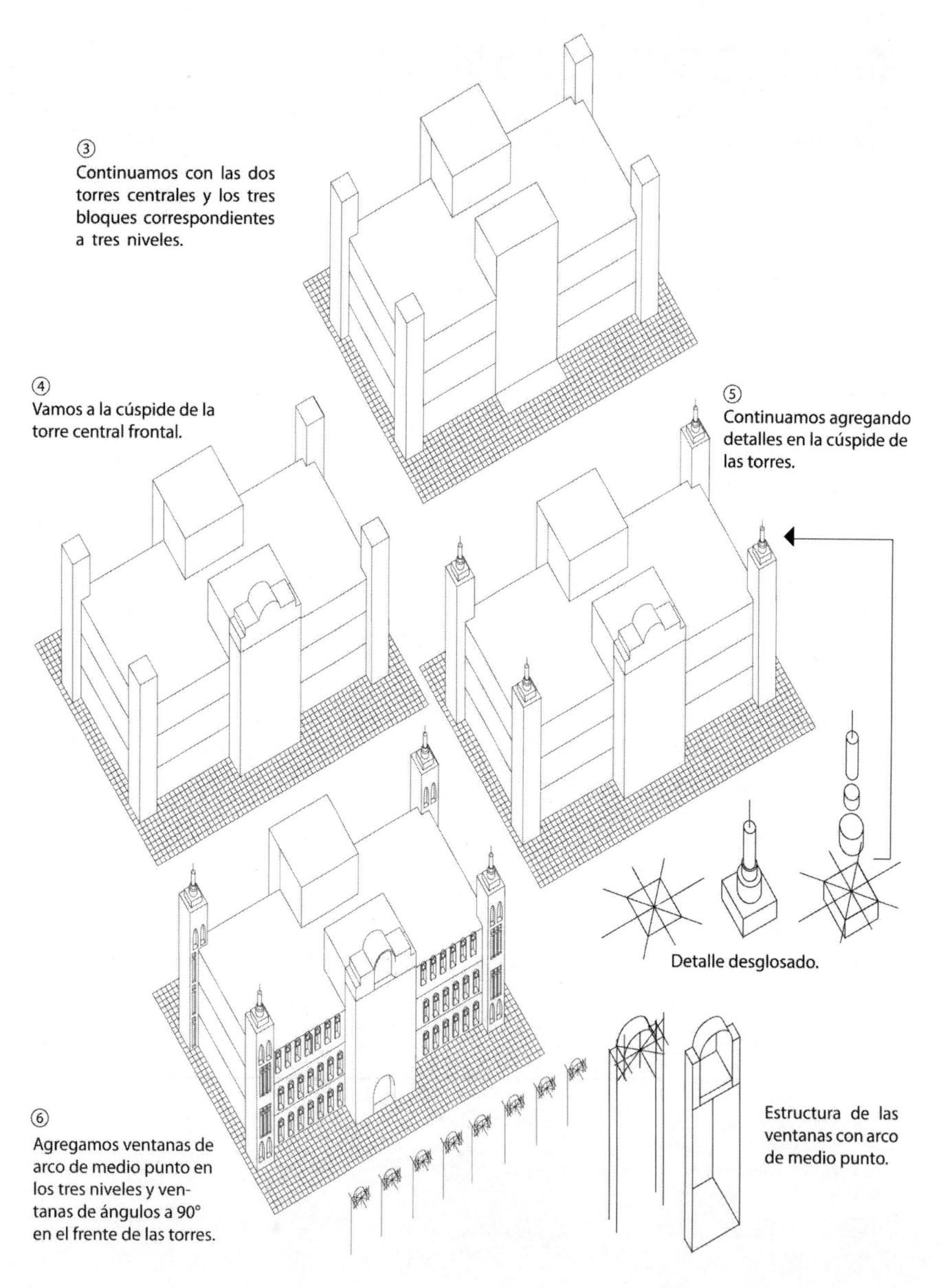

⑦ Estructura ventanas.

⑧ Agregamos palcos en el frente de las torres laterales.

Estructura palcos de torres

⑨ Agregamos ventanas y palcos en el lado izquierdo de las torres.

También ventanas de arco de medio punto en el lateral izquierdo del edificio.

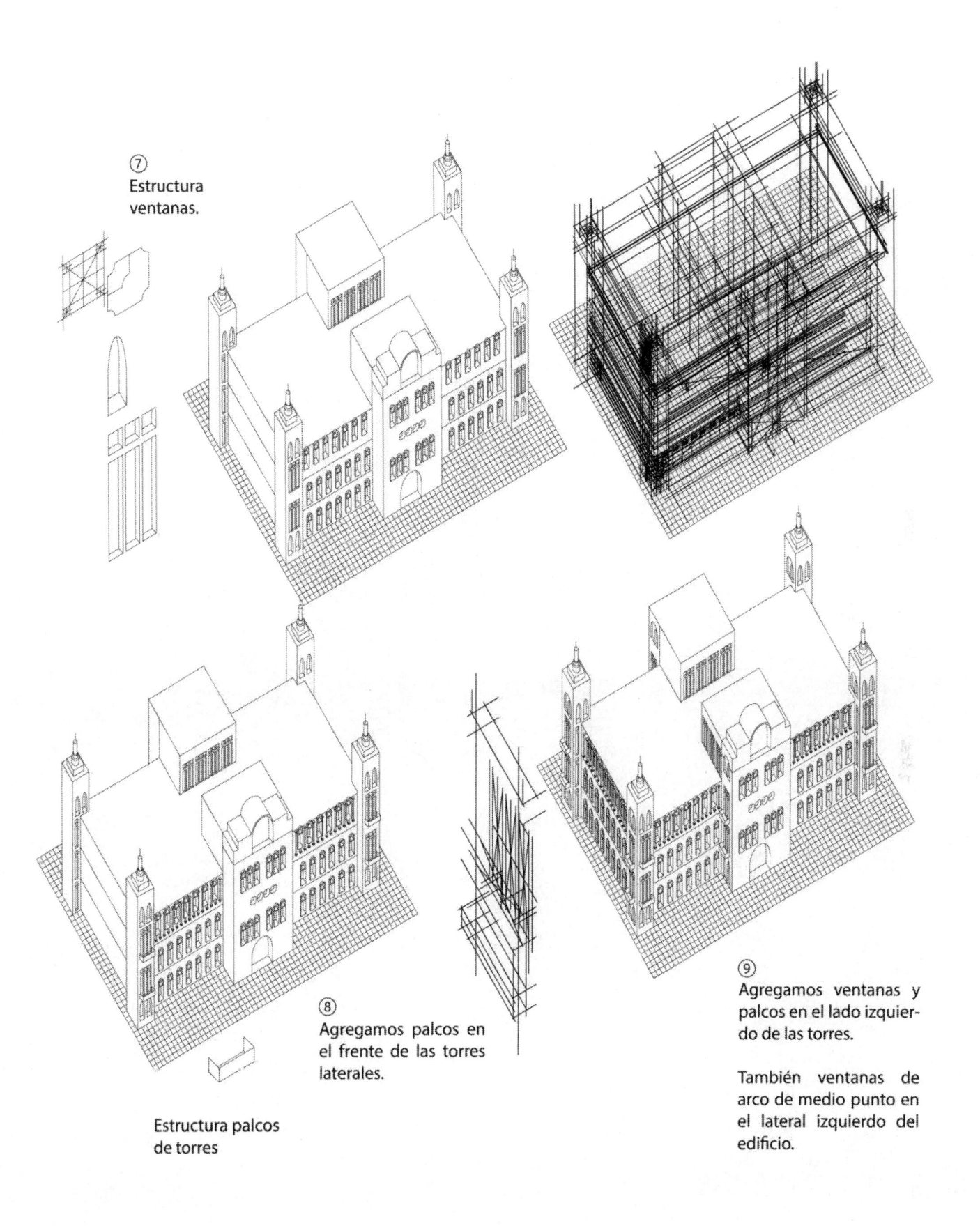

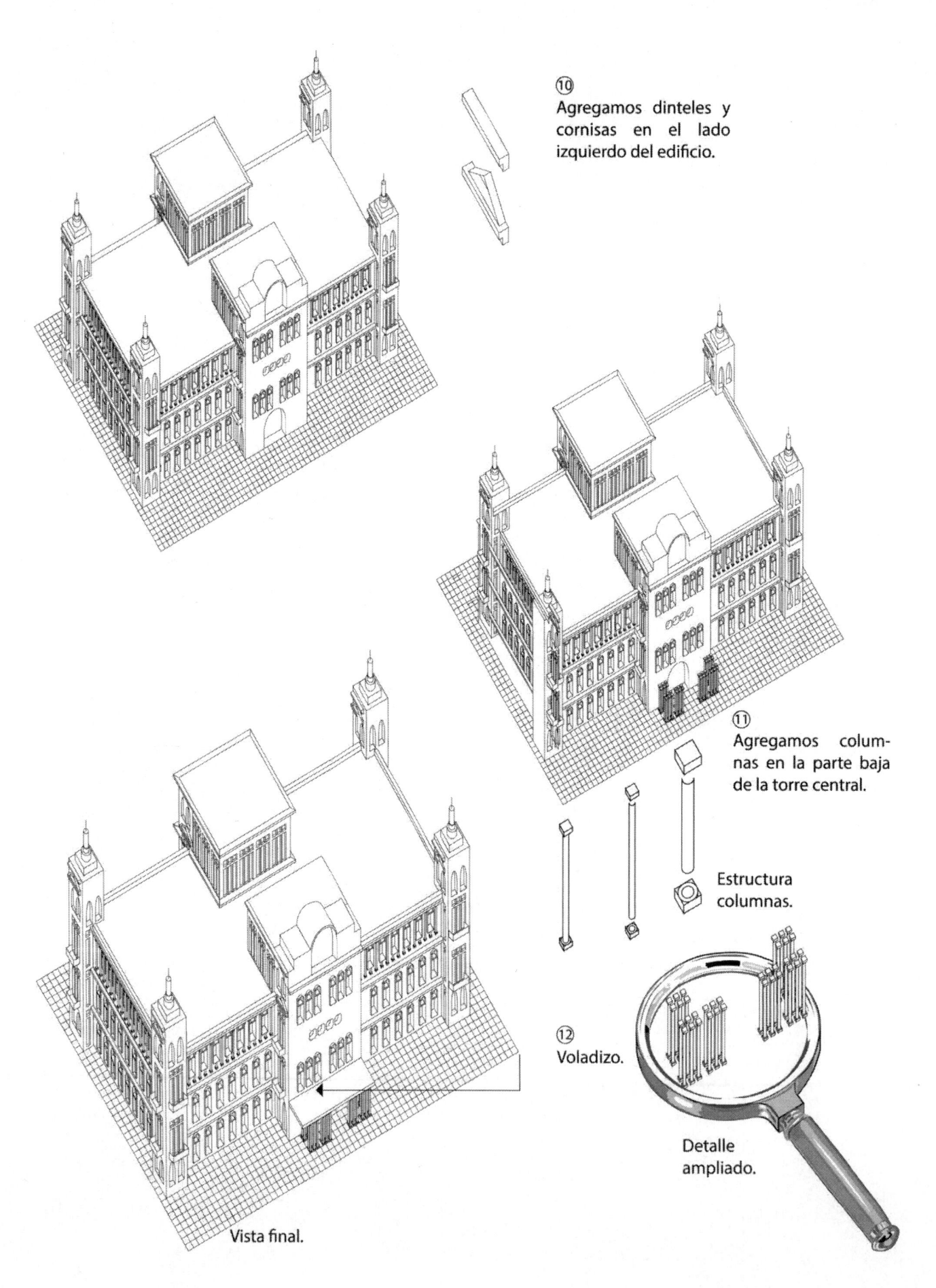

⑩ Agregamos dinteles y cornisas en el lado izquierdo del edificio.

⑪ Agregamos columnas en la parte baja de la torre central.

Estructura columnas.

⑫ Voladizo.

Detalle ampliado.

Vista final.

MAQUETA ISOMÉTRICO 30°

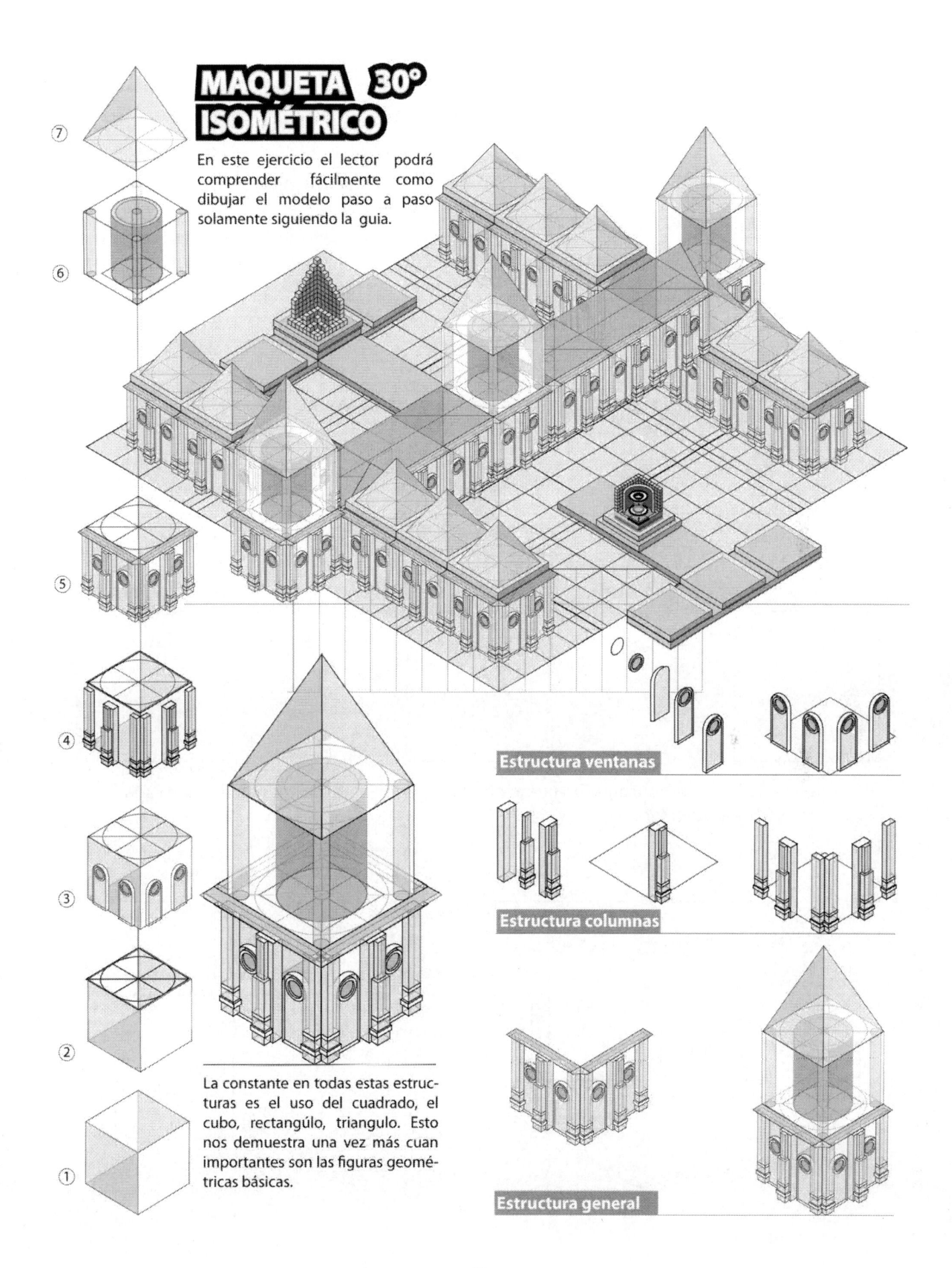

En este ejercicio el lector podrá comprender fácilmente como dibujar el modelo paso a paso solamente siguiendo la guia.

La constante en todas estas estructuras es el uso del cuadrado, el cubo, rectangúlo, triangulo. Esto nos demuestra una vez más cuan importantes son las figuras geométricas básicas.

Estructura ventanas

Estructura columnas

Estructura general

Perspectiva paralela (un punto de fuga)

Trazamos tres cuadrados perfectos a distancias iguales

Punto de fuga

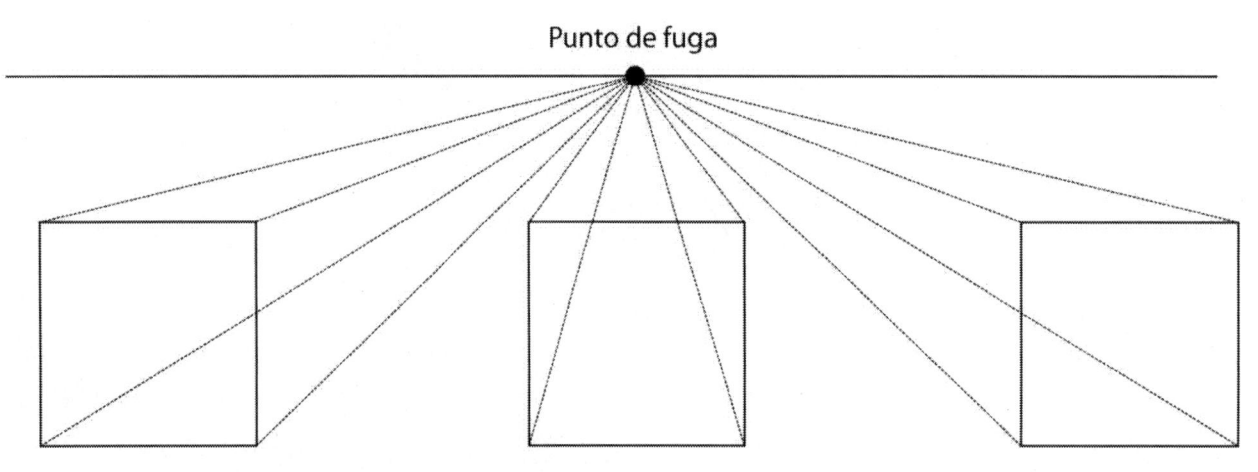

Trazamos la linea de horizonte, un punto de fuga y las lineas de profundidad desde cada esquina de los cuadrados

Punto de fuga

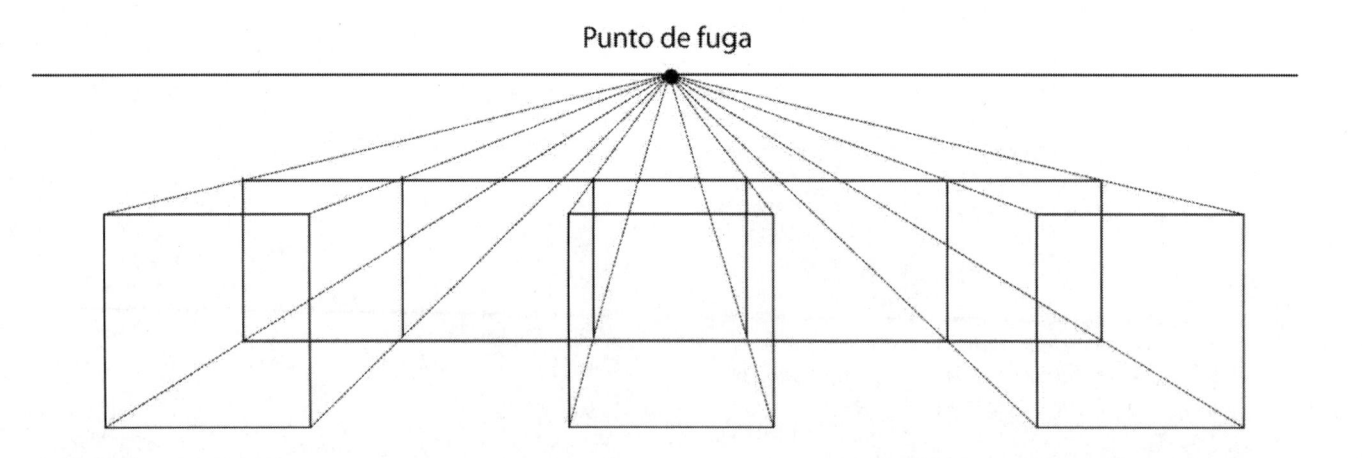

Perspectiva paralela (un punto de fuga)

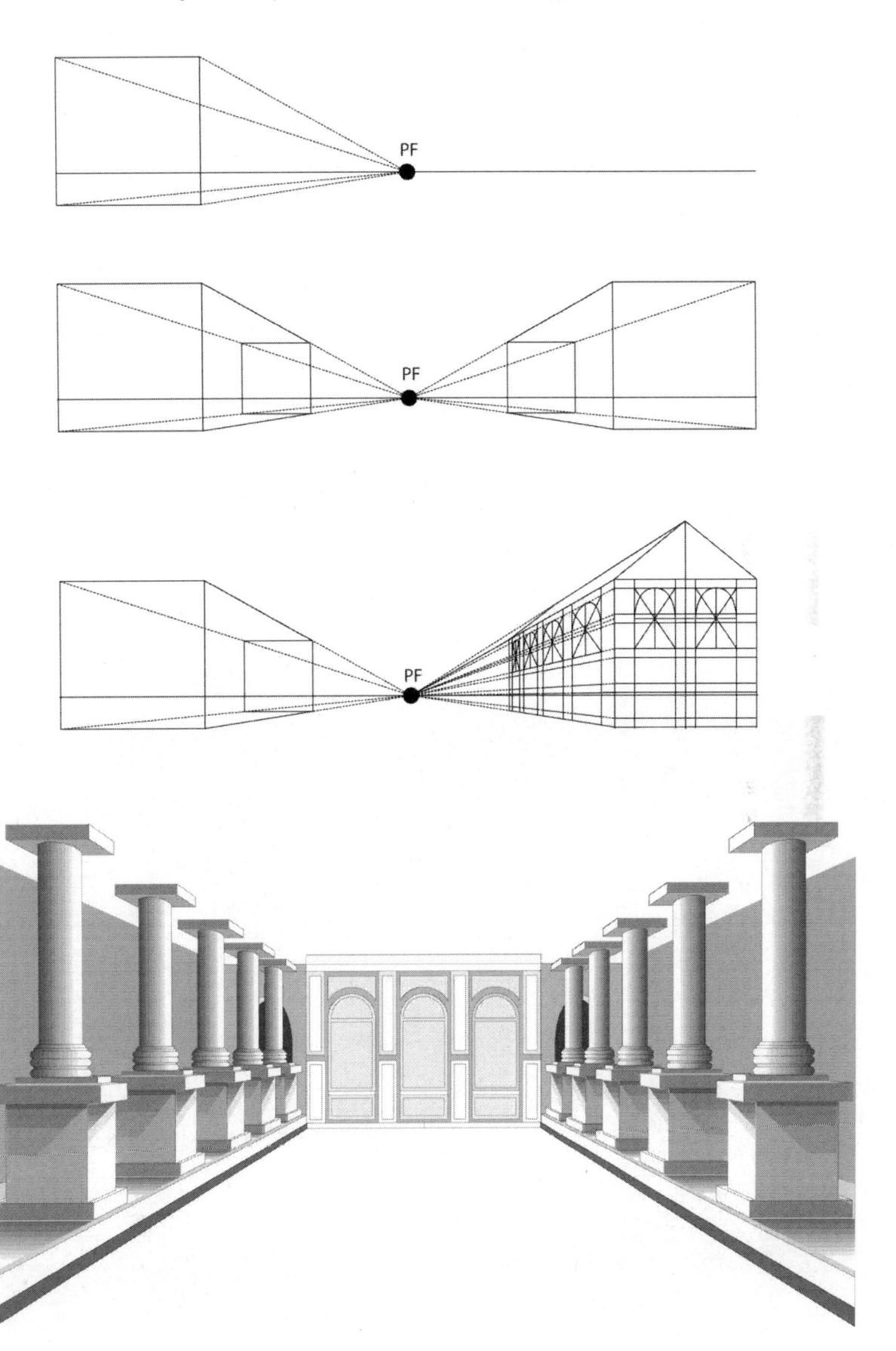

Perspectiva paralela (un punto de fuga)

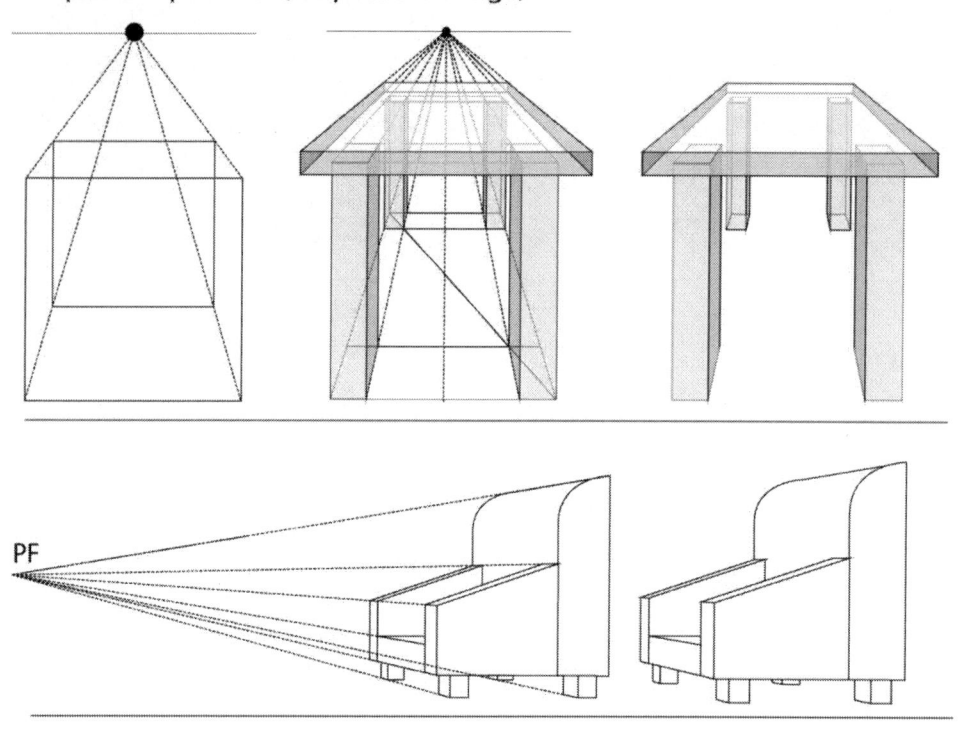

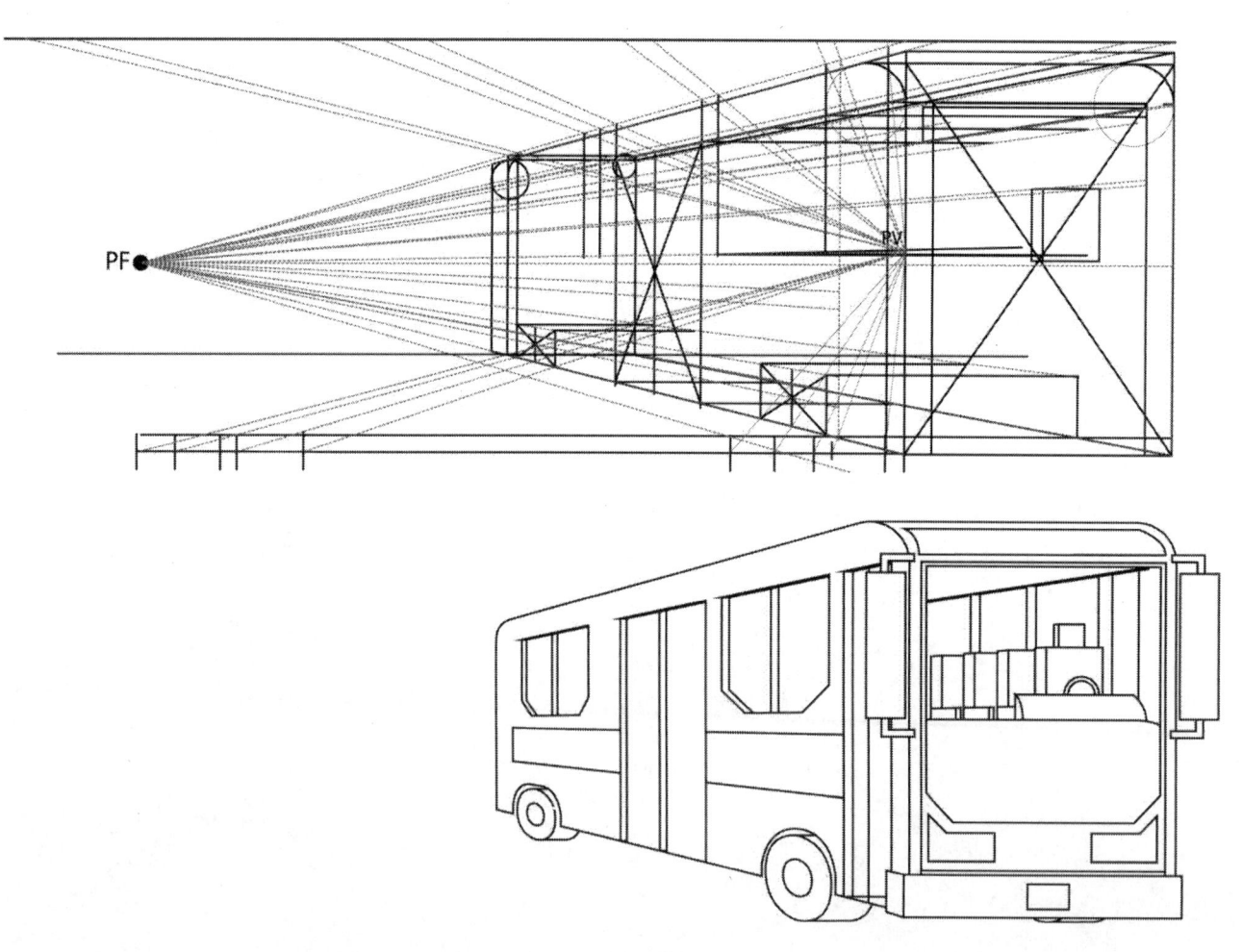

DIVISIÓN DE ESPACIOS IGUALES EN PERSPECTIVA

Hasta el momento, hemos trabajado algunos ejemplos básicos con el método de división de espacios iguales. Este método nos permite trazar divisiones en espacios iguales de columnas, puertas, ventanas, pisos y cualquier otro elemento que forme parte de un modelo.

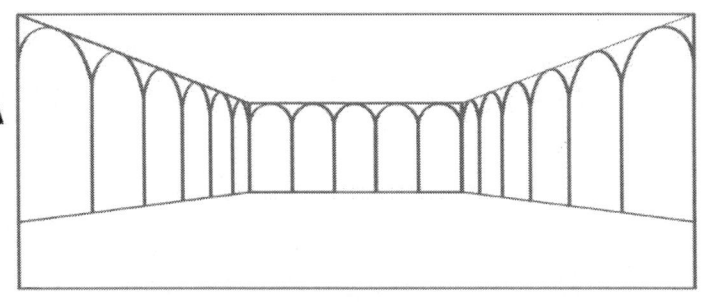

Reproducción en serie del arco de medio punto en perspectiva

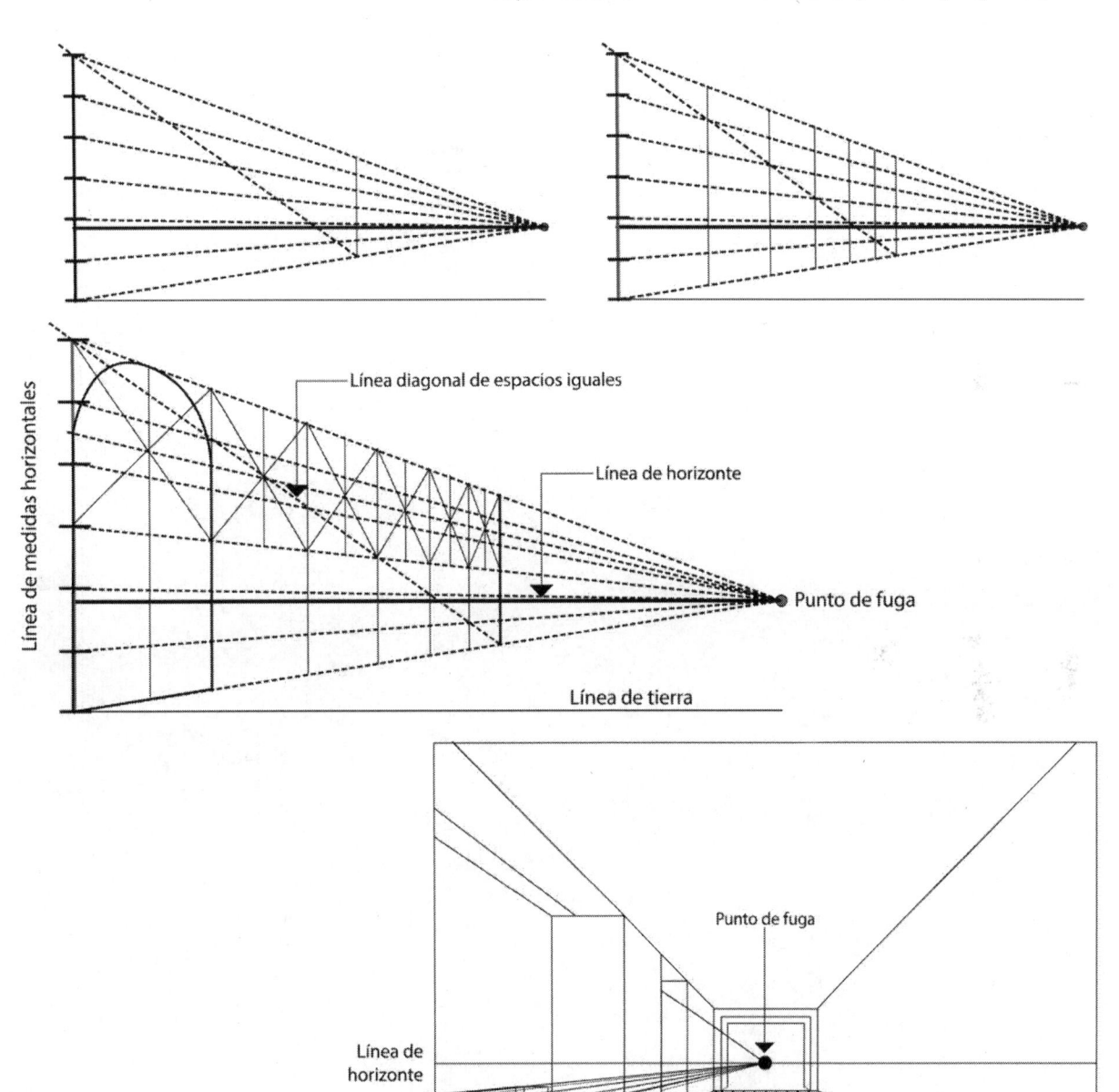

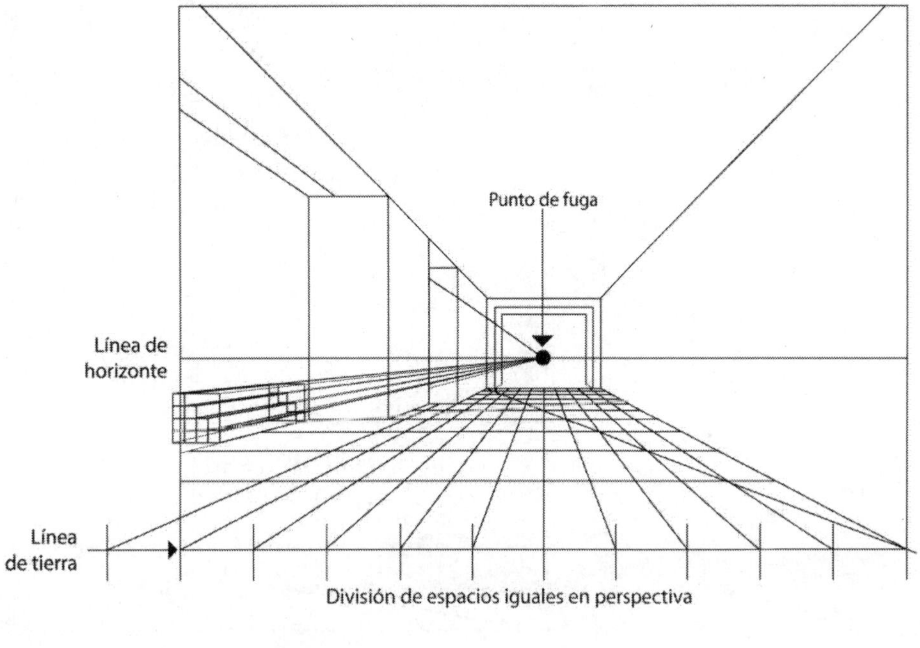

Línea de medidas horizontales

Línea diagonal de espacios iguales

Línea de horizonte

Punto de fuga

Línea de tierra

Punto de fuga

Línea de horizonte

Línea de tierra

División de espacios iguales en perspectiva

DIVISIÓN DE ESPACIOS IGUALES EN PERSPECTIVA

En el ejercicio del dibujo arquitectónico nos encontramos frecuentemente con la necesidad de trazar divisiones de espacios iguales para representar puertas, ventanas o columnas, alineadas en serie y colocadas en perspectiva. Este método es importante para lograr dicho cometido.

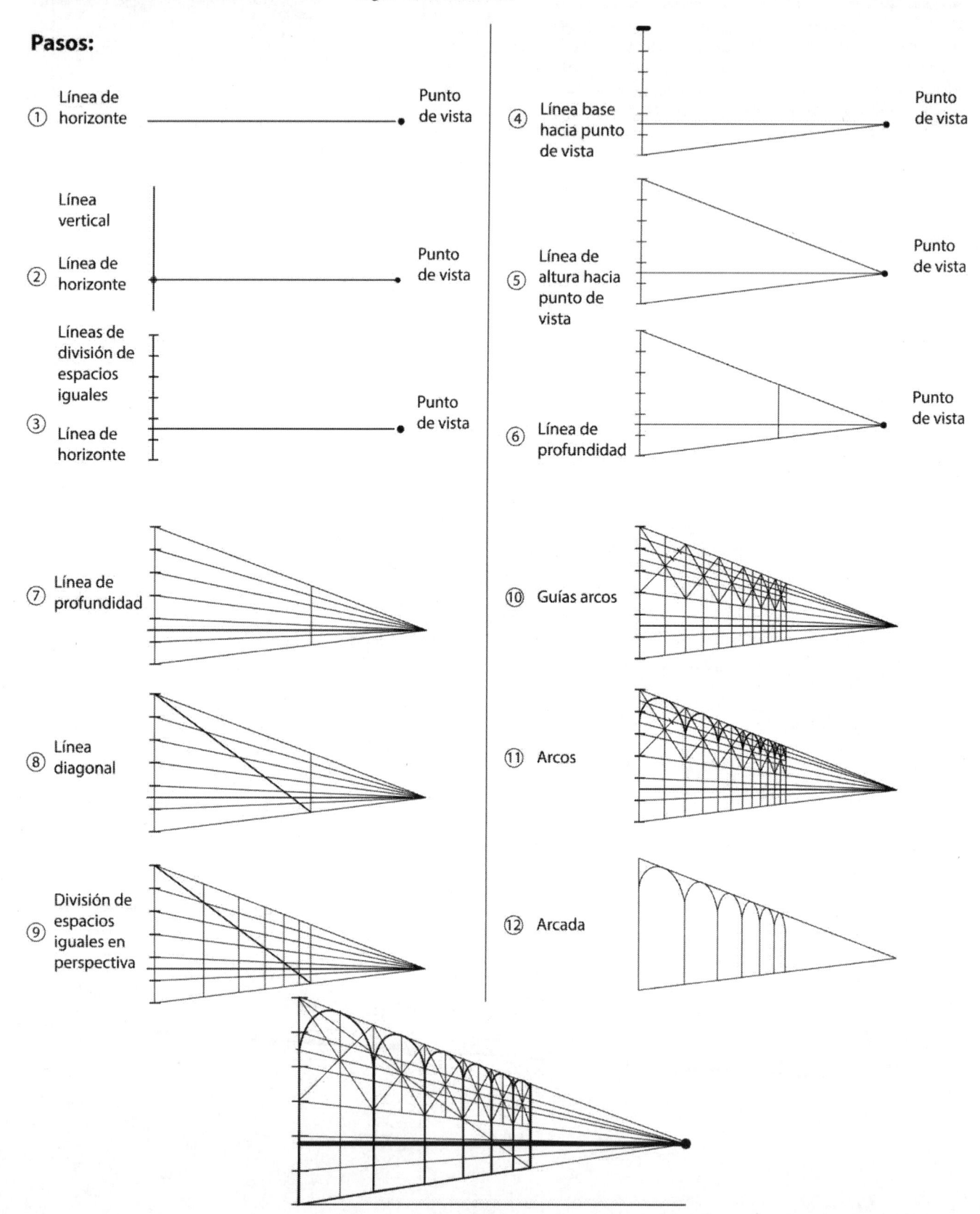

Pasos:

① Línea de horizonte — Punto de vista

② Línea vertical / Línea de horizonte — Punto de vista

③ Líneas de división de espacios iguales / Línea de horizonte — Punto de vista

④ Línea base hacia punto de vista — Punto de vista

⑤ Línea de altura hacia punto de vista — Punto de vista

⑥ Línea de profundidad — Punto de vista

⑦ Línea de profundidad

⑧ Línea diagonal

⑨ División de espacios iguales en perspectiva

⑩ Guías arcos

⑪ Arcos

⑫ Arcada

PERSPECTIVA PARALELA
UN PUNTO DE FUGA
VISTA DE PÁJARO

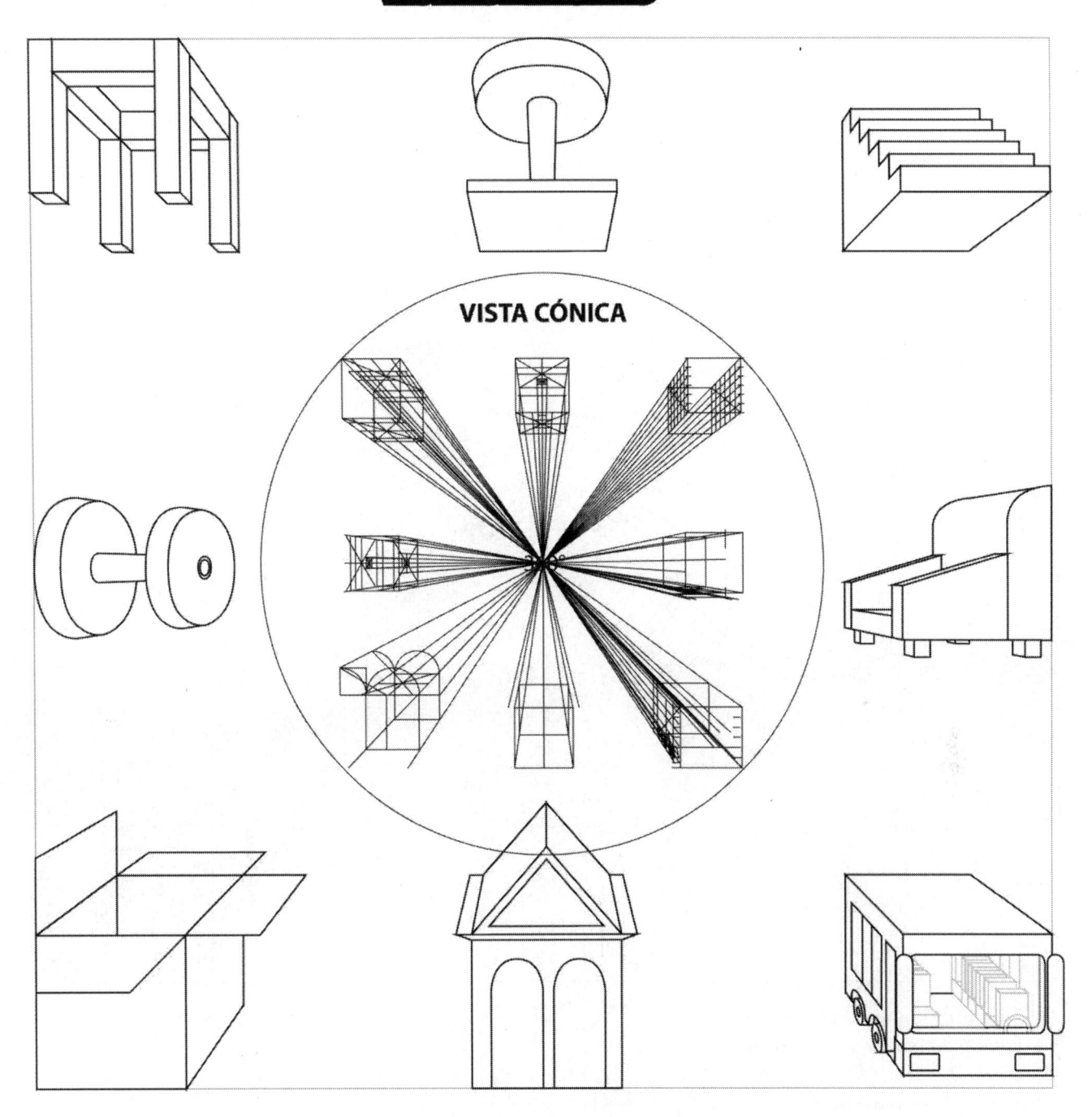

VISTA CÓNICA

Esta gráfica pretende demostrar que la perspectiva no corresponde a una sola dirección, sino puede generarse en cualquier orientación. La constante en todos los modelos generados arriba, que parten de un solo punto de fuga, es el plano frontal que todos comparten. Este plano es el único que no se deforma en cada figura. El resto de planos (los laterales, la base y el techo) sí se deforman.

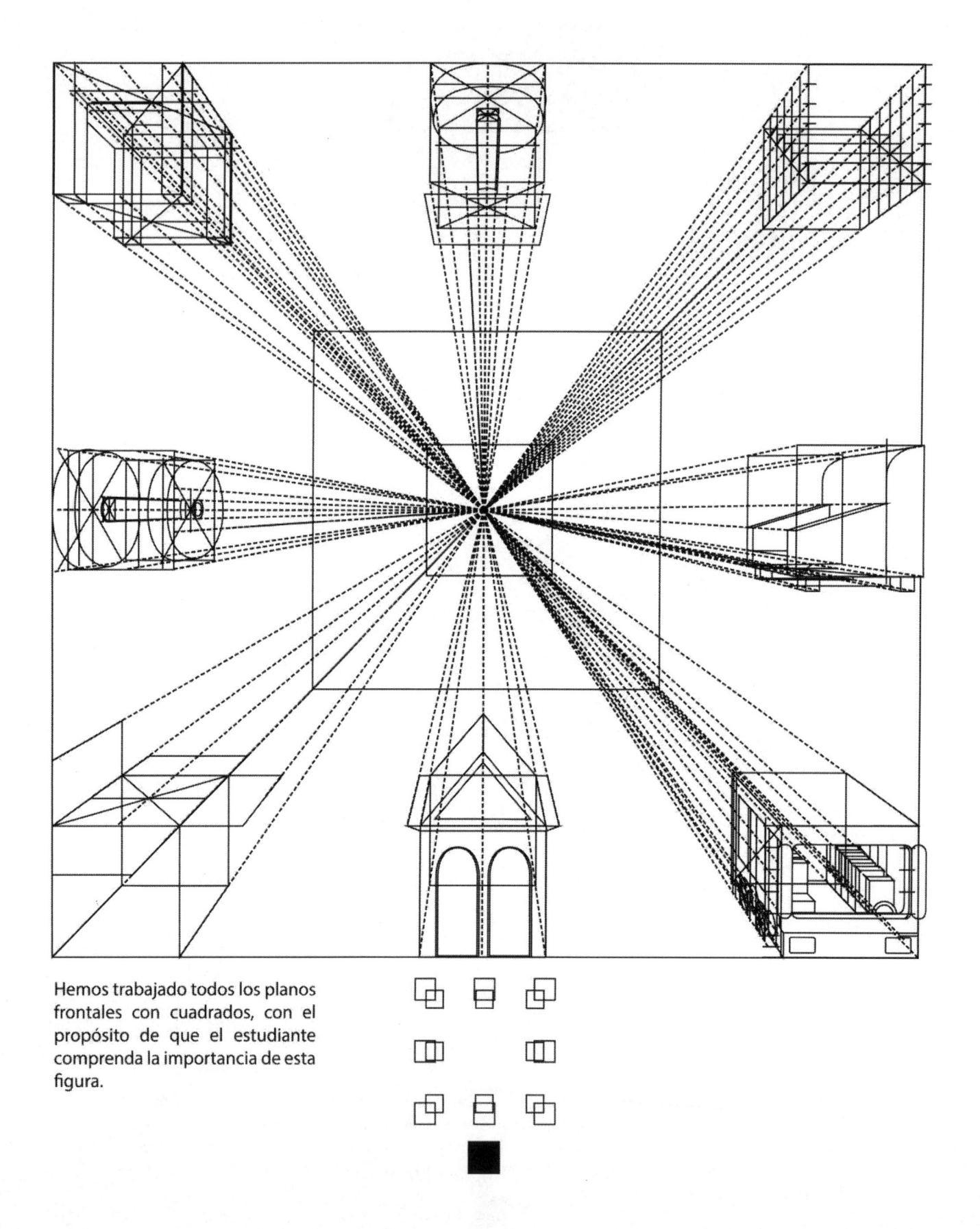

Hemos trabajado todos los planos frontales con cuadrados, con el propósito de que el estudiante comprenda la importancia de esta figura.

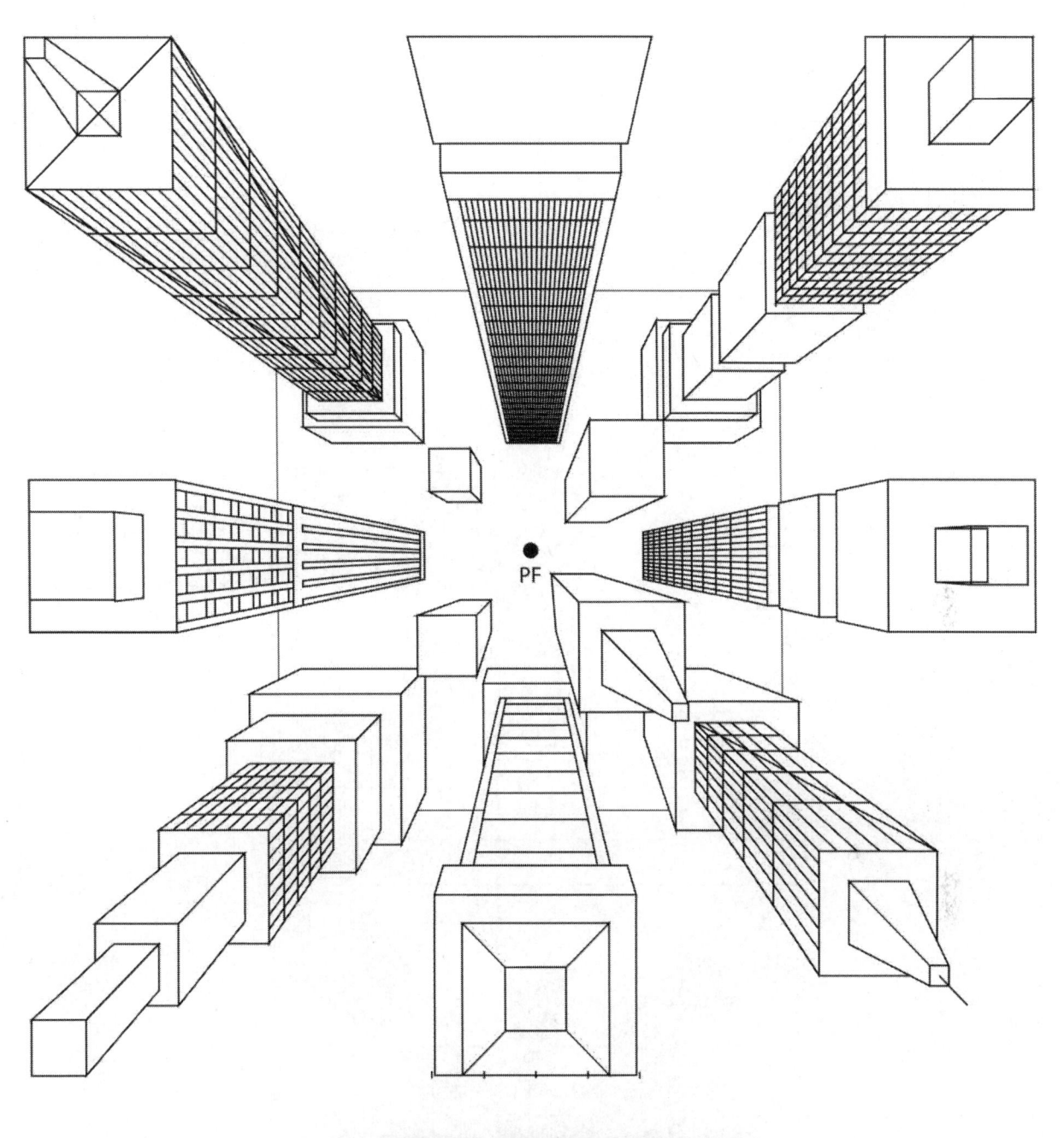

PERSPECTIVA PARALELA VISTA DE PÁJARO

La constante en esta vista de pájaro está en la repetición del cuadrado, pues todos los edificios tienen esta figura en común. La vista de esta imagen parece frontal, pero es cenital; es decir, de arriba hacia abajo.

Aunque hay variantes entre un edificio y otro, la repetición del cuadrado le da cierta uniformidad a la composición. La diferencia de altura entre los mismos rompe un poco con la monotonía y permite entender más la imagen.

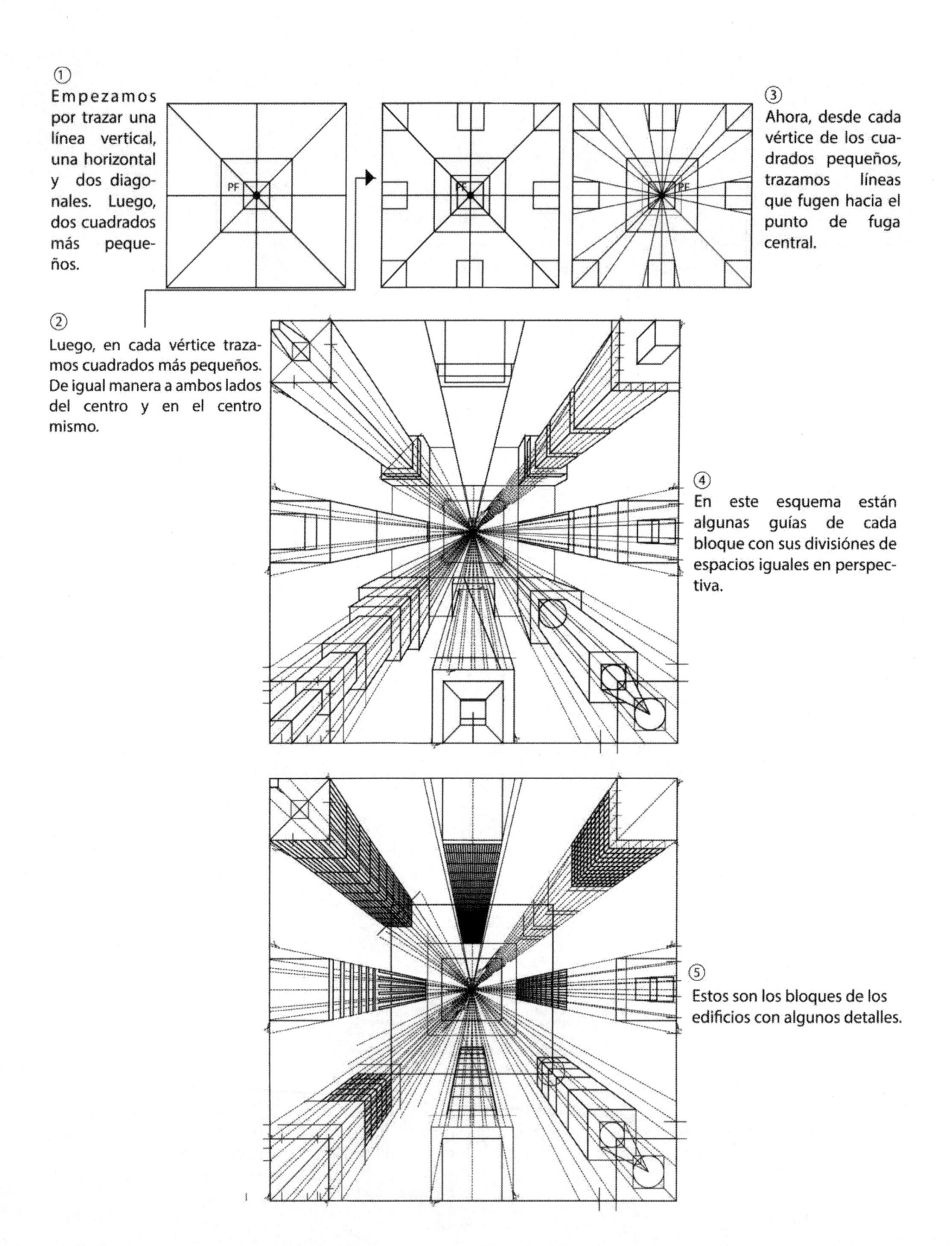

① Empezamos por trazar una línea vertical, una horizontal y dos diagonales. Luego, dos cuadrados más pequeños.

② Luego, en cada vértice trazamos cuadrados más pequeños. De igual manera a ambos lados del centro y en el centro mismo.

③ Ahora, desde cada vértice de los cuadrados pequeños, trazamos líneas que fugen hacia el punto de fuga central.

④ En este esquema están algunas guías de cada bloque con sus divisiónes de espacios iguales en perspectiva.

⑤ Estos son los bloques de los edificios con algunos detalles.

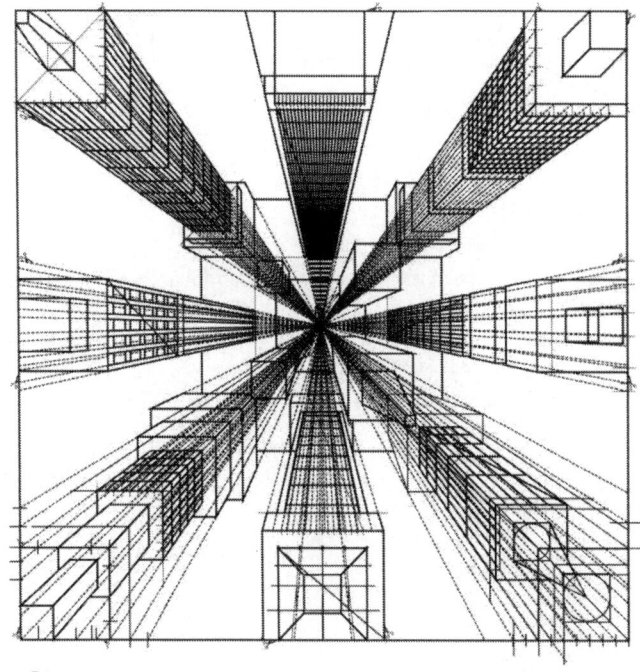

⑥
En este esquema están las guías de cada bloque con los planos más importantes.

⑦
Aquí mostramos las guías de cada bloque con las guías de las líneas de espacios iguales en perspectiva.

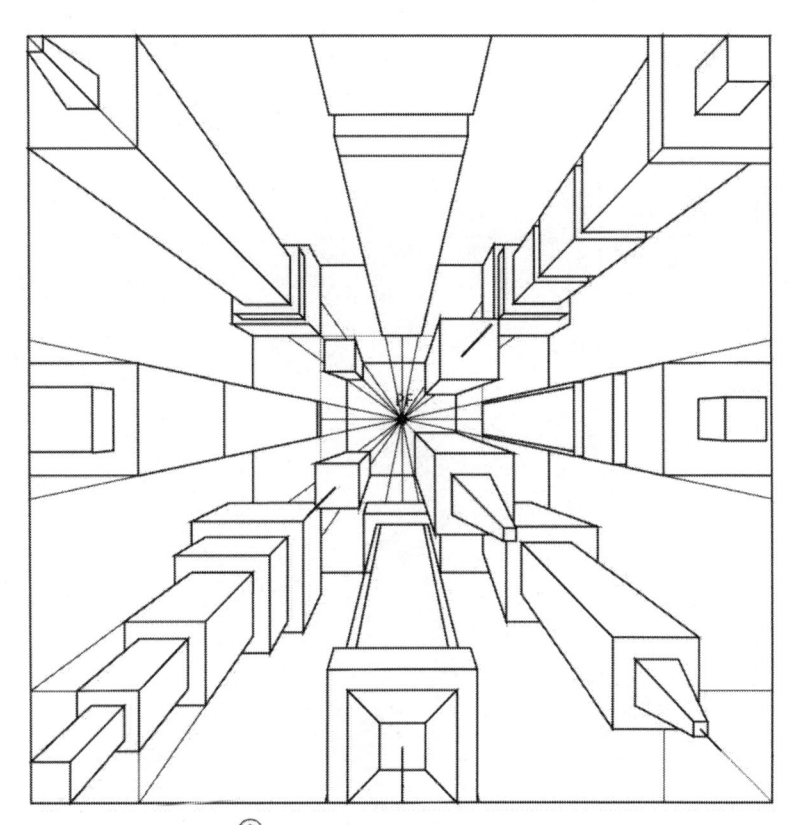

⑧
Esta es la gráfica terminada. El ojo del espectador se ubica justo en el centro de la composición.

PERSPECTIVA PARALELA (O CÓNICA) 1 PUNTO DE FUGA

La perspectiva nos da una representación en tres dimensiones de un escenario u objeto. Un dibujo en perspectiva busca representar al objeto en cuestión tal y como nuestros ojos lo ven.

En la perspectiva paralela debemos identificar la línea de tierra, línea de horizonte, el punto de distancia y punto de fuga. Con estos elementos podremos representar cualquier modelo en diversas vistas.

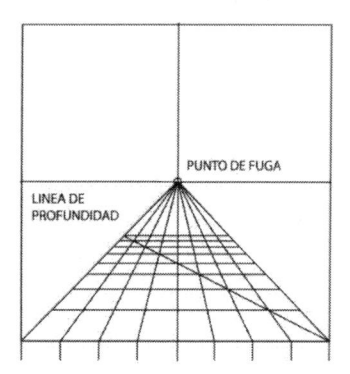

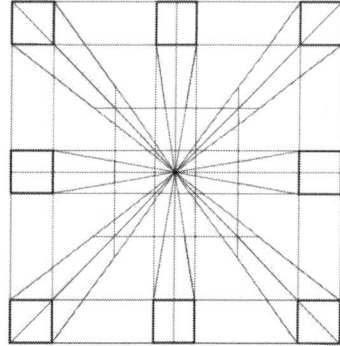

Línea de tierra. Se refiere a la línea donde asentamos nuestro modelo (o donde asentamos nuestros pies).

Línea de horizonte. Es la línea imaginaria que se sitúa a la altura de nuestra vista, sea que estemos sentados, parados o en el último nivel de un rascacielos.

Punto de fuga. Es el punto de donde parten todas las líneas en la distancia, y en sentido inverso en donde convergen todas las líneas en la profundidad.

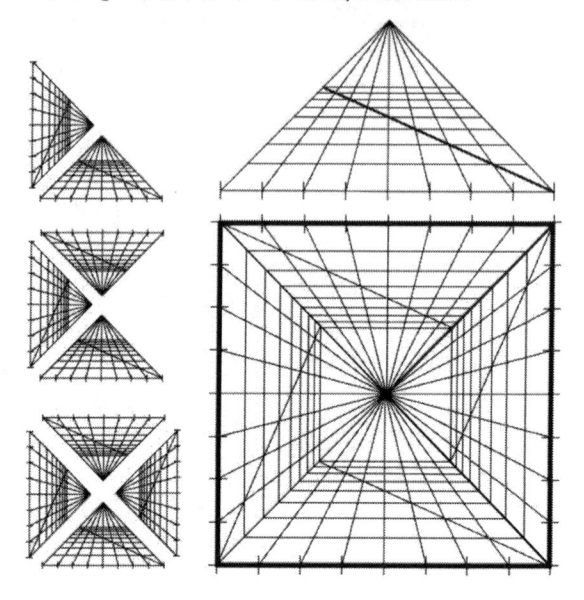

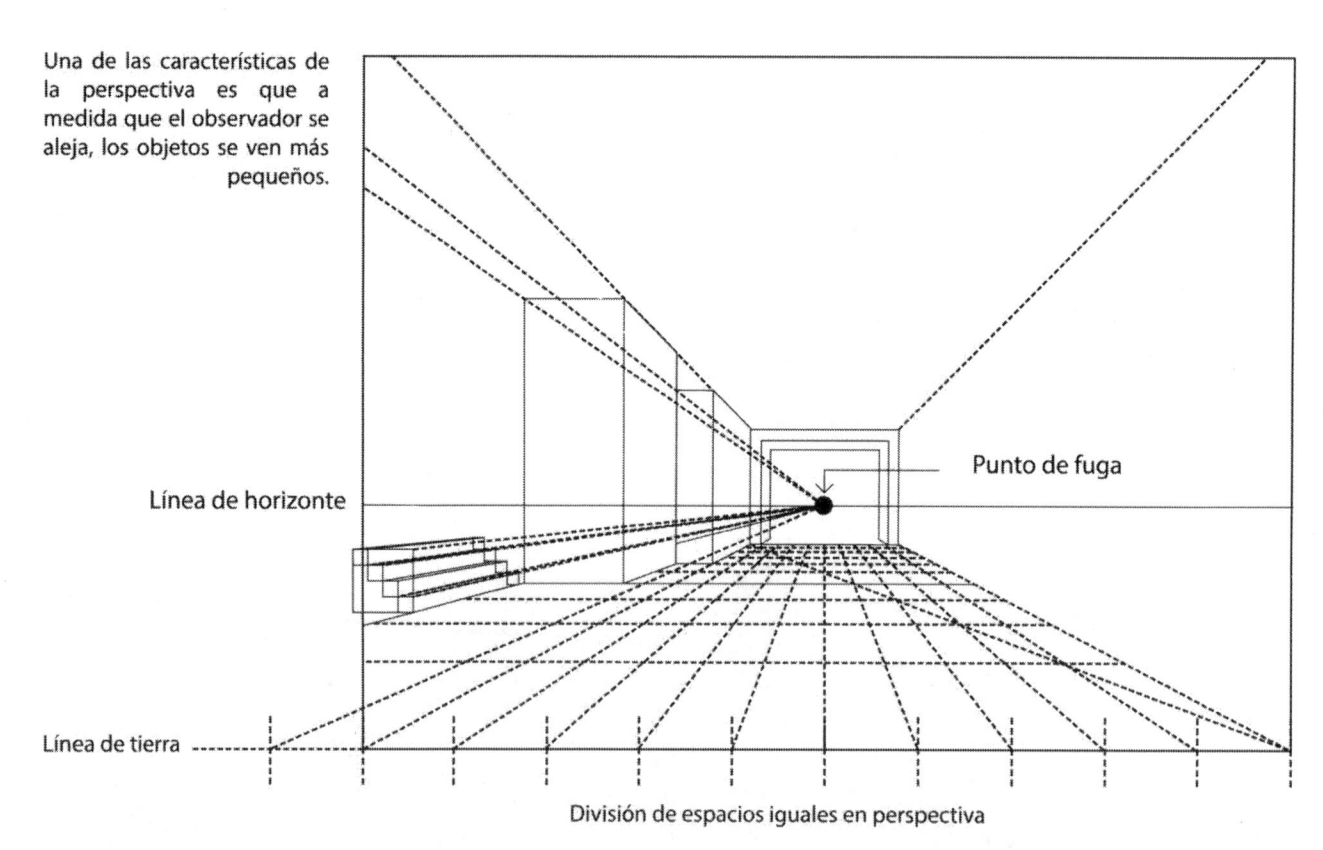

Una de las características de la perspectiva es que a medida que el observador se aleja, los objetos se ven más pequeños.

División de espacios iguales en perspectiva

PERSPECTIVA PARALELA VISTA DE HORMIGA

Este tipo de vista lleva el nombre de *vista de hormiga*. Es llamada así porque la fuga va de abajo hacia arriba. También, el ojo del espectador (o punto de vista) está justo en el centro de la composición. Nótese finalmente que todas las plantas de los edificios están fabricadas por cuadrados, por lo que el ejercicio nos puede llevar a aprender a utilizar esta figura en todos sus ángulos.

① Empezamos por dividir el cuadrado con una línea vertical, una horizontal y dos diagonales.

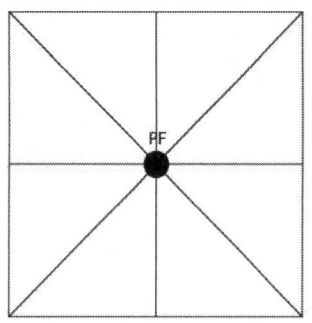

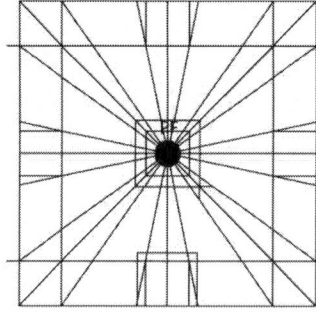

② Trazamos cuadrados más pequeños según mostrado en la figura. Luego, líneas guías que fuguen hacia el centro y toquen los vértices de los cuadrados pequeños.

③ Mostramos las guías de cada bloque con sus divisiones de espacios iguales.

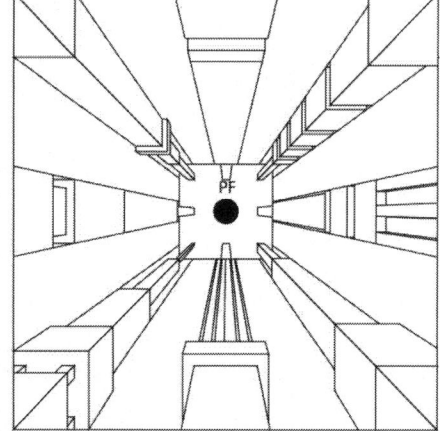

④ Los bloques de los edificios con algunos detalles.

⑤ Aquí, la gráfica terminada.

Comprobemos una vez más que el cuadrado es la figura predominante.

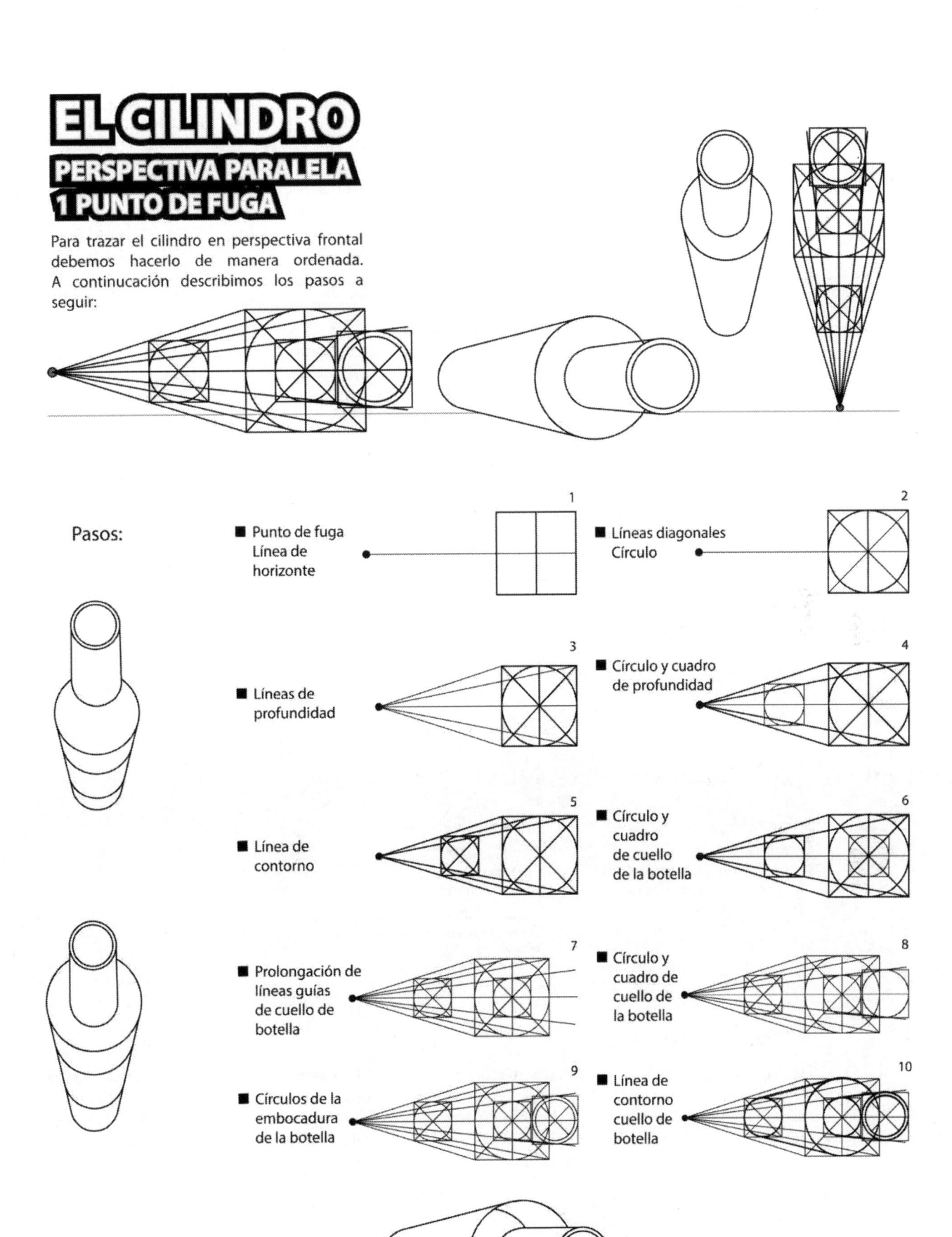

EL CILINDRO
PERSPECTIVA PARALELA
1 PUNTO DE FUGA

Para trazar el cilindro en perspectiva frontal debemos hacerlo de manera ordenada. A continuación describimos los pasos a seguir:

Pasos:

1. ■ Punto de fuga / Línea de horizonte
2. ■ Líneas diagonales / Círculo
3. ■ Líneas de profundidad
4. ■ Círculo y cuadro de profundidad
5. ■ Línea de contorno
6. ■ Círculo y cuadro de cuello de la botella
7. ■ Prolongación de líneas guías de cuello de botella
8. ■ Círculo y cuadro de cuello de la botella
9. ■ Círculos de la embocadura de la botella
10. ■ Línea de contorno cuello de botella

ALGUNAS DEFINICIONES BÁSICAS

Línea de horizonte
Es la línea horizontal que se forma a la altura de nuestra vista. En otras palabras, es la línea divisoria entre el mar y el cielo; o en un paisaje desértico, es la línea que divide a la arena del cielo. Sea que estemos sentados, parados o sobre una azotea, esta línea está siempre a la altura de nuestra vista.

Línea de horizonte

Punto de vista
Es el punto en el que convergen todas las líneas paralelas que se dirigen al horizonte. Son perpendiculares al cuadro.

Punto de fuga
Cuando los puntos de convergencia están a ambos lados del punto de vista, estos se denominan puntos de fuga.

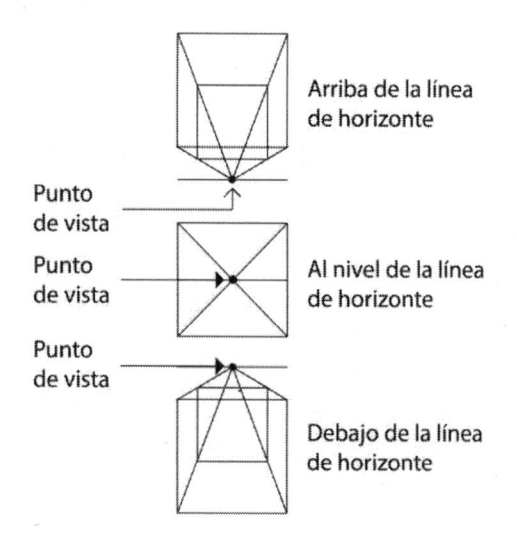

Punto de vista — Arriba de la línea de horizonte
Punto de vista — Al nivel de la línea de horizonte
Punto de vista — Debajo de la línea de horizonte

Punto de fuga 1 — Punto de fuga 2

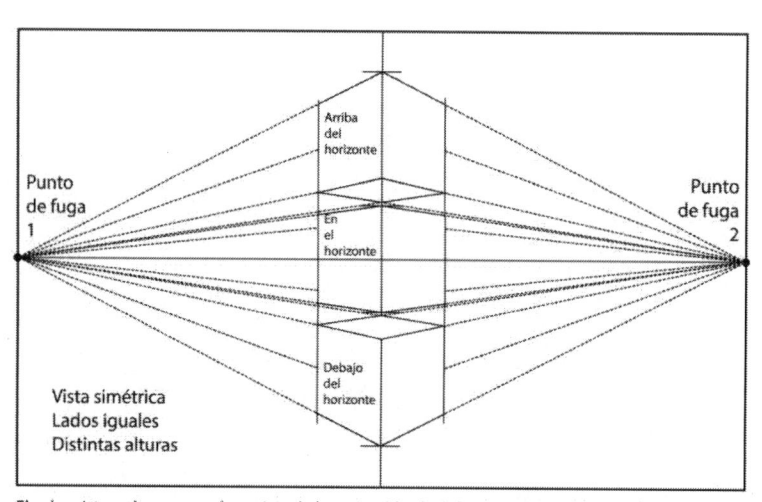

Arriba del horizonte
En el horizonte
Debajo del horizonte

Vista simétrica
Lados iguales
Distintas alturas

El cubo visto a altura normal, en vista de hormiga (de abajo hacia arriba) y vista de pájaro (de arriba hacia abajo).

Tipos de líneas

Paralelas
Dos líneas que en toda su longitud guardan la misma distancia.

Convergentes
Dos líneas que en uno de sus extremos convergen en un solo punto.

Divergentes
Dos o más líneas que convergen en un solo punto en un extremo, mientras los otros extremos se desplazan en dirección opuesta.

Perpendiculares
Líneas que se intersectan a un ángulo de 90°.

90°

PERSPECTIVA PARALELA-ESPACIOS IGUALES
COLUMNAS EN PERSPECTIVA

En la siguiente gráfica hemos agrandado la vista; es decir, se han acercado los planos con el fin de hacer el ejemplo más claro y así entender mejor el ejercicio.

Además, eliminamos las dos filas de columnas del centro, dejamos solamente los cuadros de las bases.

① Empezamos por trazar la línea de tierra y la de horizonte, junto con el punto de fuga.

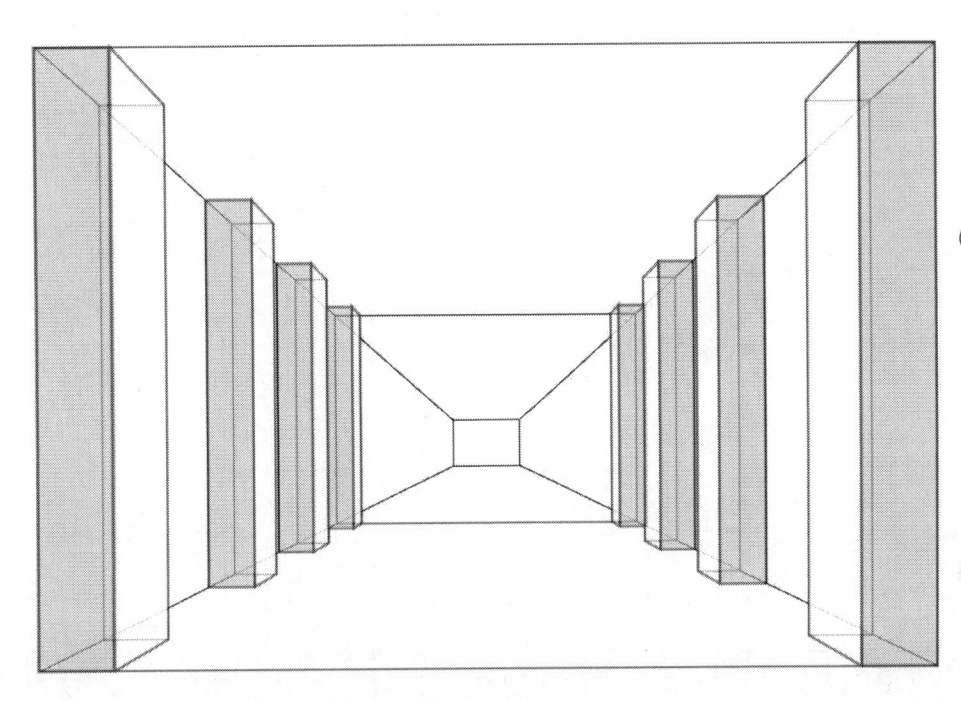

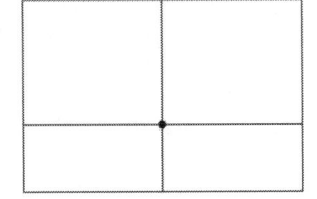

② Trazamos los planos izquierdo y derecho.

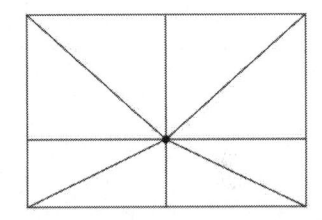

③ Trazamos el plano del fondo.

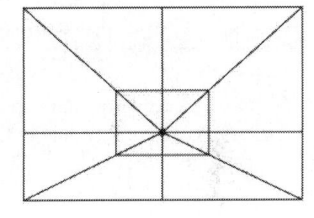

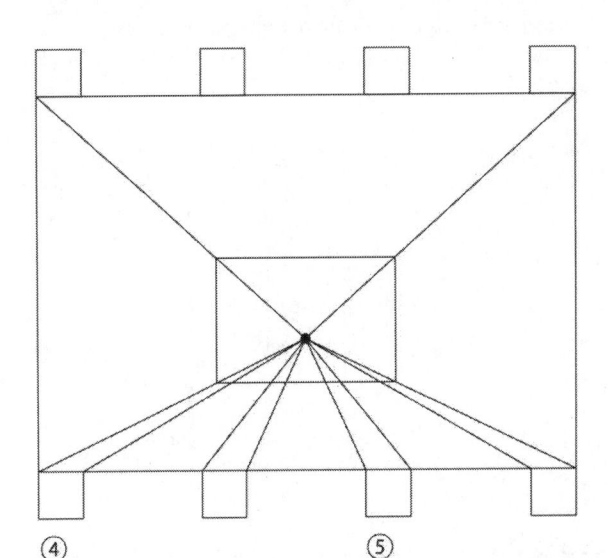

④ Dividimos el plano frontal en cuatro partes iguales. Cada parte dividida en tres porciones iguales.

⑤ Trazamos una línea diagonal desde la esquina inferior izquierda del plano frontal, hasta la esquina inferior derecha del plano del fondo.

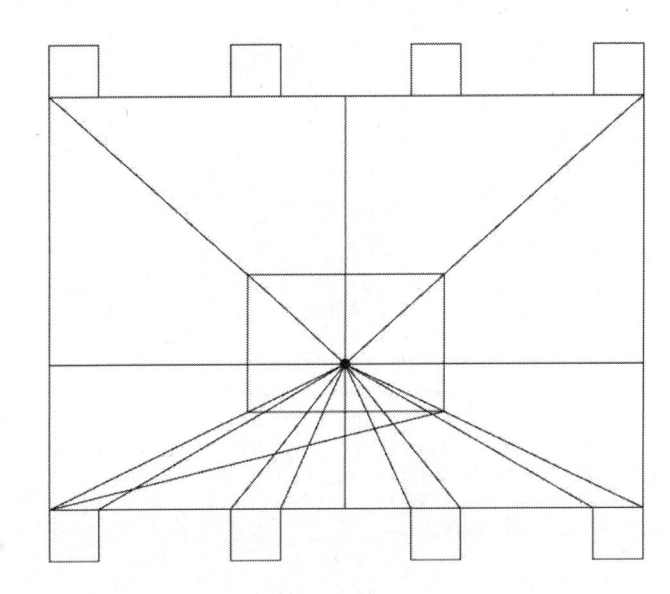

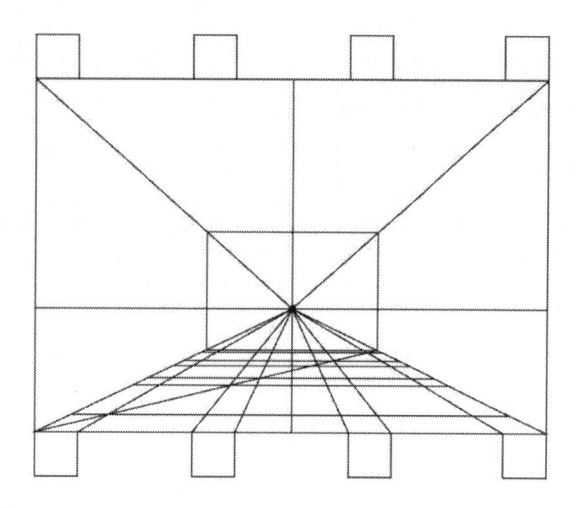

⑥ Marcamos en el piso las bases de lo que luego serán las columnas.

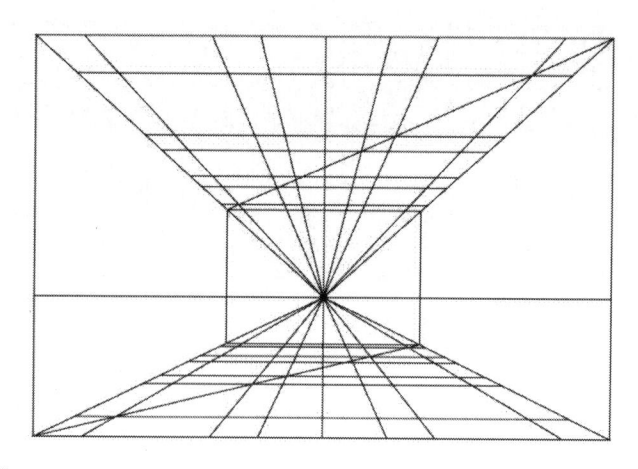

⑦ Replicamos toda la gráfica en el techo como efecto de espejo.

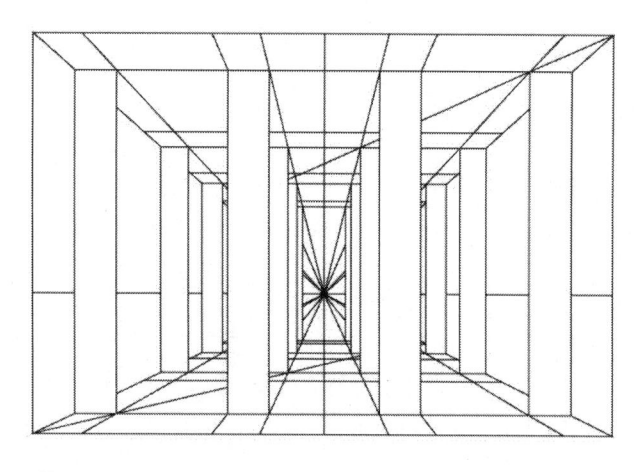

⑧ Nos posicionamos en el plano de profundidad de cada base y alzamos las líneas hasta el plano del techo de cada uno de ellos.

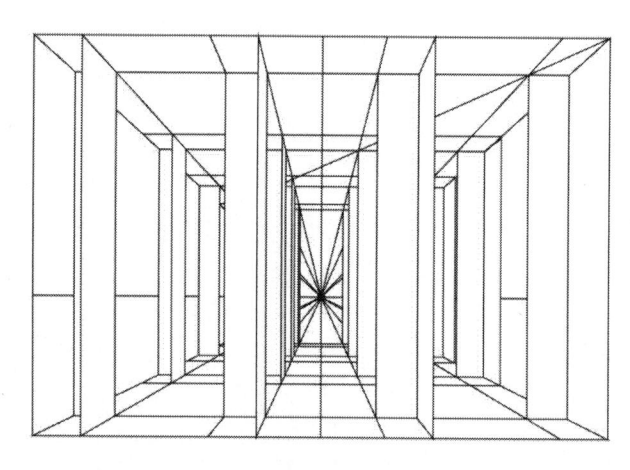

⑨ Nos posicionamos en el plano derecho de cada base y alzamos los trazos hasta el techo.

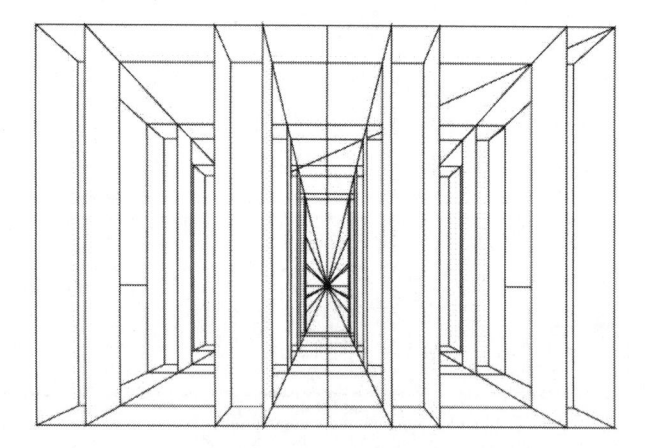

⑩ Nos posicionamos en el plano izquierdo de cada base y alzamos los trazos hasta el techo.

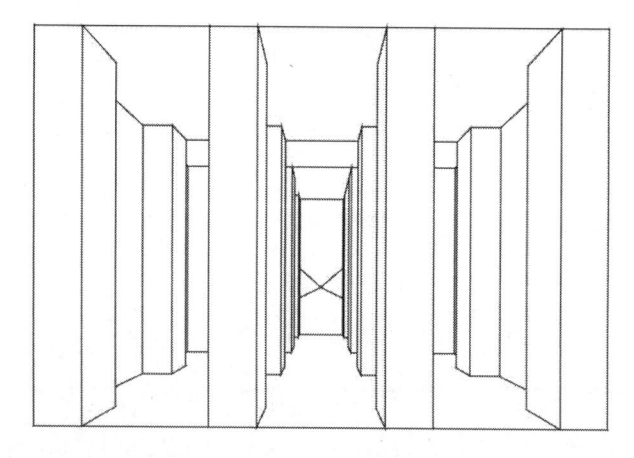

⑪ Cerramos el ejercicio trazando el plano frontal de cada columna, logrando así el efecto de columnas alineadas, paralelas y en perspectiva.

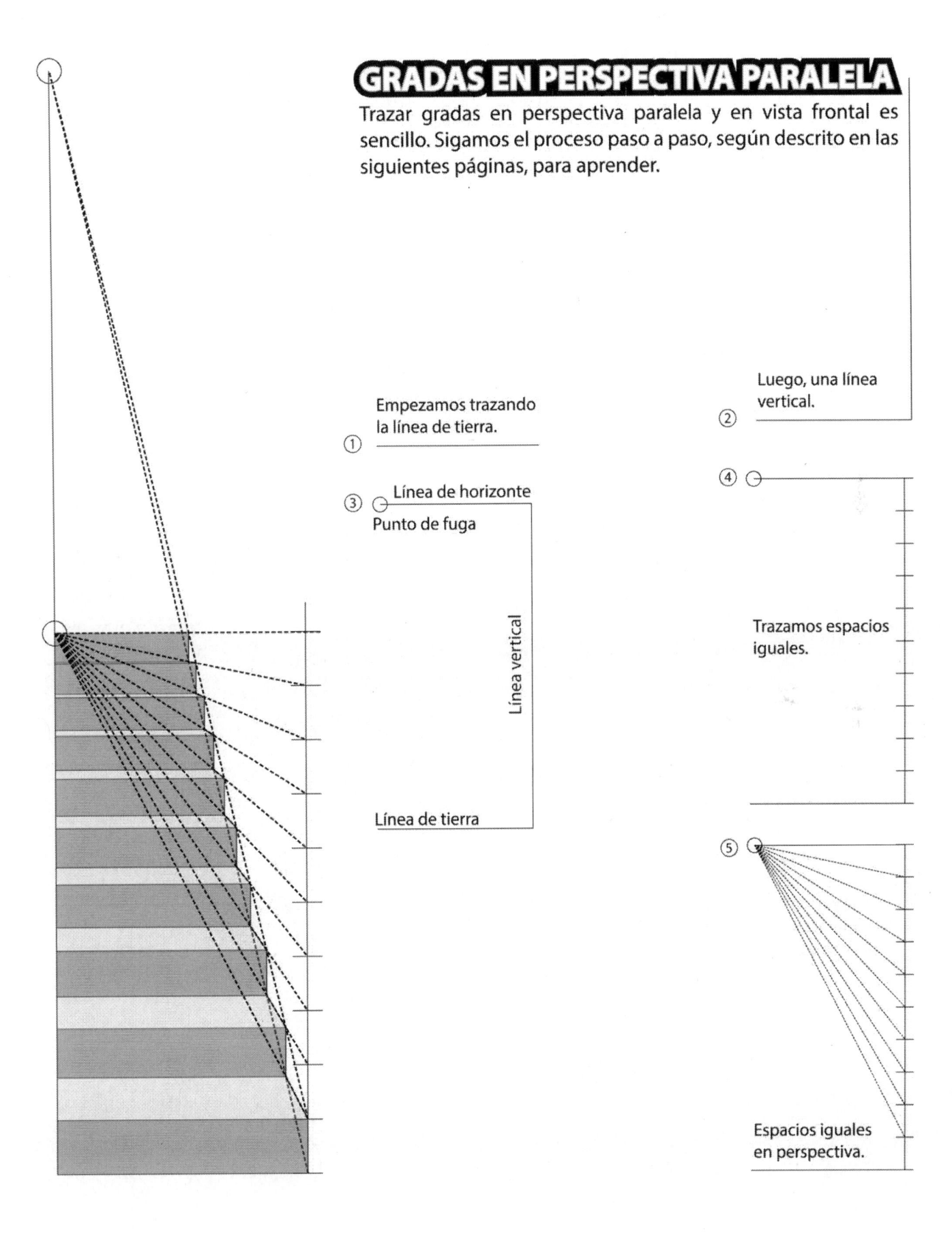

GRADAS EN PERSPECTIVA PARALELA

Trazar gradas en perspectiva paralela y en vista frontal es sencillo. Sigamos el proceso paso a paso, según descrito en las siguientes páginas, para aprender.

① Empezamos trazando la línea de tierra.

③ Línea de horizonte
Punto de fuga

Línea vertical

Línea de tierra

② Luego, una línea vertical.

④ Trazamos espacios iguales.

⑤ Espacios iguales en perspectiva.

⑥ Punto de vista auxiliar.

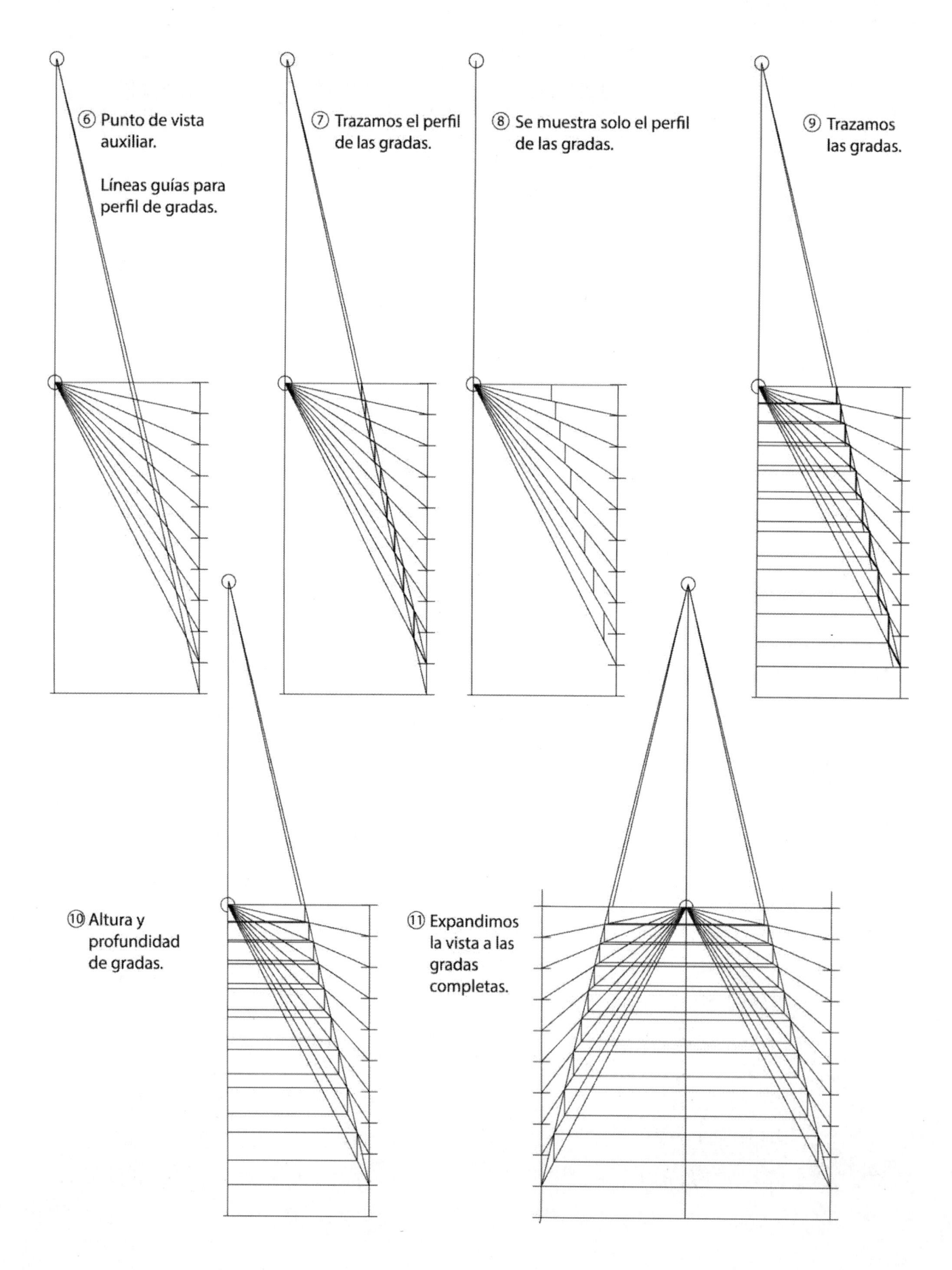

Líneas guías para perfil de gradas.

⑦ Trazamos el perfil de las gradas.

⑧ Se muestra solo el perfil de las gradas.

⑨ Trazamos las gradas.

⑩ Altura y profundidad de gradas.

⑪ Expandimos la vista a las gradas completas.

GRADAS EN PERSPECTIVA FRONTAL 2 PUNTOS DE FUGA

En el siguiente ejercicio buscamos que el lector aprenda a trazar gradas en perspectiva para cualquier modelo o situación. En el ejercicio, trazaremos la grada más lejana (más pequeña) justo a la altura de nuestra vista (al nivel de la línea de horizonte).

Punto de fuga 2
De este parten las líneas guías que nos permiten dar la profundidad de cada grada.

Punto de vista (y punto de fuga 1)
Está a la altura de nuestra vista y en él convergen las líneas que dan altura a cada grada.

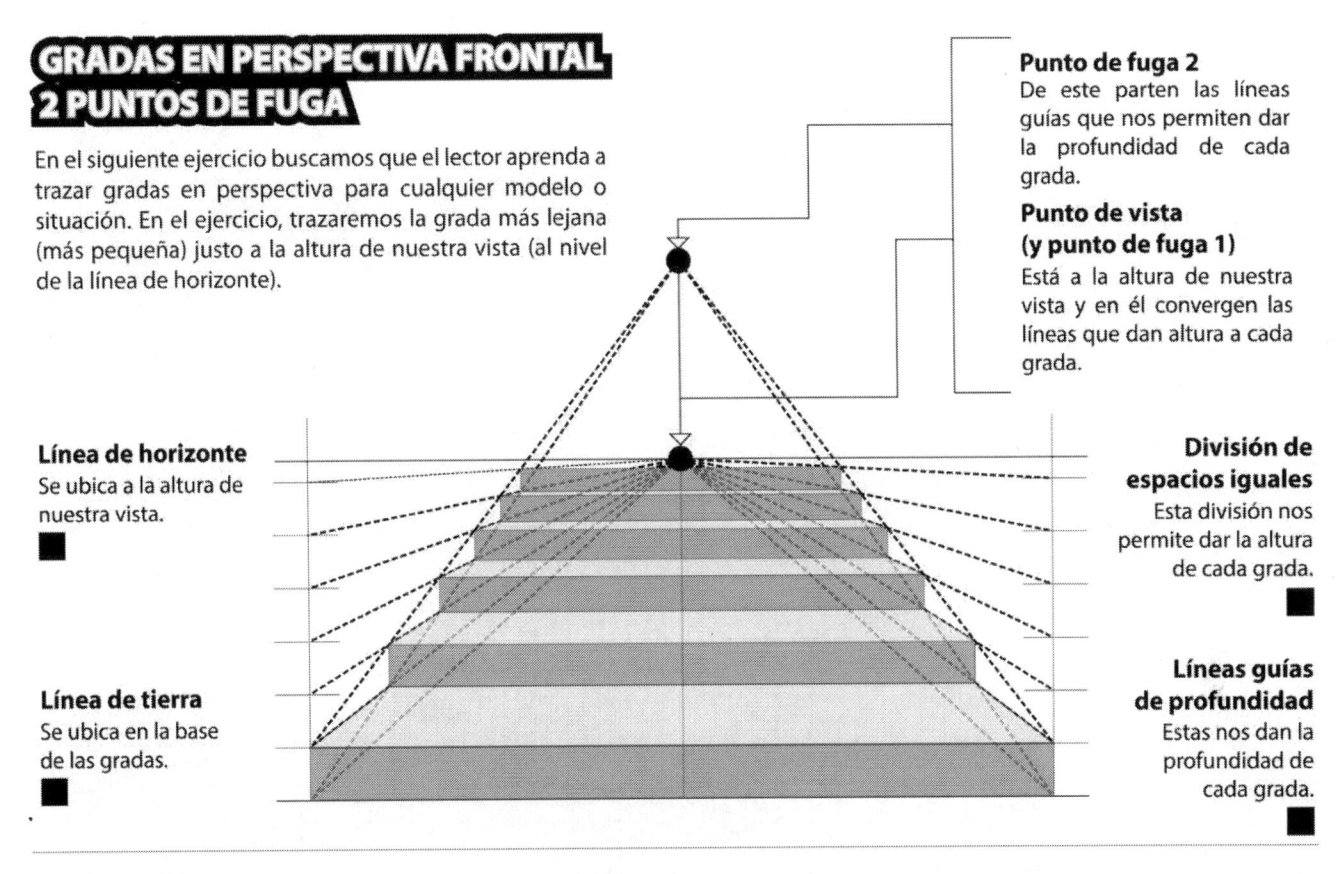

Línea de horizonte
Se ubica a la altura de nuestra vista.

División de espacios iguales
Esta división nos permite dar la altura de cada grada.

Línea de tierra
Se ubica en la base de las gradas.

Líneas guías de profundidad
Estas nos dan la profundidad de cada grada.

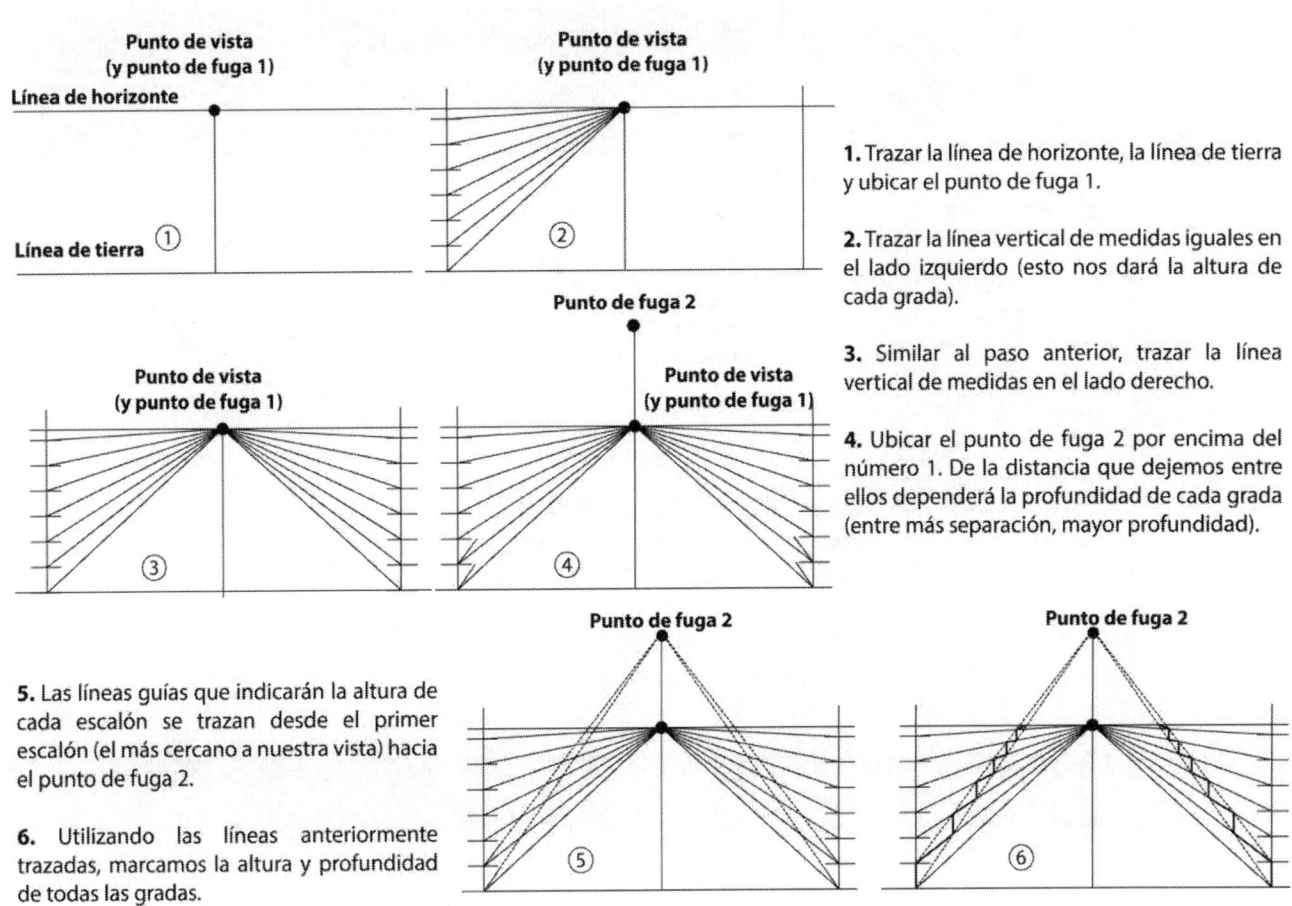

1. Trazar la línea de horizonte, la línea de tierra y ubicar el punto de fuga 1.

2. Trazar la línea vertical de medidas iguales en el lado izquierdo (esto nos dará la altura de cada grada).

3. Similar al paso anterior, trazar la línea vertical de medidas en el lado derecho.

4. Ubicar el punto de fuga 2 por encima del número 1. De la distancia que dejemos entre ellos dependerá la profundidad de cada grada (entre más separación, mayor profundidad).

5. Las líneas guías que indicarán la altura de cada escalón se trazan desde el primer escalón (el más cercano a nuestra vista) hacia el punto de fuga 2.

6. Utilizando las líneas anteriormente trazadas, marcamos la altura y profundidad de todas las gradas.

7. Trazamos la altura del primer peldaño.

8. Seguimos con la profundidad de la primera grada.

9. Completamos el trazo de la altura y profundidad de todas las gradas.

10. Finalizamos dando contraste a cada grada, aplicando un tono oscuro a la altura y un tono claro a la profundidad.

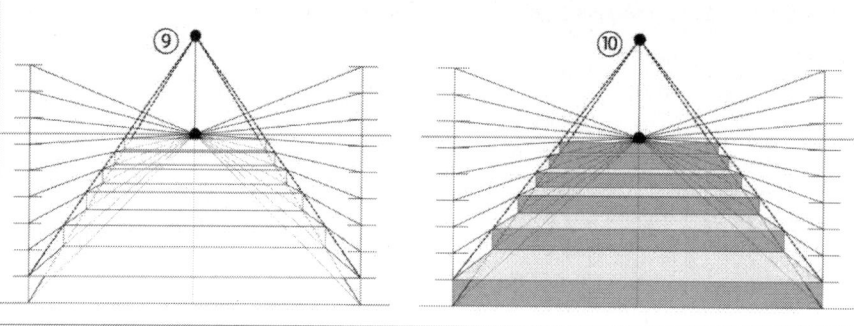

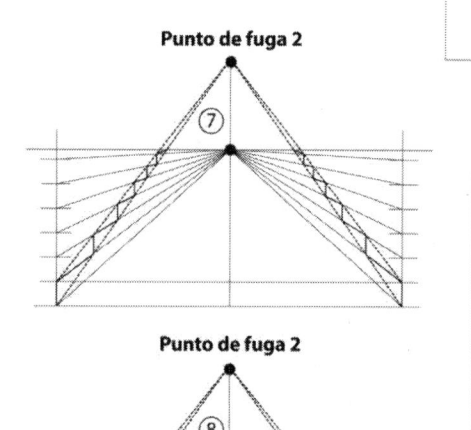

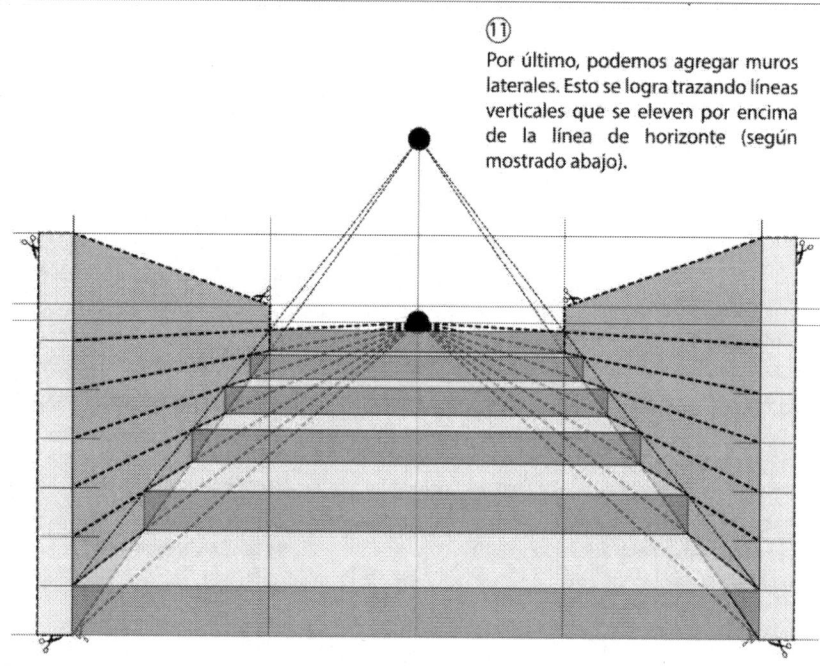

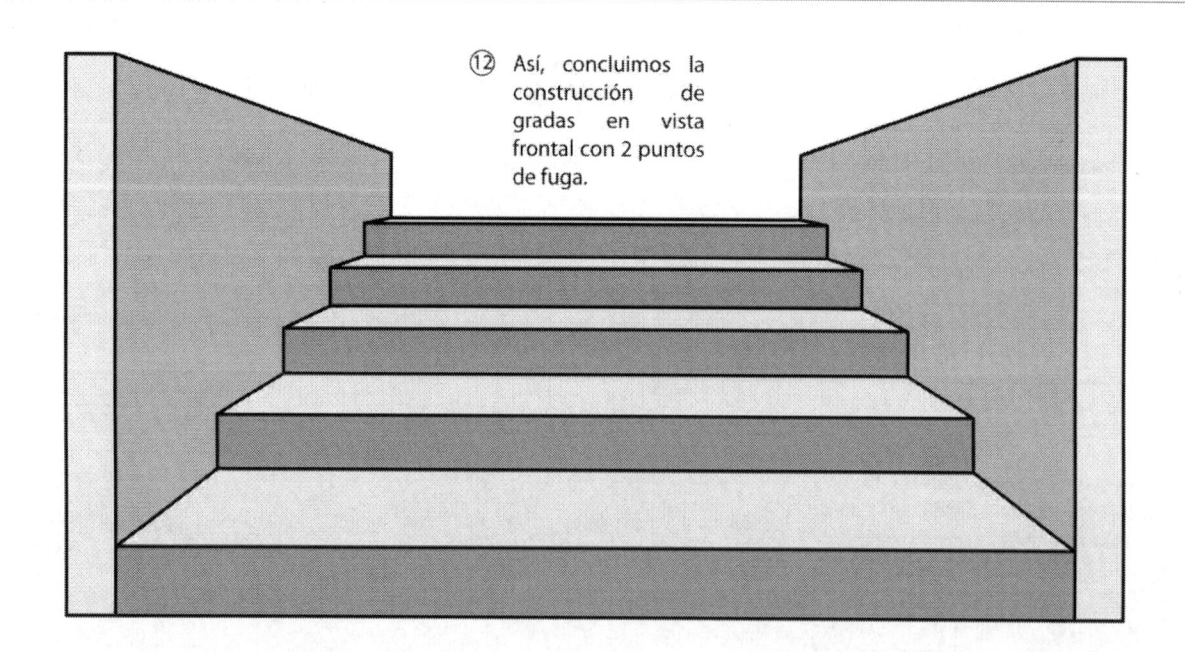

Punto de fuga 2

Punto de fuga 2

⑪ Por último, podemos agregar muros laterales. Esto se logra trazando líneas verticales que se eleven por encima de la línea de horizonte (según mostrado abajo).

⑫ Así, concluimos la construcción de gradas en vista frontal con 2 puntos de fuga.

PERSPECTIVA PARALELA INTERIOR EDIFICIO

El trazo del artesonado del techo y los arcos en perspectiva son sin duda la mayor dificultad en esta imagen. A continuación, veremos todos los diagramas necesarios para construirla de manera efectiva.

Trazamos línea de tierra, línea de horizonte, punto de vista.

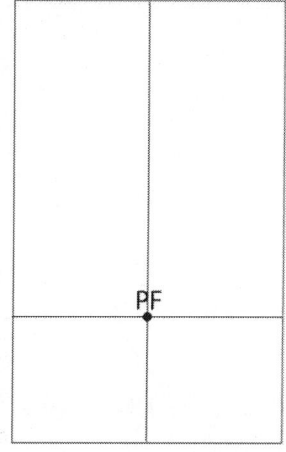

PF

② Trazamos espacios iguales en perspectiva y línea de profundidad.

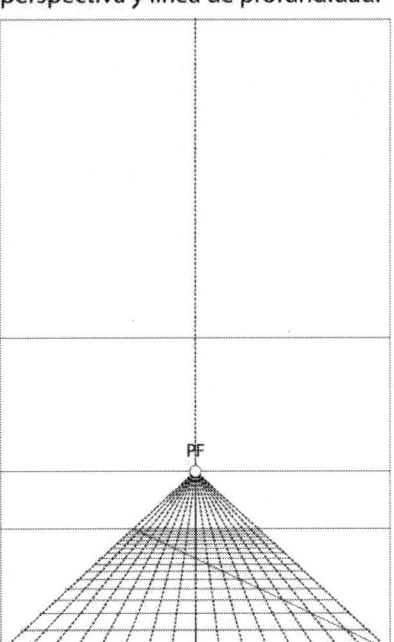

③ Rectángulo en el fondo y línea vertical hasta el techo.

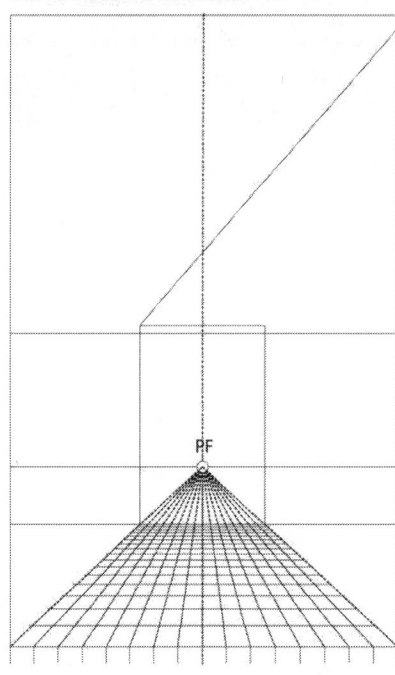

④ División de espacios iguales en perspectiva. Abajo las divisiones nos sirven para el piso y arriba para el artesonado.

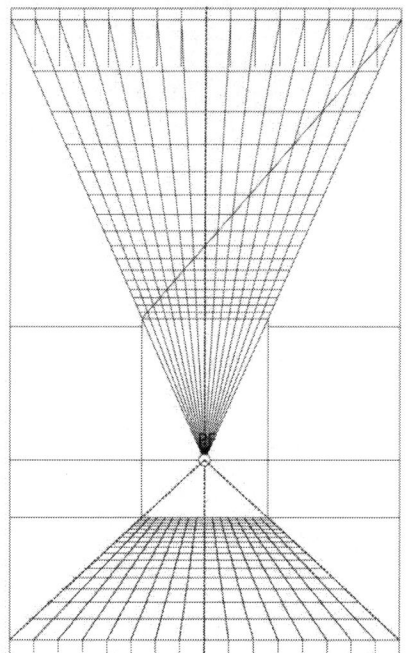

⑤ Línea de medidas de espacios iguales y perfil para artesonado.

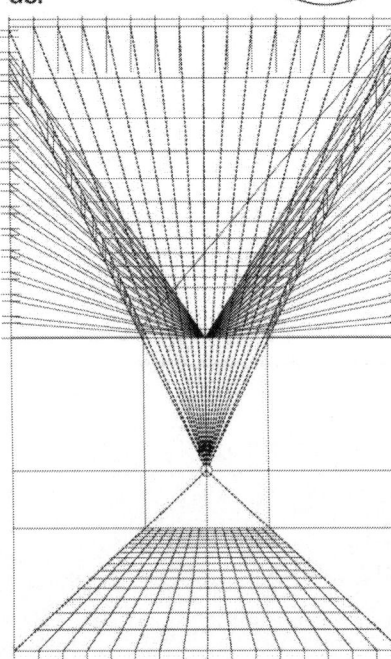

⑥ Perfil de espacios iguales en perspectiva para artesonado.

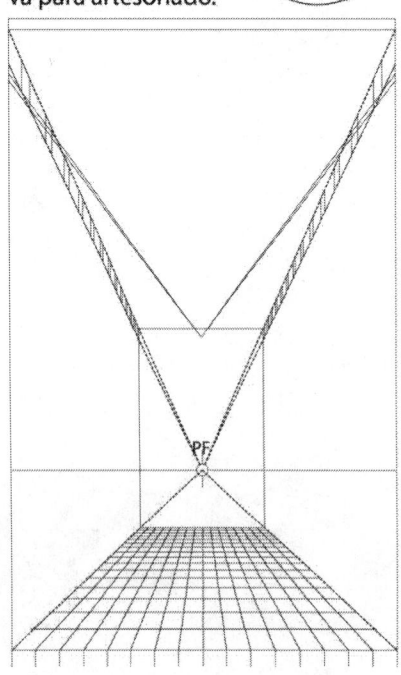

⑦ Altura de vigas del artesonado.

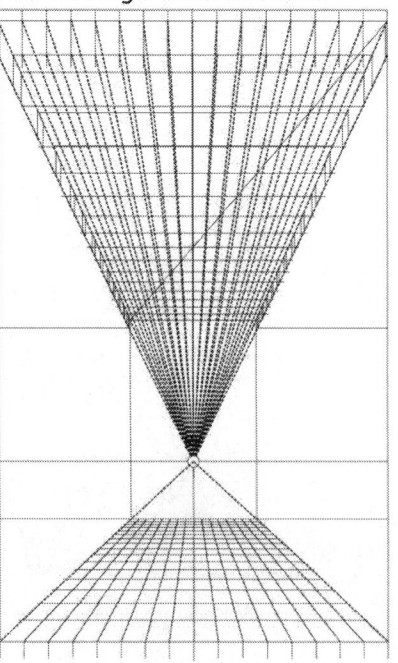

⑧ Marcamos las vigas del artesonado.

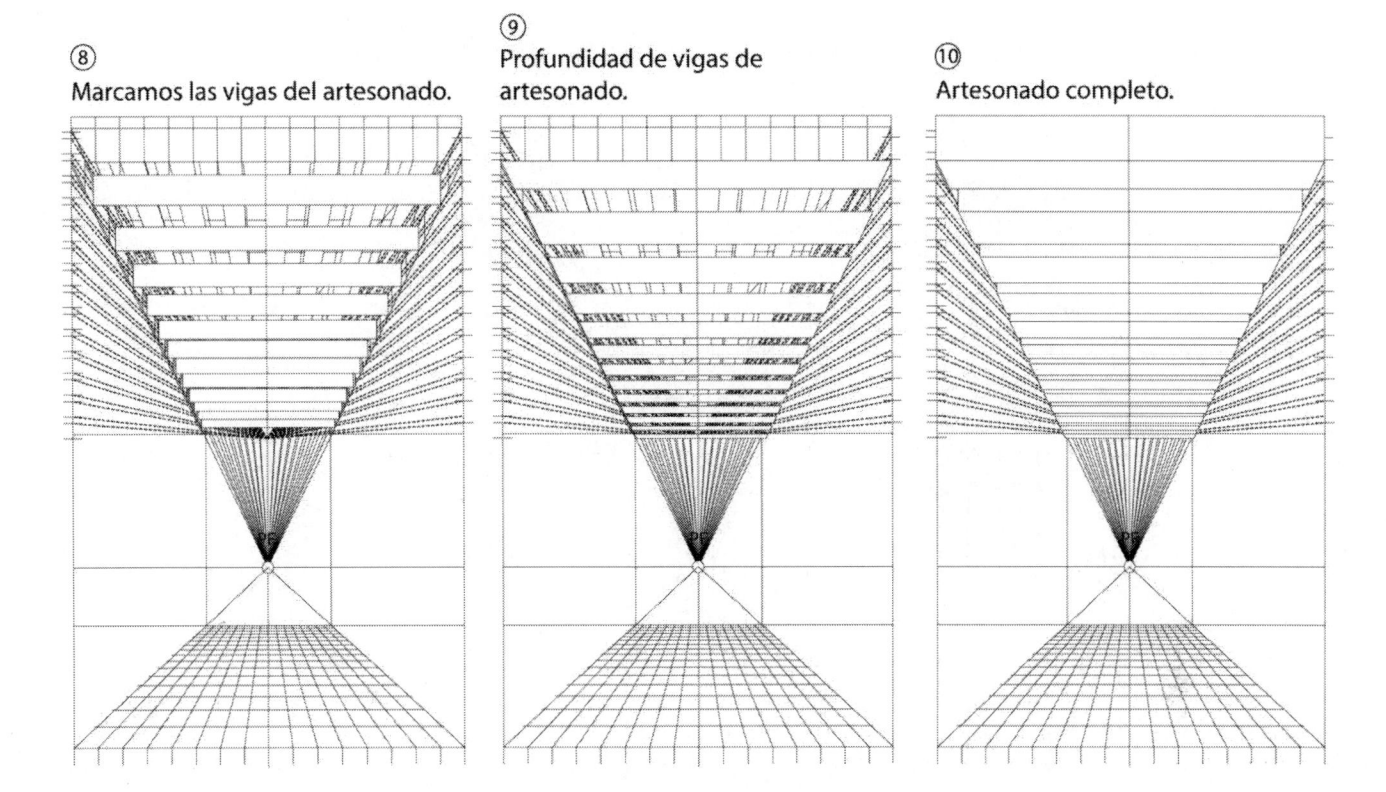

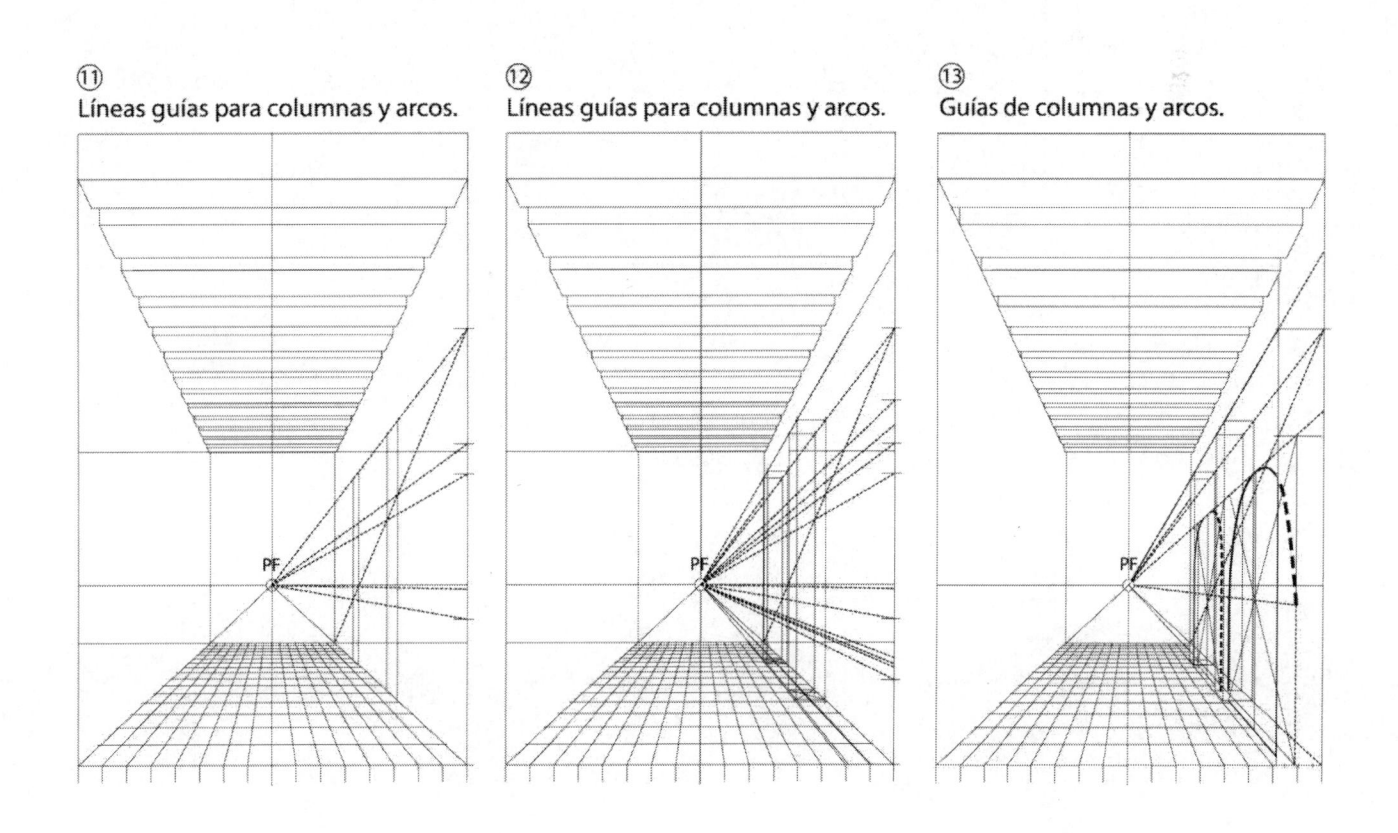

⑨ Profundidad de vigas de artesonado.

⑩ Artesonado completo.

⑪ Líneas guías para columnas y arcos.

⑫ Líneas guías para columnas y arcos.

⑬ Guías de columnas y arcos.

⑭ Trazamos los arcos.

⑮ Líneas guías para relieves y voladizos en las columnas.

⑯ Líneas guías para otros voladizos en columnas.

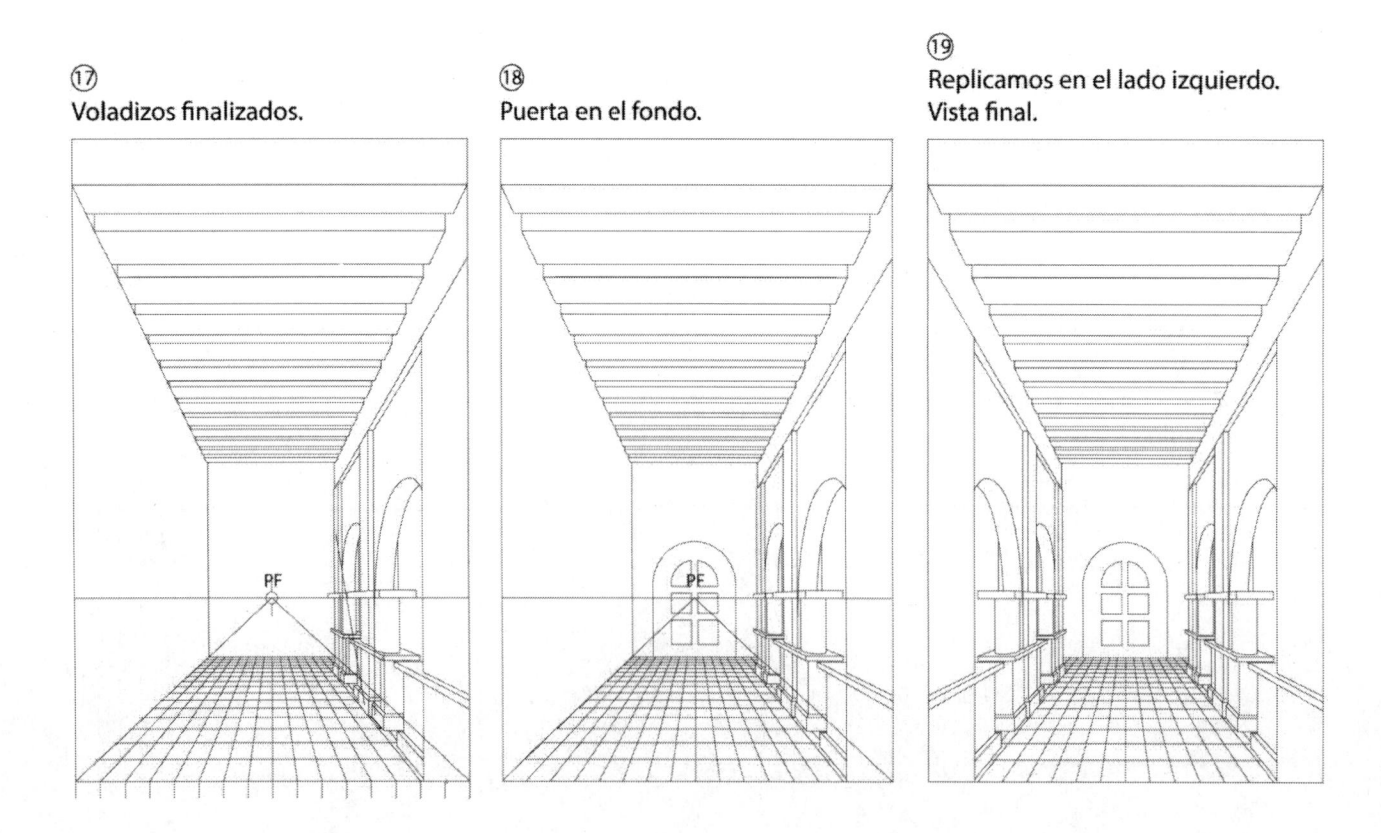

⑰ Voladizos finalizados.

⑱ Puerta en el fondo.

⑲ Replicamos en el lado izquierdo. Vista final.

PERSPECTIVA PARALELA — CON UN PUNTO DE FUGA — INTERIOR APARTAMENTO

① Trazamos la línea de tierra y línea de horizonte.

② Trazamos el punto de fuga, línea de profundidad y dividimos en espacios iguales.

③ Trazamos los planos laterales y el techo.

④ Trazamos el plano inferior del piso, delimitando los cuadros en perspectiva.

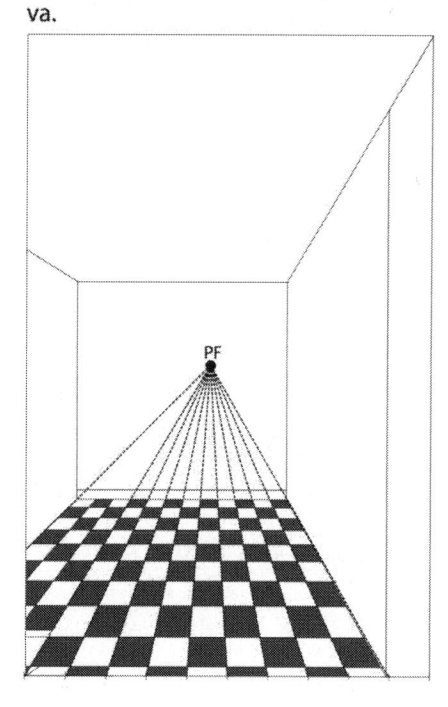

⑤ Trazamos el plano lateral derecho escalonado usando el sistema de espacios iguales en perspectiva.

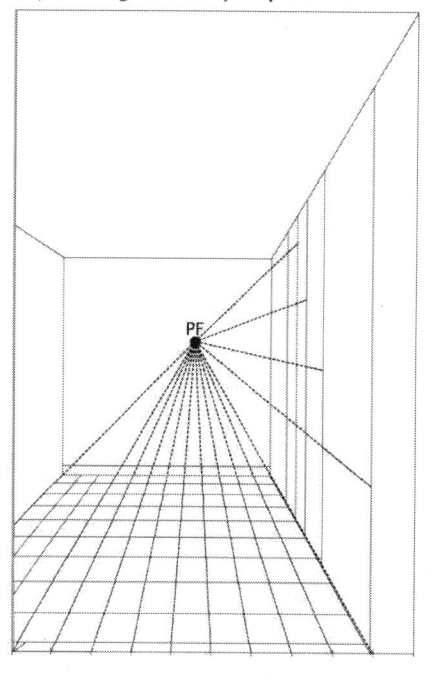

⑥ Le damos ancho a los escalones. Las divisiones en la parte superior derecha, no están trazadas con el sistema de espacios iguales a propósito, por cuestión de diseño.

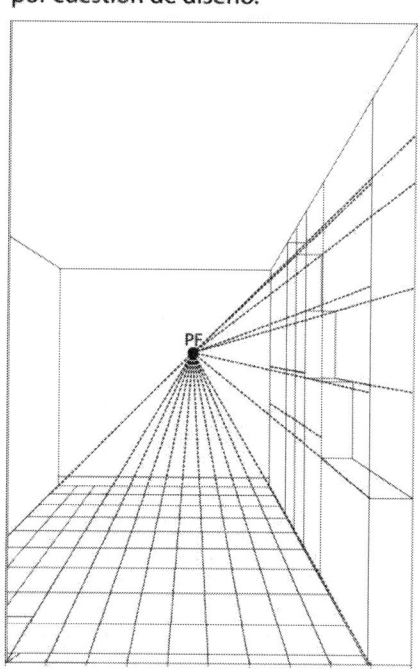

⑦ Trazamos la fachaleta de la parte superior derecha.

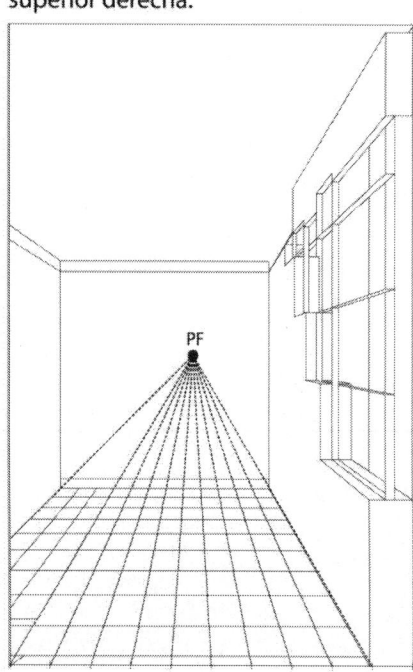

⑧ Trazamos una línea vertical ligeramente al lado izquierdo del punto de vista. Sobre esta línea trazamos un punto de vista auxiliar.

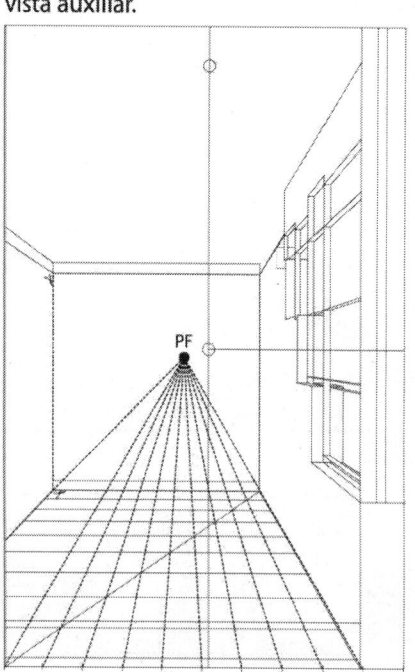

⑨ Ahora trazamos una línea vertical de medidas y espacios iguales.

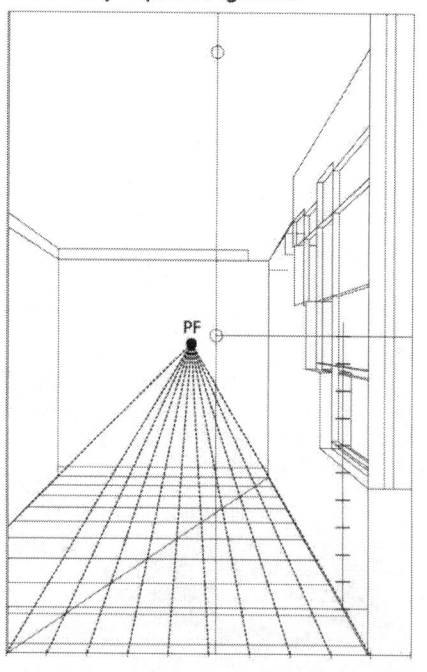

⑩ Tomando como base el primer peldaño de las gradas, trazamos dos líneas que fuguen hacia el punto de vista auxiliar.

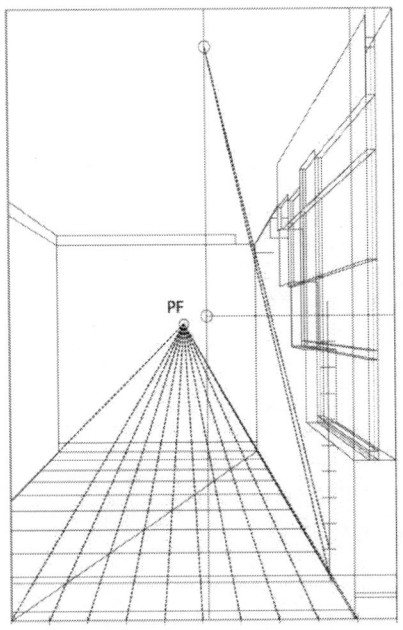

⑪ Trazamos el perfil de las gradas con el apoyo de las líneas guías recién trazadas. Luego trazamos líneas guías desde la línea vertical de medidas hacia el punto de fuga central.

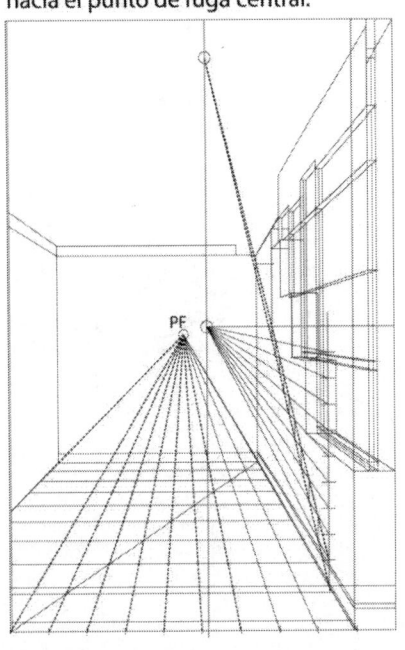

⑫ Guiándonos por el perfil de las gradas, trazamos la altura de cada una.

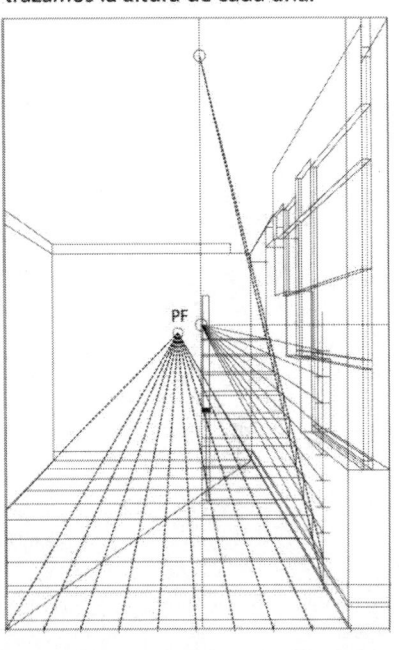

⑬ Siguiendo el perfil, trazamos la profundidad de los peldaños.

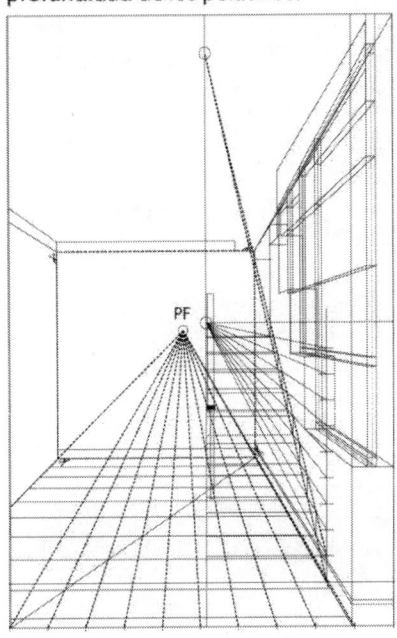

⑭ Trazamos otra línea vertical de medidas a la izquierda de la línea que contiene al punto de vista auxiliar.

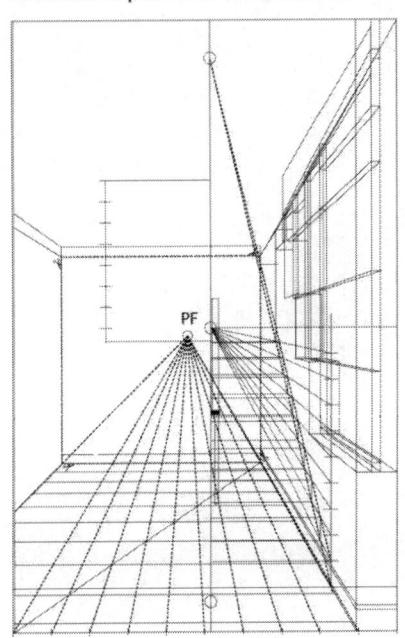

⑮ Trazamos desde la división mas alta dos líneas que fuguen hacia la base de las gradas en el piso, este punto nos servirá como punto de vista auxiliar.

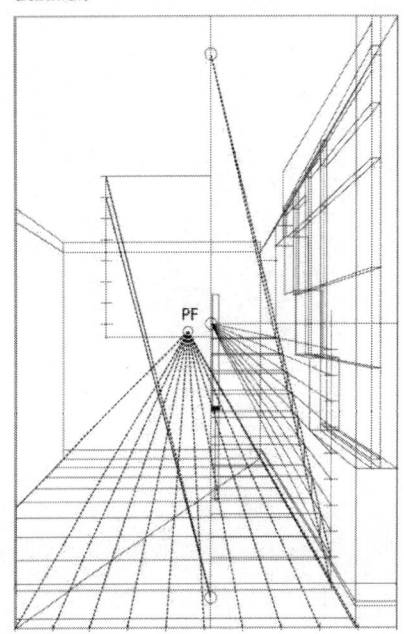

49

⑯ Desde cada división de espacios iguales trazamos una línea que fugue al punto de vista principal. Luego, guiándonos por las líneas que fugan al piso, marcamos el perfil de las gradas.

⑰ Siguiendo esta guía, trazamos cada peldaño.

⑱ El modelo hasta el momento, sin líneas guías.

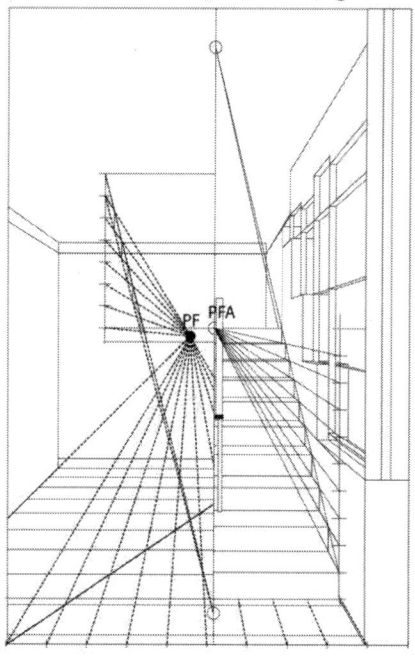

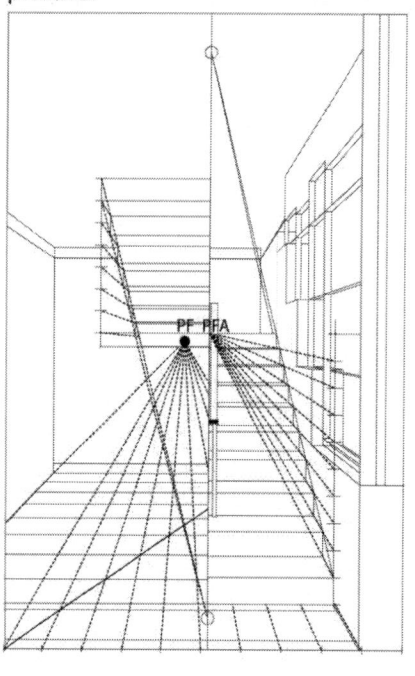

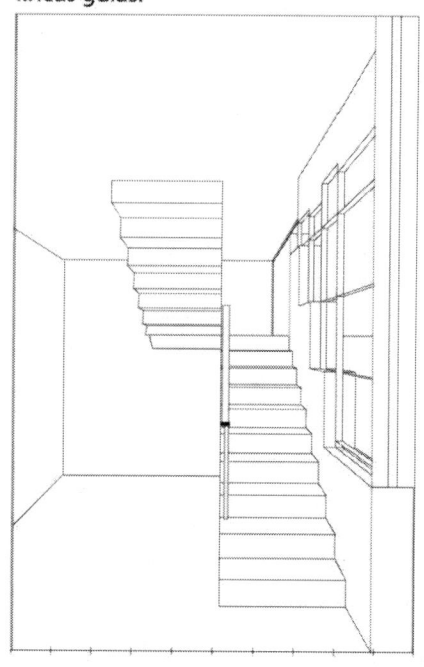

⑲ Agregamos una puerta en el plano del fondo.

⑳ Trazamos líneas guías sobre el plano izquierdo para luego trazar una ventana.

㉑ Vista con ventana

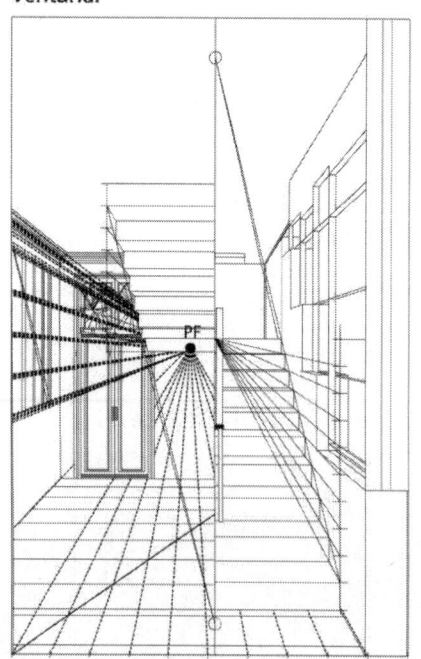

㉒
Trazamos líneas guías para marcar el bloque de una estufa o lavadora.

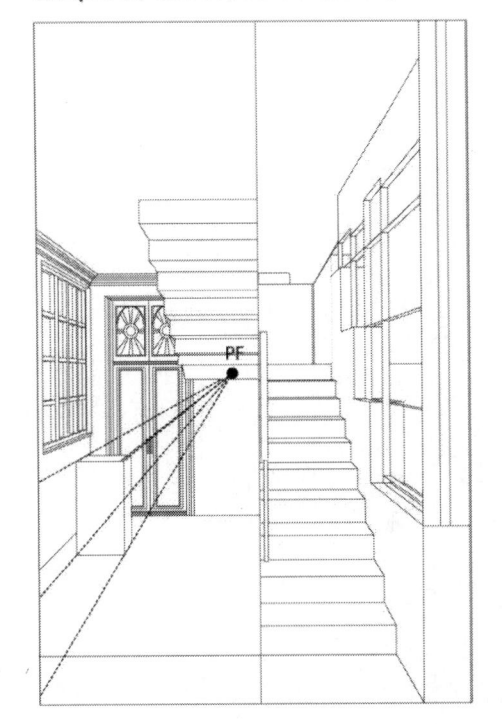

㉓
Lavamanos.

㉔
Por último, una refrigeradora en el plano del fondo.

㉕
Vista final

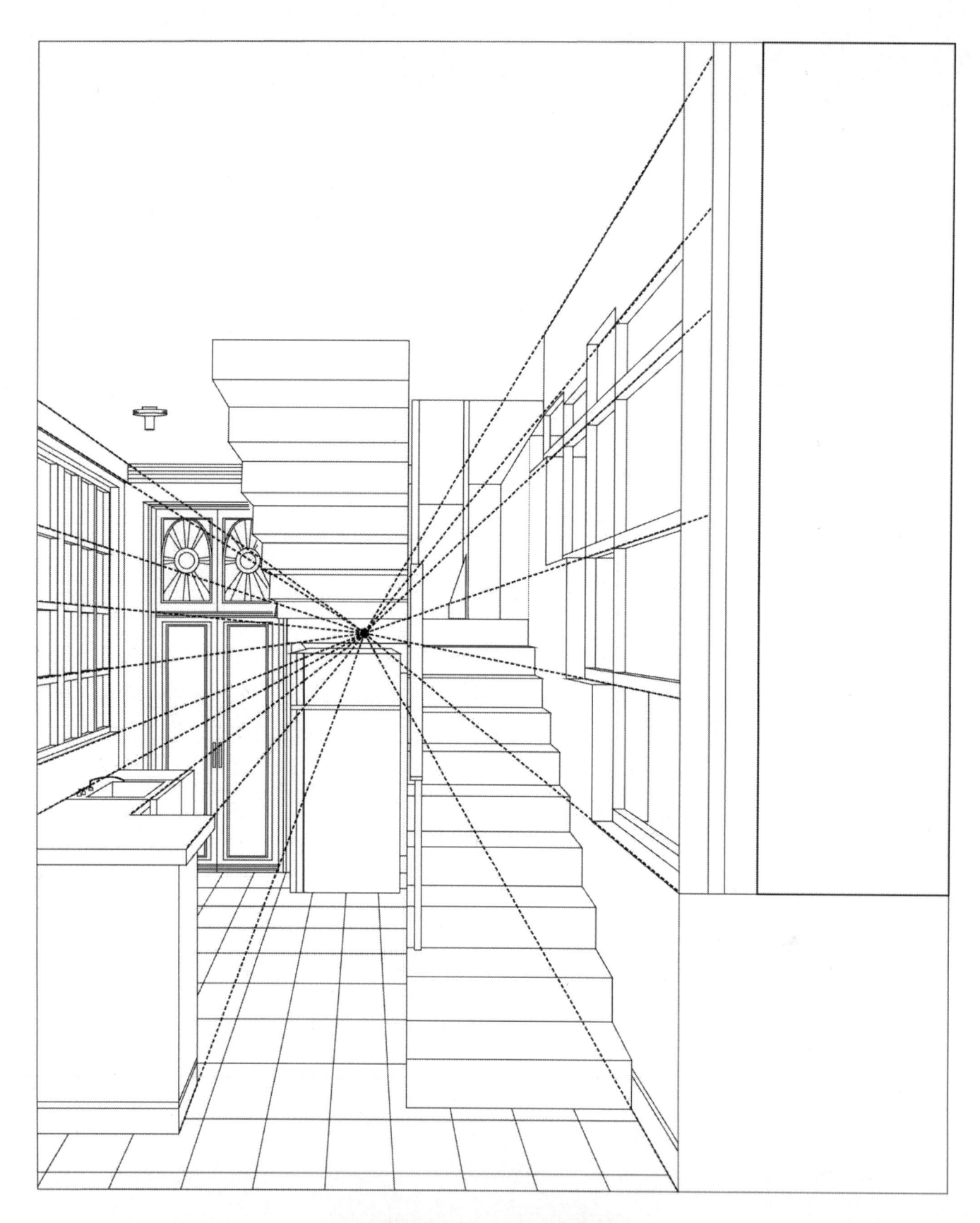

VISTA FINAL A LÍNEA

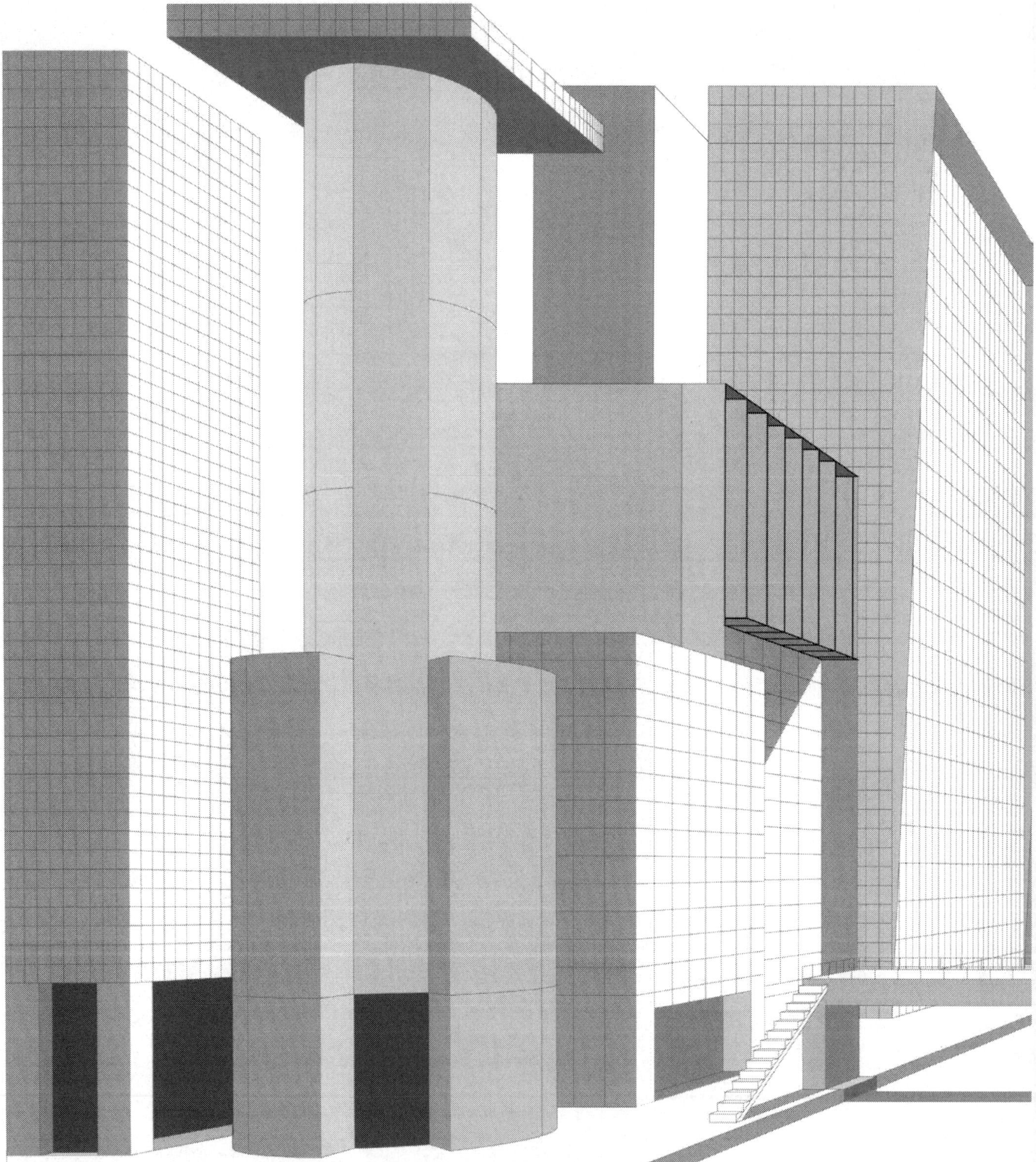

PERSPECTIVA PARALELA PANORÁMICA CIUDAD

Como en el resto de este libro, un problema complejo reduce su dificultad cuando se ilustra paso a paso. Hasta el momento hemos aprendido técnicas que en conjunto, permiten trazar esta imagen sin dificultad. Por lo tanto, detallamos a continuación los pasos necesarios.

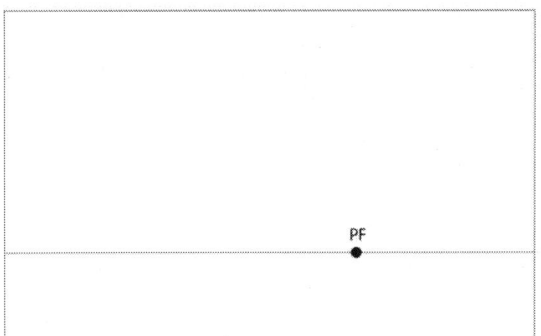

① Trazamos la línea de tierra, línea de horizonte y punto de fuga.

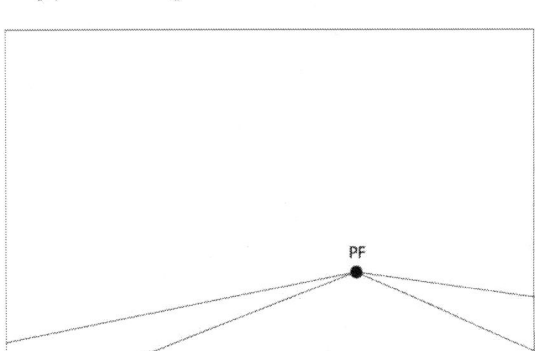

② Líneas guías para la perspectiva.

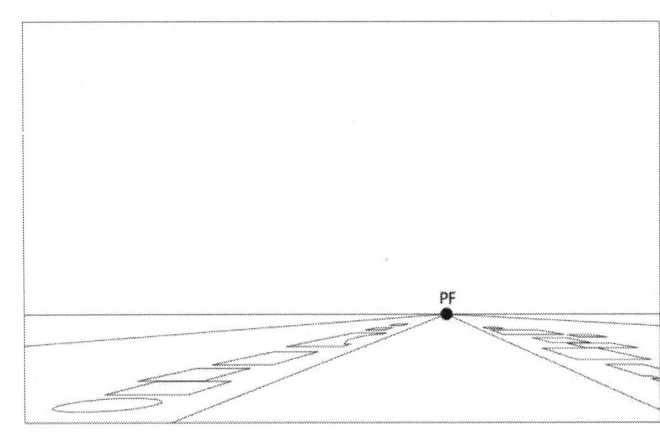

③ Bases de los edificios a dibujar.

④ Desde el punto de vista trazamos las líneas guías para la estructura del primer edificio.

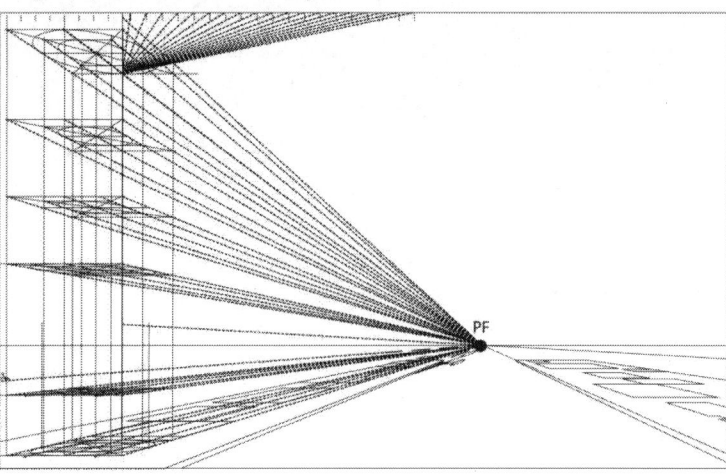

⑤ Vista del primer edificio.

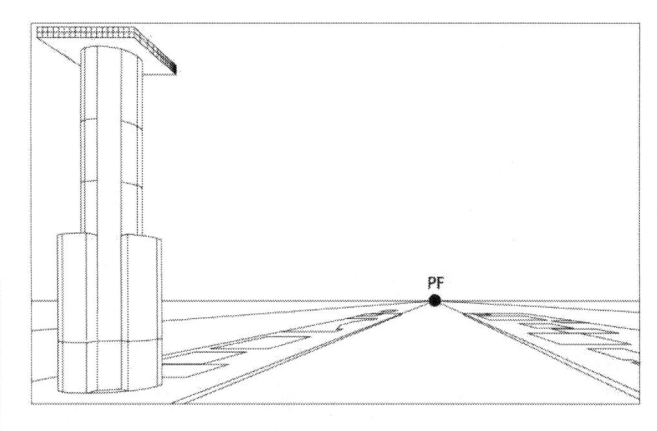

⑥ Trazamos las lineas guias del segundo edificio de la izquierda y primero de la derecha.

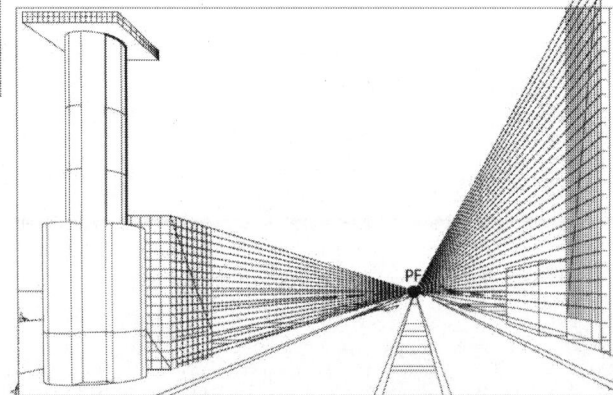

⑥ Agregamos la estructura del segundo edificio a la izquierda y del primero a la derecha. También colocamos la división de espacios iguales.

⑦ Vista de edificios sin líneas guías.

   Agregamos arriate central, también en perspectiva.

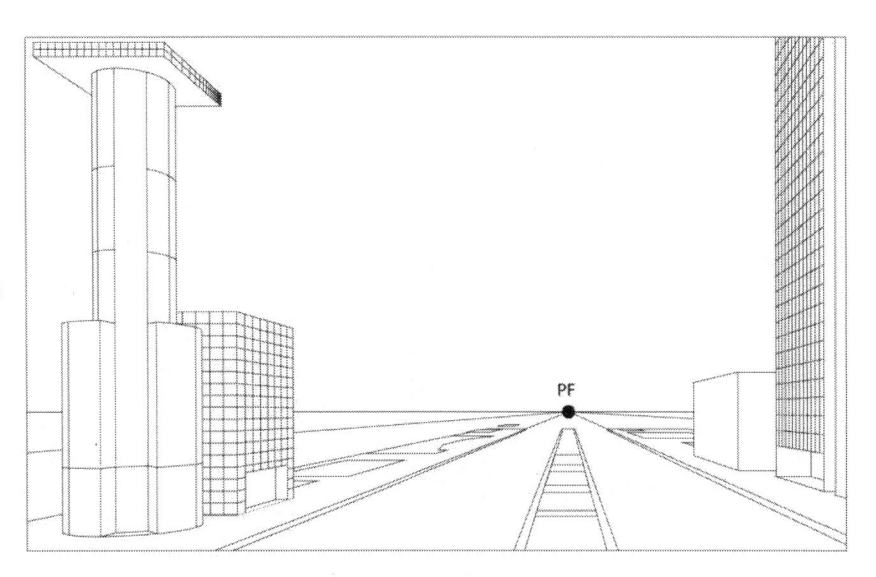

⑧ Agregamos más edificios a ambos lados. Observe que en el lado derecho trazamos solamente los bloques con la finalidad de mostrar que la base de casi cualquier edificio es un cubo.

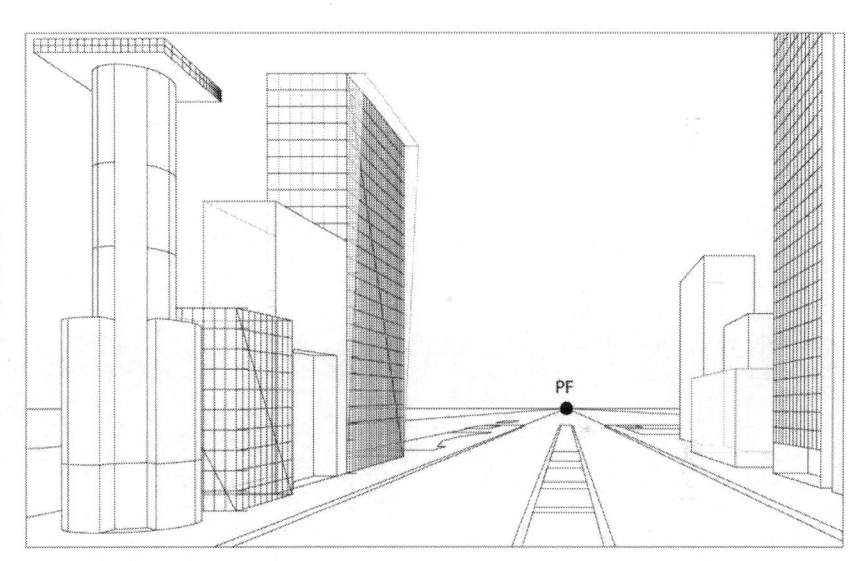

⑨ Conforme se agregan edificios, se observa la profundidad del espacio.

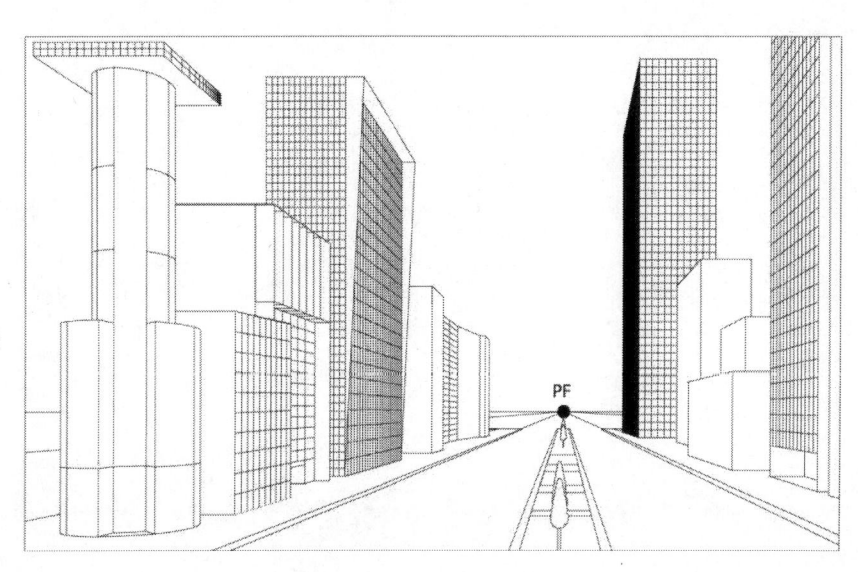

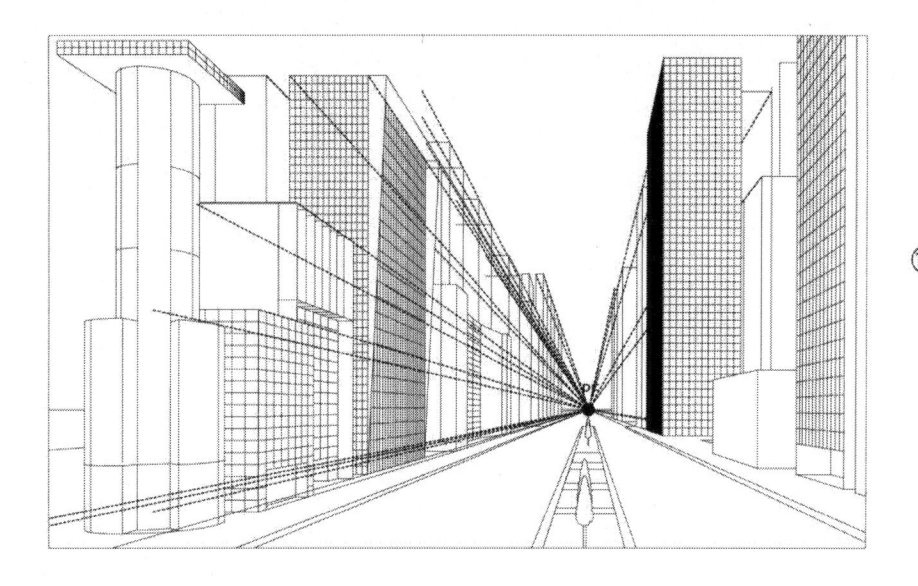

⑩ Agregamos más edificios en el plano posterior.

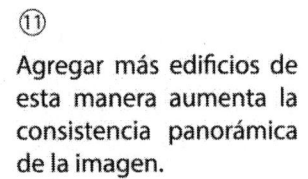

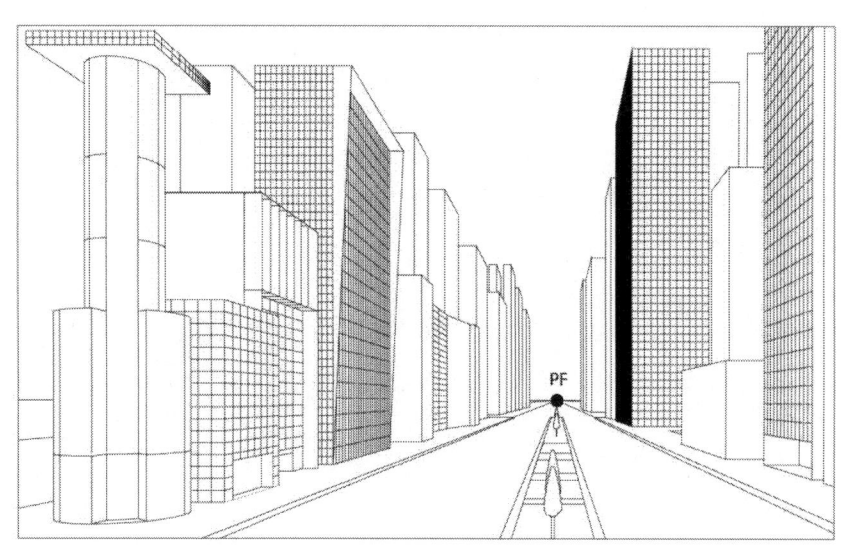

⑪ Agregar más edificios de esta manera aumenta la consistencia panorámica de la imagen.

⑫ Ahora trazamos puentes sobre la vía.

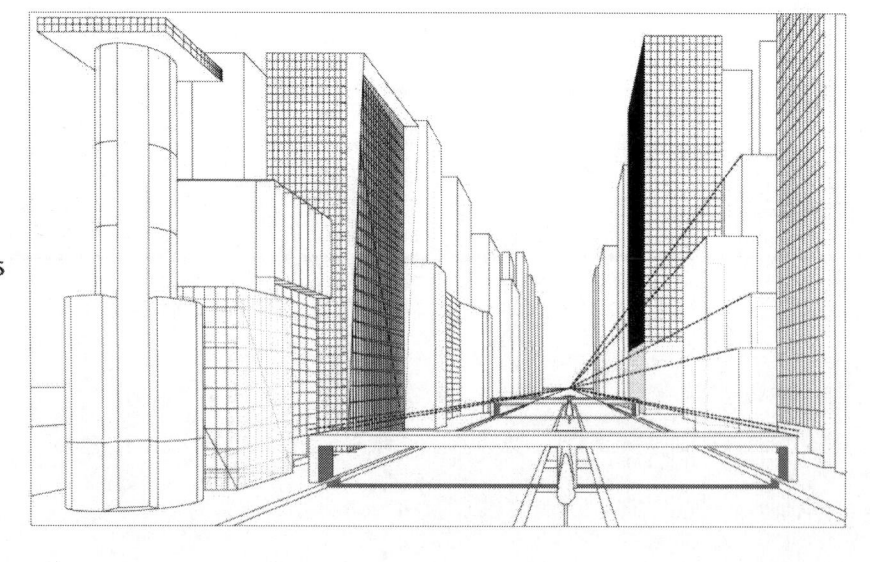

⑬ Ubicando un punto de vista auxiliar en el centro superior, trazamos las líneas guías para visualizar las gradas a ambos lados del puente.

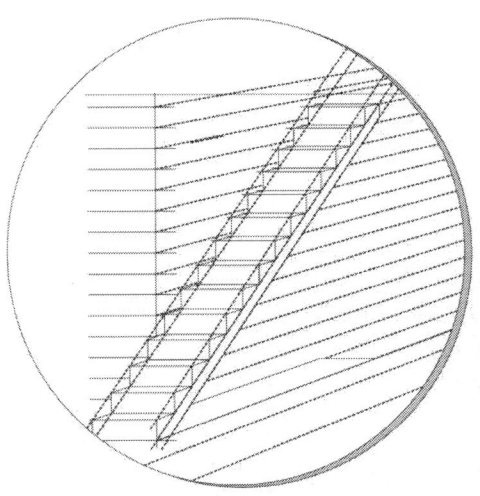

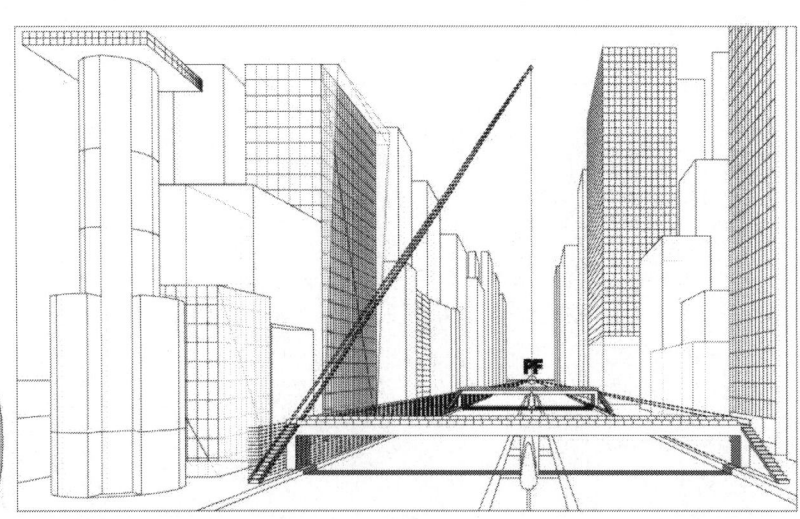

Detalle ampiado de línea de medidas iguales y perfil de las gradas.

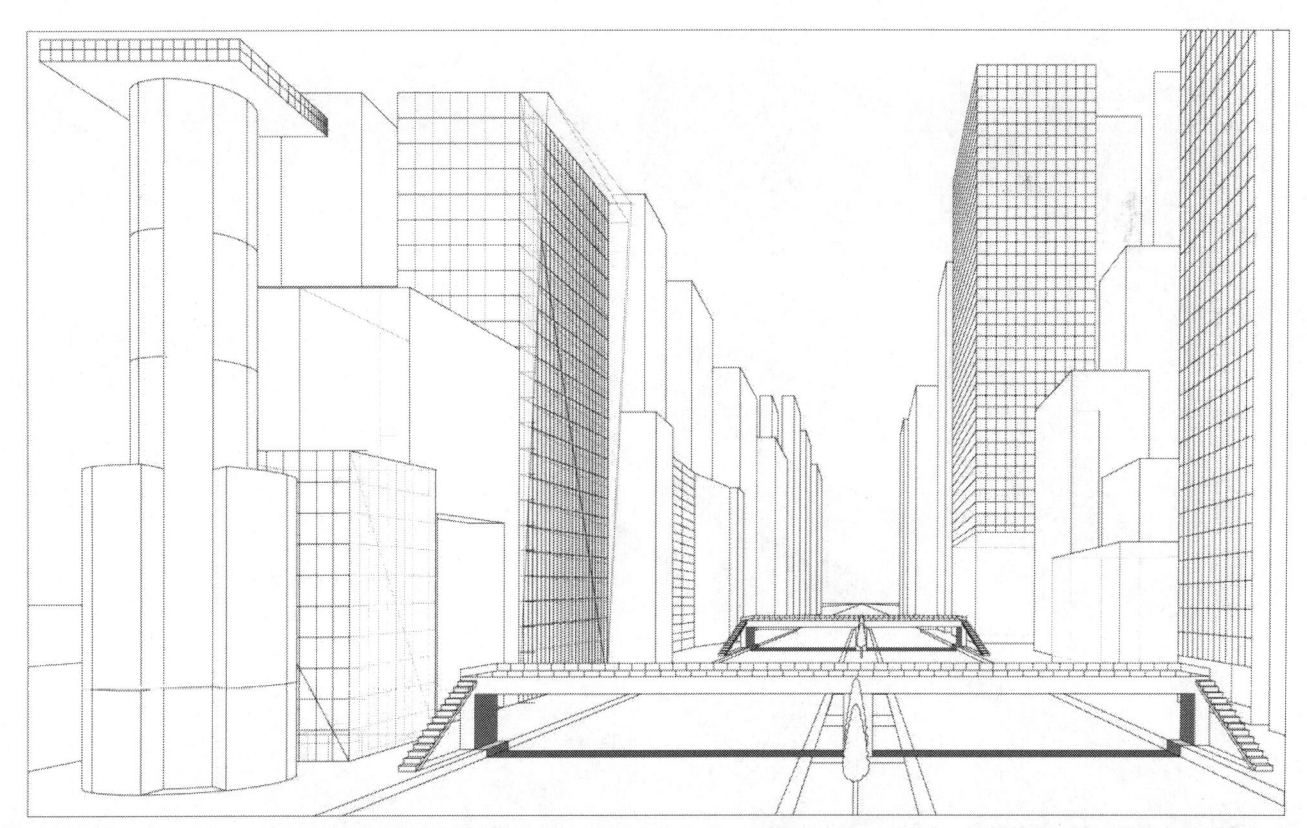

⑭ Vista final de la gráfica.

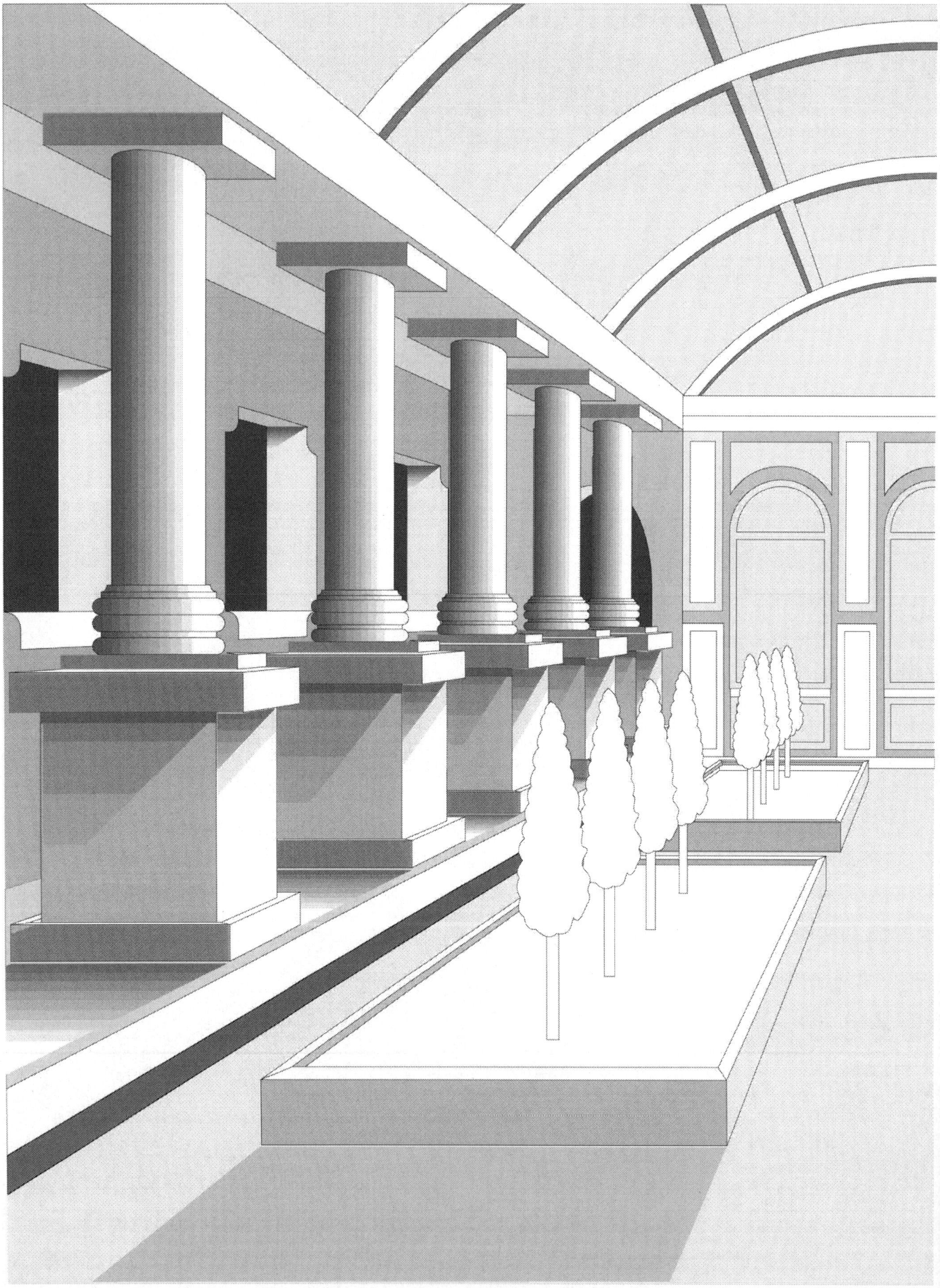

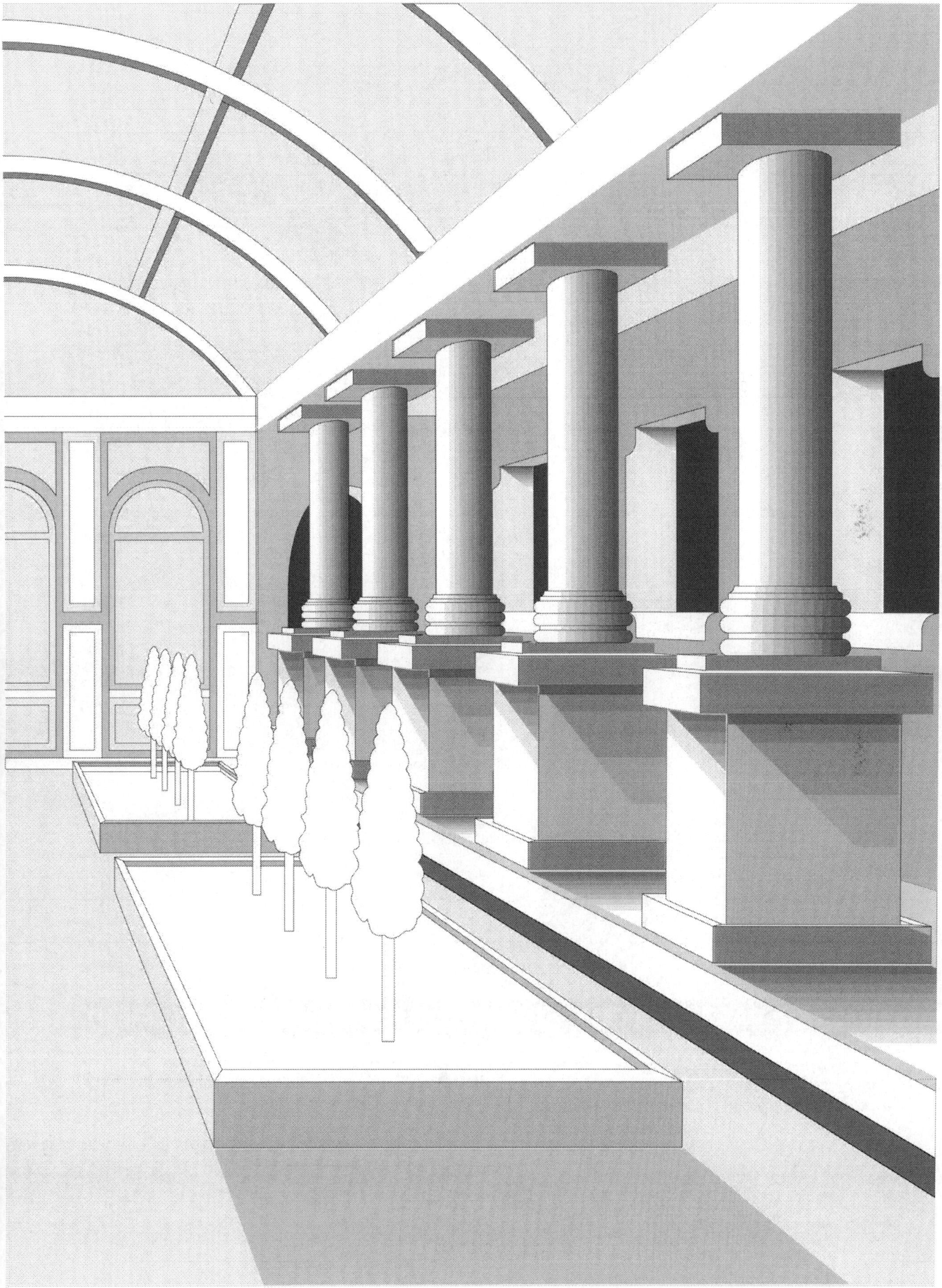

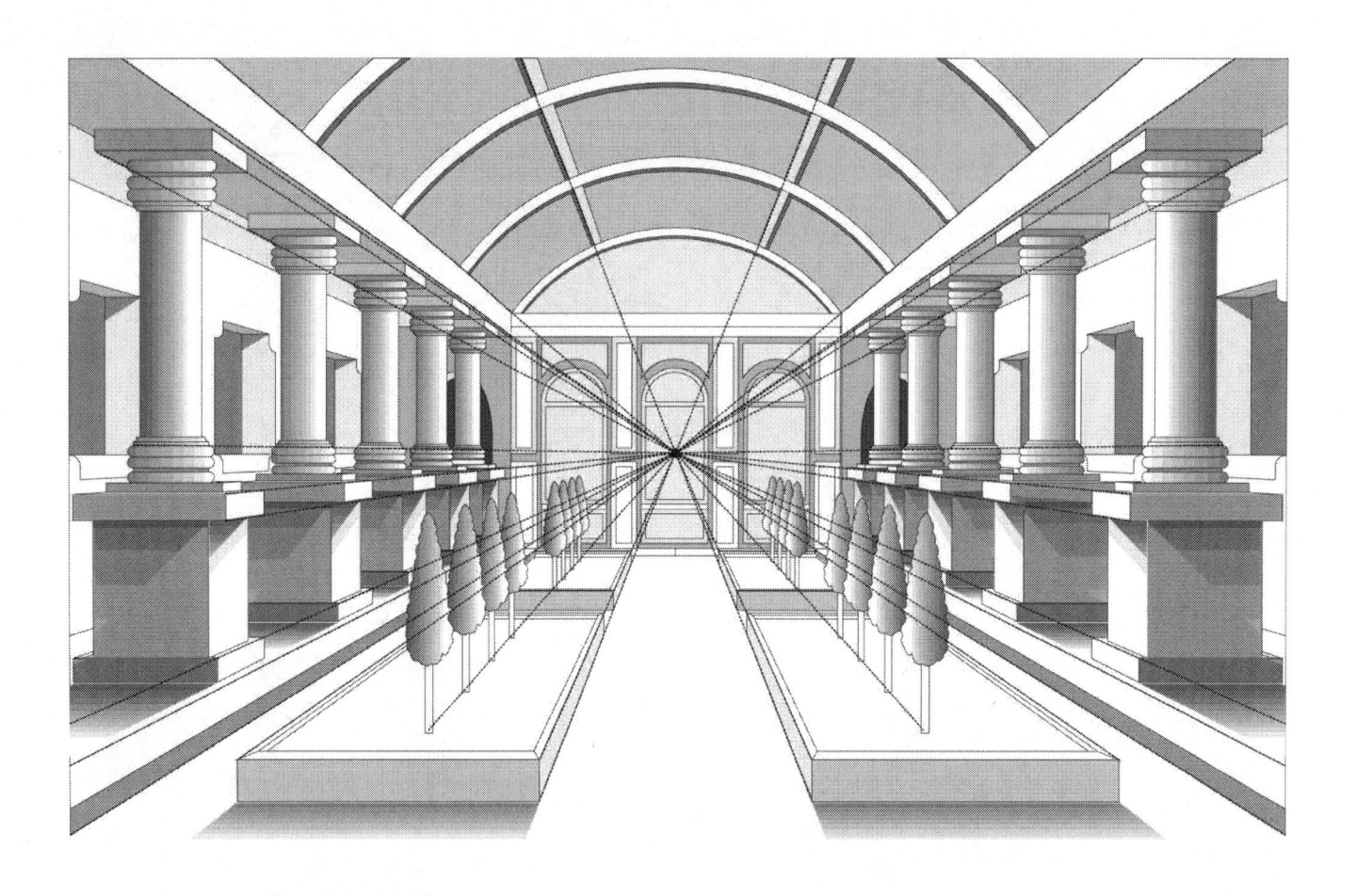

PERSPECTIVA PARALELA CON 1 PUNTO DE FUGA INTERIOR EDIFICIO

Las columnas en esta gráfica son probablemente el mayor desafío. Para trazarlas, debemos primero establecer las líneas guías correspondientes. Luego de ello, debemos trazar las bases de las columnas y las ventanas (a excepción de sus esquinas, que se detallarán más adelante). El resto de componentes debe ser fácil de resolver.

① Empezamos por trazar la línea de tierra y la de horizonte, junto con el punto de fuga.

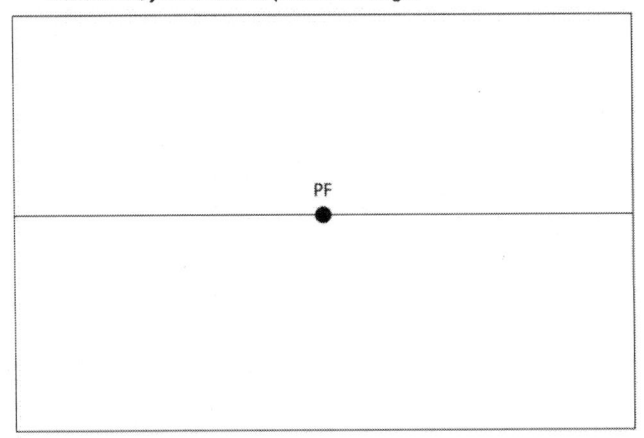

② Luego, las líneas guías de los pasillos donde asentaremos las columnas. También el plano del fondo para la fachada.

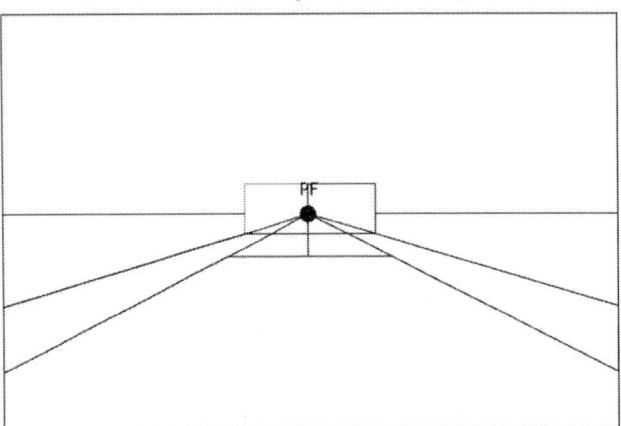

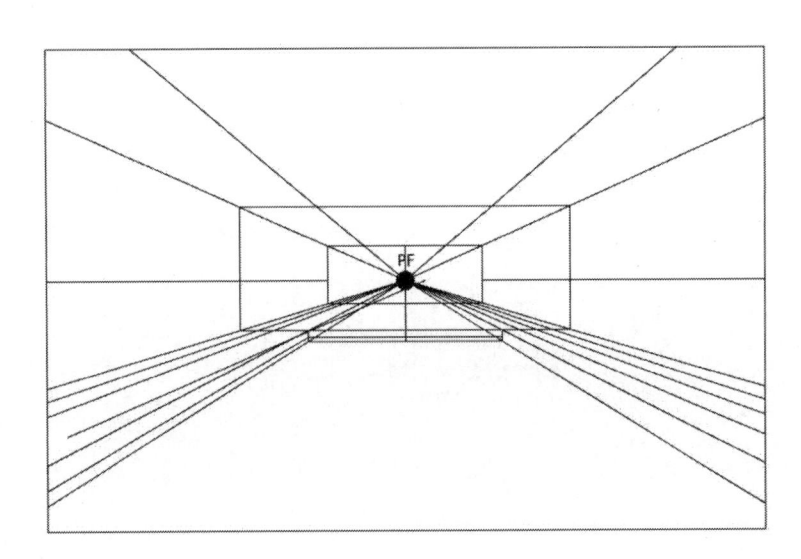

③ Luego, trazamos las líneas guías del piso y techo de los pasillos, también ensanchamos el plano del fondo donde se ubica la fachada y marcamos los pasillos laterales.

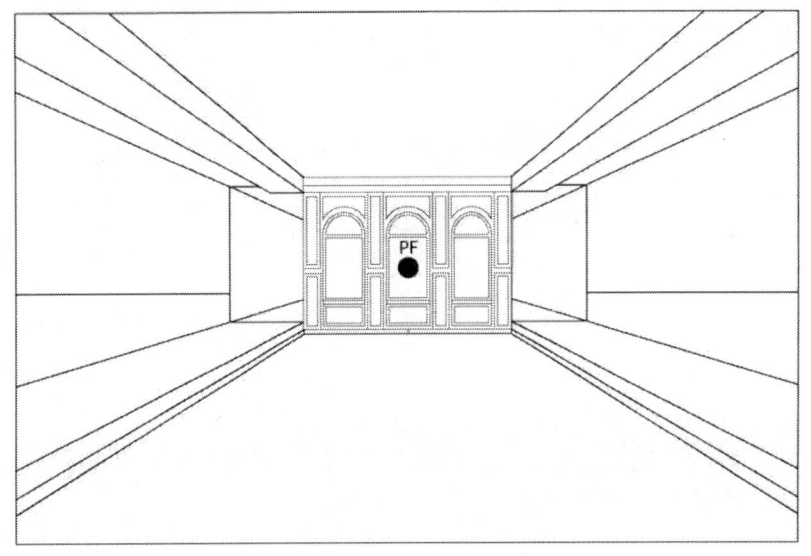

④ Definimos la fachada en el fondo.

⑤ Agregamos las puertas en los laterales de los pasillos y las líneas guías de lo que serán las ventanas.

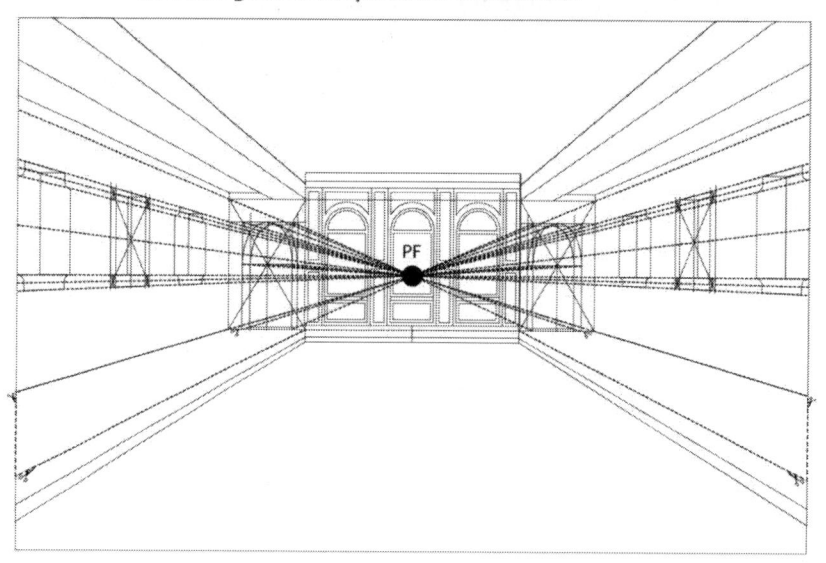

Detalle de guías
de ventana ampliado

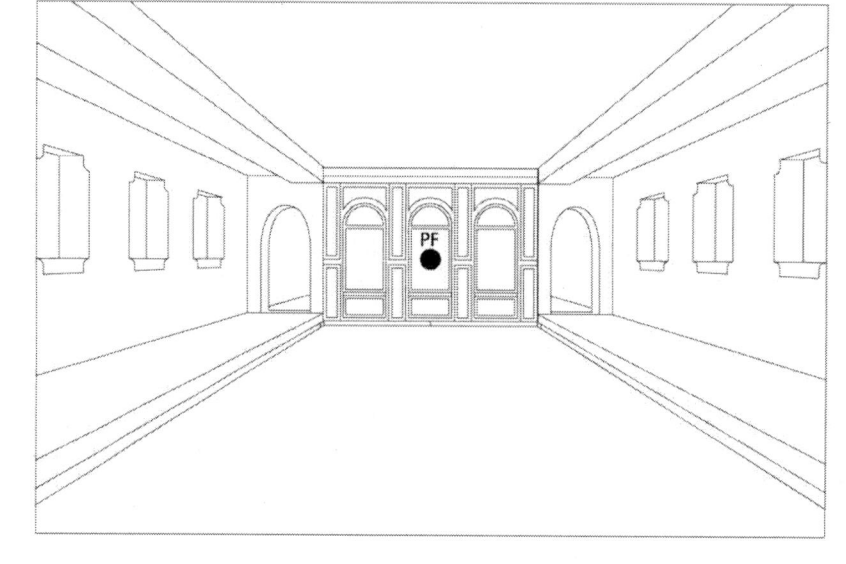

⑥ Definimos las puertas y ventanas de los pasillos laterales.

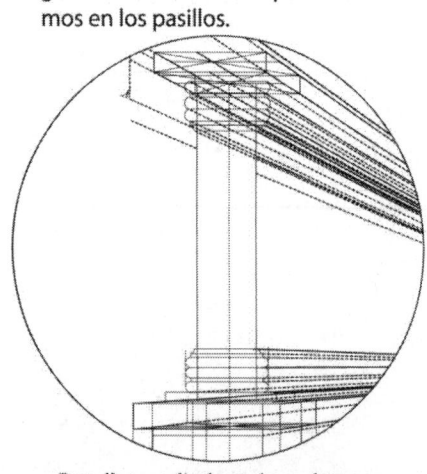

⑦ Continuamos trazando las líneas guías de las columnas que ubicaremos en los pasillos.

Detalle ampliado guías columnas

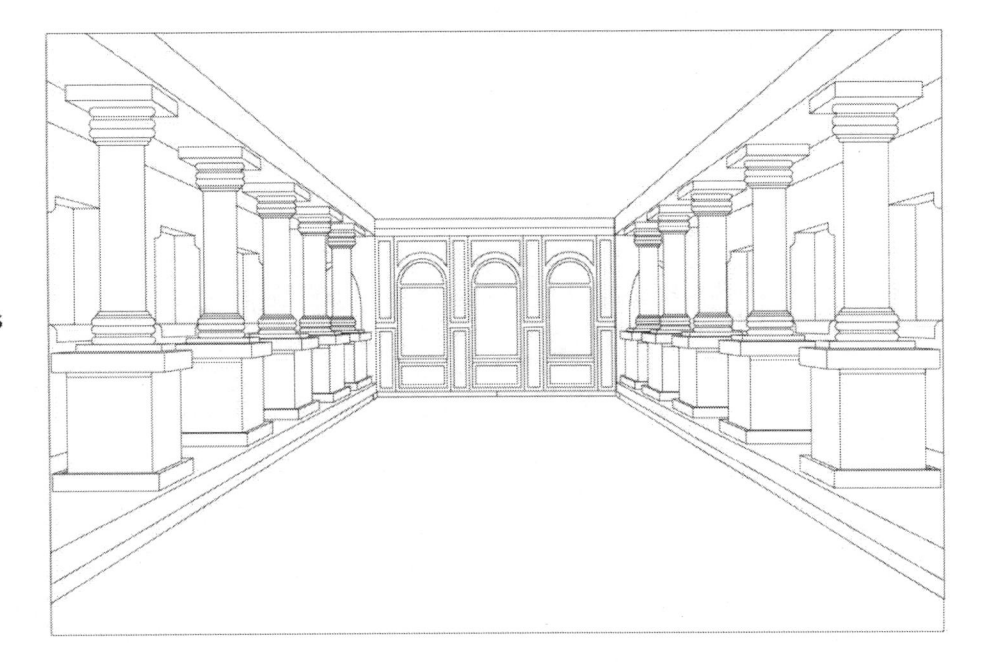

⑧ Definimos todas las columnas de los pasillos laterales.

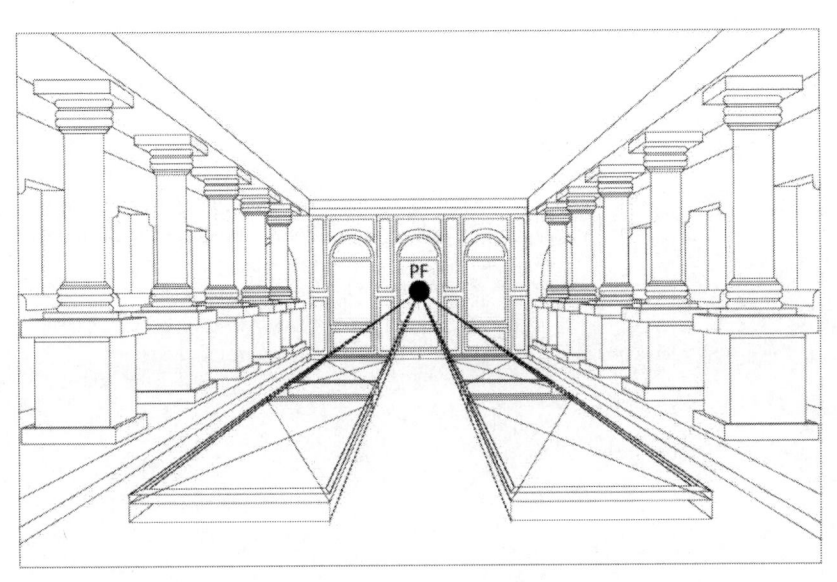

⑨ Trazamos las líneas guías de los arriates que colocaremos.

⑩ Utilizando el método de espacios iguales en perspectiva, colocamos los árboles alineados al centro y hacia el fondo.

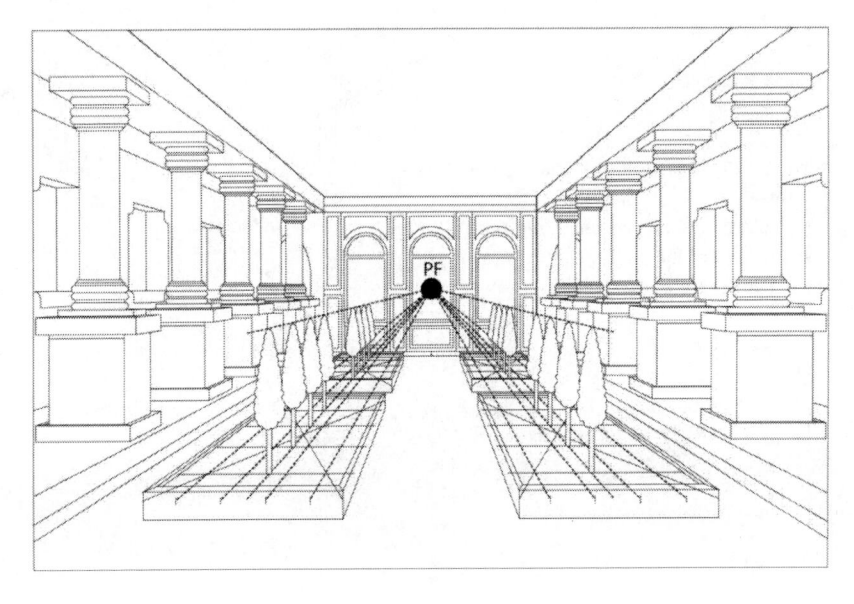

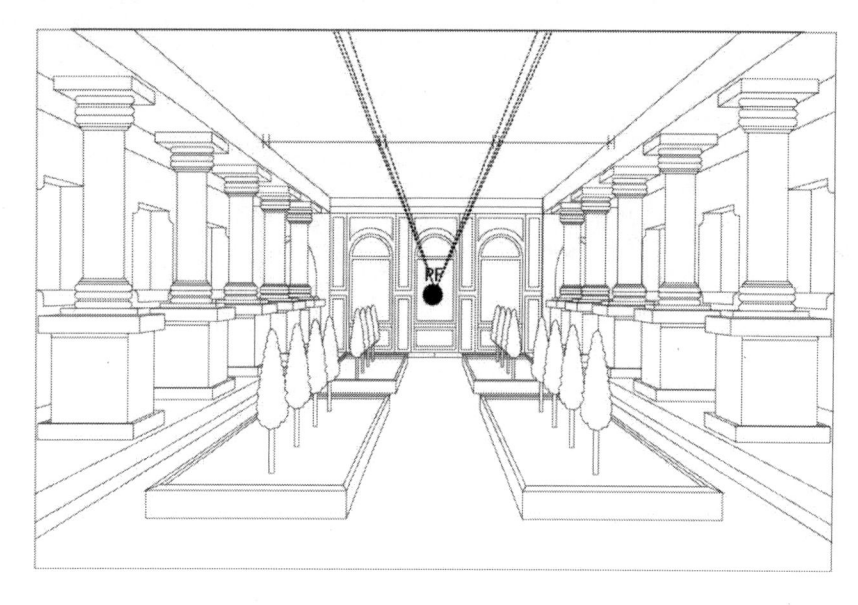

⑪ Sobre el plano del techo trazamos una línea de medidas con espacios iguales y desde el punto de vista trazamos líneas que, pasando por cada una de las divisiones, toquen el borde superior del recuadro.

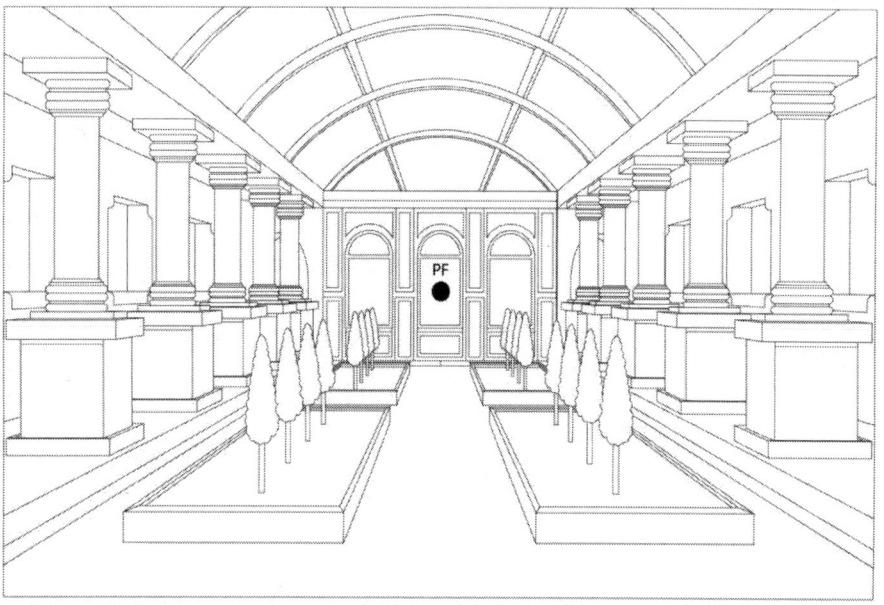

⑫ Trazamos arcos concéntricos, ubicando el centro de los mismos en el punto de vista del centro, sobre la línea de horizonte.

Con esto queda trazado el techo del recinto.

⑬ Ya trazadas las columnas y las ventanas de los pasillos, trazamos las líneas guías que nos darán las sombras de las mismas. Ubicando un punto de vista auxiliar, marcamos las líneas que, pasando por los vértices de los relieves de las columnas y los vértices de la parte alta de las ventanas, nos indicarán la trayectoria de las sombras.

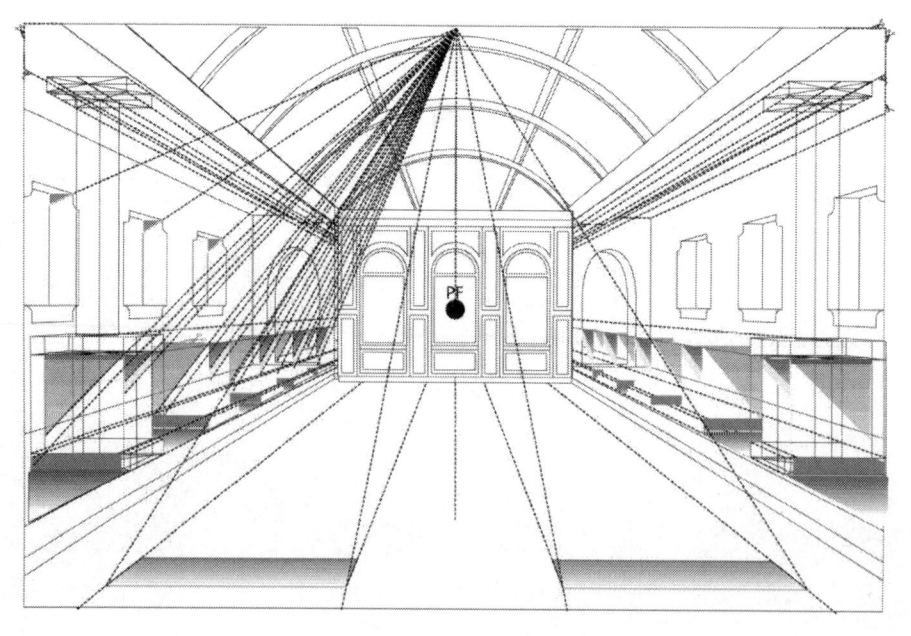

Estructura
de columna
en perspectiva

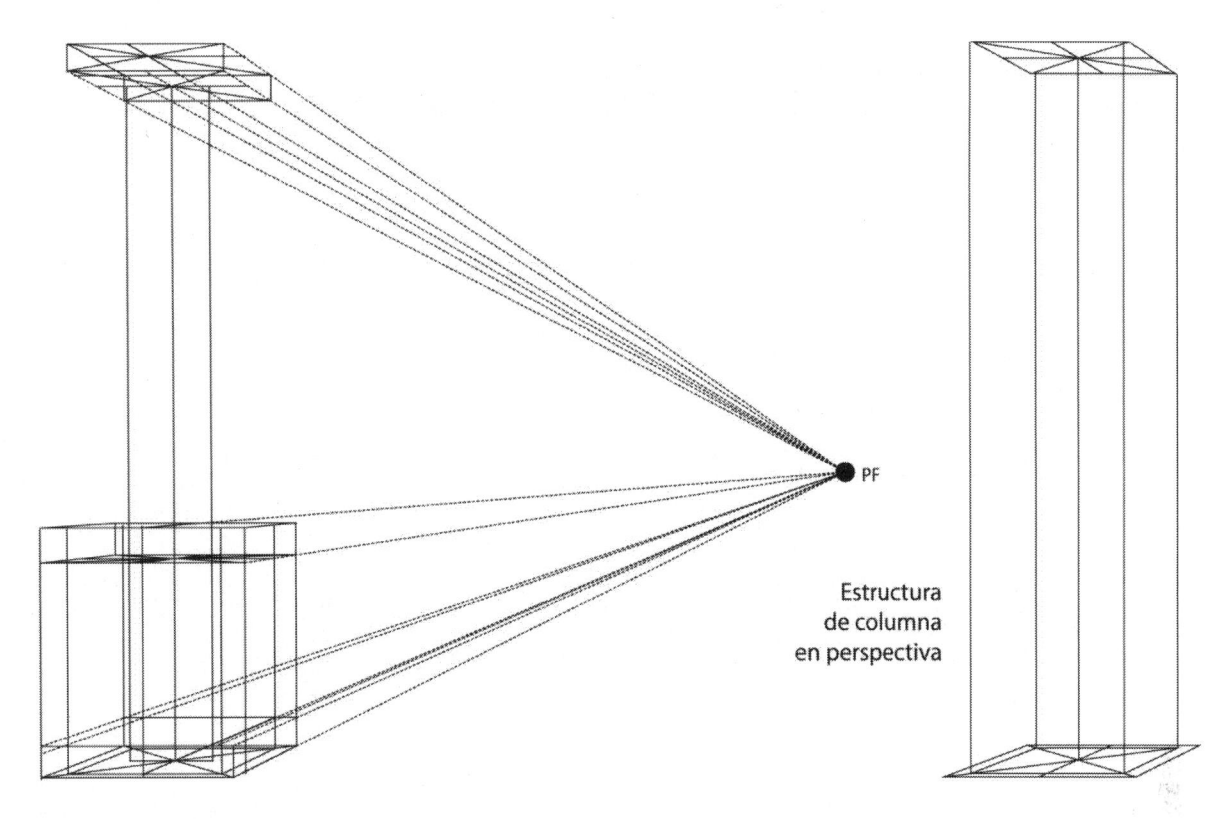

⑭
En esta vista mostramos la mayoría de líneas guías que hemos utilizado y que nos han facilitado la construcción de este edificio en perspectiva paralela.

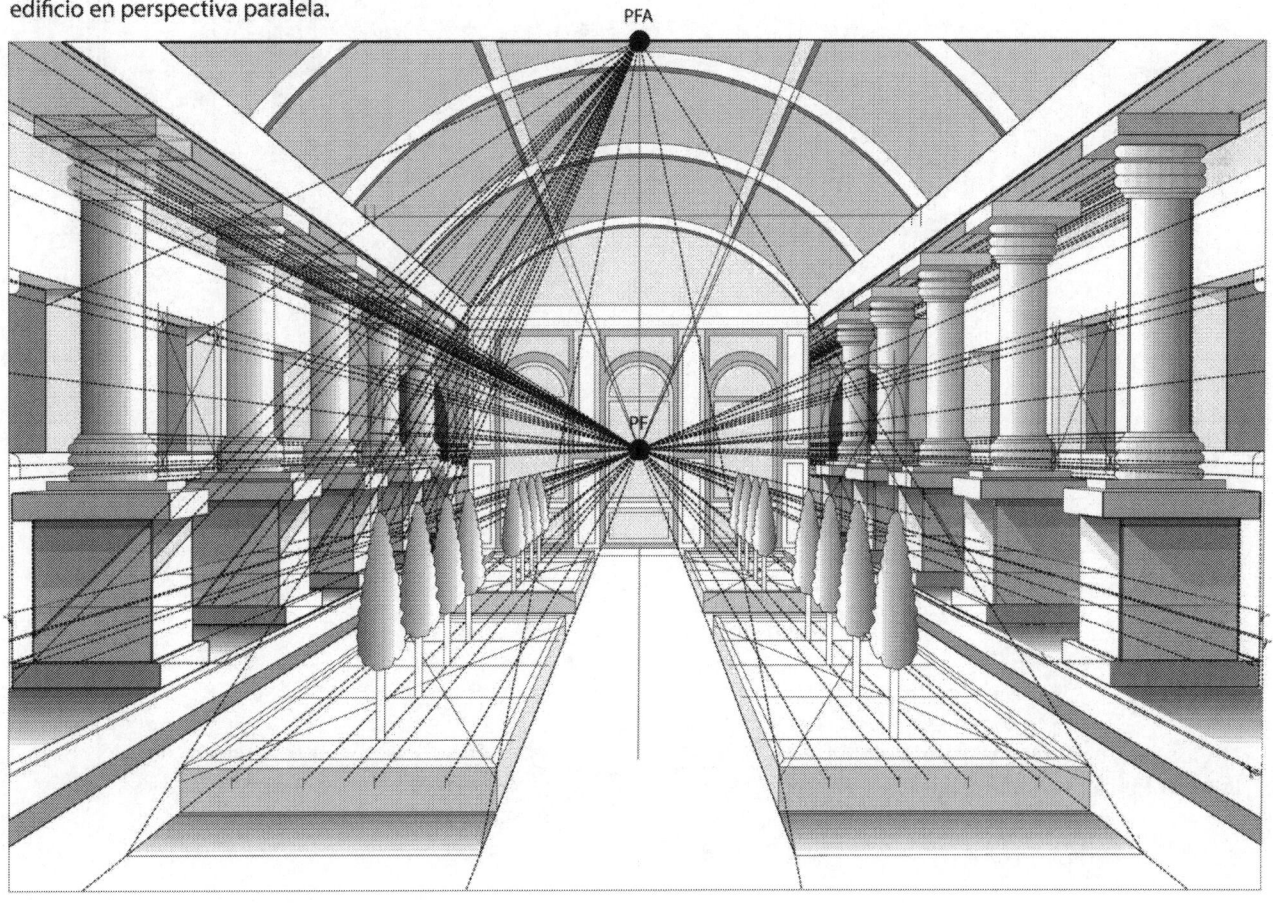

PERSPECTIVA PARALELA CON 1 PUNTO DE FUGA FACHADAS

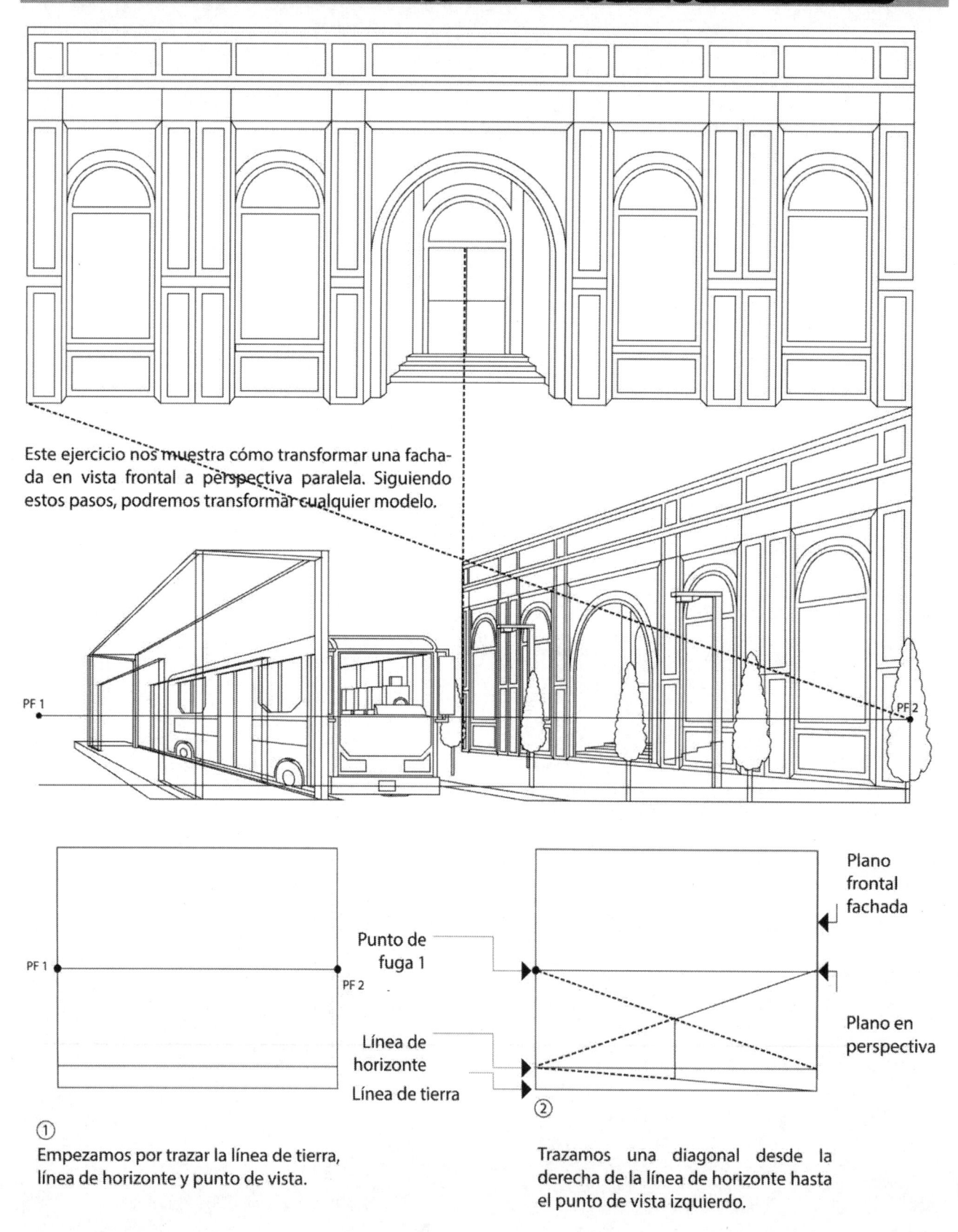

Este ejercicio nos muestra cómo transformar una fachada en vista frontal a perspectiva paralela. Siguiendo estos pasos, podremos transformar cualquier modelo.

PF 1
PF 2

Punto de fuga 1

Línea de horizonte

Línea de tierra

Plano frontal fachada

Plano en perspectiva

① Empezamos por trazar la línea de tierra, línea de horizonte y punto de vista.

② Trazamos una diagonal desde la derecha de la línea de horizonte hasta el punto de vista izquierdo.

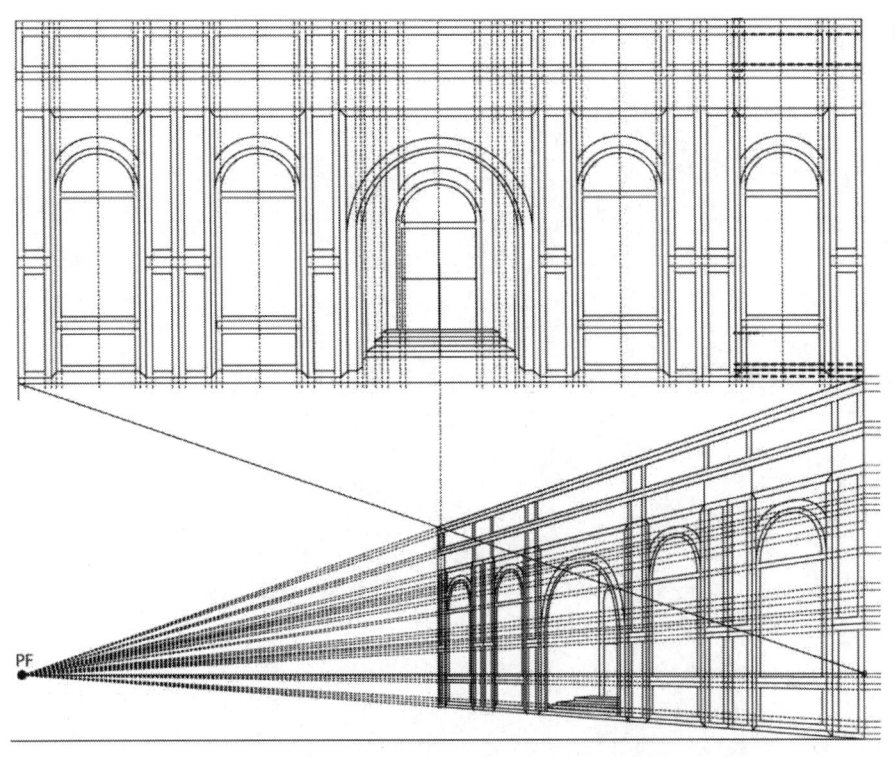

③ Fachada frontal.

Fachada en perspectiva
Utilizando las líneas recién trazadas (vertical y diagonal), podemos graduar el ancho de la perspectiva (más ancho hacia la izquierda o más angosto hacia la derecha).

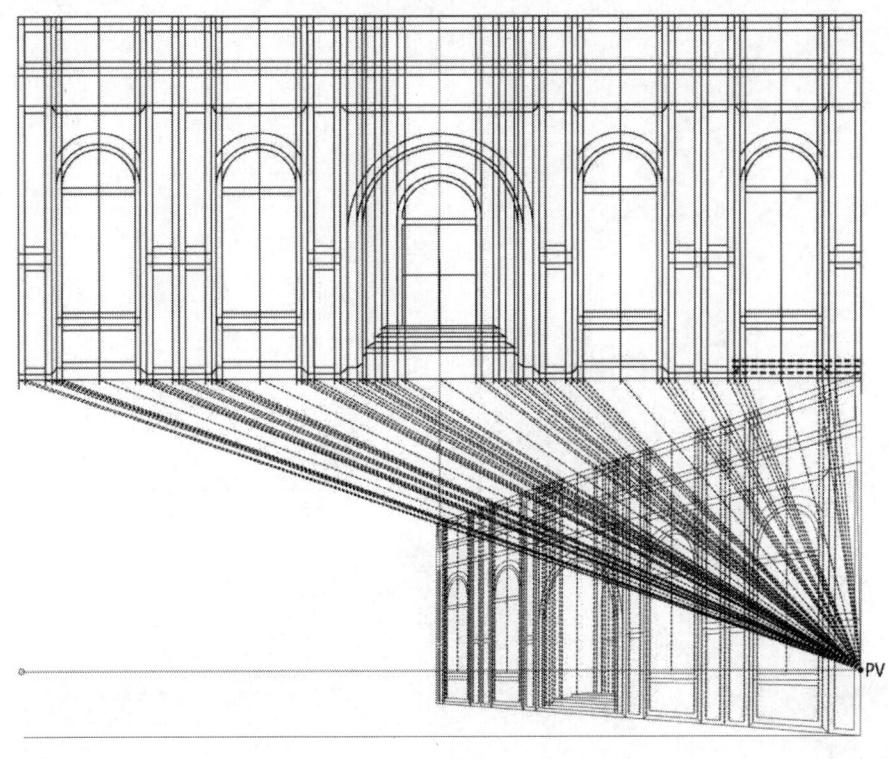

④ Proyección de líneas guías desde fachada frontal a punto de vista para lograr la fachada en perspectiva.

En este ejemplo redujimos la fachada proporcionalmente, a la mitad.

⑤ Líneas guías de gradas en vista frontal

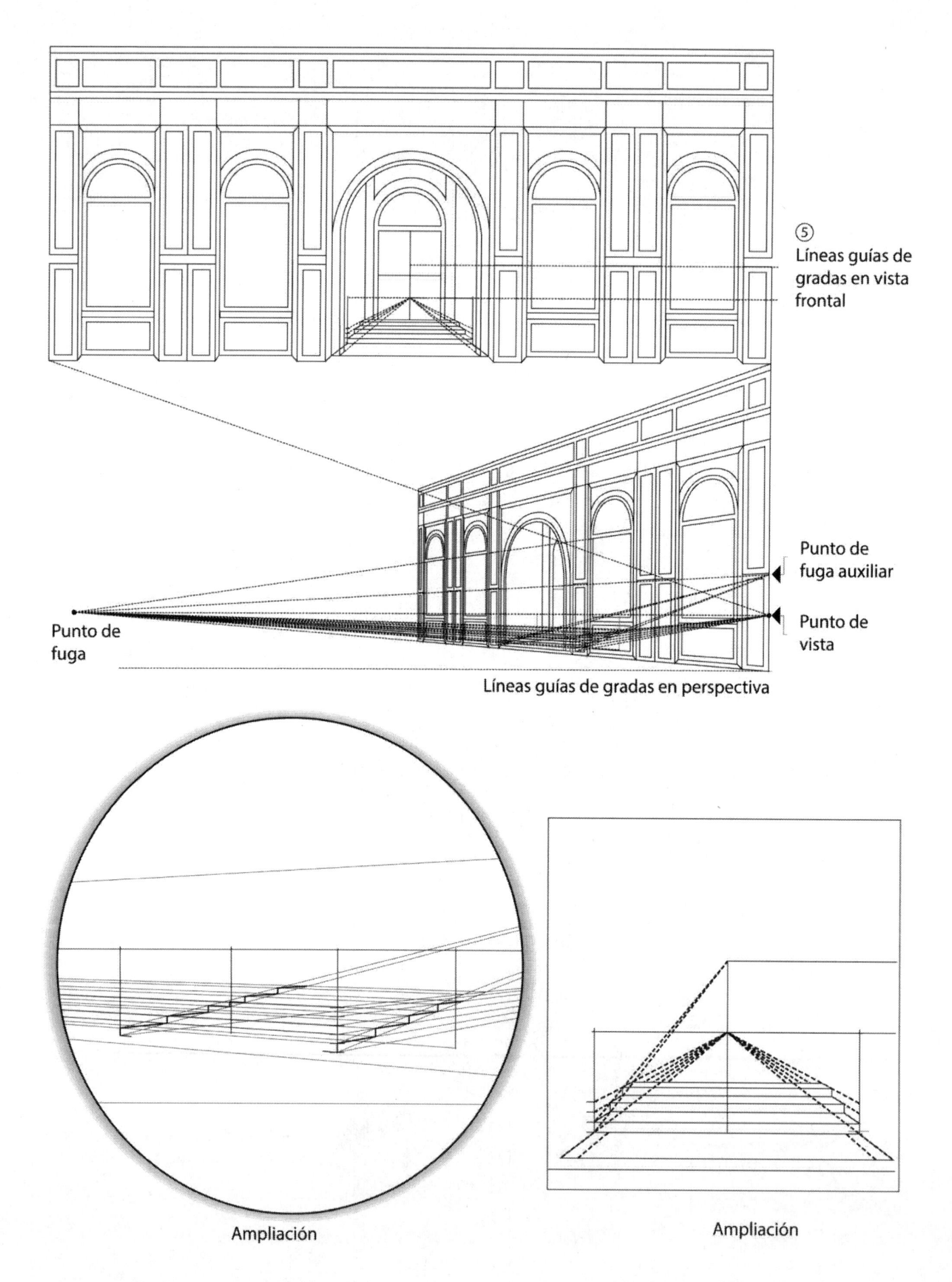

Punto de fuga auxiliar

Punto de vista

Punto de fuga

Líneas guías de gradas en perspectiva

Ampliación

Ampliación

Línea de medidas espacios iguales

PF
PV
Punto de vista auxiliar

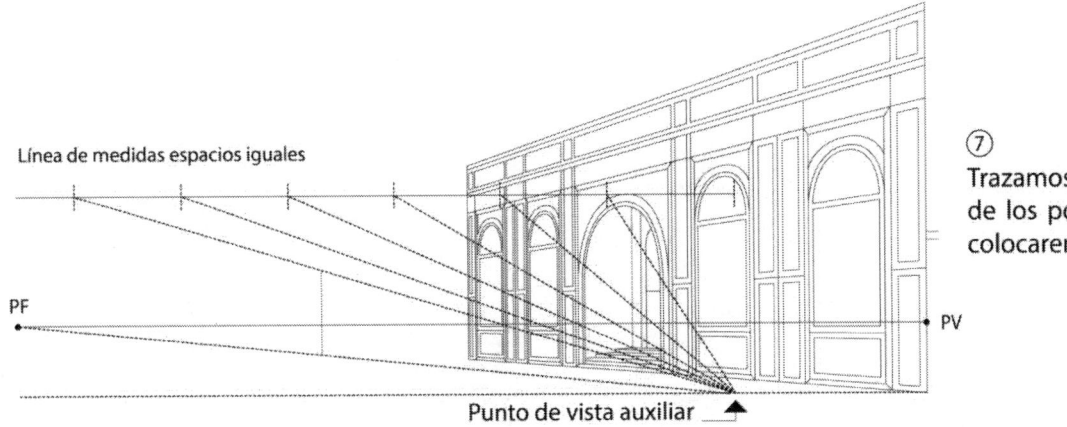

⑦ Trazamos las líneas guías de los postes de luz que colocaremos.

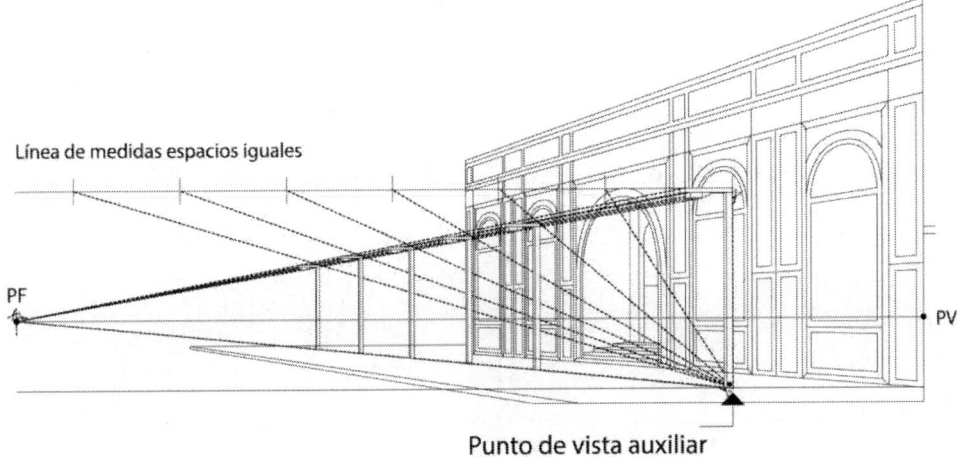

Línea de medidas espacios iguales

PF
PV
Punto de vista auxiliar

⑧ Ahora agregamos los postes de luz.

Hemos omitido el poste frente a la entrada para que no afecte la visibilidad de las gradas.

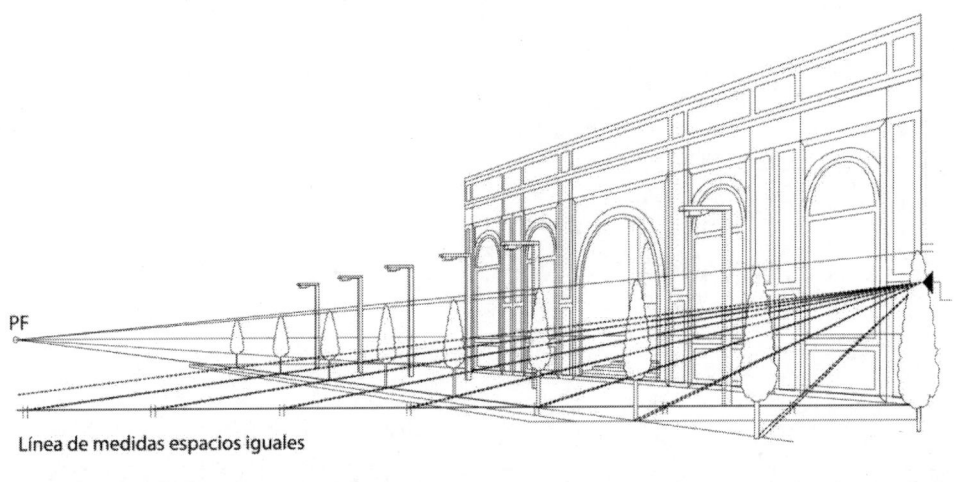

PF
Punto de fuga auxiliar

Línea de medidas espacios iguales

⑨ Trazamos las líneas guías de los árboles a colocar.

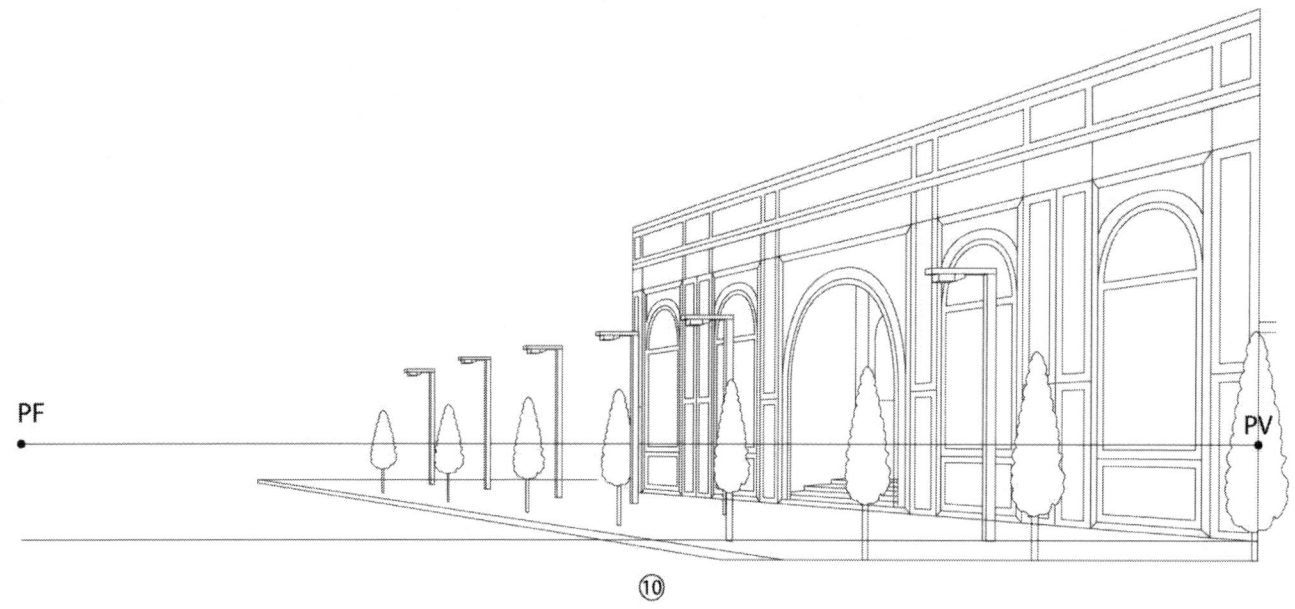

⑩ Vista con postes y árboles.

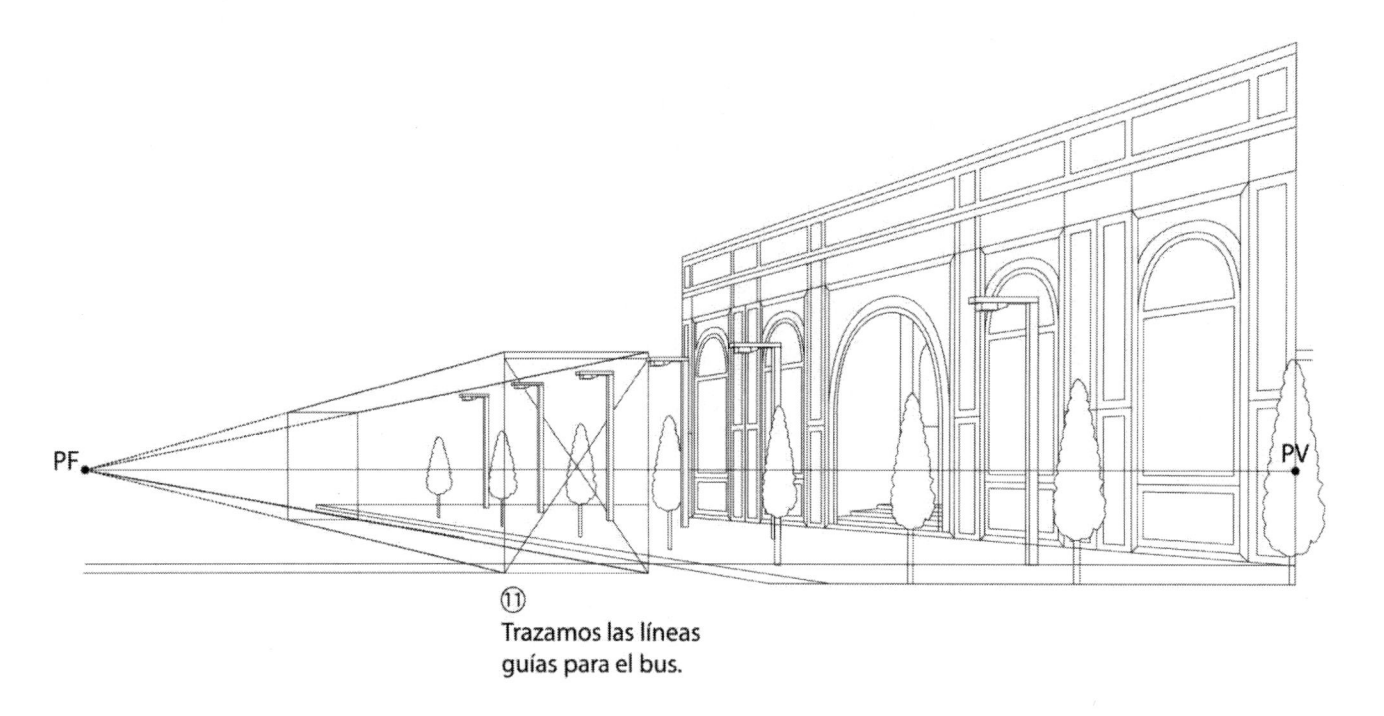

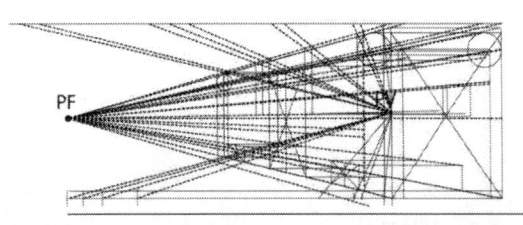

⑪ Trazamos las líneas guías para el bus.

Estructura bus

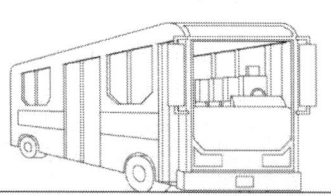

Bus terminado

⑫ Estructura de estación de bus.

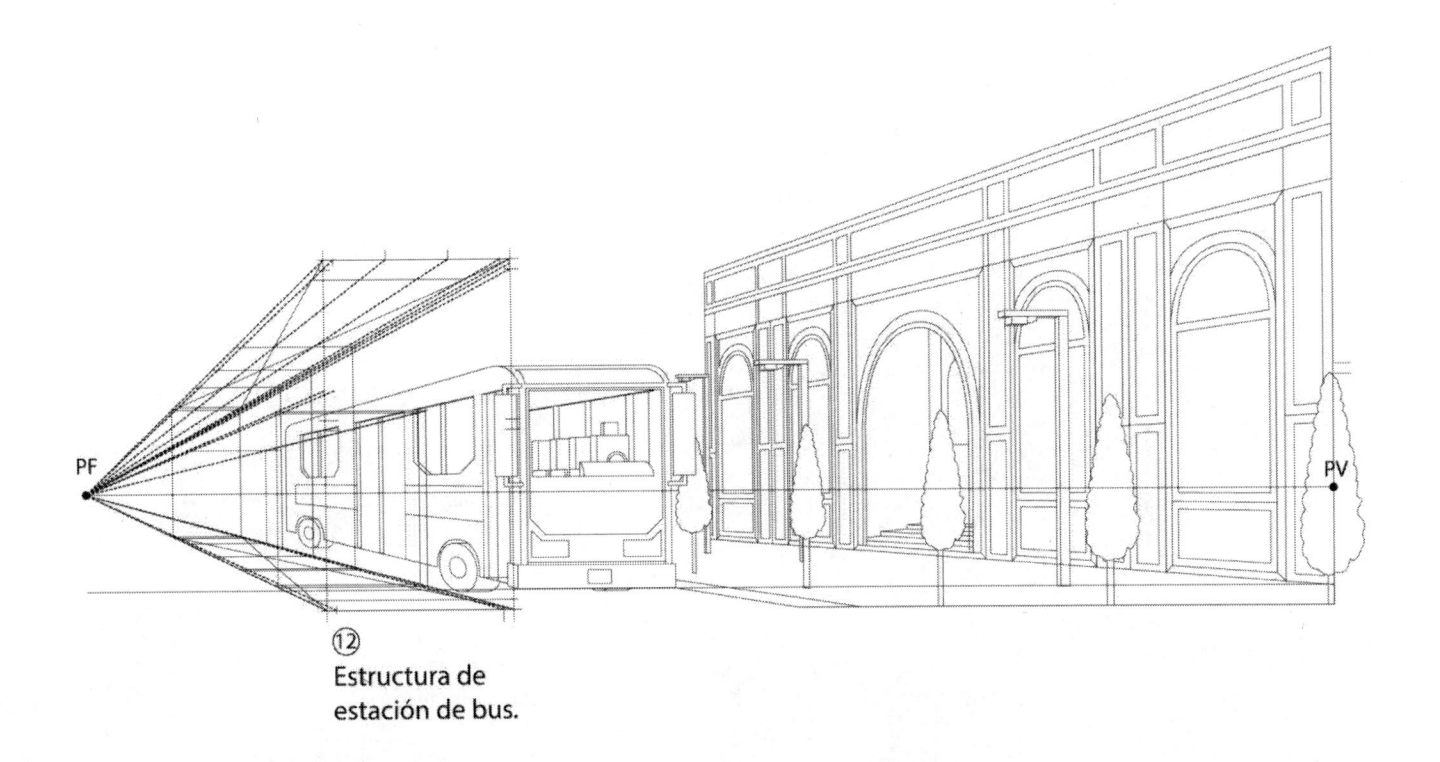

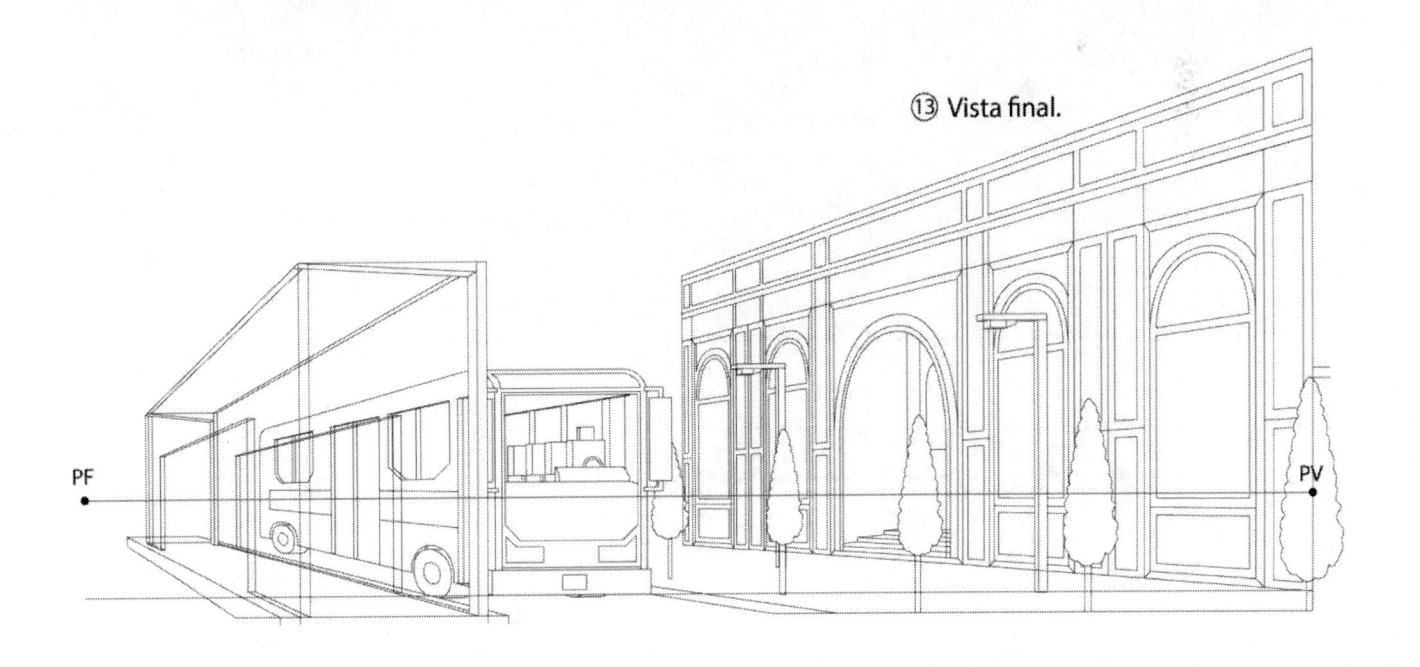

⑬ Vista final.

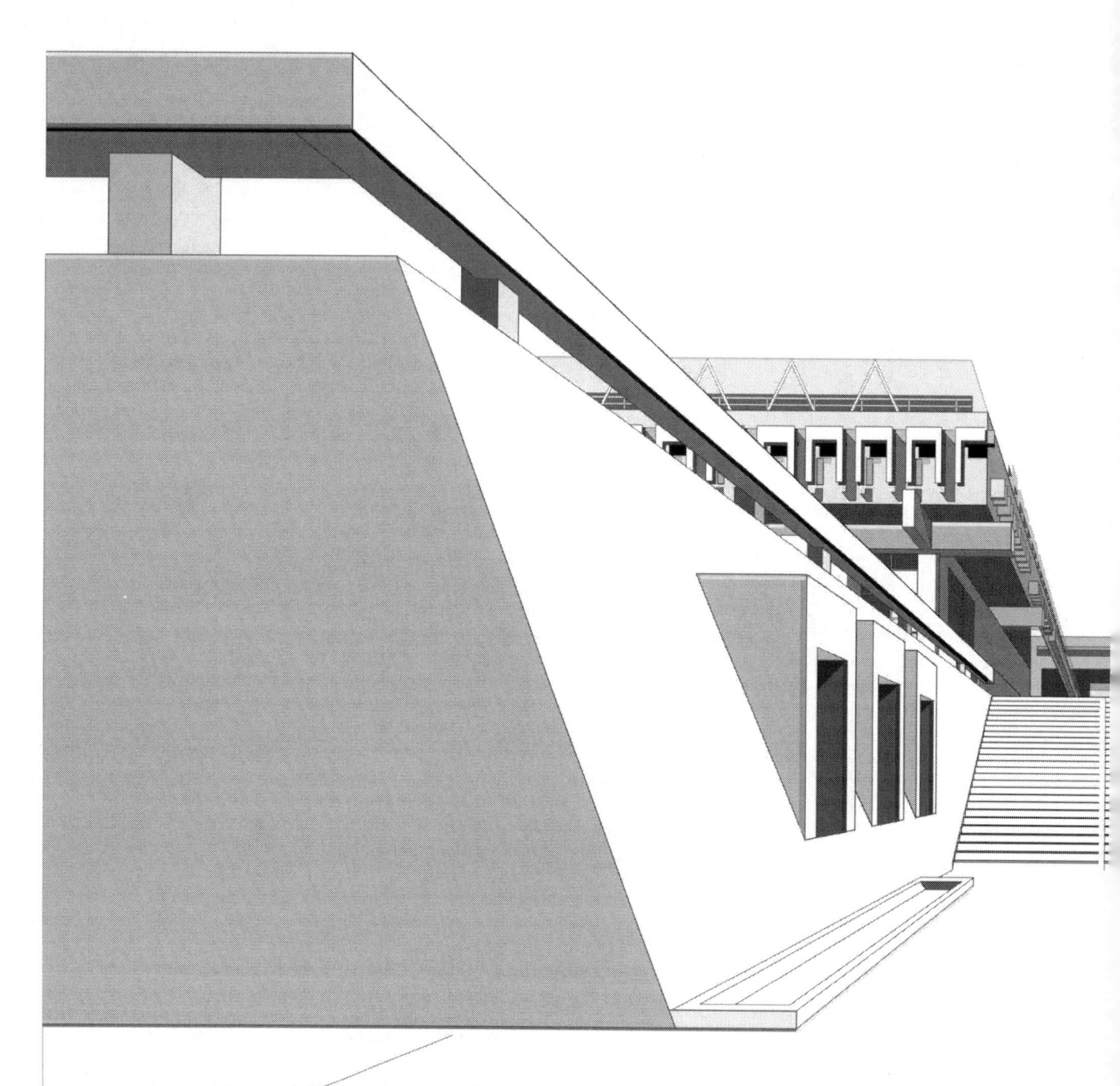

PERSPECTIVA PARALELA VISTA EXTERIOR

Campus Universidad Rafael Landivar

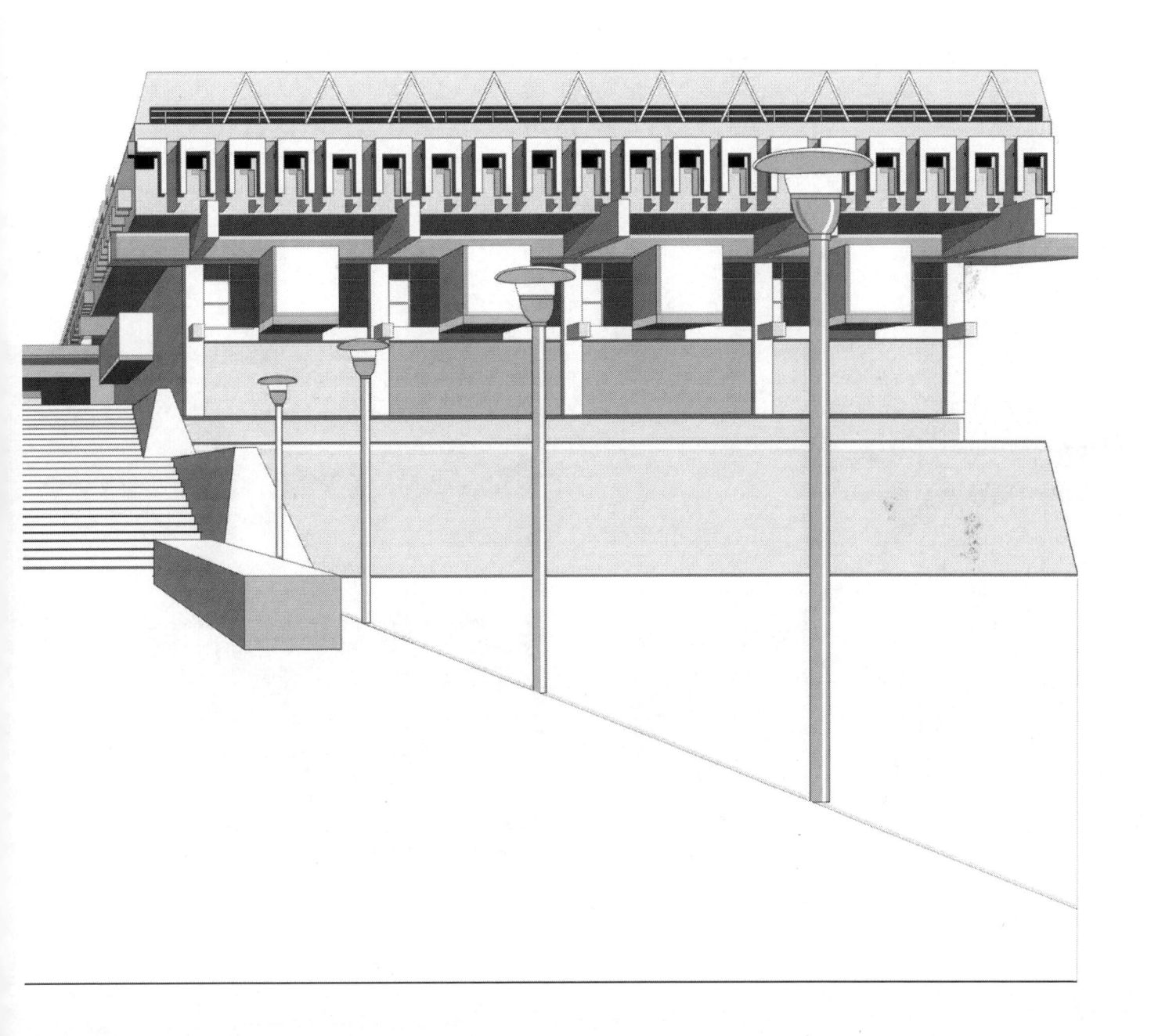

PERSPECTIVA PARALELA CON 1 PUNTO DE FUGA VISTA EXTERIOR

La construcción de esta vista exterior es compleja, pues consta de diversos bloques apilados, uno sobre otro. Entre ellos: la base, el cuerpo del edificio, la terraza y la fachaleta. Esta última también tiene adornos en relieve relativamente complicados. Sin embargo, siguiendo los pasos detallados a continuación, el lector debiera ser capaz de trazar el modelo en su totalidad.

① Trazamos la línea de tierra, la línea de horizonte y el punto de fuga al centro.

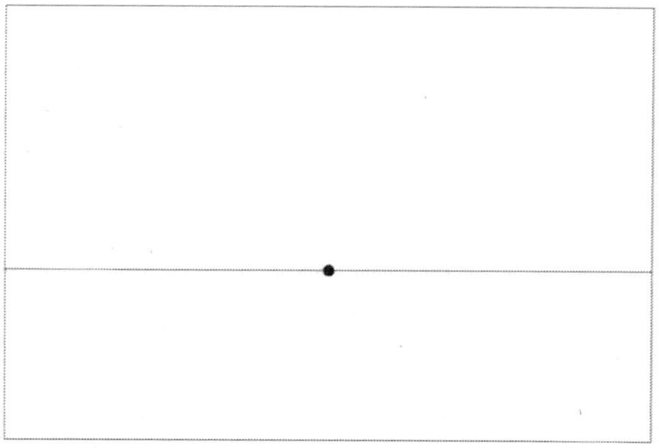

② Proyectamos las líneas principales y trazamos los primeros bloques.

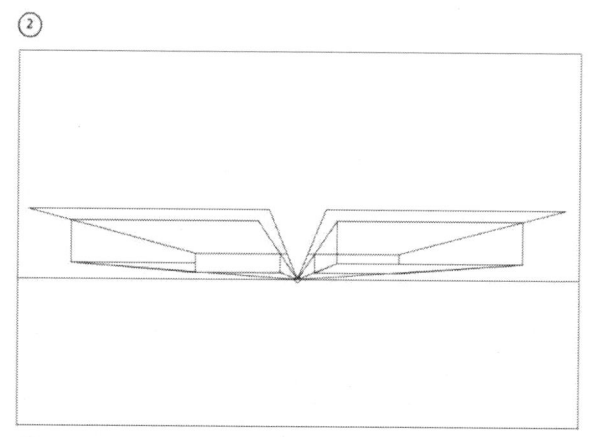

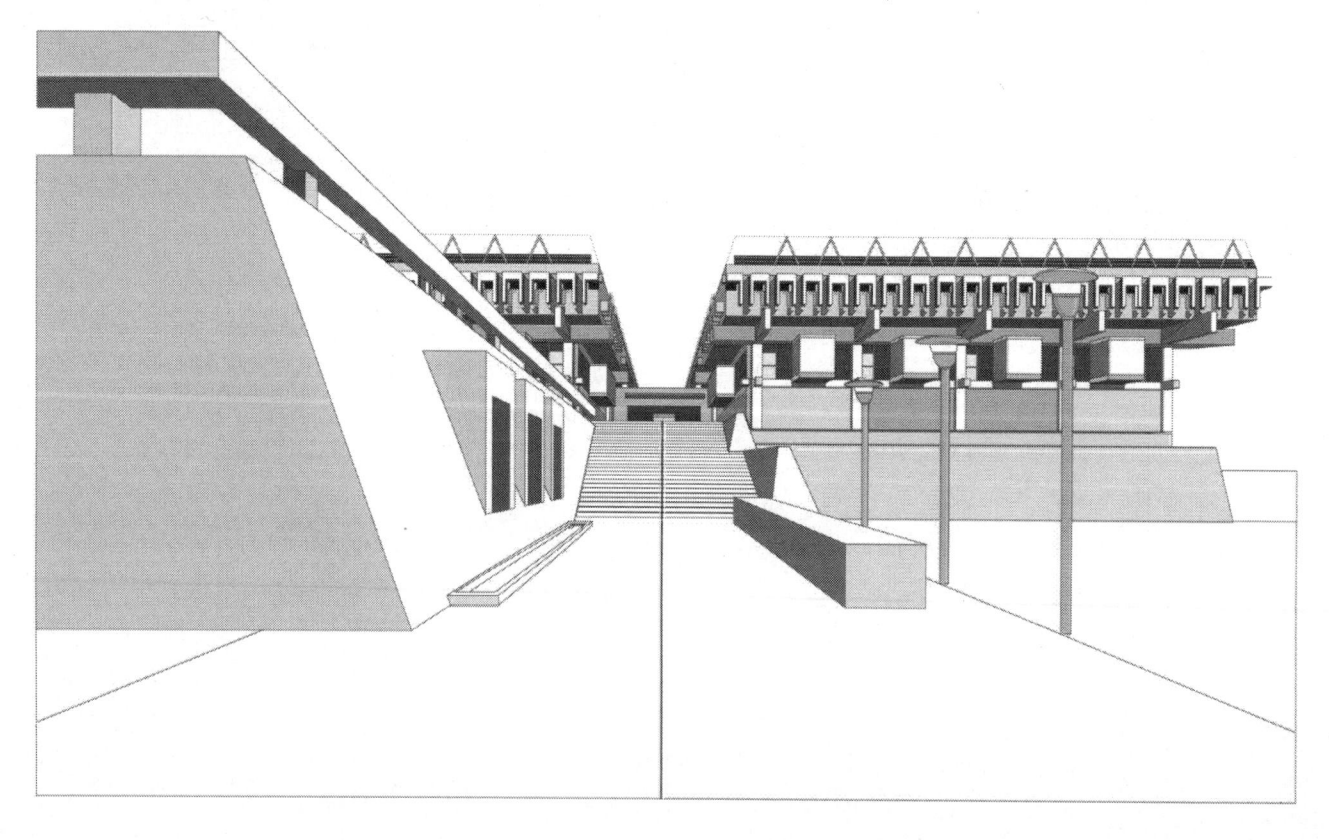

③ Proyectamos las líneas y trazamos los bloques principales.

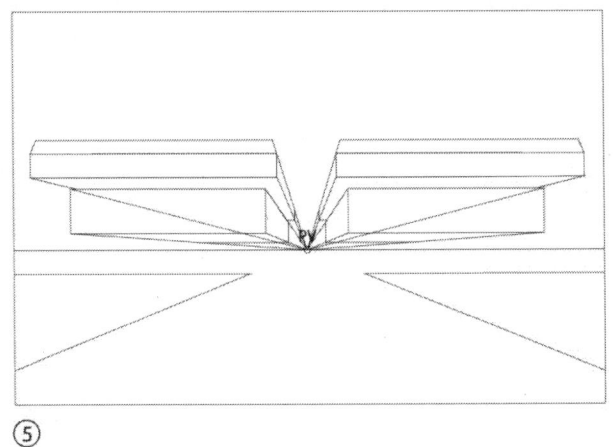

④ Proyectamos las líneas y trazamos los bloques principales.

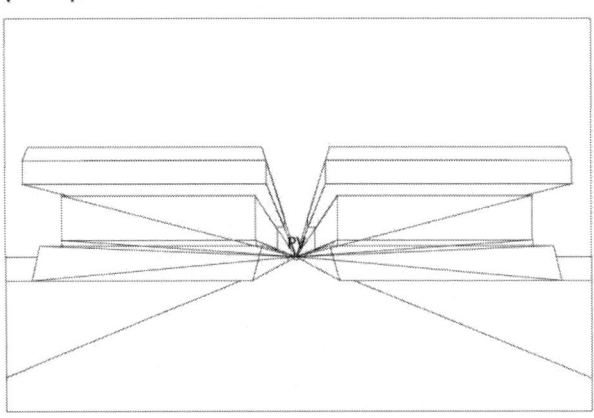

⑤

Levantamos la línea vertical de medidas y luego las líneas que dividen espacios iguales (estas deben fugar desde el punto de fuga central). Luego, en el punto de fuga central trazamos una línea vertical que culminará en un punto de fuga auxiliar en el extremo superior. Finalmente, proyectaremos dos líneas hacia la base de la línea vertical de medidas. Esto servirá para marcar el perfil de altura y profundidad de los peldaños.

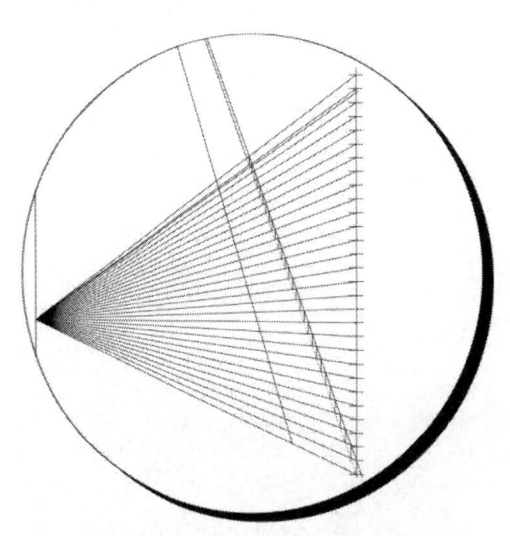

Detalle ampliado de la línea vertical de medidas y perfil de gradas.

Detalle ampliado gradas.

⑥ Ahora vemos las gradas en perspectiva.

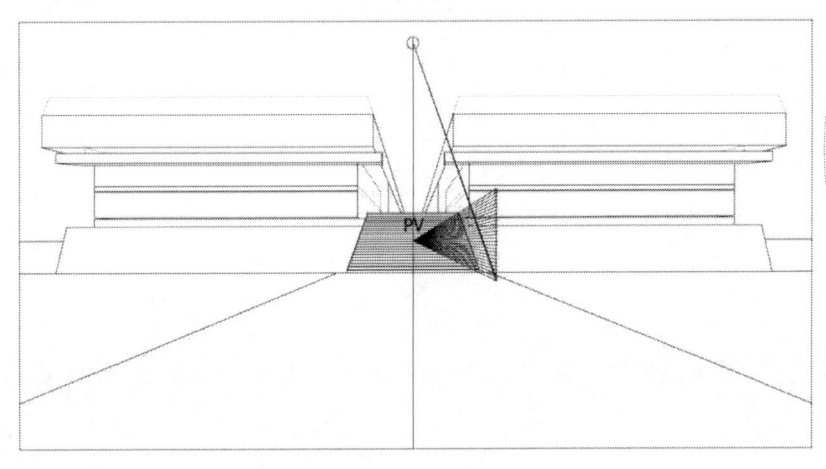

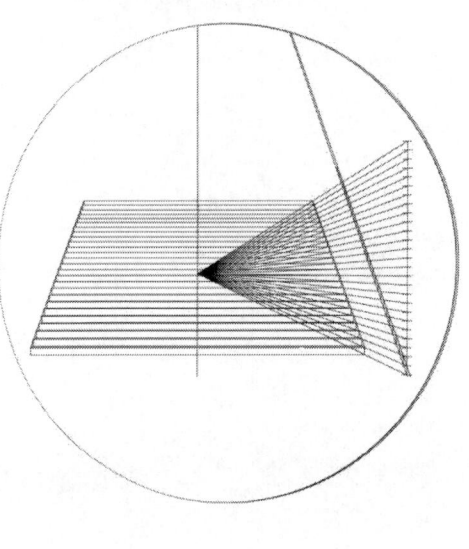

⑦ Trazando una línea horizontal de medidas y espacios iguales, proyectamos las líneas guías y trazamos las vigas.

Seguidamente, proyectando líneas desde el punto de fuga central, trazamos los bloques del segundo nivel y el pasillo del fondo.

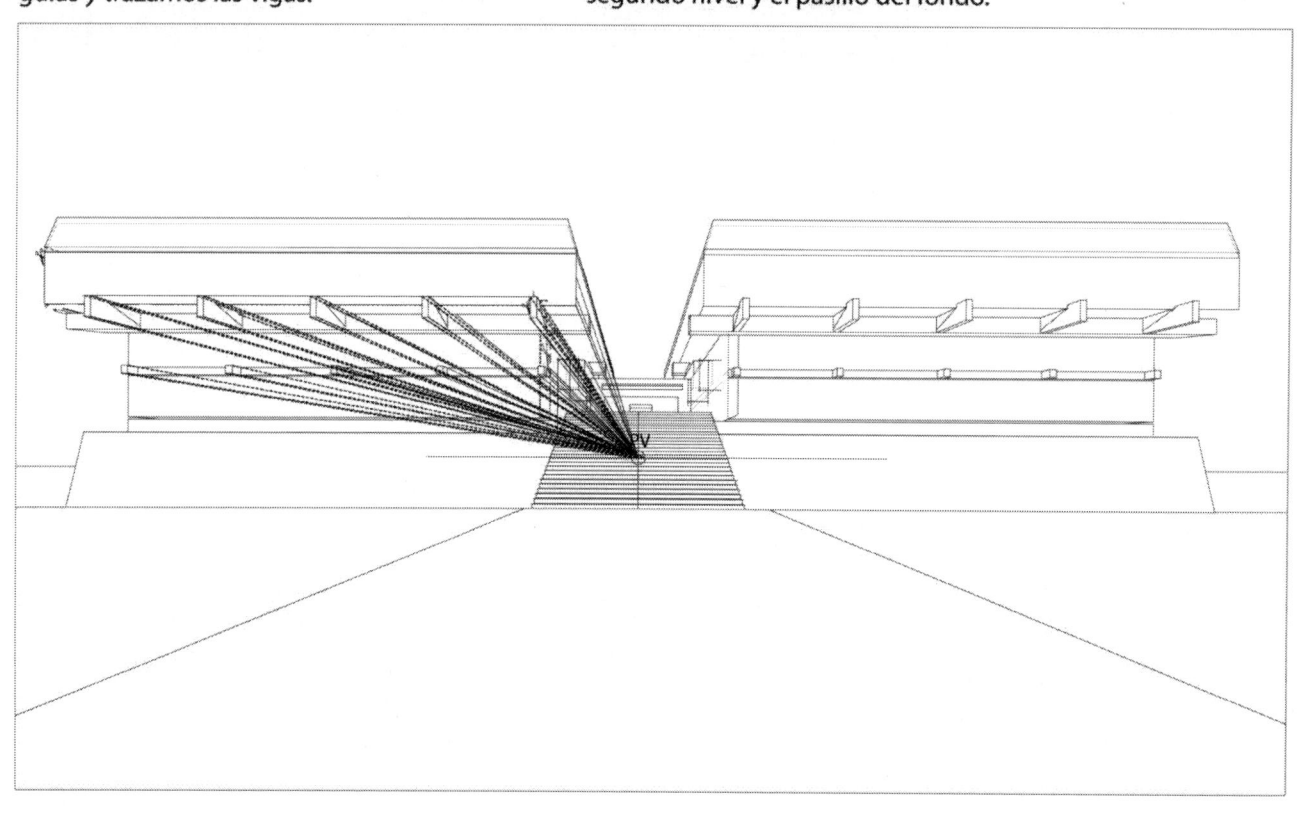

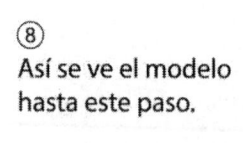

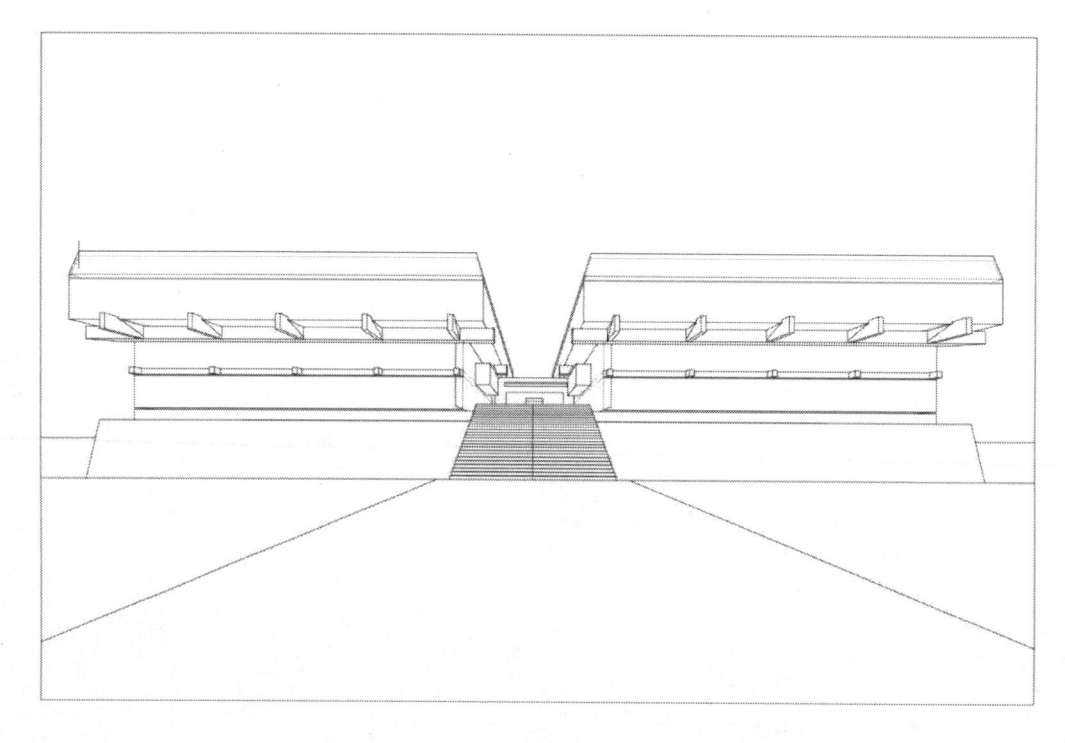

⑧ Así se ve el modelo hasta este paso.

⑨ Partiendo del punto de vista central, proyectando las líneas guías, trazamos las ventanas y sus bloques en relieve.

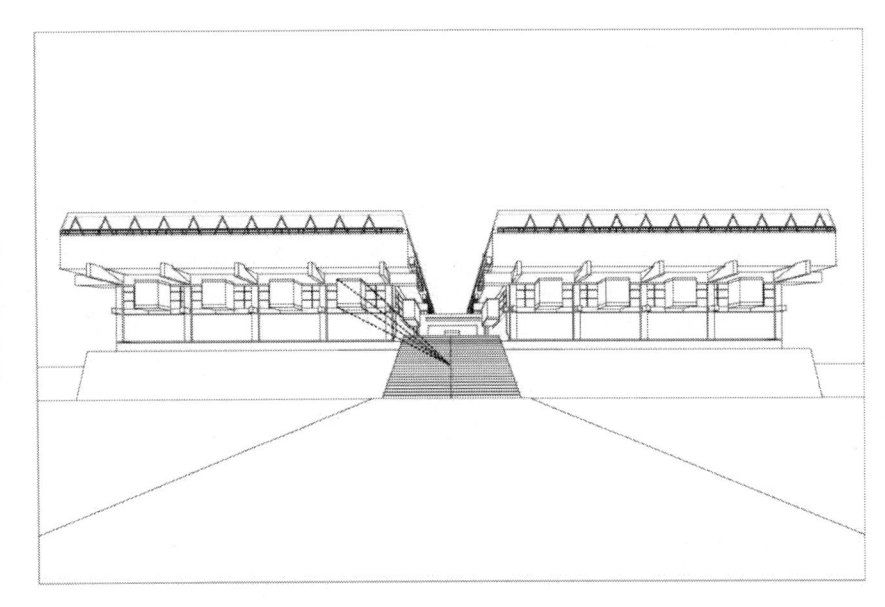

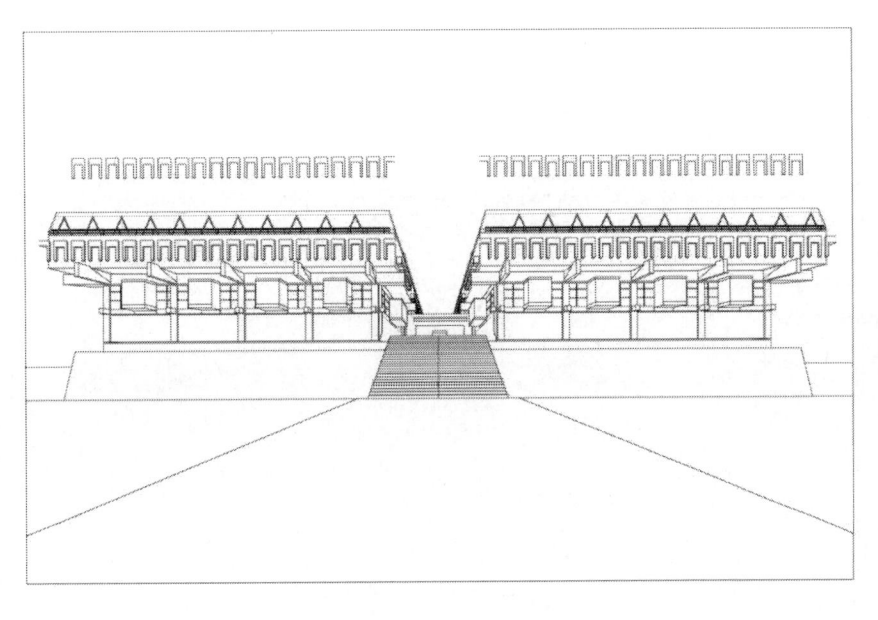

⑩ Luego, trazamos el patrón del altorrelieve del segundo nivel.

⑪ Ahora, la profundidad media del altorrelieve.

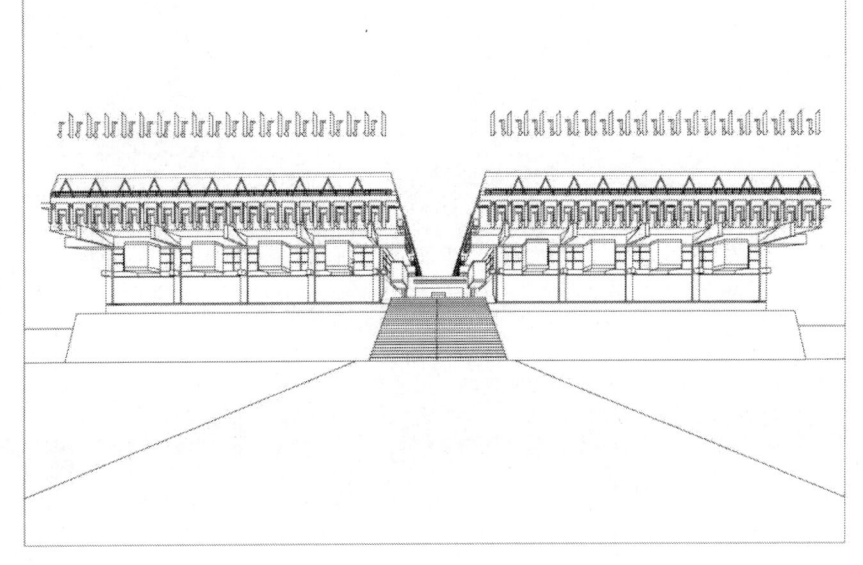

⑫ Estos cuadrados diminutos y oscuros representan la parte mas baja y profunda del altorrelieve. Agregamos en esta vista los muros pasamanos al frente del edificio.

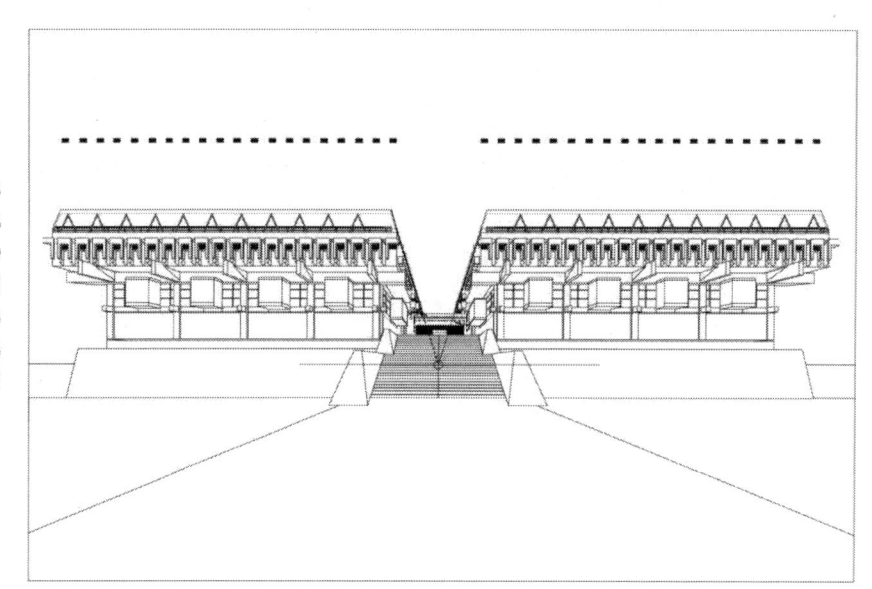

⑬ Desde el punto de vista central, proyectamos lo que será el pasamanos de un muro y el bloque de una jardinera.

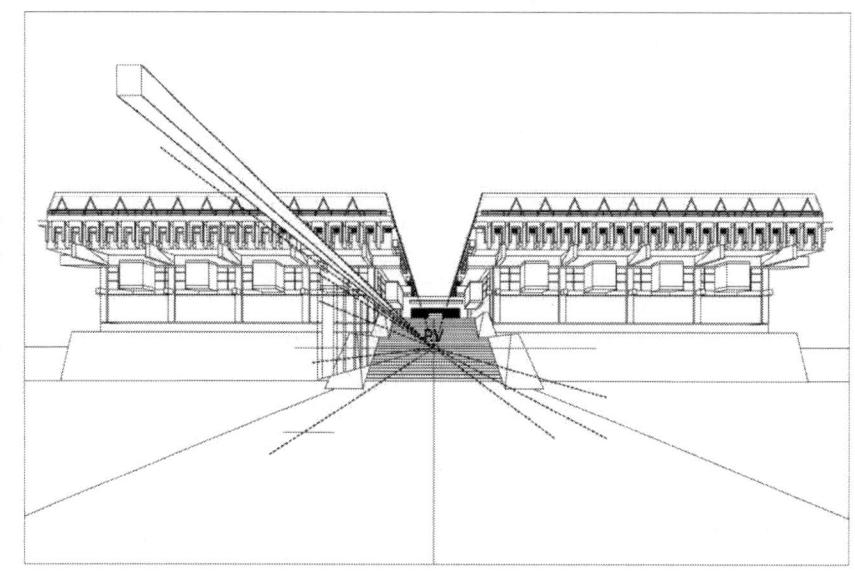

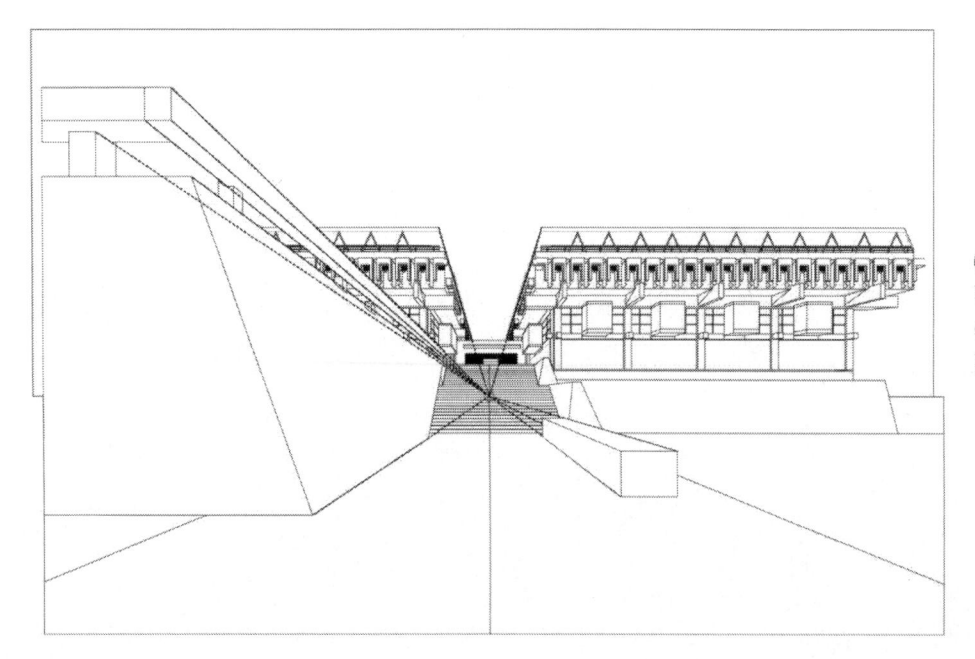

⑭ Vemos el muro, el bloque de la jardinera y los muros pasamanos más al fondo.

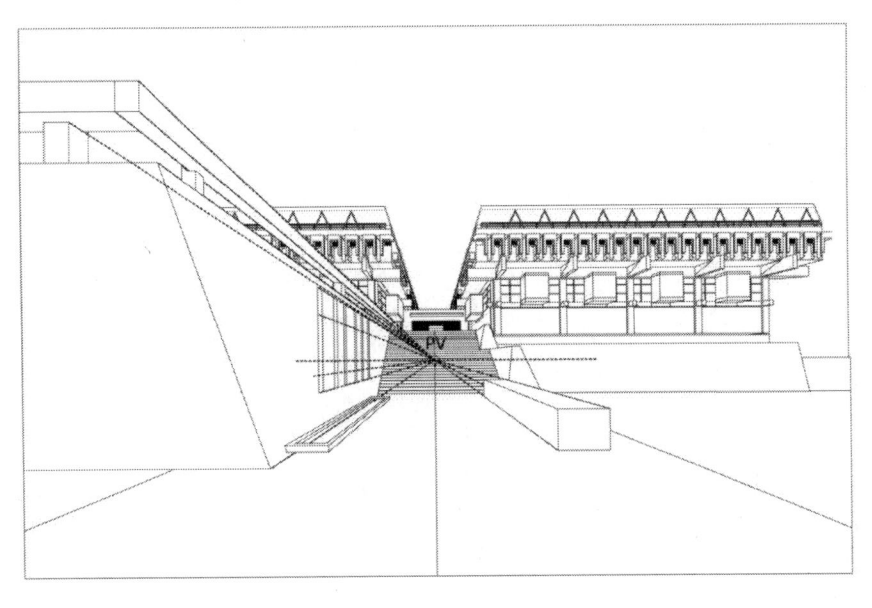

⑮ Trazamos las líneas guías de lo que serán ventanas en relieve sobre el muro.

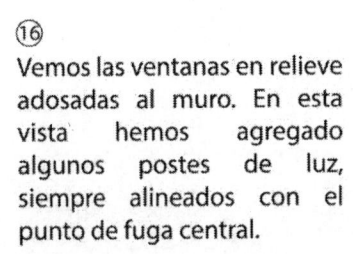

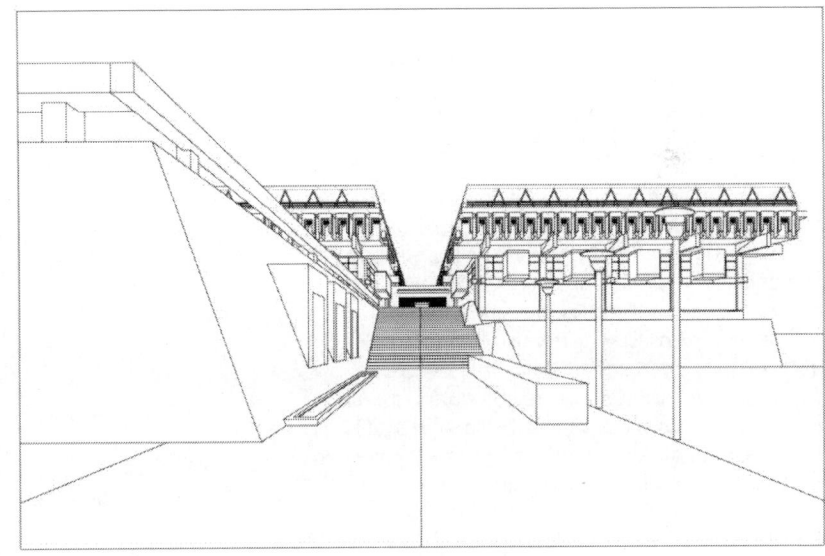

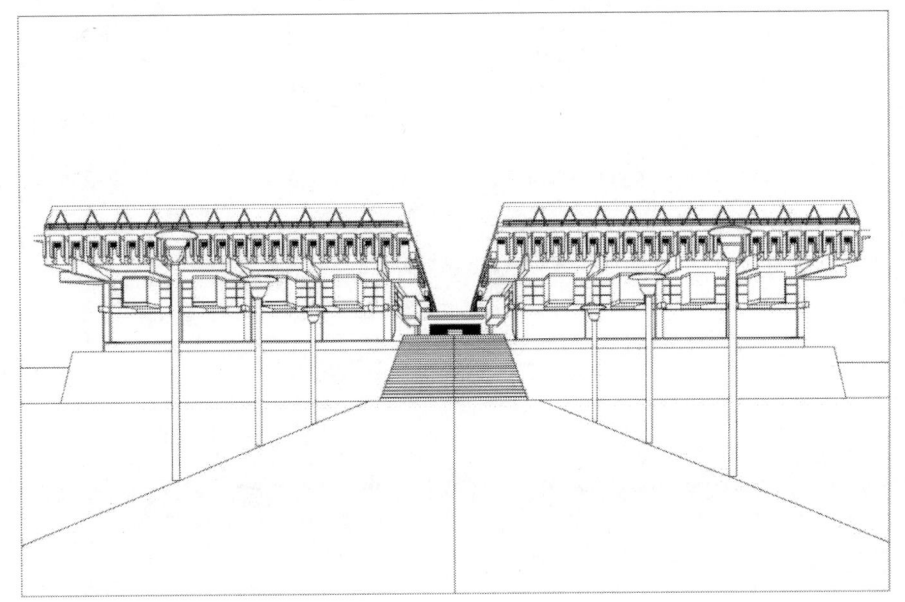

⑯ Vemos las ventanas en relieve adosadas al muro. En esta vista hemos agregado algunos postes de luz, siempre alineados con el punto de fuga central.

⑰ Esta es una variante del paso anterior, quitando el muro y reproduciendo la imagen de la derecha hacia la izquierda.

Con esto, se concluye el ejercicio.

Paso 1 Trazamos la línea de horizonte, sacamos el centro

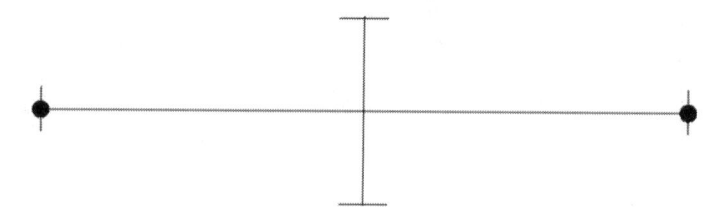

Paso 2 Trazamos dos puntos de fuga, uno en cada extremo de la línea y damos altura en el eje central hacia arriba y hacia abajo en distancias iguales

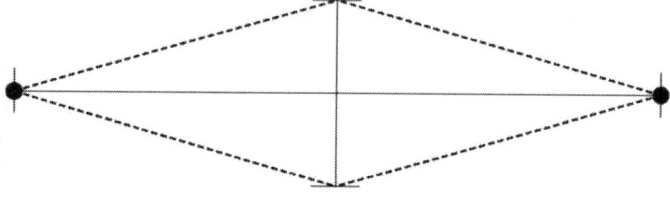

PERSPECTIVA OBLICUA (DOS PUNTOS DE FUGA)

En perspectiva oblicua trabajaremos con dos puntos de fuga, ambos estarán ubicados sobre la línea de horizonte y a diferencia de la perspectiva paralela o frontal, trabajaremos siempre con vistas oblicuas; es decir, las imágenes no podrán ser trabajadas en vistas de frente o en ángulos de 90°. Con esto queda demostrado que el espacio es curvo. Los puntos de fuga podrán estar equidistantes respecto a la arista (línea vertical) más cercana a nuestro ojo. De ser así, la vista será simétrica, en caso contrario, en el que estas distancias no sean iguales, tendremos una vista asimétrica.

Paso 3 De los puntos de fuga trazamos líneas hacia el centro, hacia abajo y hacia arriba

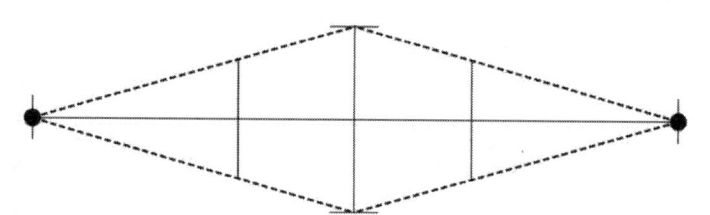

Paso 4 Establecemos el ancho partiendo de la línea vertical del centro hacia la izquierda y hacia la derecha

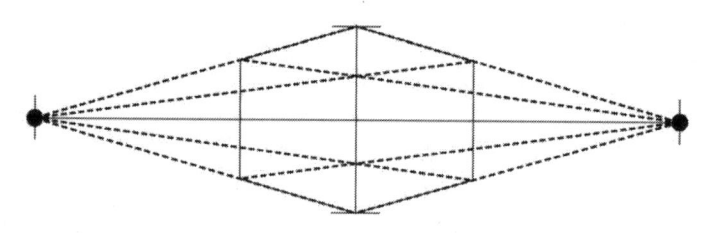

Paso 5 Desde cada uno de los puntos de fuga trazamos líneas hacia los bordes inferior y superior del lado izquierdo y derecho

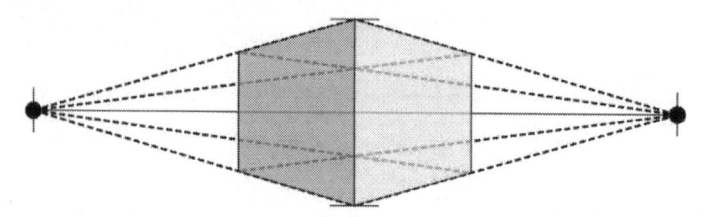

Vista final cubo en perspectiva oblicua (dos puntos de fuga), vista simétrica

Vista asimétrica:
Distancias desiguales
y en vistas oblicuas

① Trazamos la linea de horizonte, dos puntos de fuga, luego hacia arriba y hacia la izquierda trazamos los planos principales del cubo, lo mismo hacia abajo y a la derecha

② Trazamos las líneas guías que nos definirán los planos de arriba y abajo asi como del fondo a la izquierda y derecha

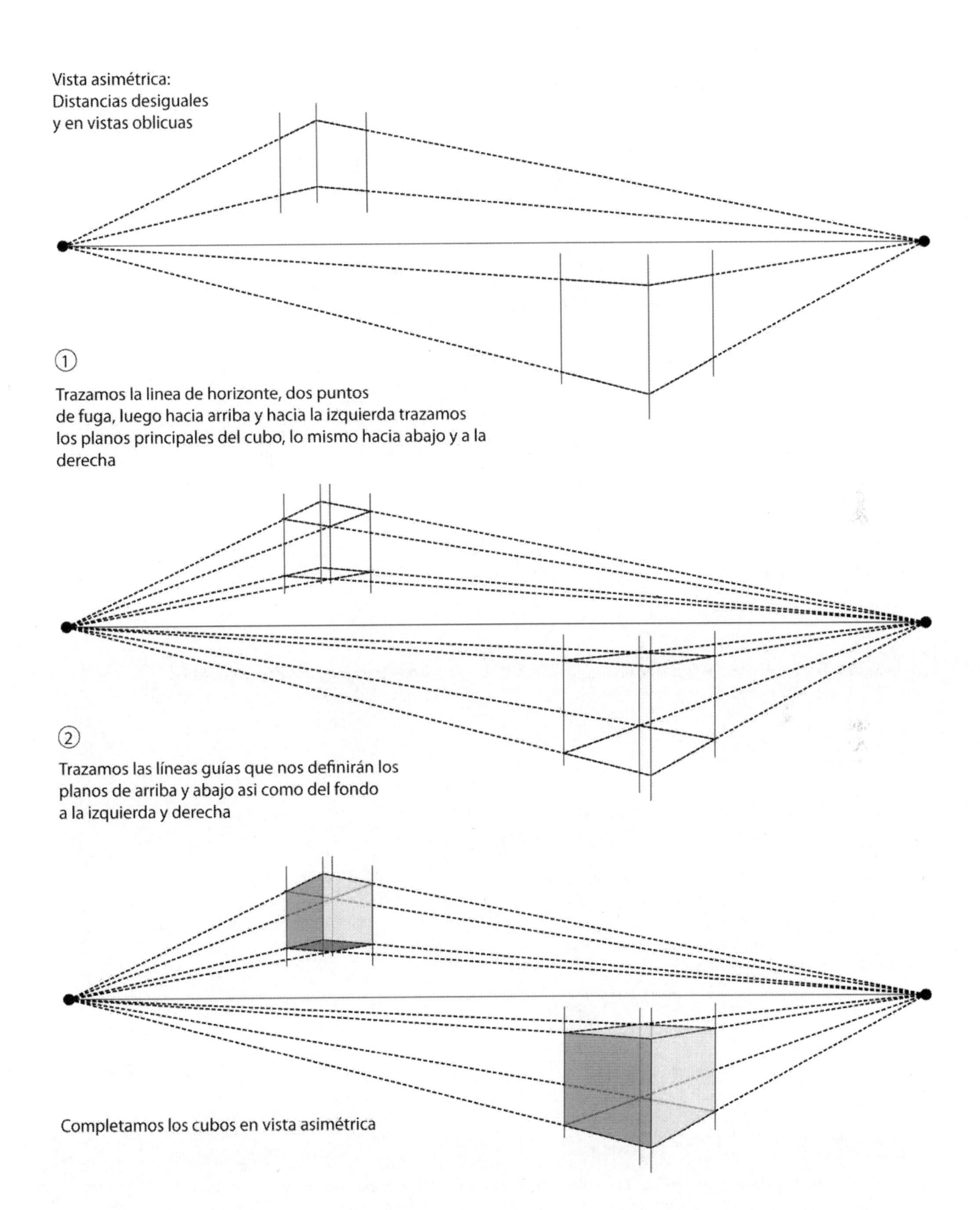

Completamos los cubos en vista asimétrica

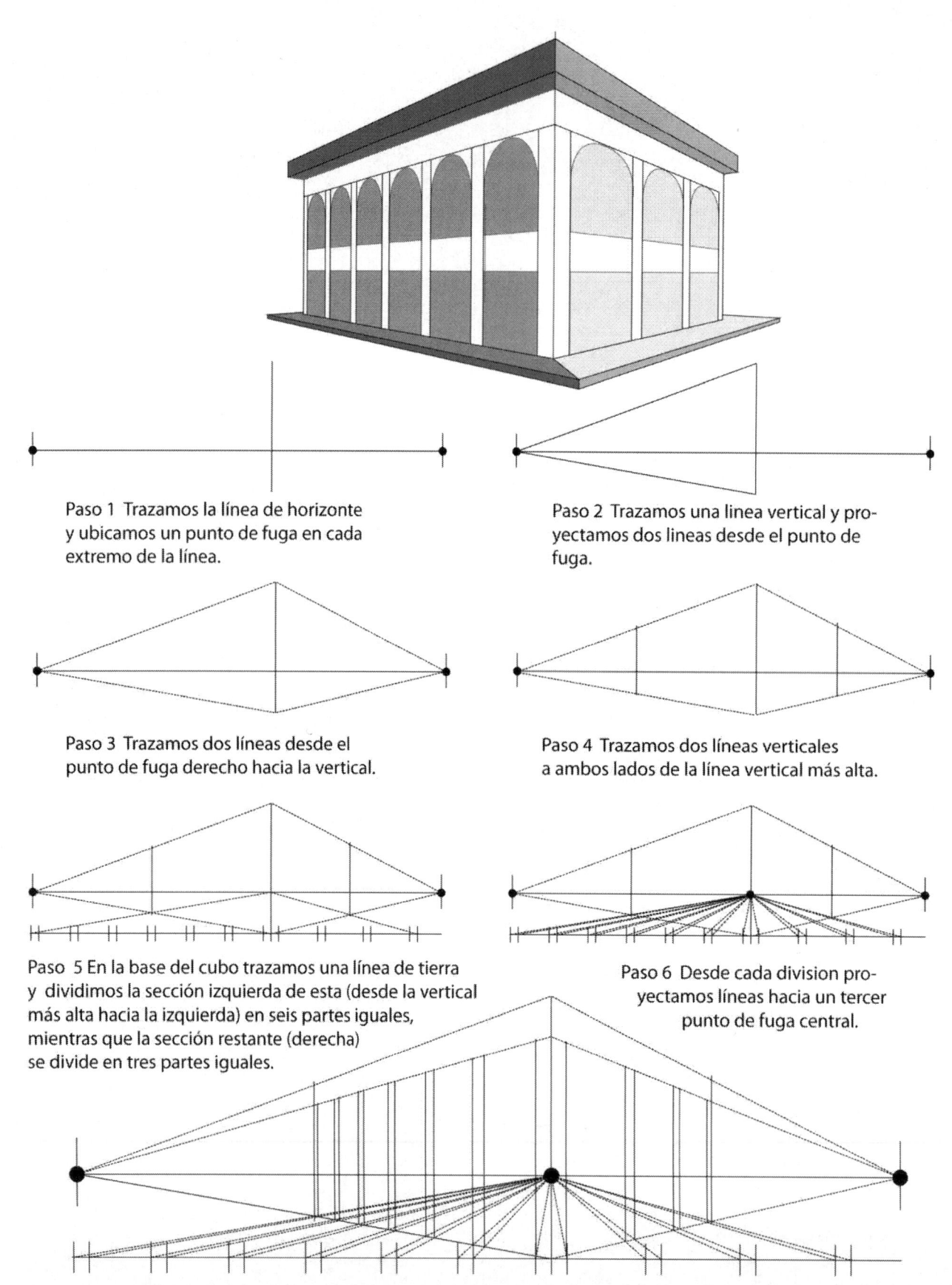

Paso 1 Trazamos la línea de horizonte y ubicamos un punto de fuga en cada extremo de la línea.

Paso 2 Trazamos una linea vertical y proyectamos dos lineas desde el punto de fuga.

Paso 3 Trazamos dos líneas desde el punto de fuga derecho hacia la vertical.

Paso 4 Trazamos dos líneas verticales a ambos lados de la línea vertical más alta.

Paso 5 En la base del cubo trazamos una línea de tierra y dividimos la sección izquierda de esta (desde la vertical más alta hacia la izquierda) en seis partes iguales, mientras que la sección restante (derecha) se divide en tres partes iguales.

Paso 6 Desde cada division proyectamos líneas hacia un tercer punto de fuga central.

Paso 7 Seguimos la trayectoria de cada línea que fuga hacia el punto central y donde se encuentra con cualquiera de las dos líneas que fugan hacia los puntos izquierdos o derechos, trazamos una línea vertical. Esto nos dará las divisiones correctas de espacios iguales en perspectiva.

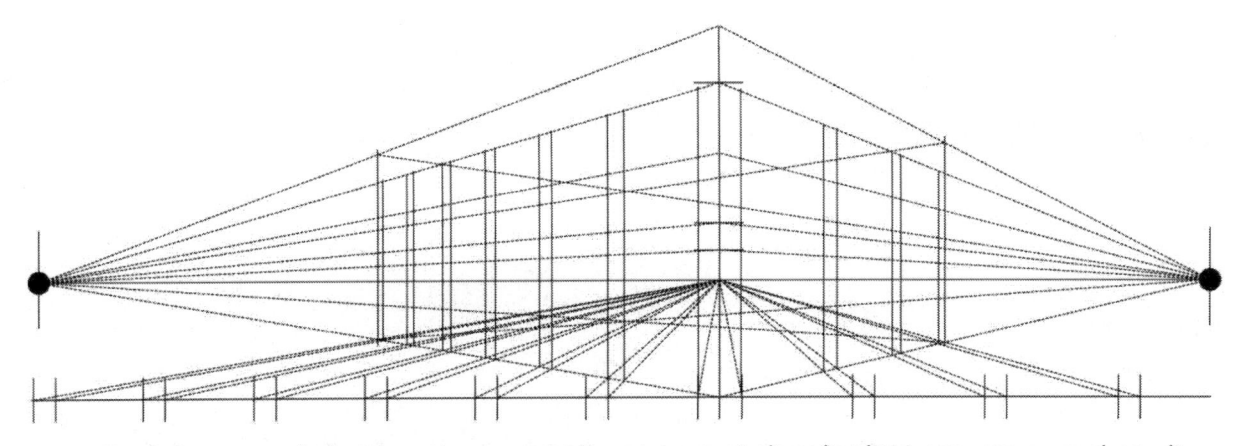

Paso 8 Desde los puntos de fuga laterales trazamos líneas que nos indican las divisiones entre arcos de medio punto y puertas.

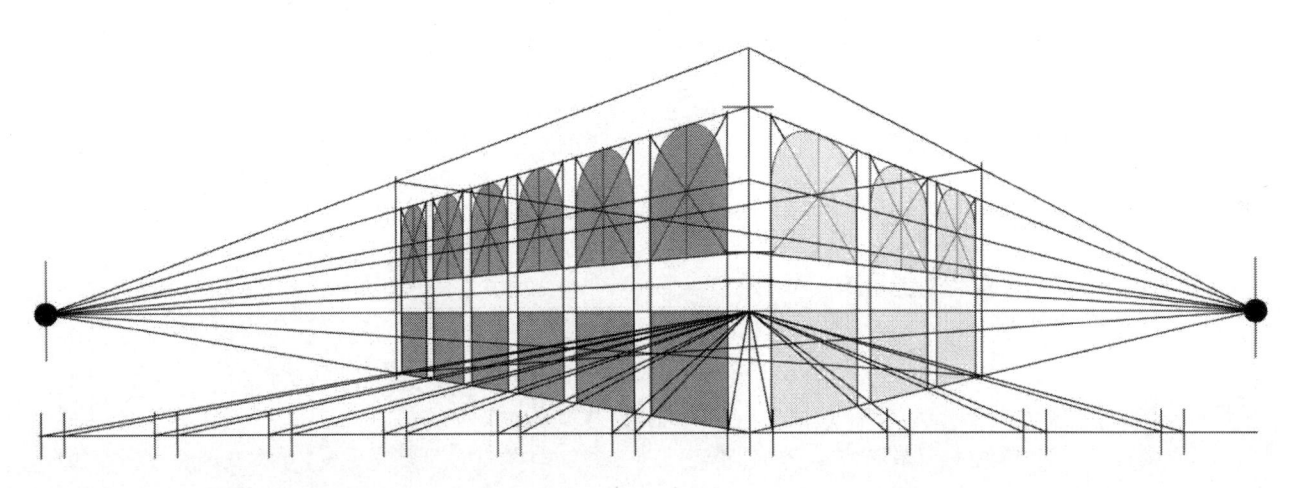

Paso 9 Indicamos las guías de los arcos de medio punto

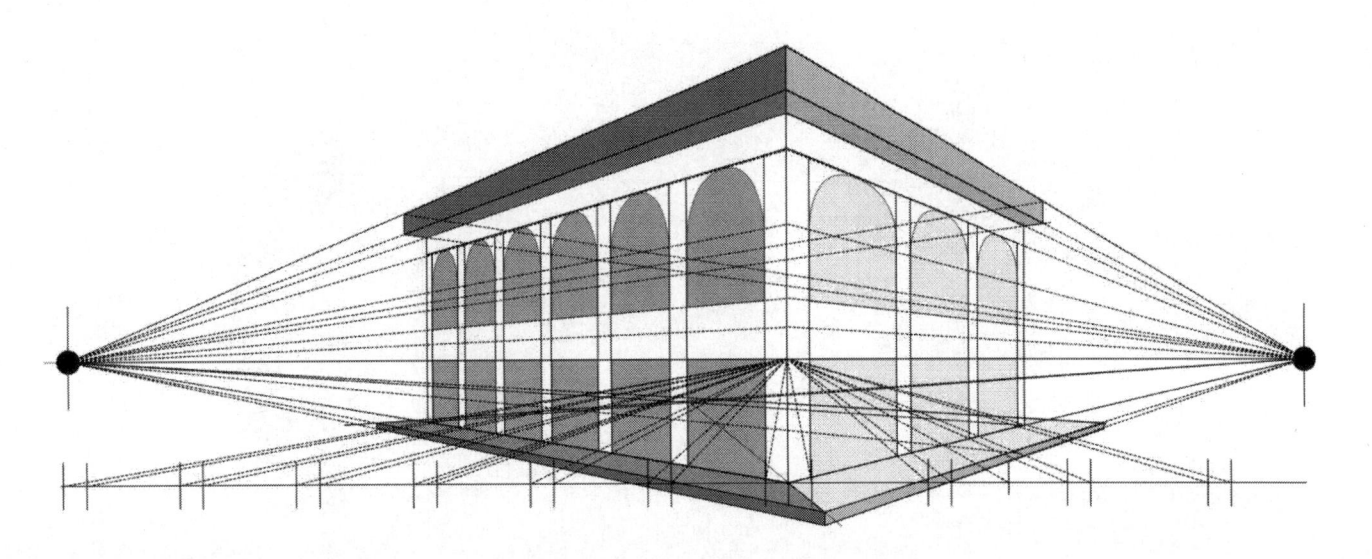

Paso 10 Por último, trazamos las líneas guías de la banqueta y el techo

TRAZO DE CUBOS EN PERSPECTIVA

Trabajando con dos puntos de vista sobre la línea de horizonte podemos trazar uno o varios cubos en la vista que necesitemos. Utilizando el método de división de espacios iguales dividimos los mismos en la cantidad de porciones que nuestra imagen requiera.

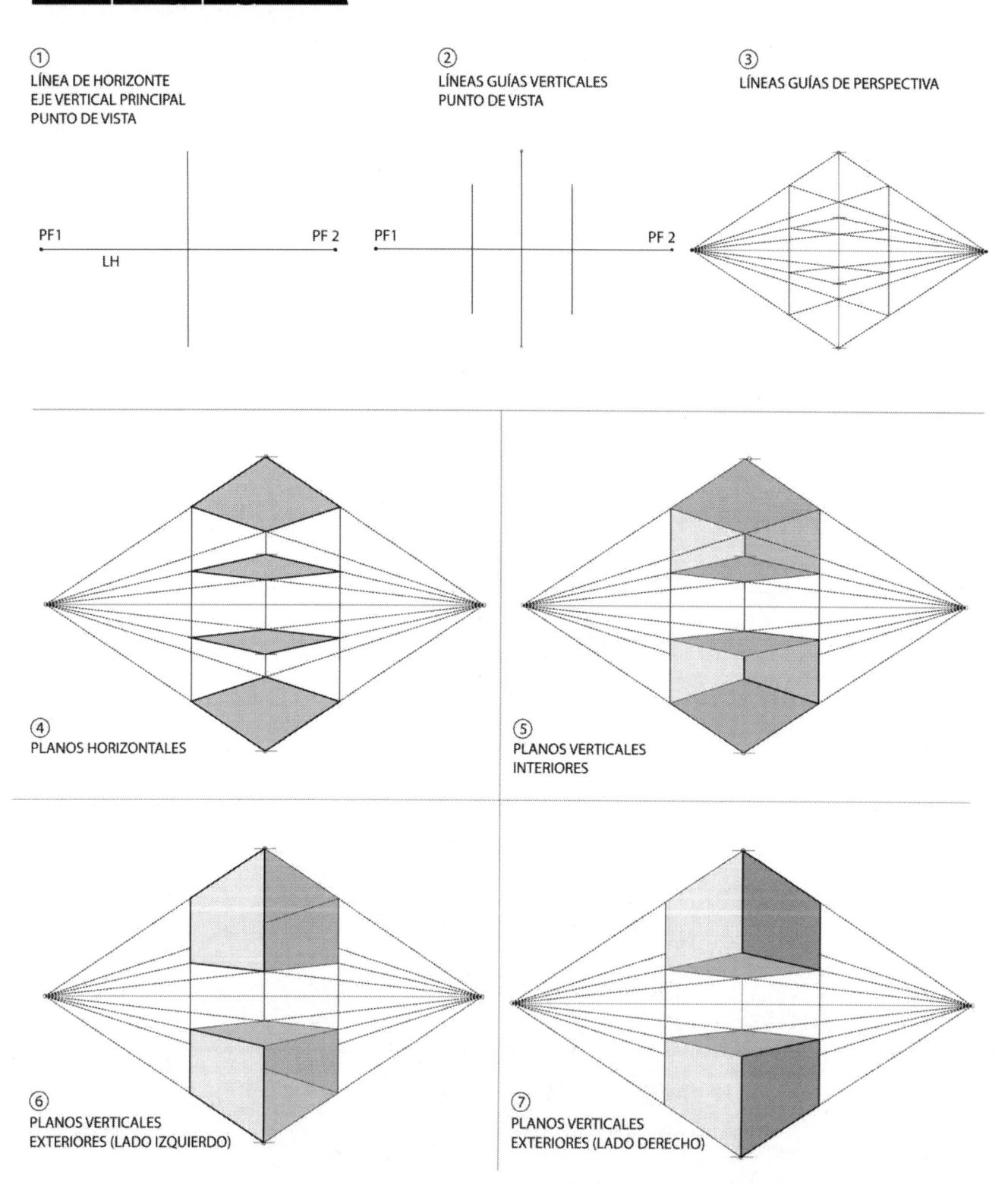

① LÍNEA DE HORIZONTE
EJE VERTICAL PRINCIPAL
PUNTO DE VISTA

② LÍNEAS GUÍAS VERTICALES
PUNTO DE VISTA

③ LÍNEAS GUÍAS DE PERSPECTIVA

PF1   LH   PF 2

PF1   PF 2

④ PLANOS HORIZONTALES

⑤ PLANOS VERTICALES INTERIORES

⑥ PLANOS VERTICALES EXTERIORES (LADO IZQUIERDO)

⑦ PLANOS VERTICALES EXTERIORES (LADO DERECHO)

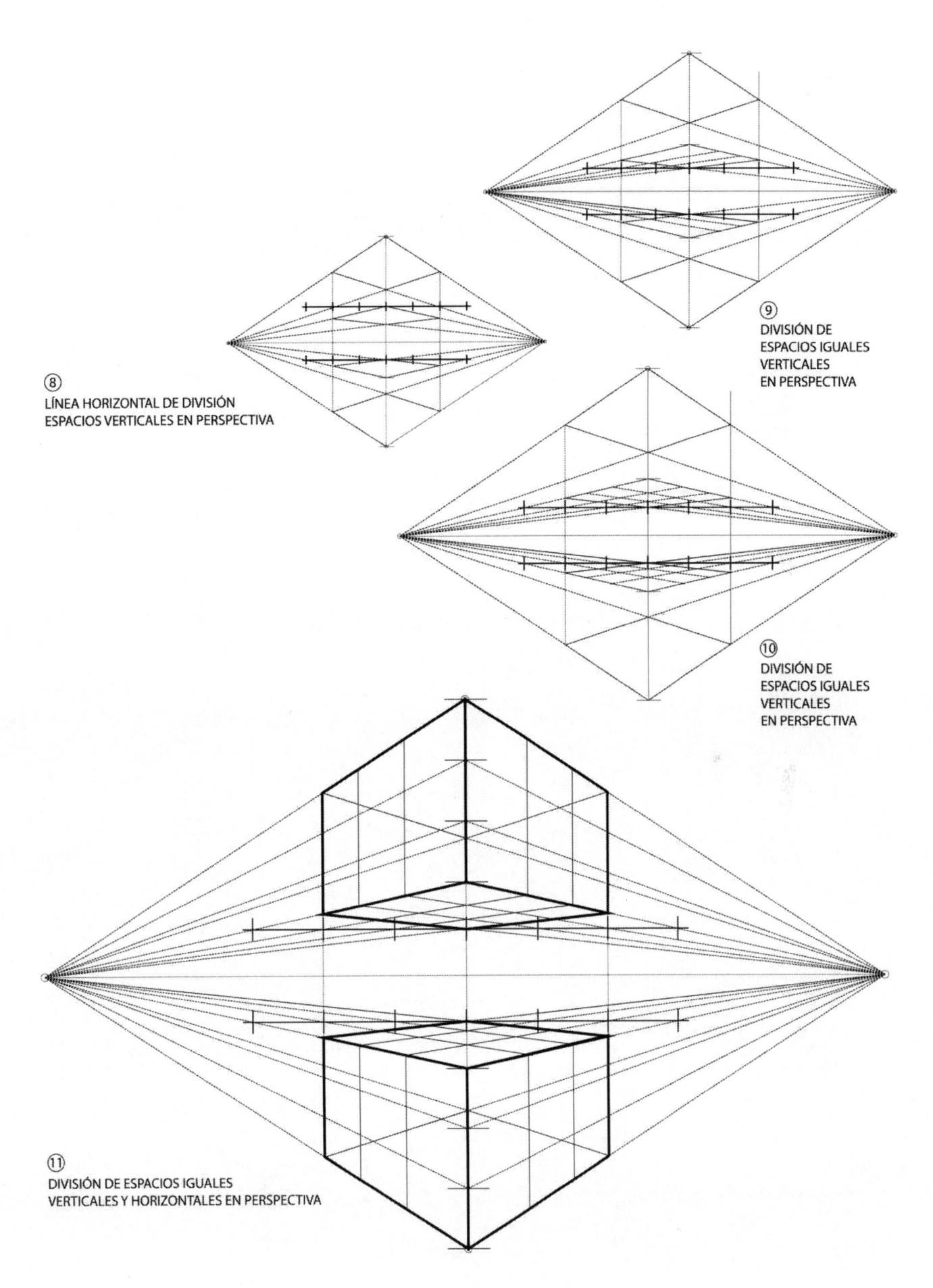

⑧
LÍNEA HORIZONTAL DE DIVISIÓN
ESPACIOS VERTICALES EN PERSPECTIVA

⑨
DIVISIÓN DE
ESPACIOS IGUALES
VERTICALES
EN PERSPECTIVA

⑩
DIVISIÓN DE
ESPACIOS IGUALES
VERTICALES
EN PERSPECTIVA

⑪
DIVISIÓN DE ESPACIOS IGUALES
VERTICALES Y HORIZONTALES EN PERSPECTIVA

PERSPECTIVA OBLICUA

En perspectiva oblicua trabajaremos con dos puntos de fuga, ambos estarán ubicados sobre la línea de horizonte y a diferencia de la perspectiva paralela o frontal, trabajaremos siempre con vistas oblicuas; es decír, las imagenes no podrán ser trabajadas en vistas de frente o en ángulos de 90°. Con esto queda demostrado que el espacio es curvo.

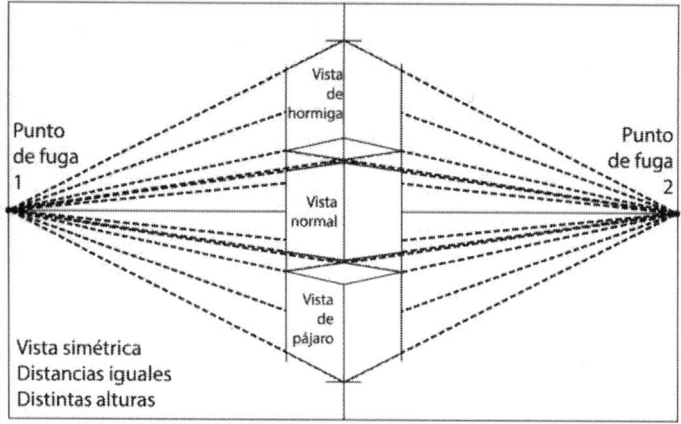

Los puntos de fuga podrán estar equidistantes respecto a la arista (línea vertical) más cercana a nuestro ojo. De ser así, la vista será simétrica (ver figura a la derecha). En caso contrario, en el que estas distancias no sean iguales, tendremos una vista asimétrica (este tipo de vista puede observarse en los cubos detallados en la parte inferior de la página).

Vista simétrica
Distancias iguales
Distintas alturas

El cubo visto a altura normal, en vista de hormiga y en vista de pájaro.

Perspectiva oblicua de planos encontrados
En este tipo de vistas (generalmente para espacios interiores) los planos se entrecruzan y cada uno fuga en sentido opuesto al otro.

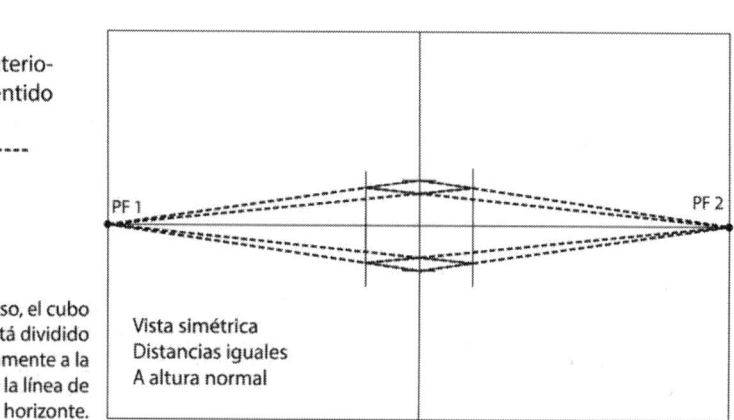

En este caso, el cubo está dividido exactamente a la mitad por la línea de horizonte.

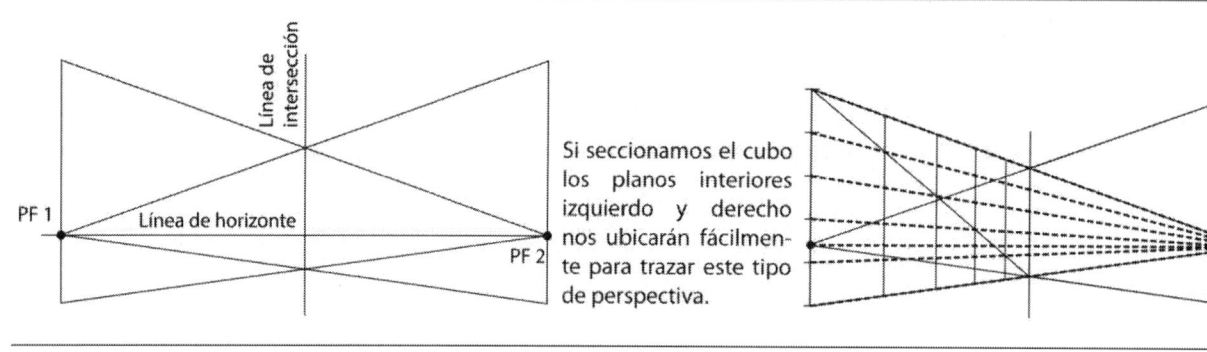

Vista simétrica
Distancias iguales
A altura normal

Si seccionamos el cubo los planos interiores izquierdo y derecho nos ubicarán fácilmente para trazar este tipo de perspectiva.

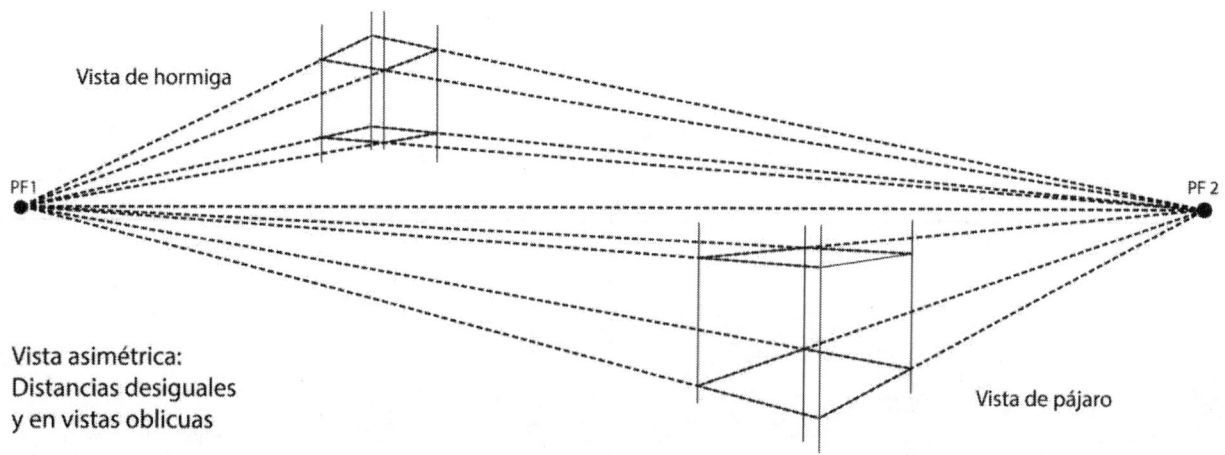

Vista de hormiga

Vista asimétrica:
Distancias desiguales
y en vistas oblicuas

Vista de pájaro

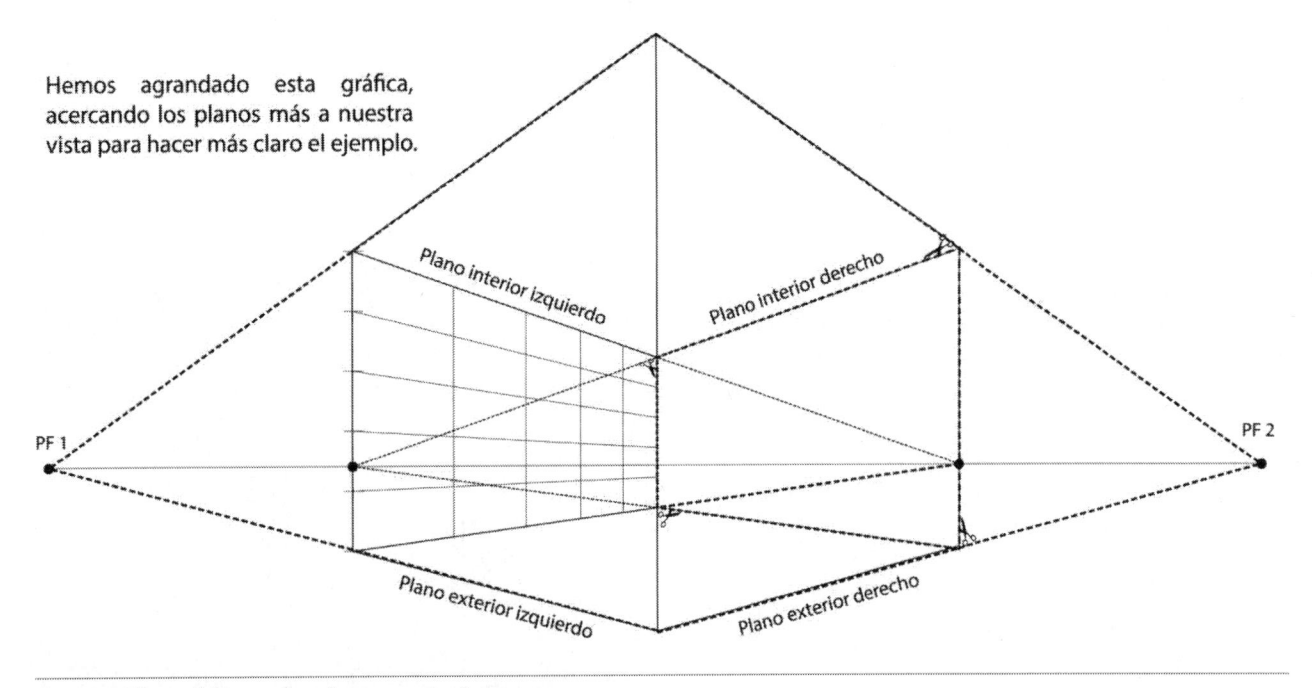

Hemos agrandado esta gráfica, acercando los planos más a nuestra vista para hacer más claro el ejemplo.

Plano interior izquierdo
Plano interior derecho
PF 1
PF 2
Plano exterior izquierdo
Plano exterior derecho

Perspectiva oblicua de planos exteriores que fugan hacia afuera

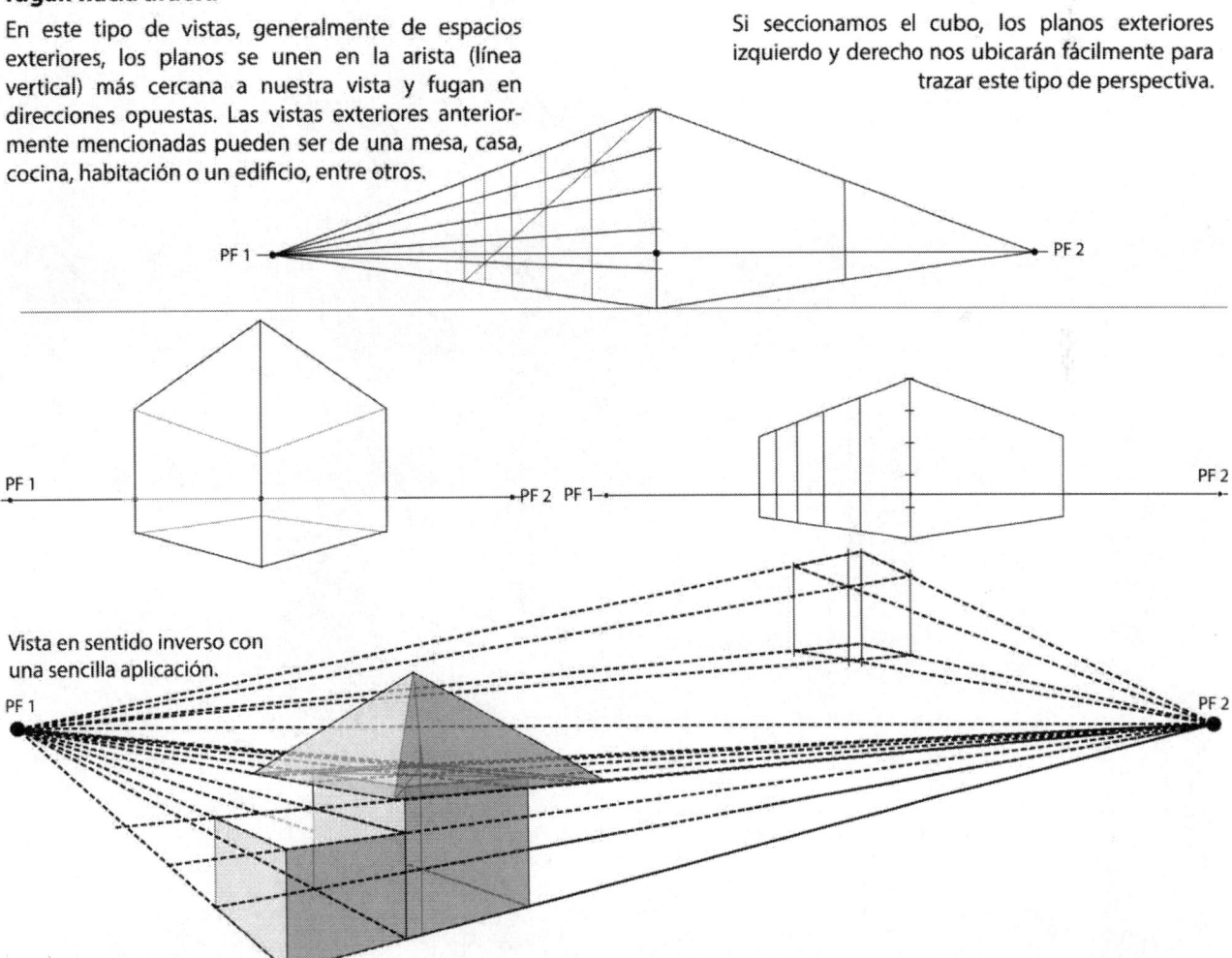

En este tipo de vistas, generalmente de espacios exteriores, los planos se unen en la arista (línea vertical) más cercana a nuestra vista y fugan en direcciones opuestas. Las vistas exteriores anteriormente mencionadas pueden ser de una mesa, casa, cocina, habitación o un edificio, entre otros.

Si seccionamos el cubo, los planos exteriores izquierdo y derecho nos ubicarán fácilmente para trazar este tipo de perspectiva.

PF 1
PF 2

PF 1
PF 2   PF 1
PF 2

Vista en sentido inverso con una sencilla aplicación.
PF 1
PF 2

EDIFICIO CON 2 PUNTOS DE FUGA

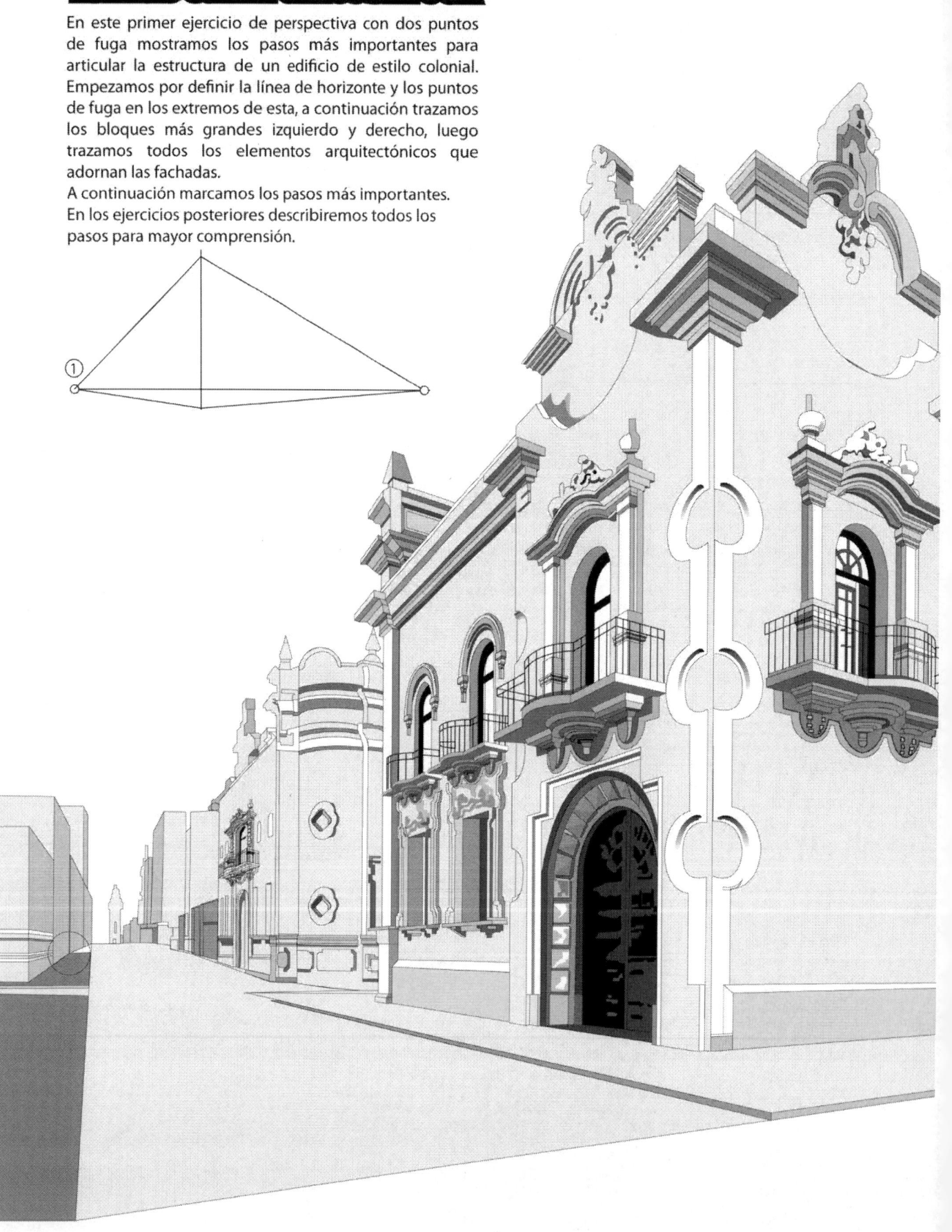

En este primer ejercicio de perspectiva con dos puntos de fuga mostramos los pasos más importantes para articular la estructura de un edificio de estilo colonial. Empezamos por definir la línea de horizonte y los puntos de fuga en los extremos de esta, a continuación trazamos los bloques más grandes izquierdo y derecho, luego trazamos todos los elementos arquitectónicos que adornan las fachadas.

A continuación marcamos los pasos más importantes. En los ejercicios posteriores describiremos todos los pasos para mayor comprensión.

①

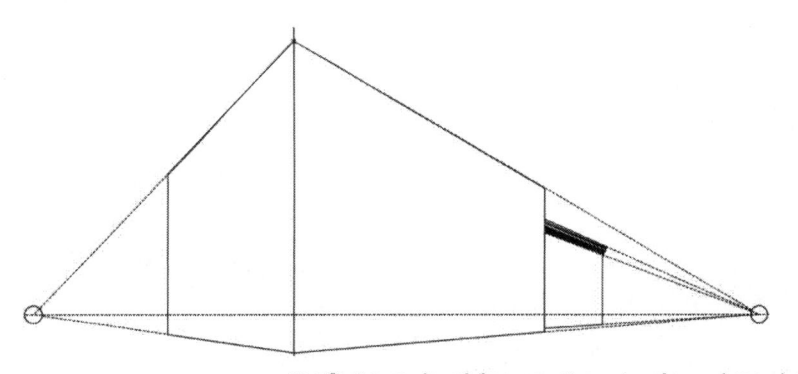

Definimos los bloques izquierdo y derecho.

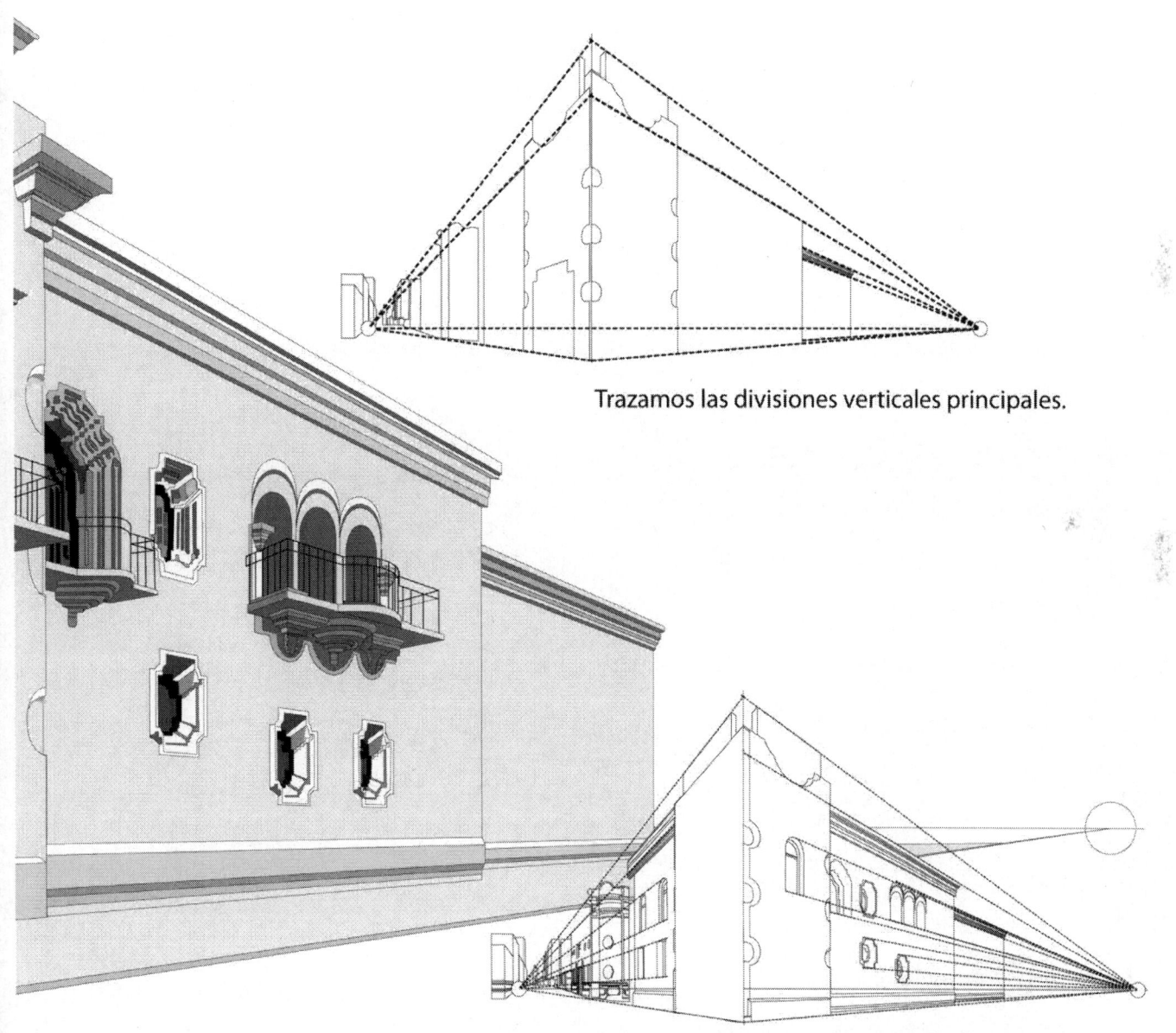

Trazamos las divisiones verticales principales.

Trazamos las lineas guias de los elementos principales.
Edificio del Museo de Filatelia de Guatemala

PERSPECTIVA OBLICUA BOTE Y CAJA

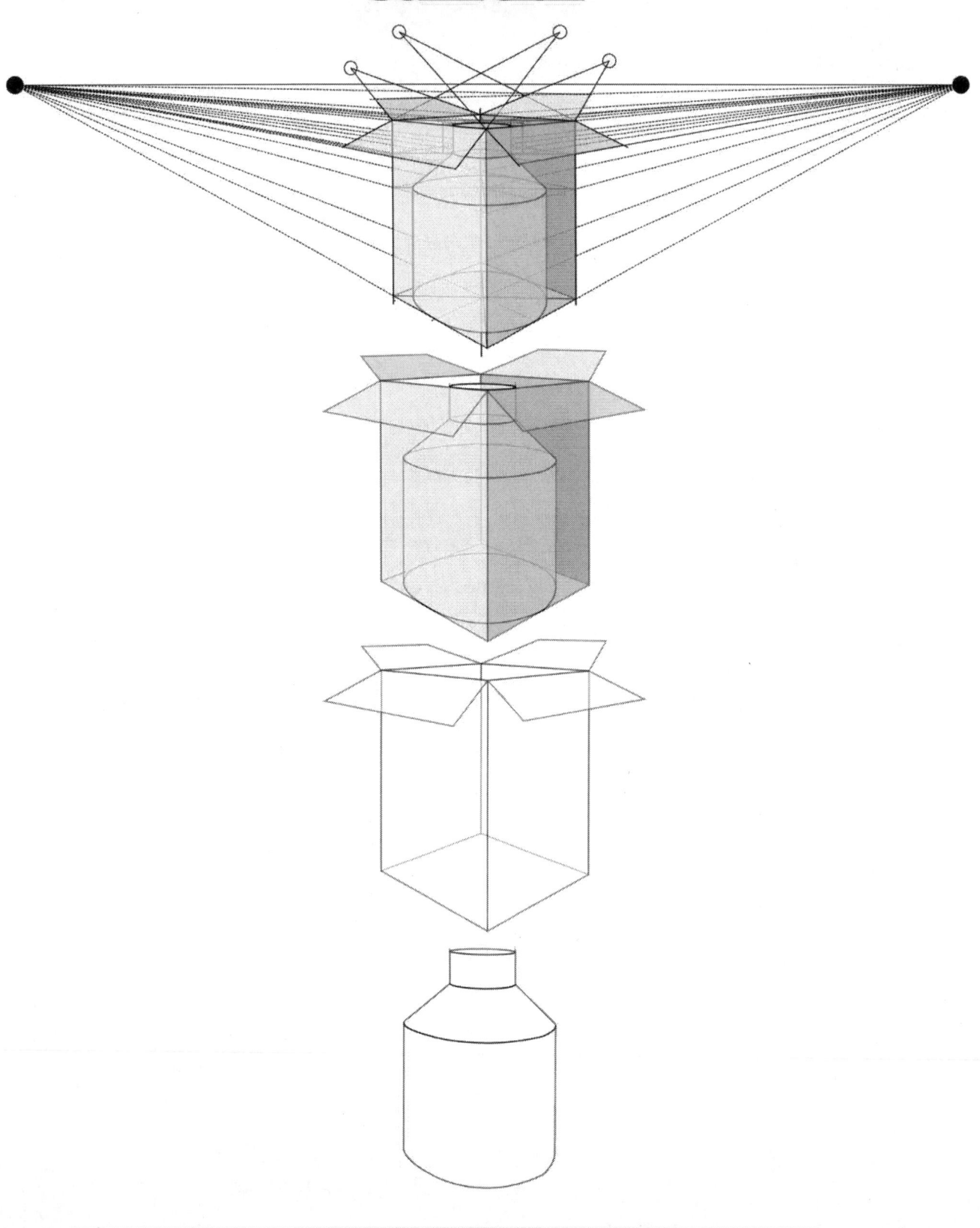

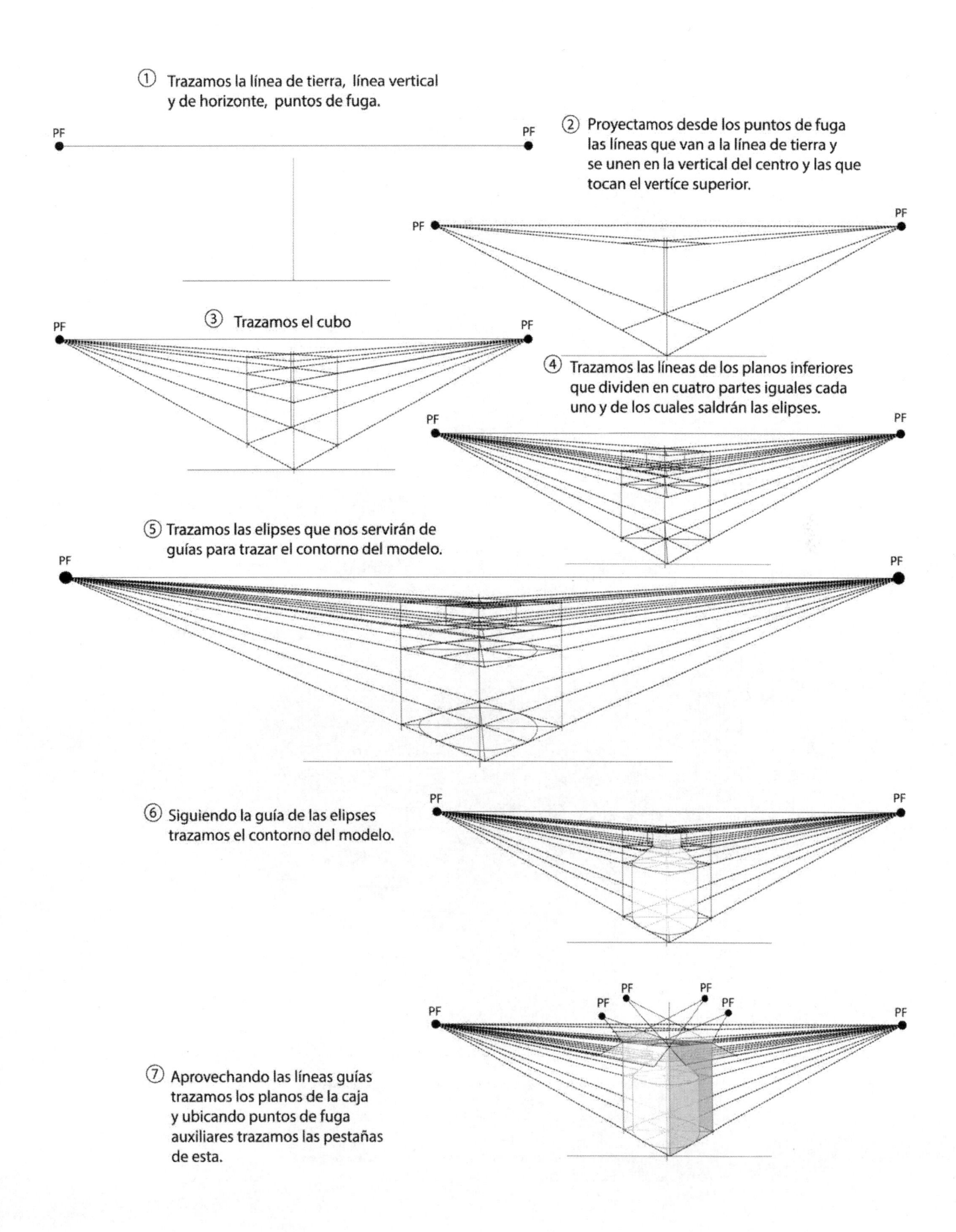

① Trazamos la línea de tierra, línea vertical y de horizonte, puntos de fuga.

② Proyectamos desde los puntos de fuga las líneas que van a la línea de tierra y se unen en la vertical del centro y las que tocan el vertíce superior.

③ Trazamos el cubo

④ Trazamos las líneas de los planos inferiores que dividen en cuatro partes iguales cada uno y de los cuales saldrán las elipses.

⑤ Trazamos las elipses que nos servirán de guías para trazar el contorno del modelo.

⑥ Siguiendo la guía de las elipses trazamos el contorno del modelo.

⑦ Aprovechando las líneas guías trazamos los planos de la caja y ubicando puntos de fuga auxiliares trazamos las pestañas de esta.

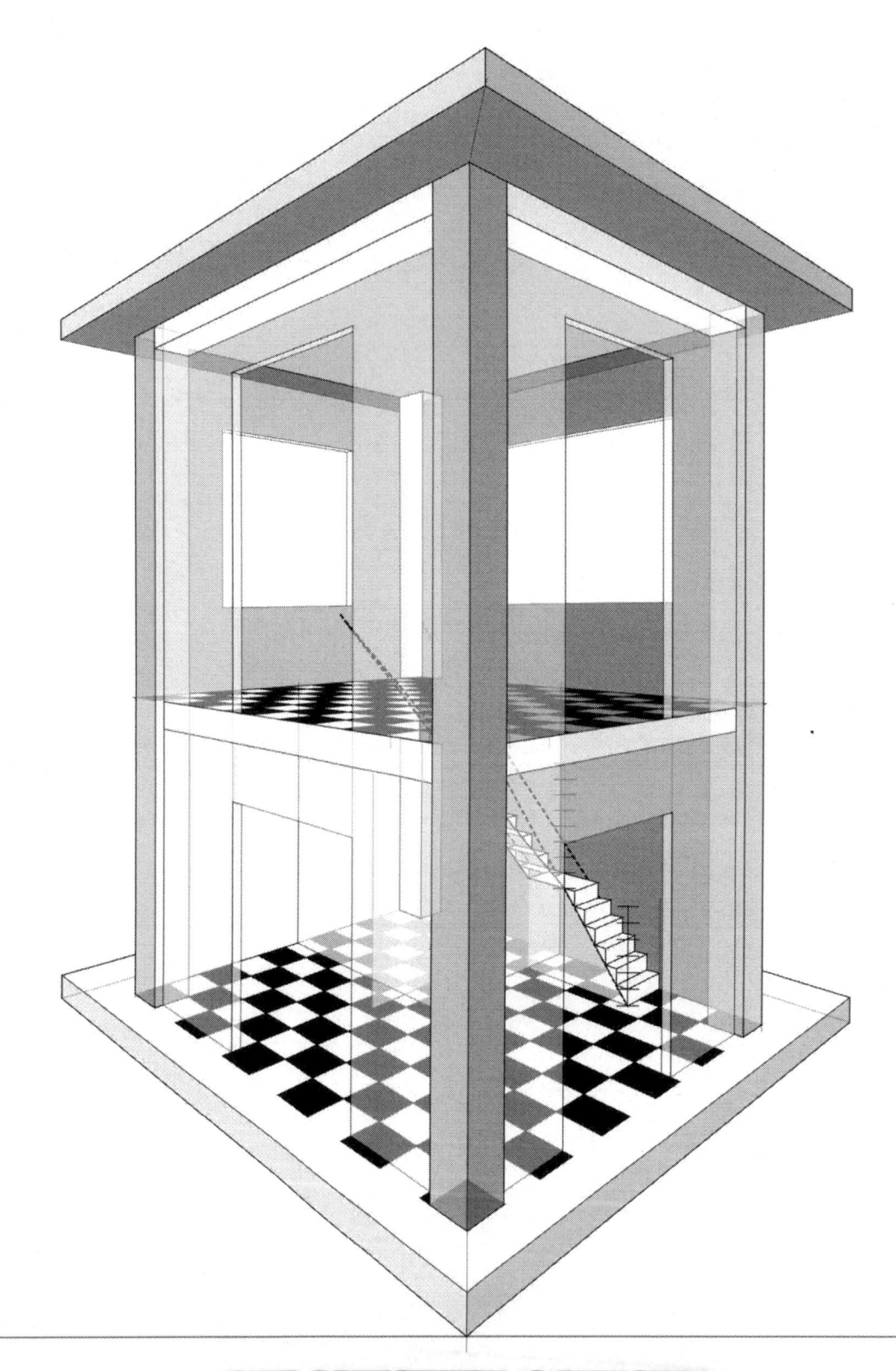

**PERSPECTIVA OBLICUA
DOBLE CUBO CON GRADAS**

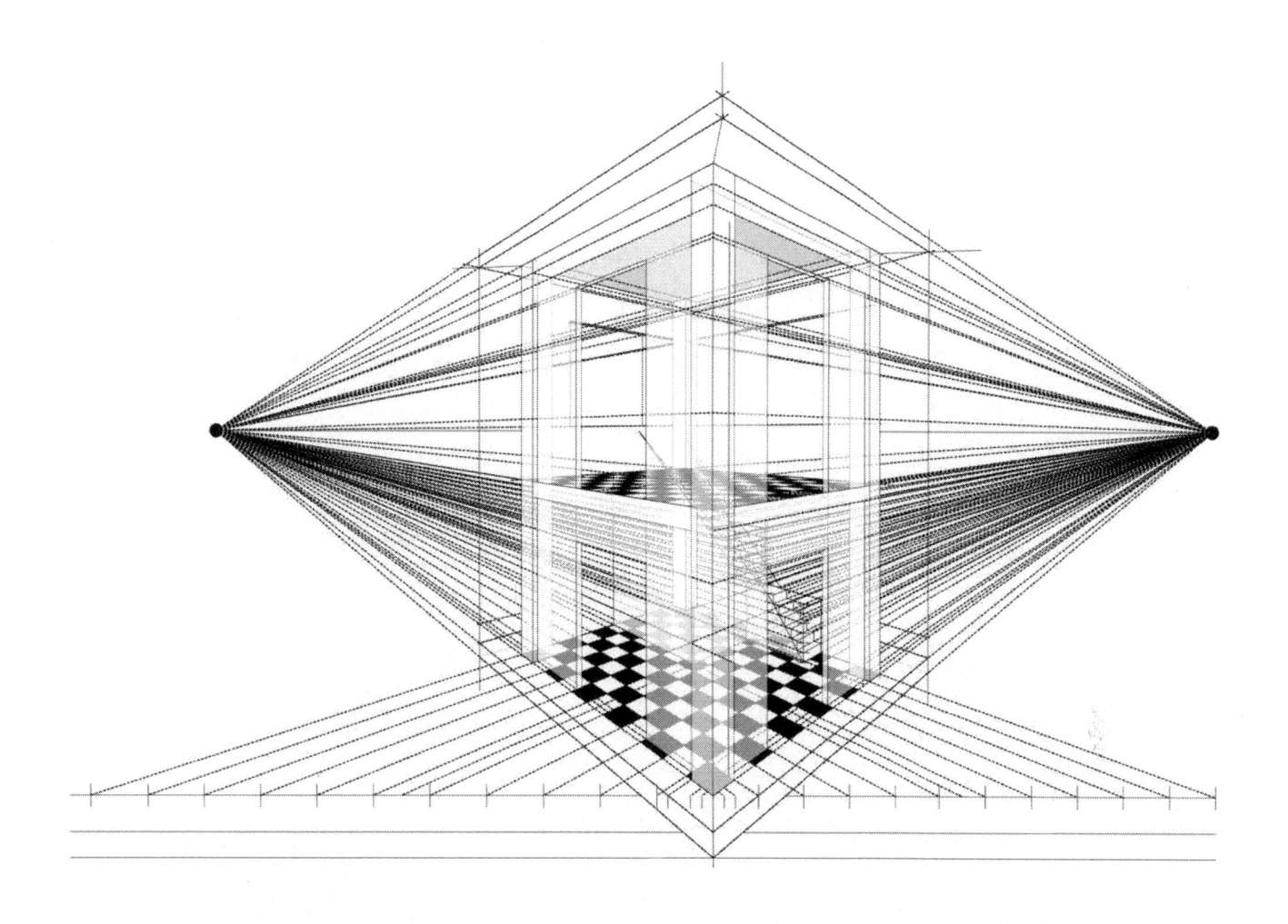

① Este es el esquema general de la estructura de los cubos y gradas

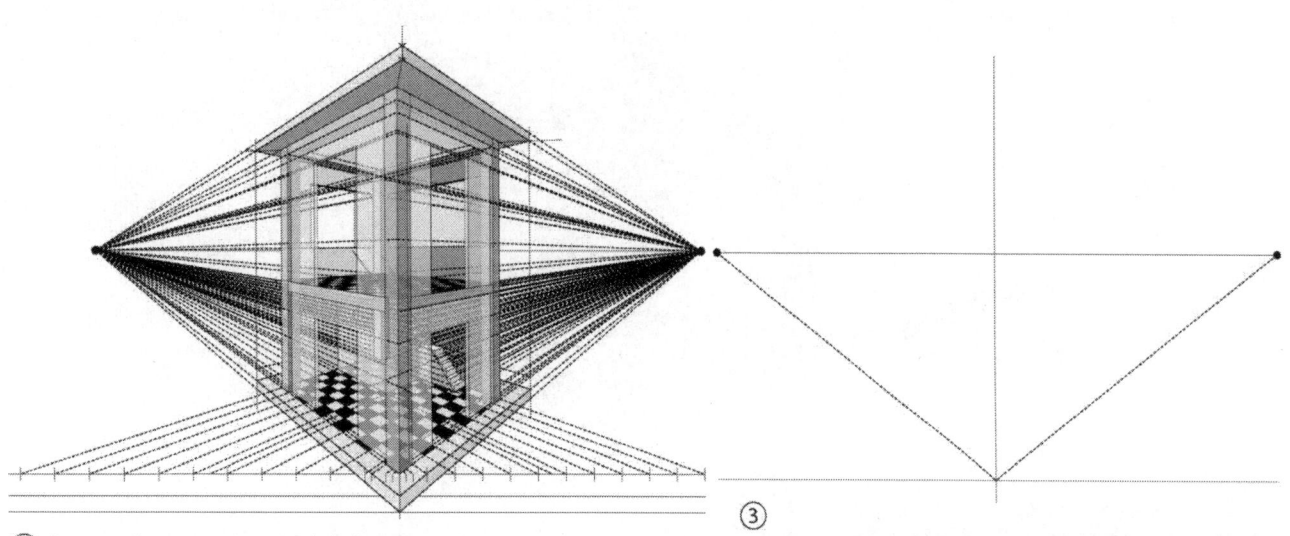

② Este es el esquema general de la estructura con todas las líneas guías.

③ Trazamos las líneas de tierra y horizonte, agregamos los dos puntos de fuga en los extremos.

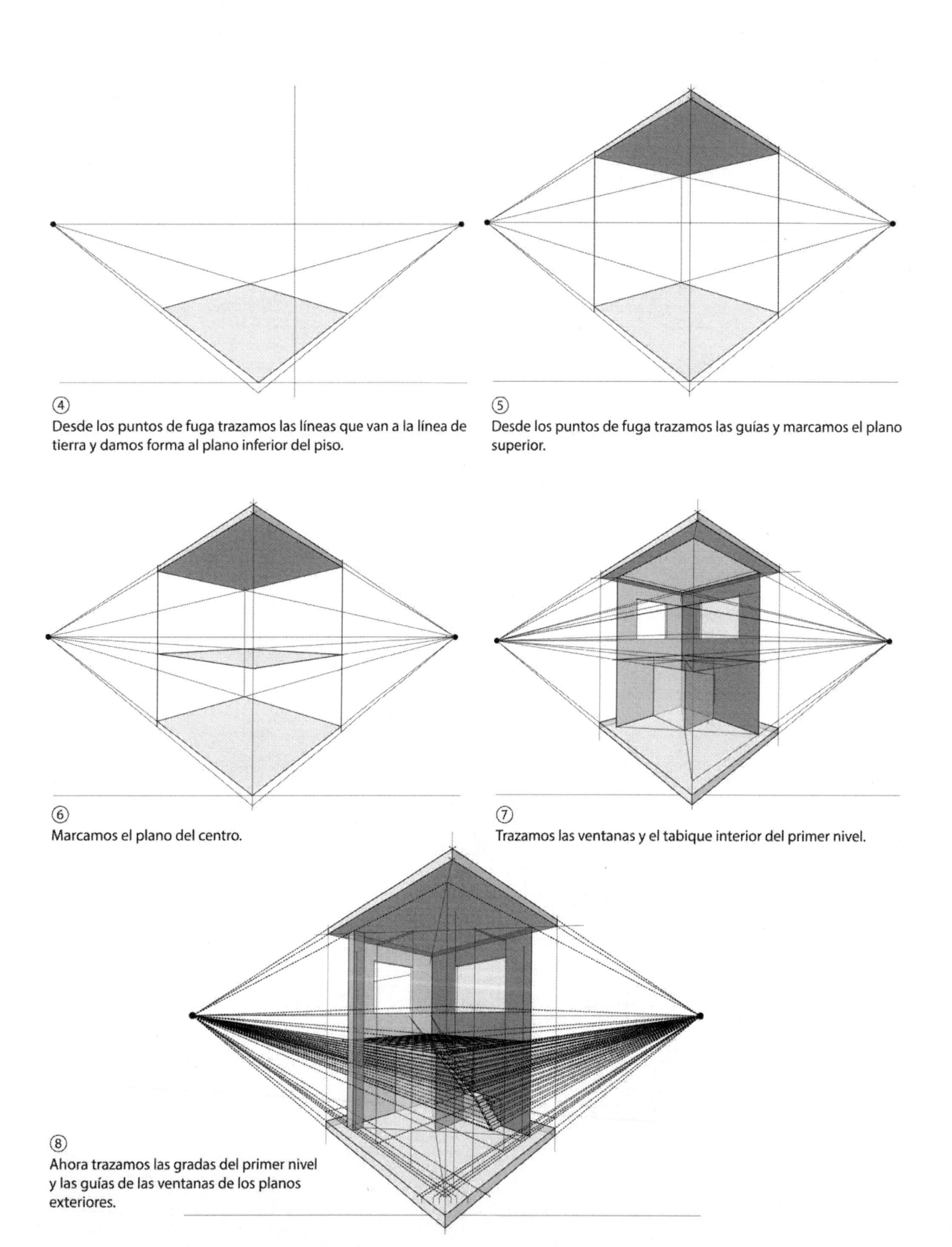

④ Desde los puntos de fuga trazamos las líneas que van a la línea de tierra y damos forma al plano inferior del piso.

⑤ Desde los puntos de fuga trazamos las guías y marcamos el plano superior.

⑥ Marcamos el plano del centro.

⑦ Trazamos las ventanas y el tabique interior del primer nivel.

⑧ Ahora trazamos las gradas del primer nivel y las guías de las ventanas de los planos exteriores.

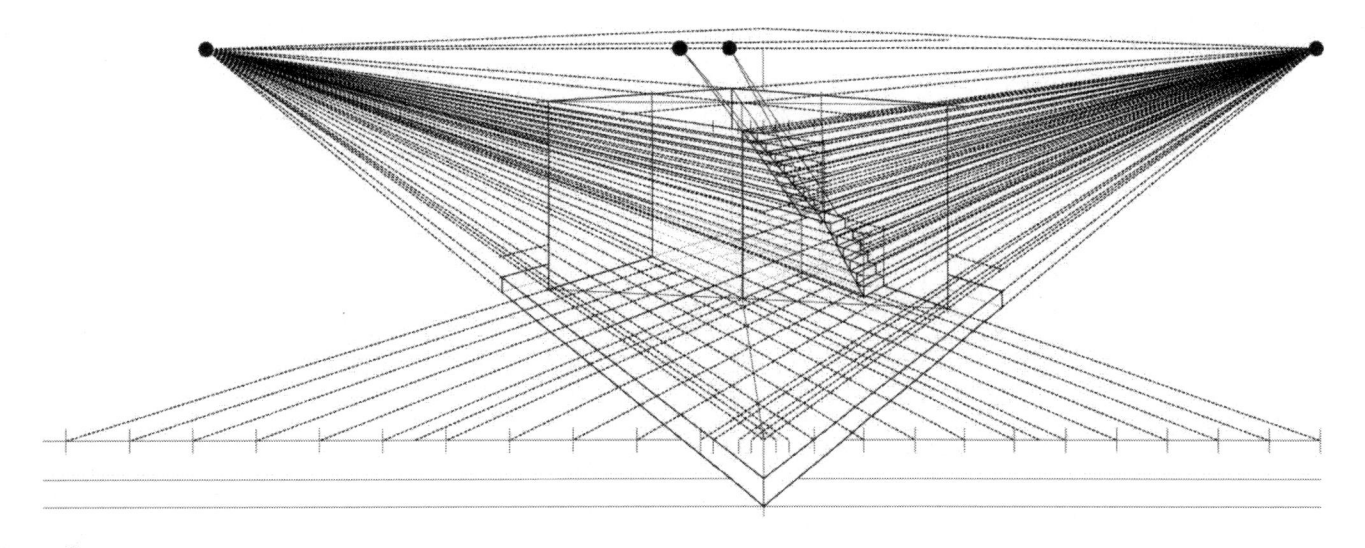

⑨ Esquema general de la estructura de las gradas y sus dos perfiles.

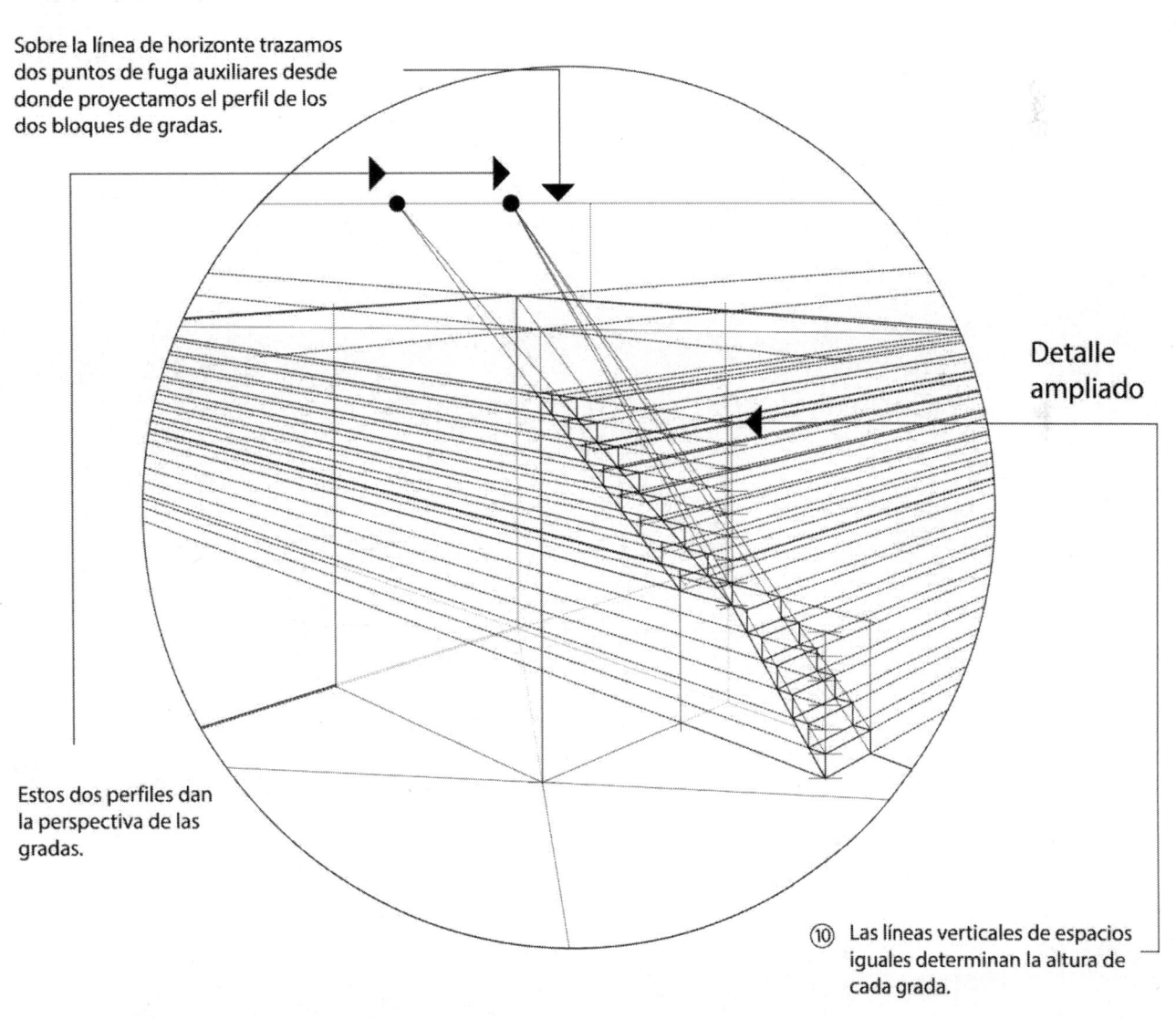

Sobre la línea de horizonte trazamos dos puntos de fuga auxiliares desde donde proyectamos el perfil de los dos bloques de gradas.

Detalle ampliado

Estos dos perfiles dan la perspectiva de las gradas.

⑩ Las líneas verticales de espacios iguales determinan la altura de cada grada.

⑪ Líneas guías izquierda

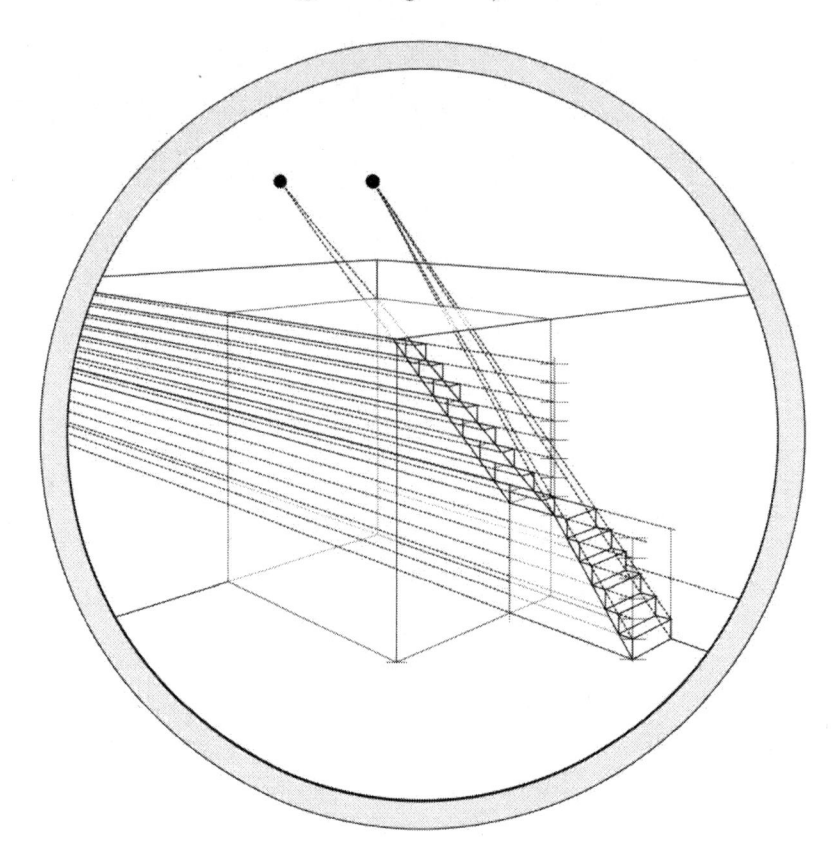

⑫ Líneas guías derecha

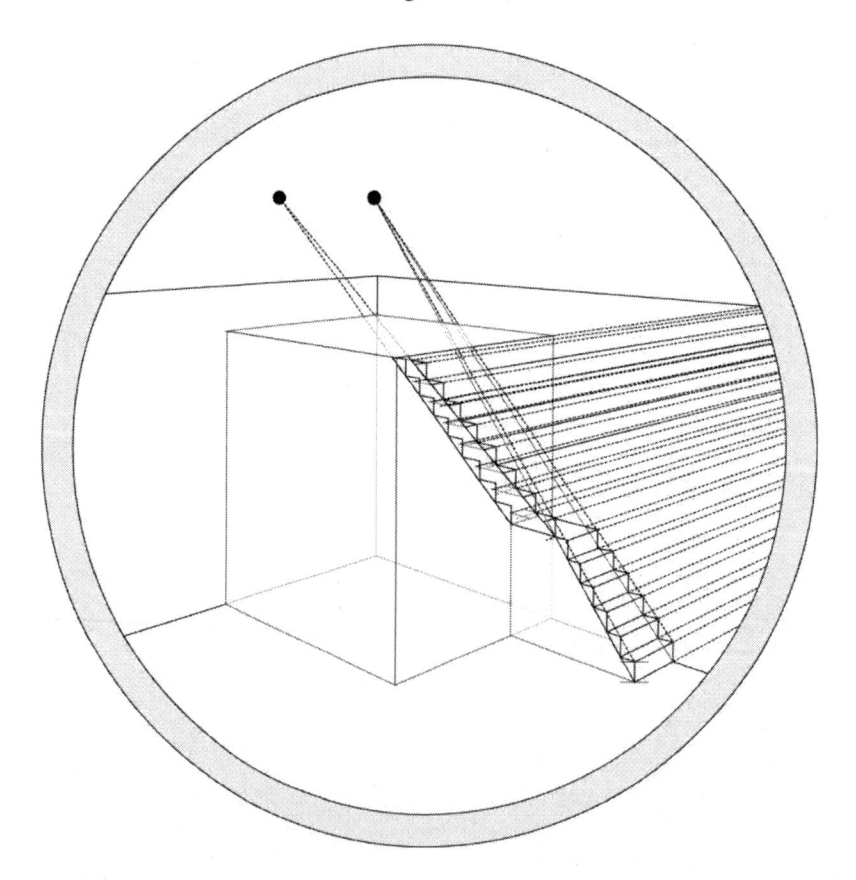

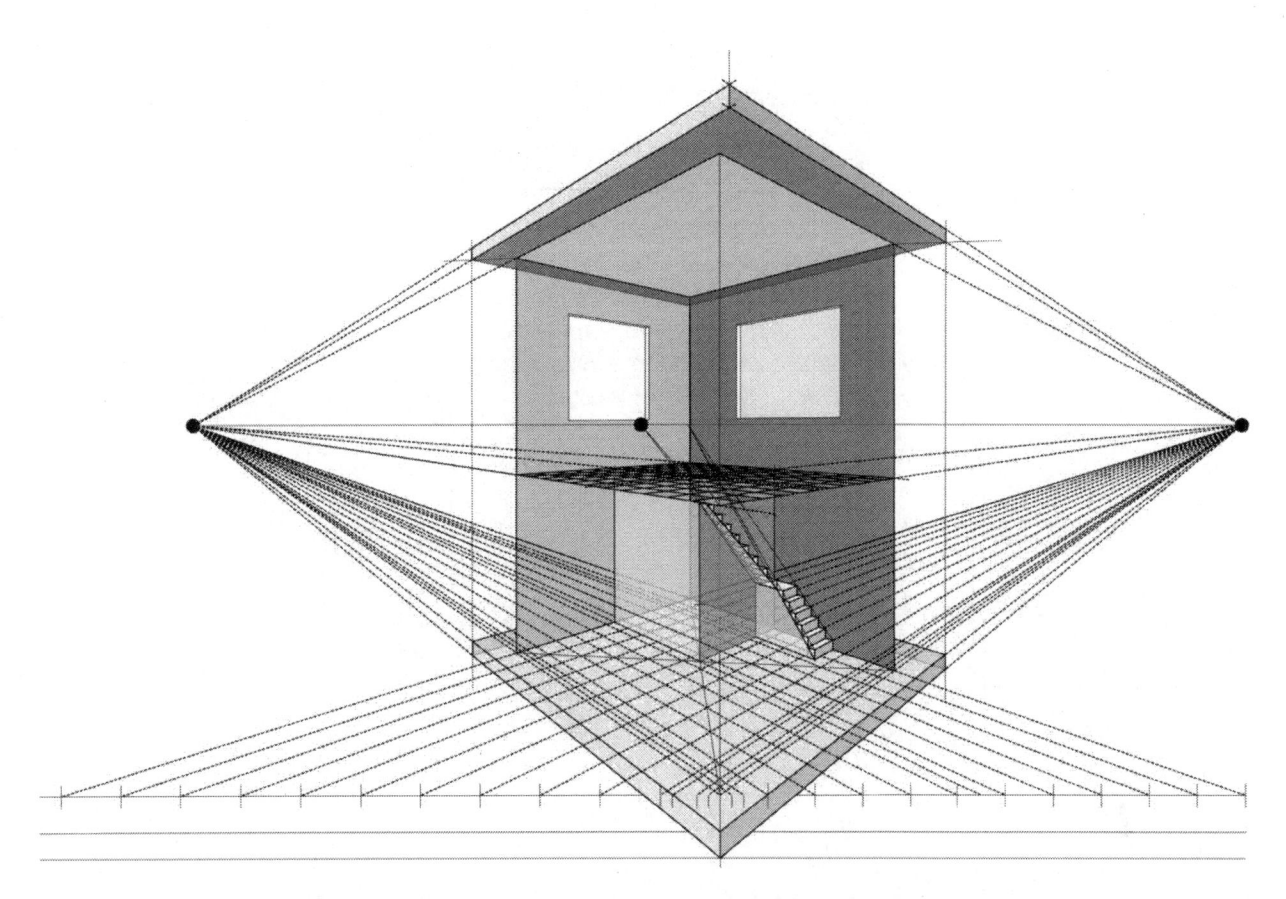

⑬ Línea horizontal de división de espacios iguales y líneas guías piso.

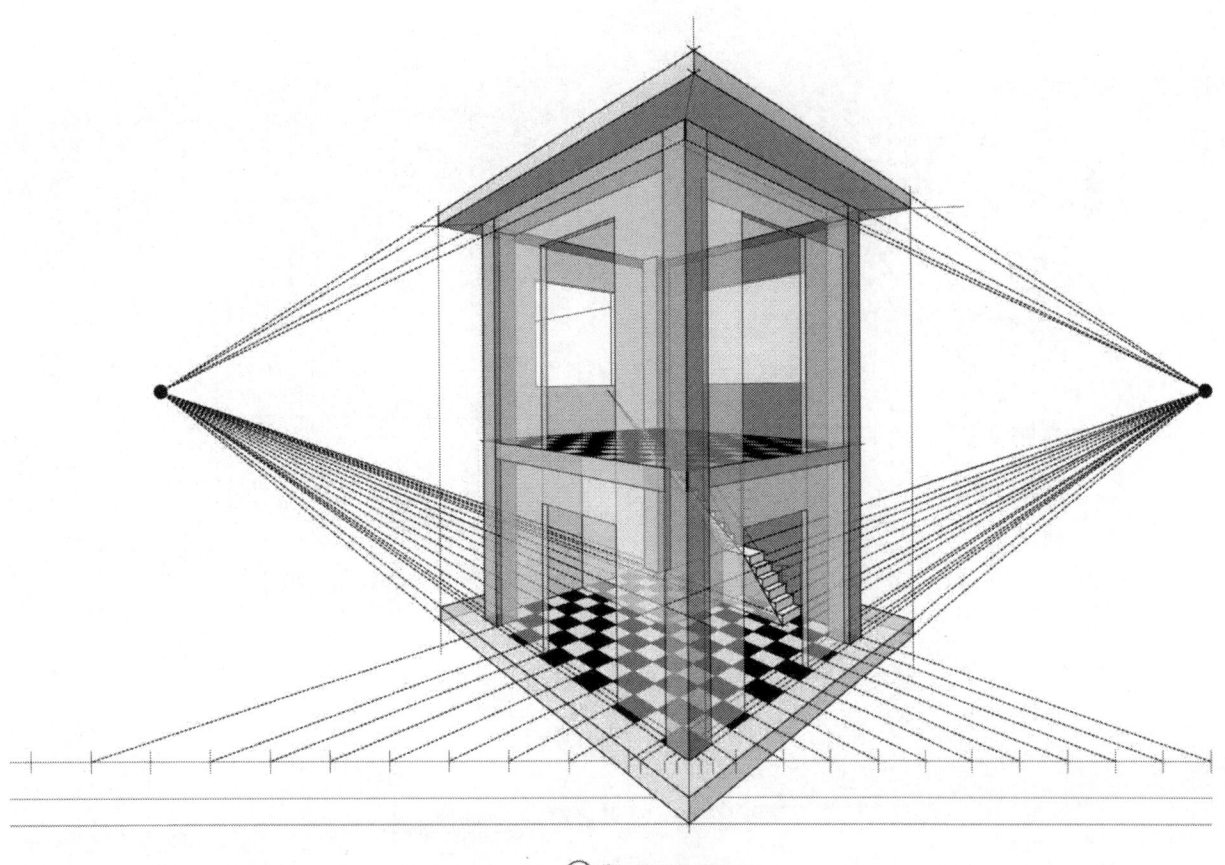

⑭ Piso y ventanas

PERSPECTIVA OBLICUA EXTERIOR EDIFICIO

La dificultad en esta gráfica se halla en los varios bloques de gradas en el exterior, las columnas tanto internas como externas y la fachada (que representa una variante de arcos en serie). Sin embargo, si se traza cada elemento por separado y detenidamente, luego de los pasos aquí descritos tendremos al modelo completo.

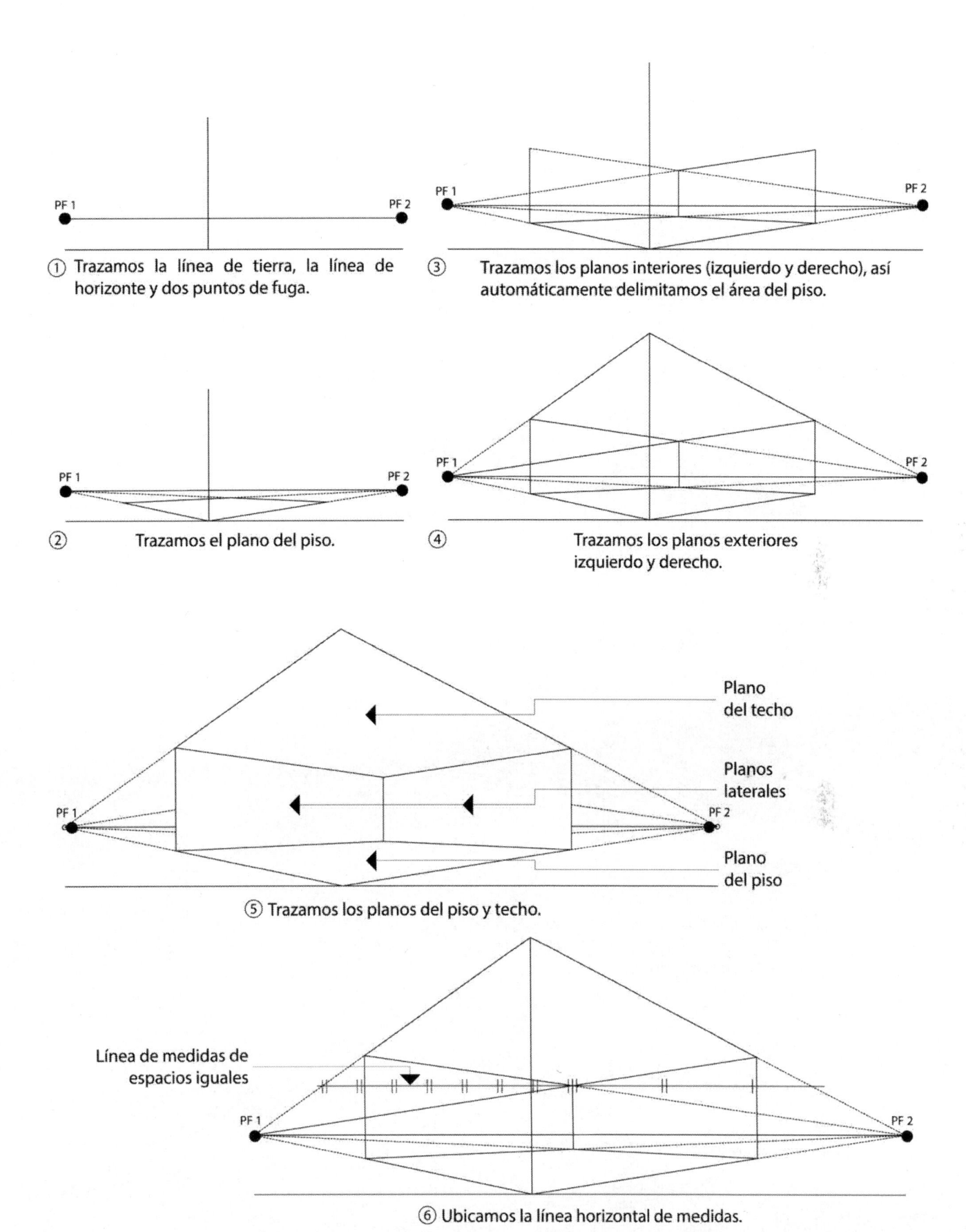

① Trazamos la línea de tierra, la línea de horizonte y dos puntos de fuga.

② Trazamos el plano del piso.

③ Trazamos los planos interiores (izquierdo y derecho), así automáticamente delimitamos el área del piso.

④ Trazamos los planos exteriores izquierdo y derecho.

Plano del techo

Planos laterales

Plano del piso

⑤ Trazamos los planos del piso y techo.

Línea de medidas de espacios iguales

⑥ Ubicamos la línea horizontal de medidas.

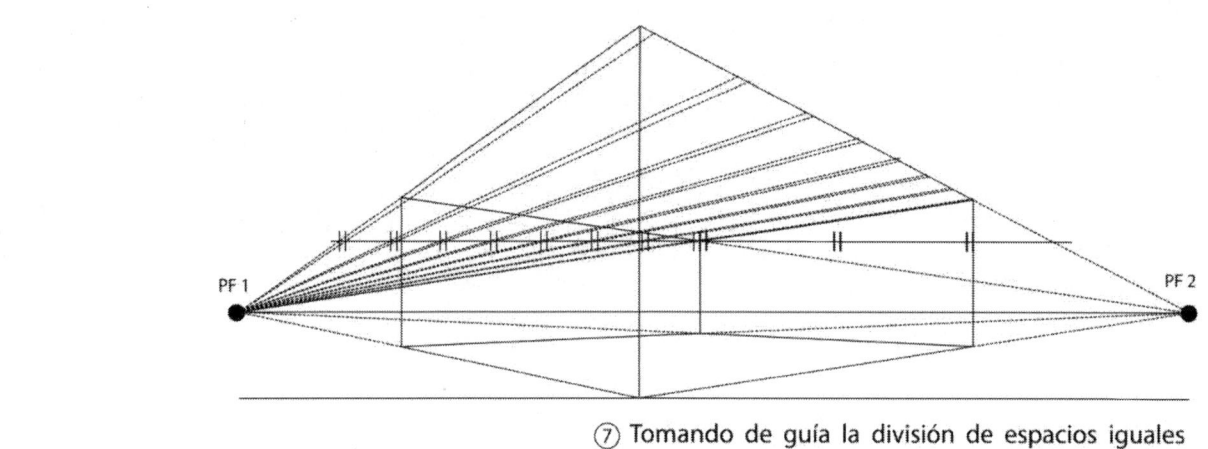

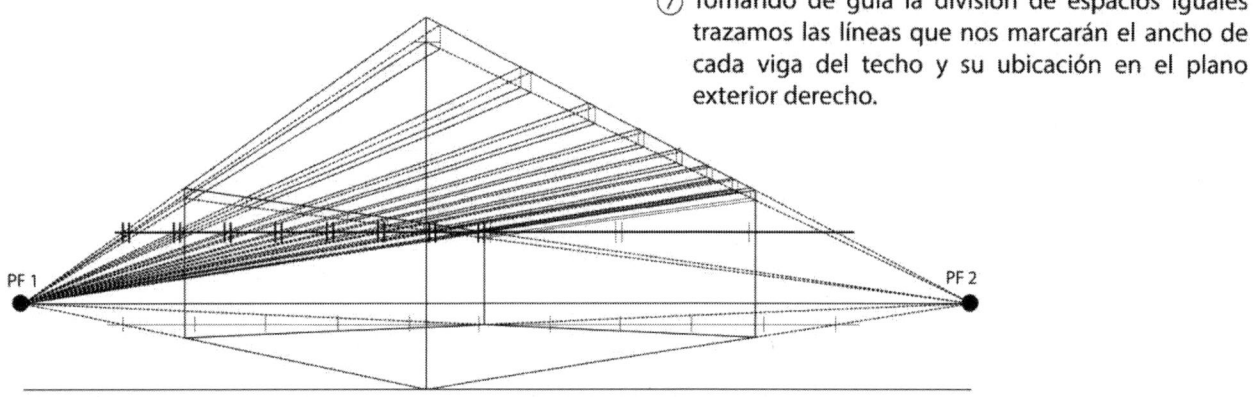

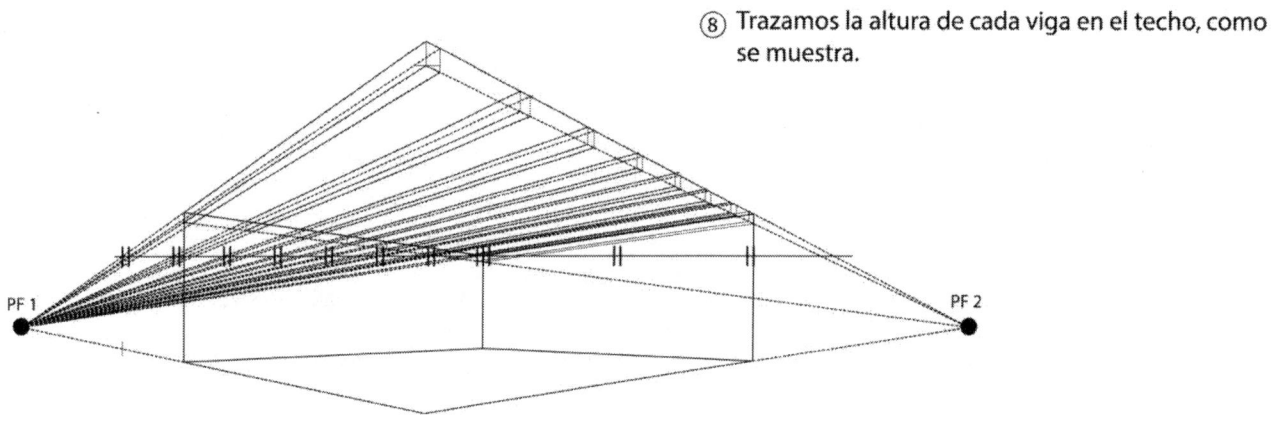

⑦ Tomando de guía la división de espacios iguales trazamos las líneas que nos marcarán el ancho de cada viga del techo y su ubicación en el plano exterior derecho.

⑧ Trazamos la altura de cada viga en el techo, como se muestra.

⑨ Utilizando la línea horizontal de medidas, trazamos las líneas guías donde se asentarán todas las columnas del edificio.

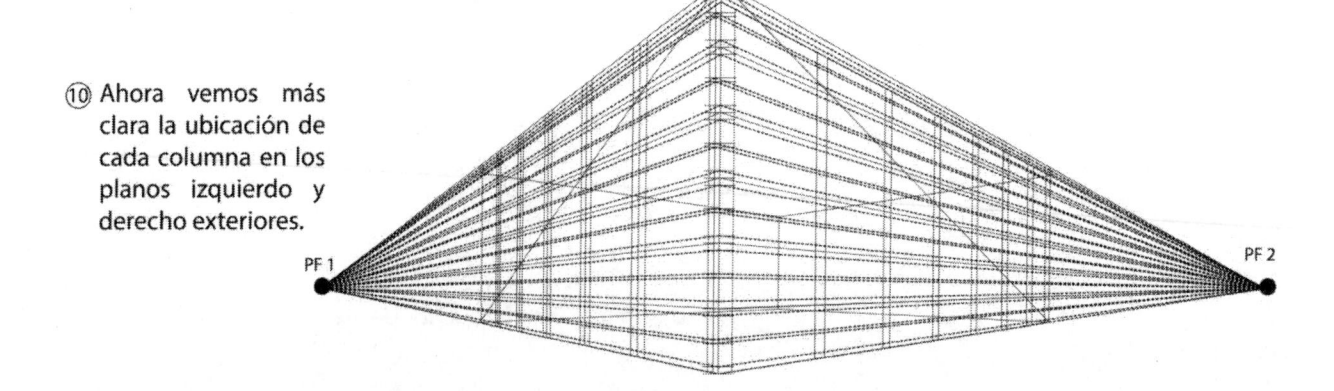

⑩ Ahora vemos más clara la ubicación de cada columna en los planos izquierdo y derecho exteriores.

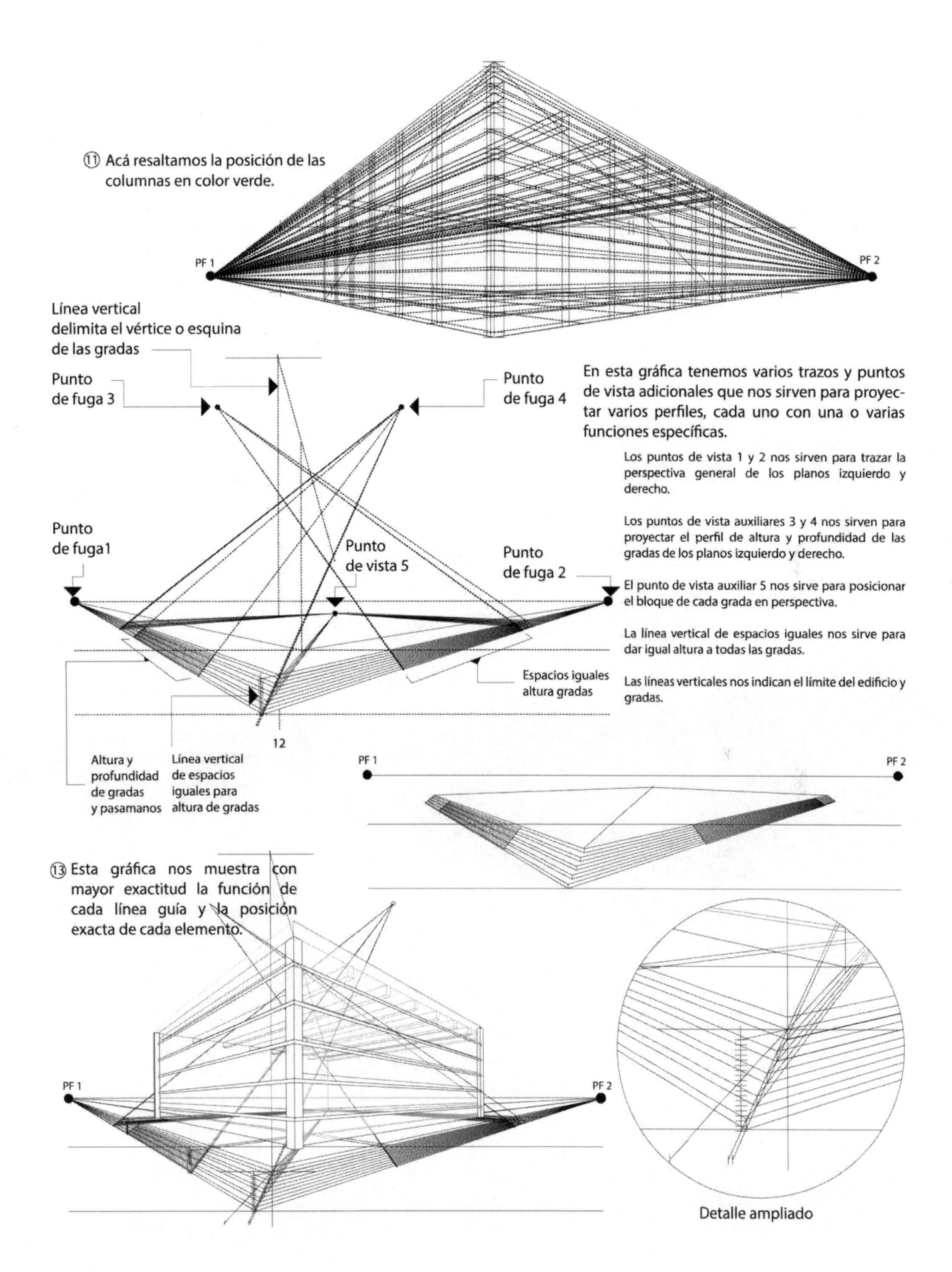

⑪ Acá resaltamos la posición de las columnas en color verde.

PF 1   PF 2

Línea vertical delimita el vértice o esquina de las gradas

Punto de fuga 3

Punto de fuga 4

En esta gráfica tenemos varios trazos y puntos de vista adicionales que nos sirven para proyectar varios perfiles, cada uno con una o varias funciones específicas.

Los puntos de vista 1 y 2 nos sirven para trazar la perspectiva general de los planos izquierdo y derecho.

Punto de fuga 1

Punto de vista 5

Punto de fuga 2

Los puntos de vista auxiliares 3 y 4 nos sirven para proyectar el perfil de altura y profundidad de las gradas de los planos izquierdo y derecho.

El punto de vista auxiliar 5 nos sirve para posicionar el bloque de cada grada en perspectiva.

La línea vertical de espacios iguales nos sirve para dar igual altura a todas las gradas.

Espacios iguales altura gradas

Las líneas verticales nos indican el límite del edificio y gradas.

12

Altura y profundidad de gradas y pasamanos

Línea vertical de espacios iguales para altura de gradas

PF 1   PF 2

⑬ Esta gráfica nos muestra con mayor exactitud la función de cada línea guía y la posición exacta de cada elemento.

PF 1   PF 2

Detalle ampliado

103

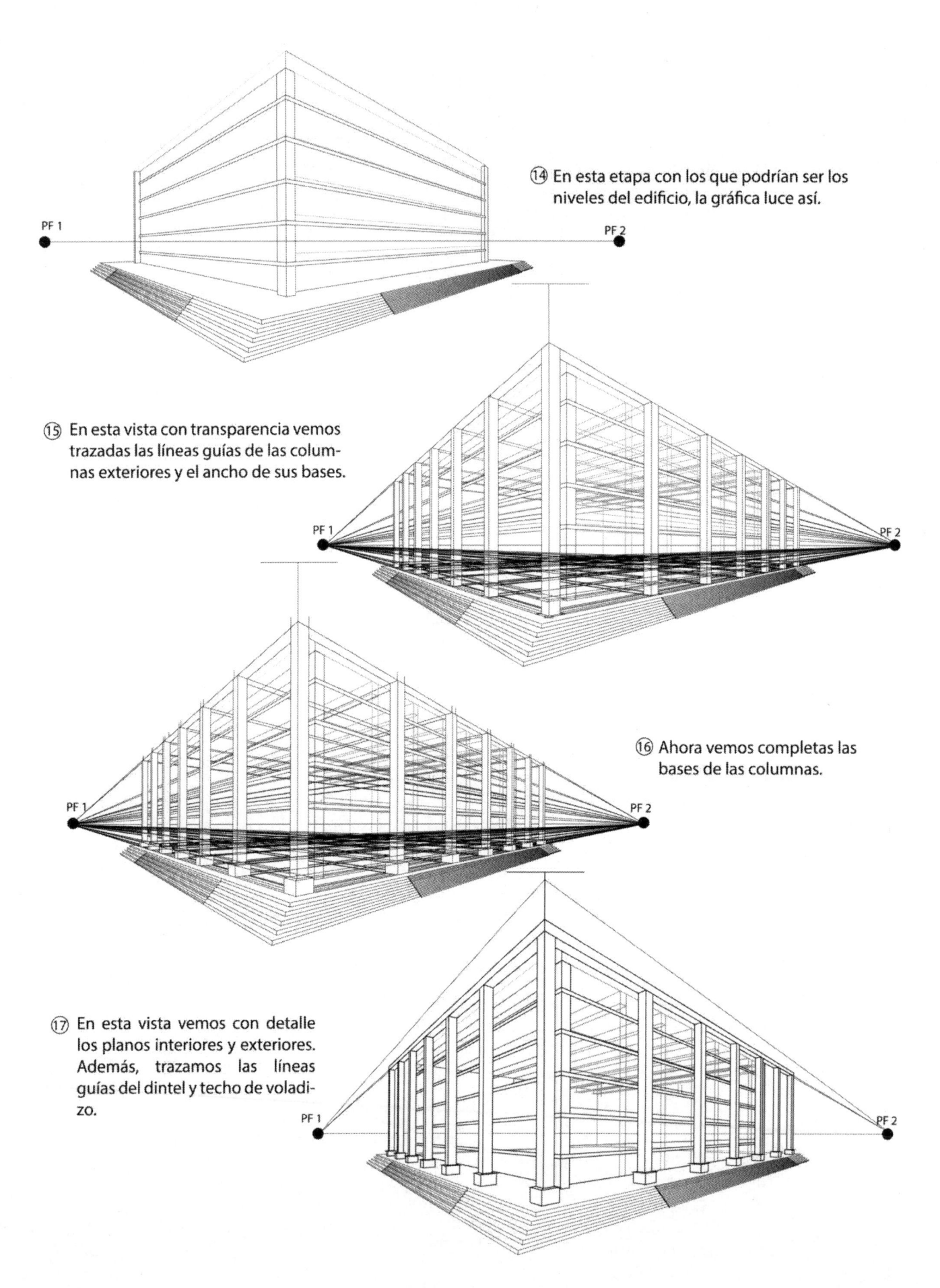

⑭ En esta etapa con los que podrían ser los niveles del edificio, la gráfica luce así.

PF 1   PF 2

⑮ En esta vista con transparencia vemos trazadas las líneas guías de las columnas exteriores y el ancho de sus bases.

PF 1   PF 2

⑯ Ahora vemos completas las bases de las columnas.

PF 1   PF 2

⑰ En esta vista vemos con detalle los planos interiores y exteriores. Además, trazamos las líneas guías del dintel y techo de voladizo.

PF 1   PF 2

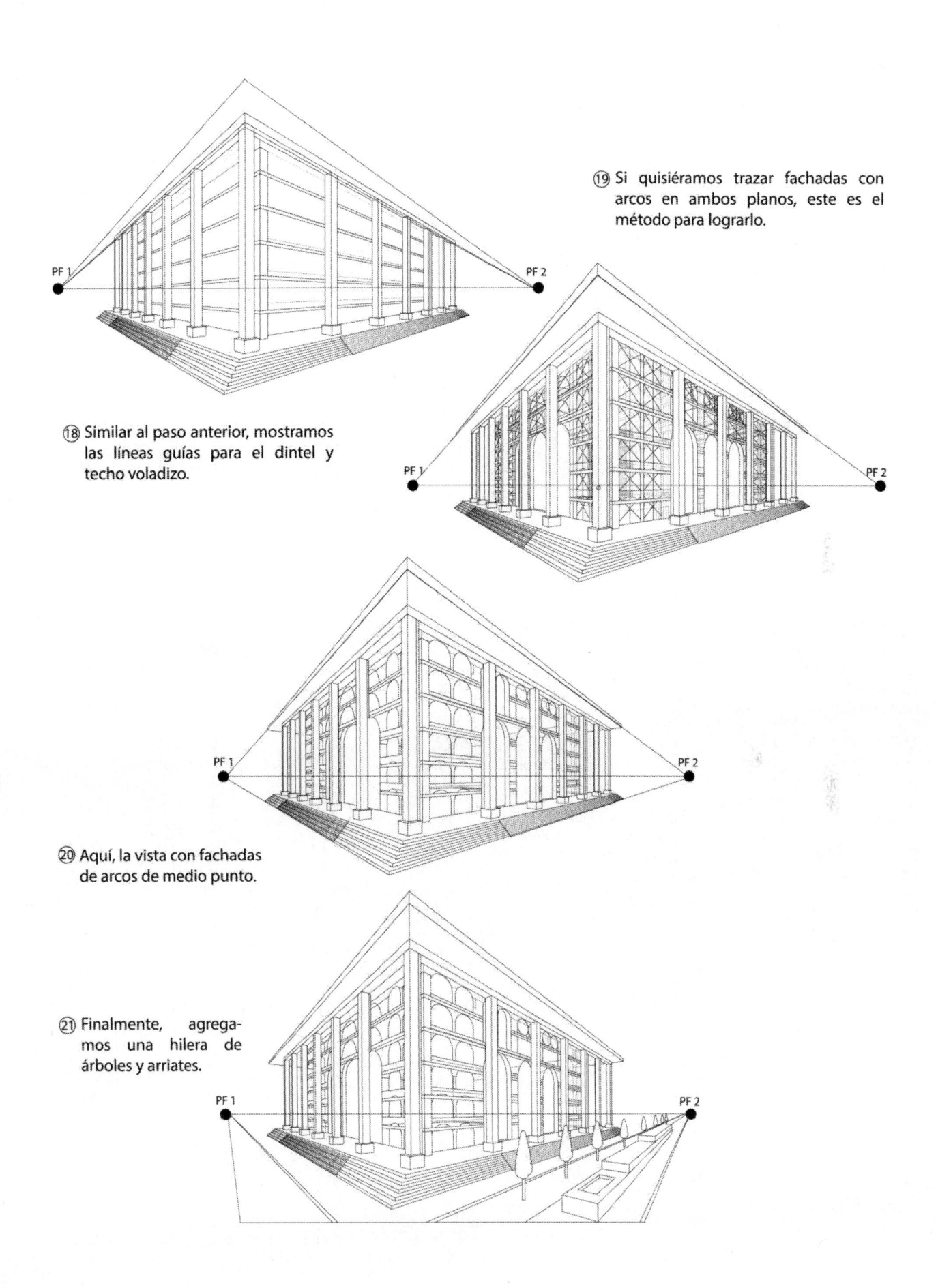

⑲ Si quisiéramos trazar fachadas con arcos en ambos planos, este es el método para lograrlo.

⑱ Similar al paso anterior, mostramos las líneas guías para el dintel y techo voladizo.

⑳ Aquí, la vista con fachadas de arcos de medio punto.

㉑ Finalmente, agregamos una hilera de árboles y arriates.

PERSPECTIVA OBLICUA GRADAS CON 3 PUNTOS DE FUGA

Cuando ninguno de los dos planos (izquierdo o derecho) están totalmente de frente a nosotros estamos ante una vista en perspectiva oblicua; esto quiere decir que nuestra ubicación con respecto al modelo no es frontal. En este tipo de perspectiva utilizaremos un tercer punto de fuga que nos ayudará a indicar la profundidad de cada grada.

Describiremos paso a paso la realización de este modelo.

Con este método podremos interpretar gradas en cualquier ángulo, siempre y cuando estemos en una posición oblícua con respecto al modelo a dibujar.

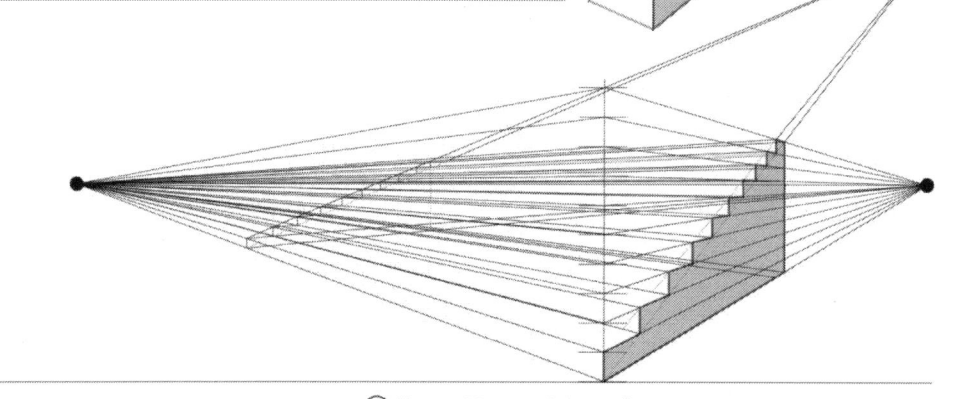

Abreviaturas
Línea de Tierra (LT)
Línea de Horizonte (LH)
Punto de Fuga (PF)
Línea Vertical de Medidas (LVM)

Puntos de fuga 1 y 2
Estos puntos nos darán la perspectiva en vista oblicua y también la altura de los peldaños de todas las gradas.

Punto de fuga 3
De este parten las líneas guías que nos permiten dar la profundidad de cada grada en perspectiva.

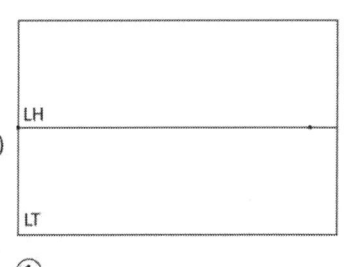

① Trazar la línea de tierra, la línea de horizonte y dos puntos de fuga, uno en cada extremo de la línea de horizonte.

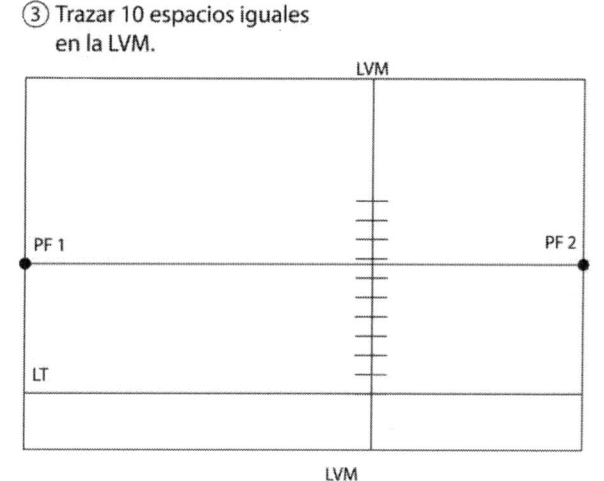

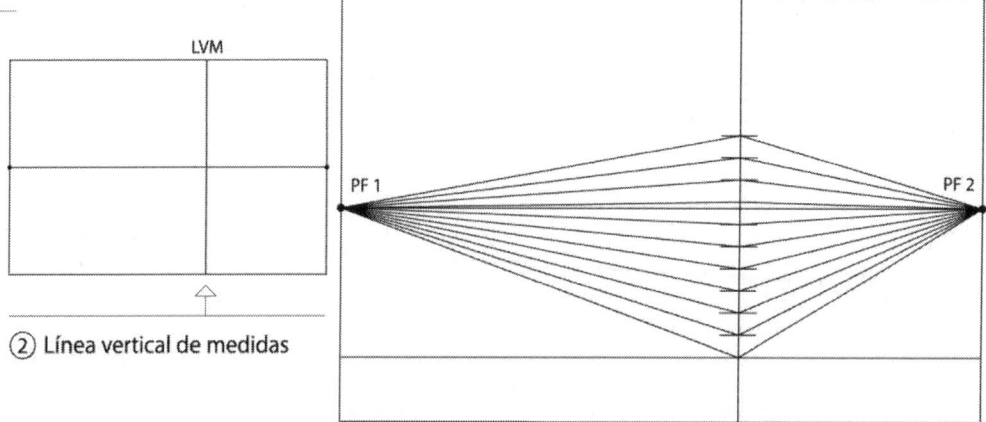

③ Trazar 10 espacios iguales en la LVM.

② Línea vertical de medidas

④ De cada una de las divisiones de la LVM, trazar líneas hacia ambos puntos de fuga (derecho e izquierdo).

⑤ Trazar dos líneas de profundidad verticales hacia cada lado de la perspectiva, distantes asimétricamente de la LVM.

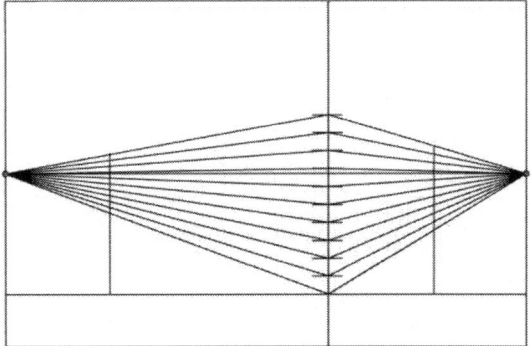

⑥ Trazar las líneas guías desde ambos puntos de fuga. Estas denotarán la profundidad de los planos interiores.

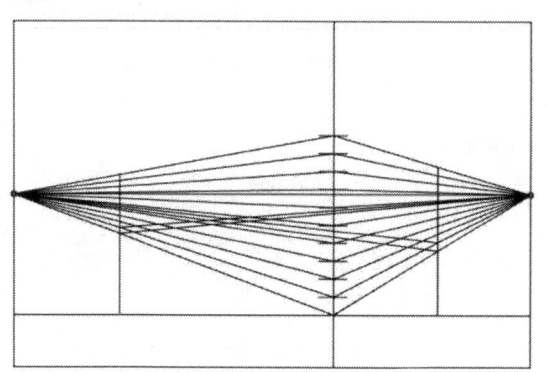

⑦ Ubicar un tercer punto de fuga en la esquina superior derecha, en la misma posición horizontal que el punto de fuga 2, para luego trazar desde este las líneas guías que nos darán el perfil de la altura y profundidad de todas las gradas.

PF 3

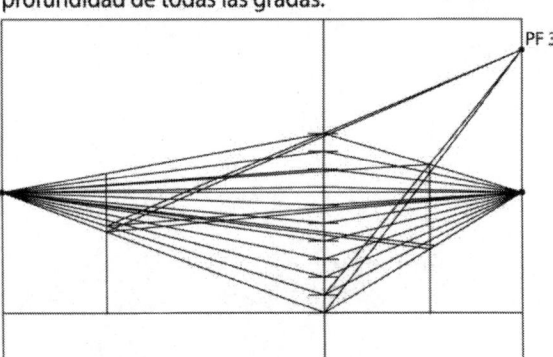

⑧ Ahora debemos trazar el perfil de las gradas siguiendo la guía de las líneas anteriormente dibujadas.

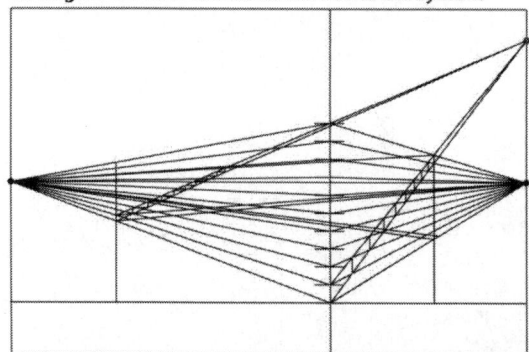

⑨ Siguiendo el perfil, trazaremos la altura de todas las gradas.

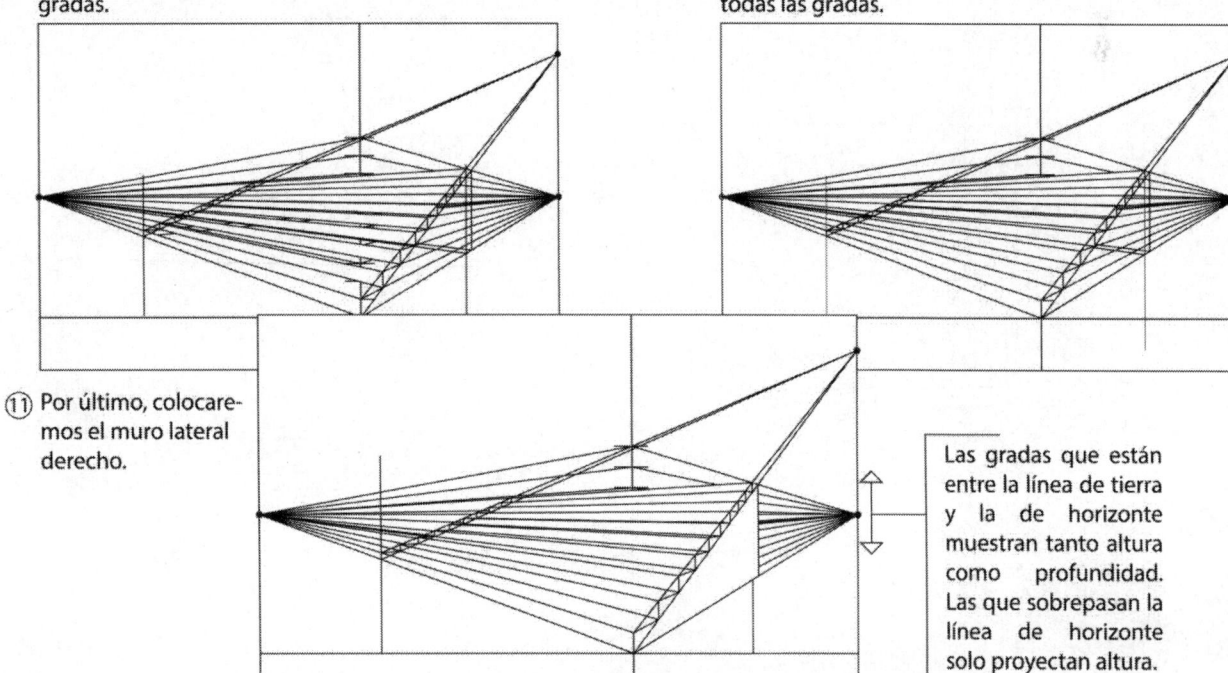

⑩ Siguiendo el perfil, trazaremos la profundidad de todas las gradas.

⑪ Por último, colocaremos el muro lateral derecho.

Las gradas que están entre la línea de tierra y la de horizonte muestran tanto altura como profundidad. Las que sobrepasan la línea de horizonte solo proyectan altura.

⑫ Ahora, trazaremos la estructura de los muros laterales (izquierdo y derecho), como si fuera un andamio.

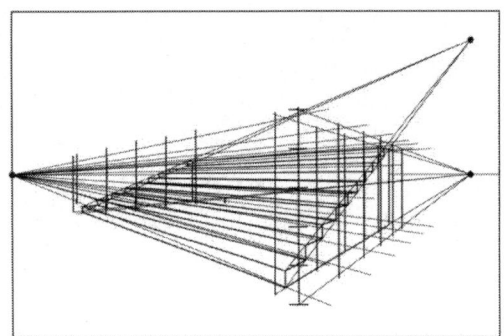

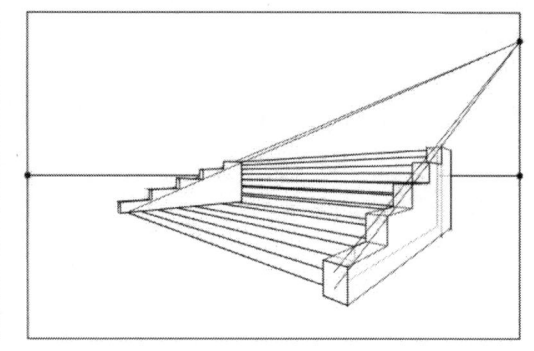

⑬ Proyectamos desde el punto de fuga 1 las líneas guías hacia los perfiles de altura y profundidad de cada grada en el lado derecho.

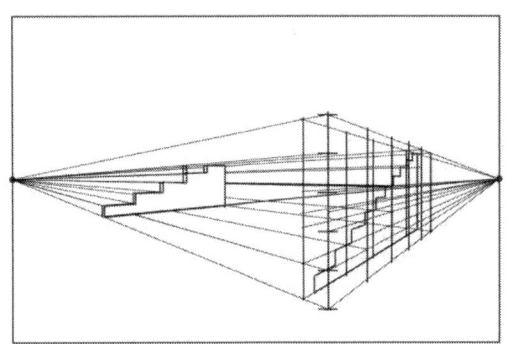

⑮ Esta vista nos presenta los bloques laterales completos, aunque hay que tomar en cuenta que el muro izquierdo en realidad se encuentra oculto tras las gradas.

⑭ Construimos los muros laterales con ayuda de las líneas guías recién trazadas.

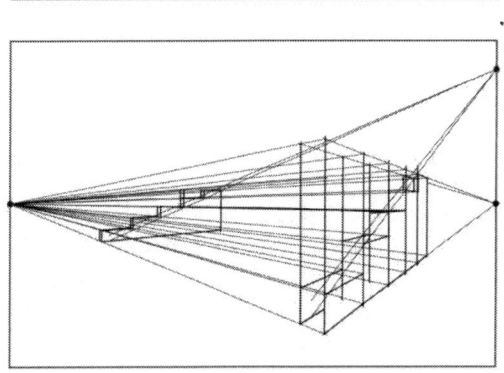

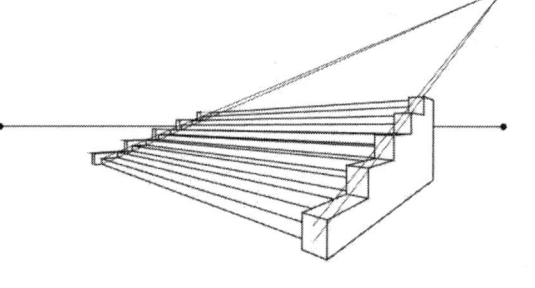

Fin del ejercicio.

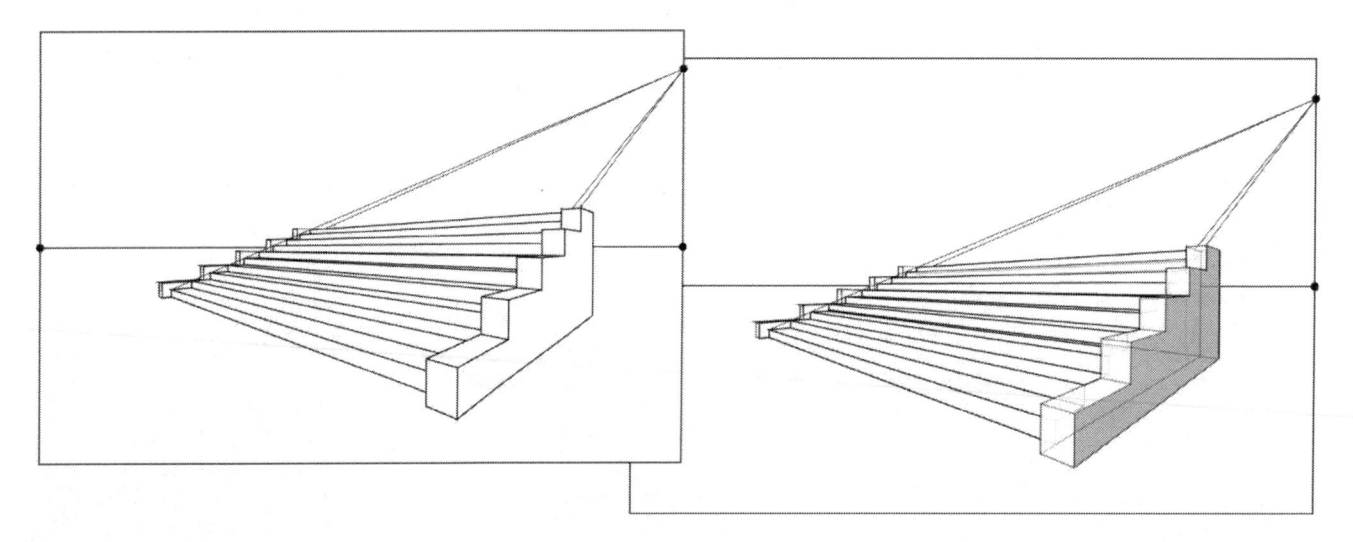

SIN PASAMANOS

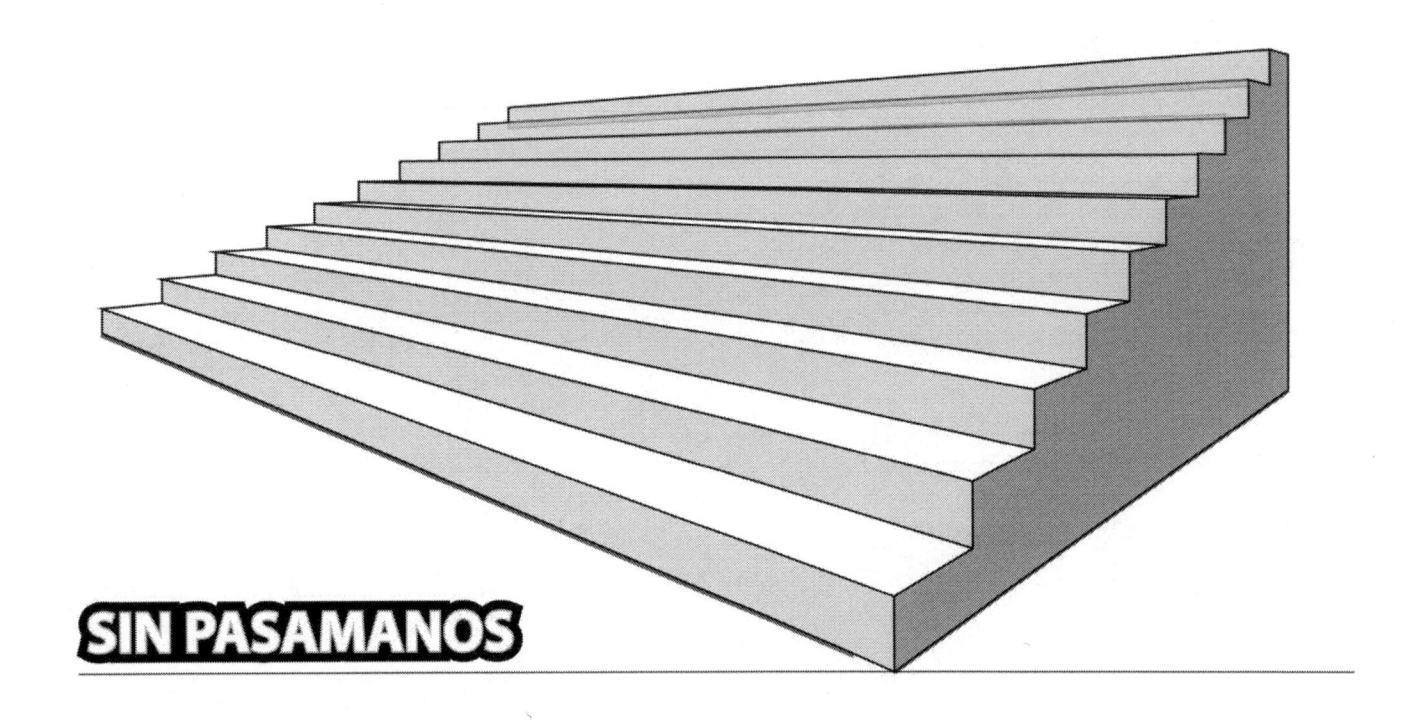

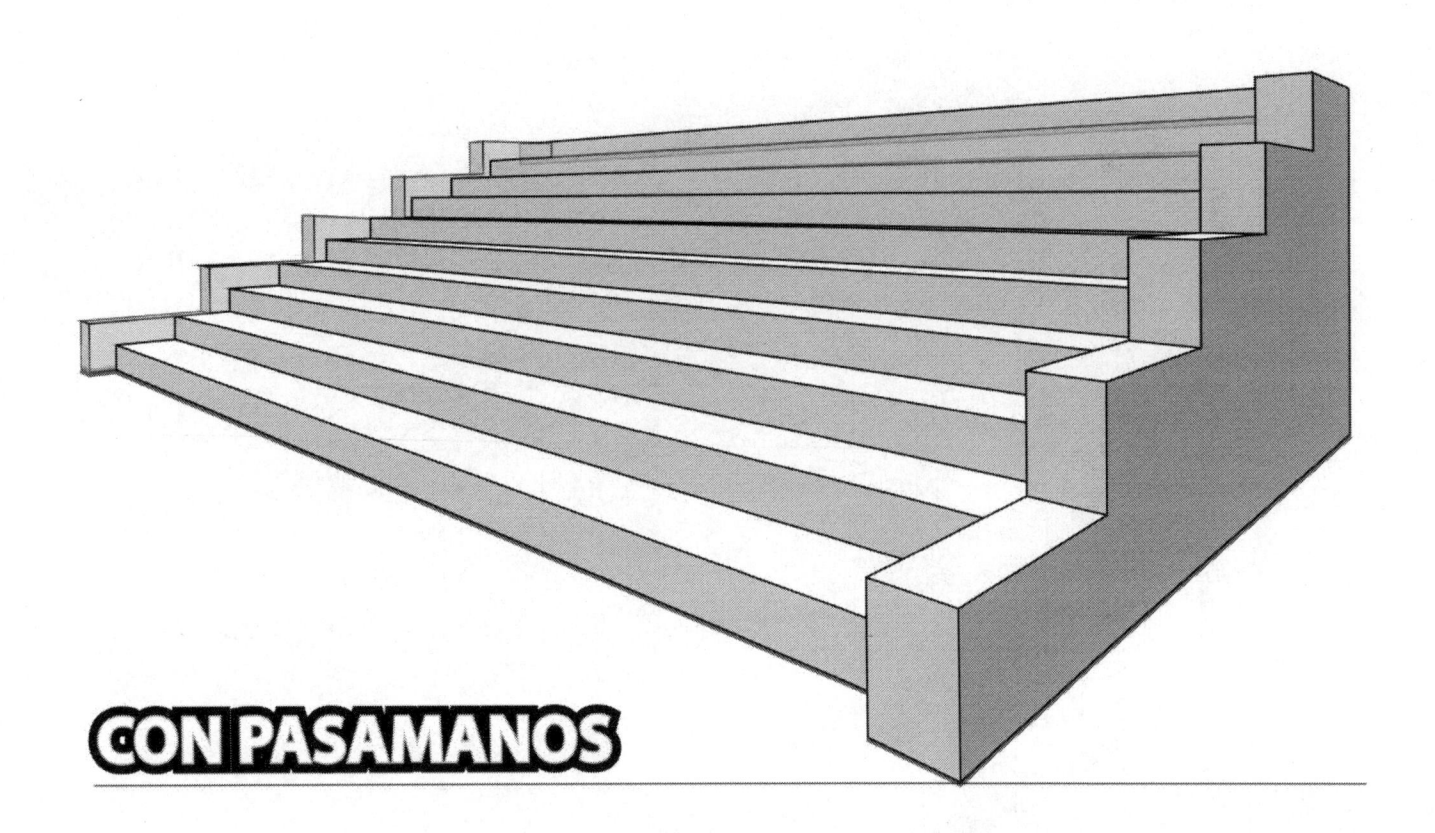

CON PASAMANOS

PERSPECTIVA OBLICUA CON 2 PUNTOS DE FUGA EDIFICIO

El siguiente modelo ha sido desarrollado a plenitud: se han colocado todas las líneas y planos (tanto interiores como exteriores) necesarios para completar el edificio.

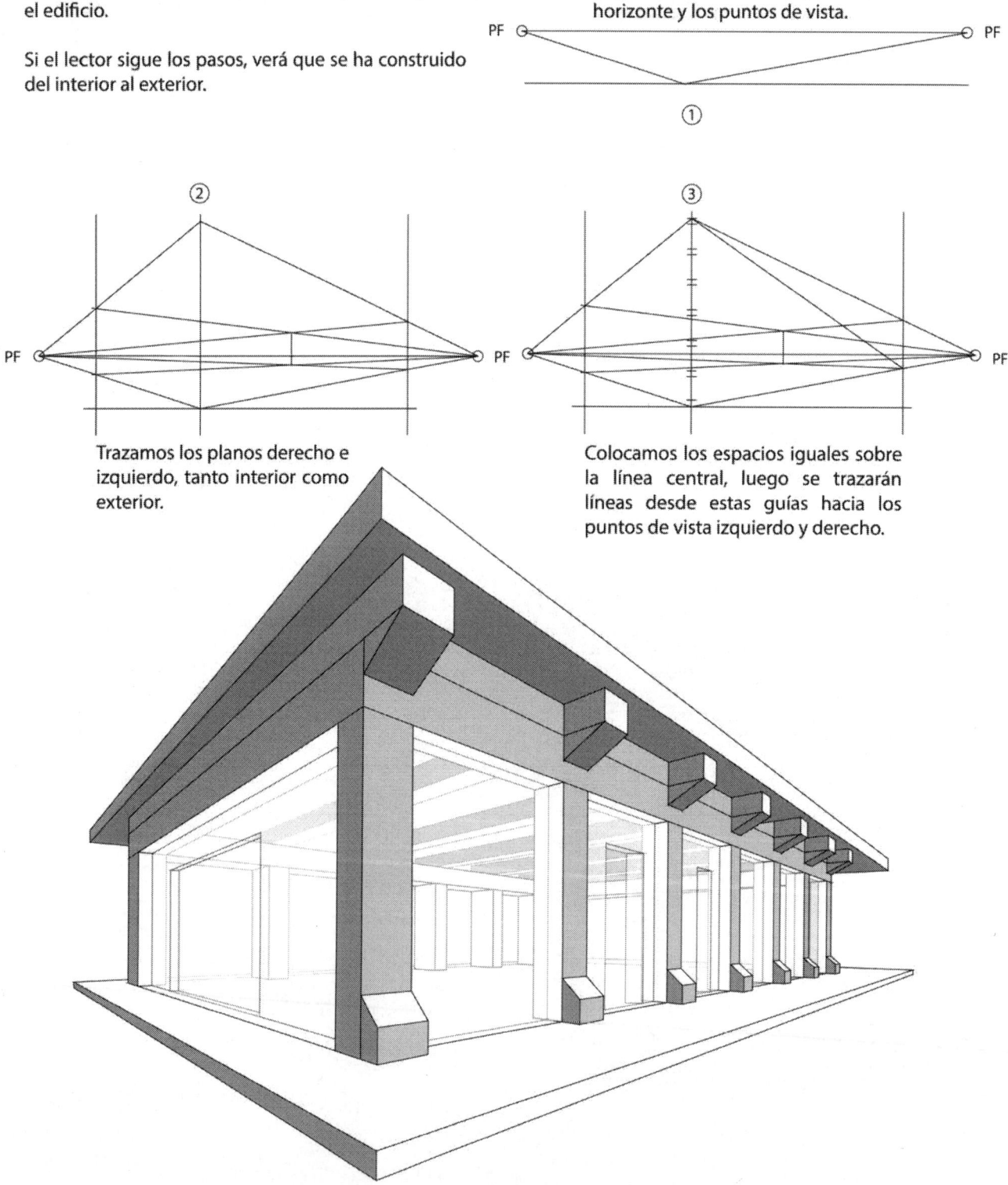

Si el lector sigue los pasos, verá que se ha construido del interior al exterior.

Trazamos la línea de tierra, la línea de horizonte y los puntos de vista.

①

Trazamos los planos derecho e izquierdo, tanto interior como exterior.

②

Colocamos los espacios iguales sobre la línea central, luego se trazarán líneas desde estas guías hacia los puntos de vista izquierdo y derecho.

③

④ Punto de fuga = PF
Punto de vista = PV

PF — PF

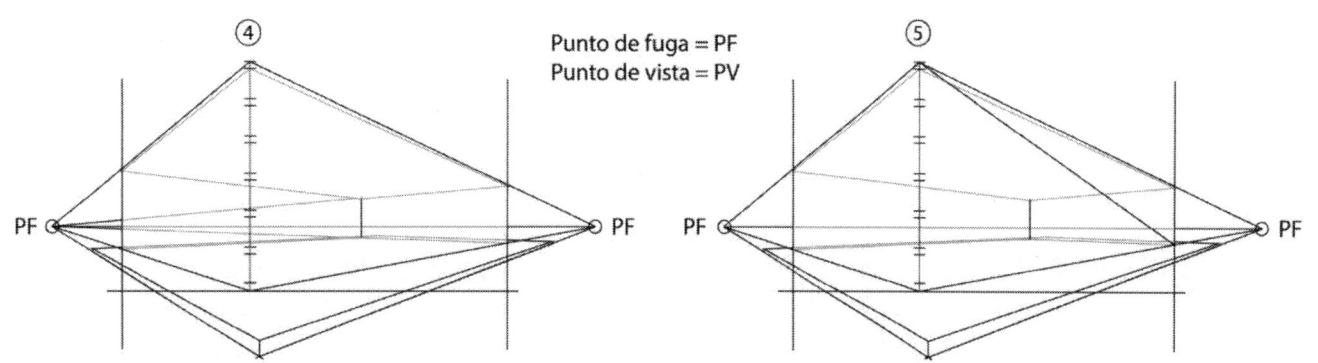

Agregamos una banqueta al diseño.

⑤

PF — PF

Trazamos una línea diagonal que abarca todo el ancho del plano exterior derecho.

⑥

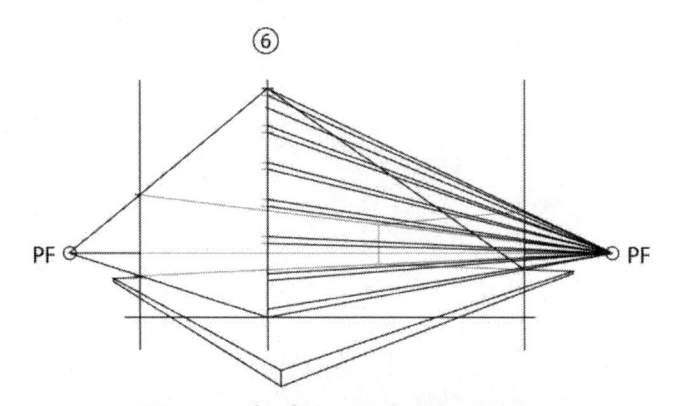

PF — PF

Trazamos las líneas guías que van de la línea central de medidas hacia el punto de vista de la derecha.

⑦

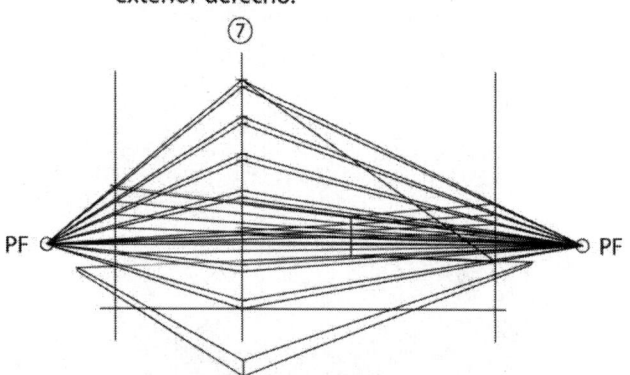

PF — PF

Si continuamos estas líneas guías hacia el plano izquierdo exterior y luego hacia la derecha en los planos interiores, logramos visualizar todo el contorno que necesitamos para ubicar las columnas.

⑧

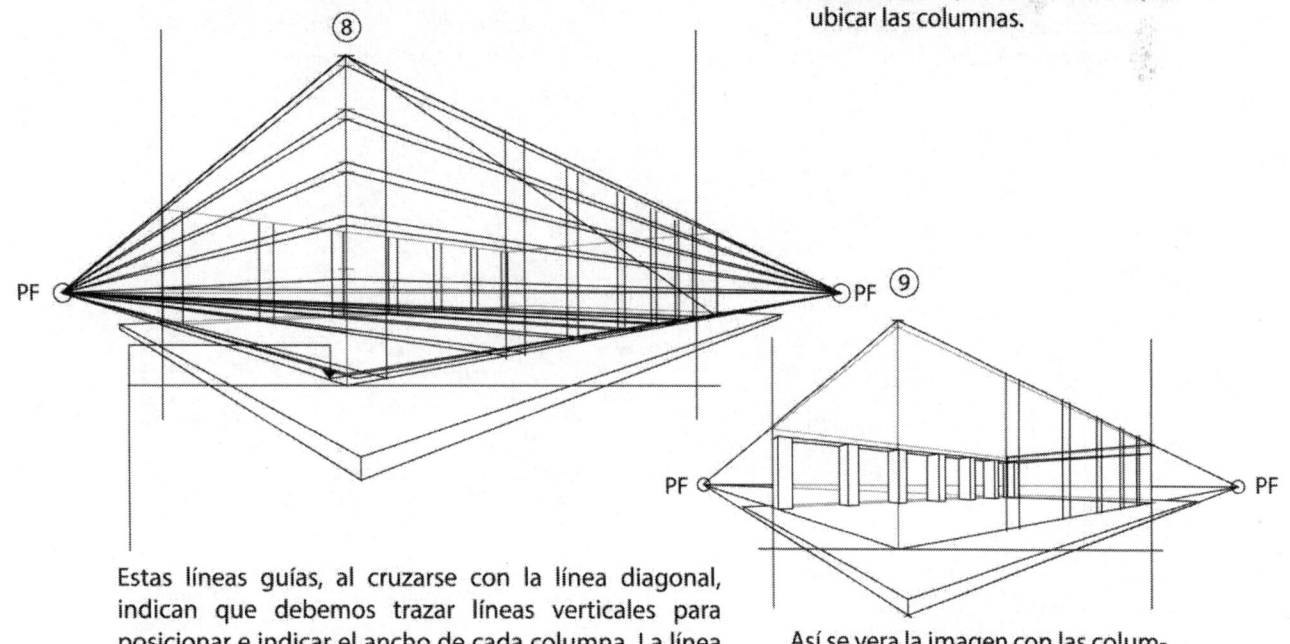

PF — PF

Estas líneas guías, al cruzarse con la línea diagonal, indican que debemos trazar líneas verticales para posicionar e indicar el ancho de cada columna. La línea guía negra señalada nos da la profundidad de cada viga.

⑨

PF — PF

Así se verá la imagen con las columnas del fondo ya trazadas.

111

⑪

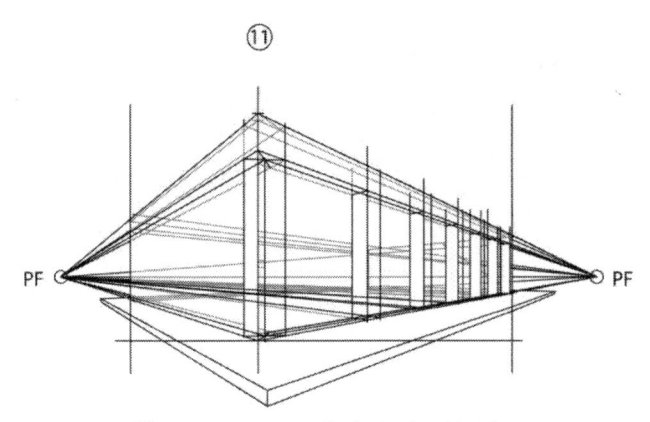

Ahora trazamos el plano izquierdo de cada columna y trazamos las líneas guías del dintel donde reposarán las vigas del techo.

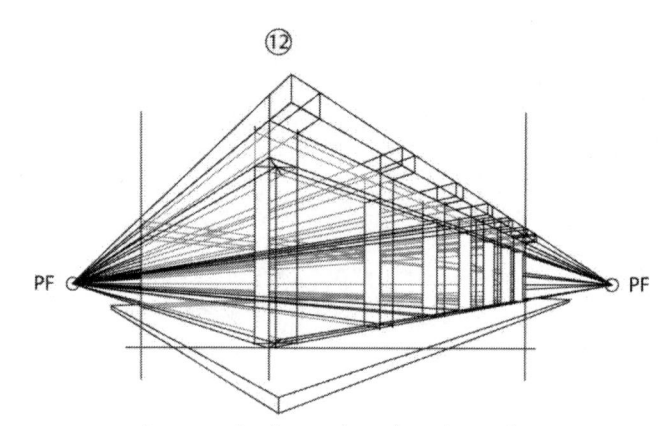

⑫

Luego el plano derecho de cada columna con dintel y vigas.

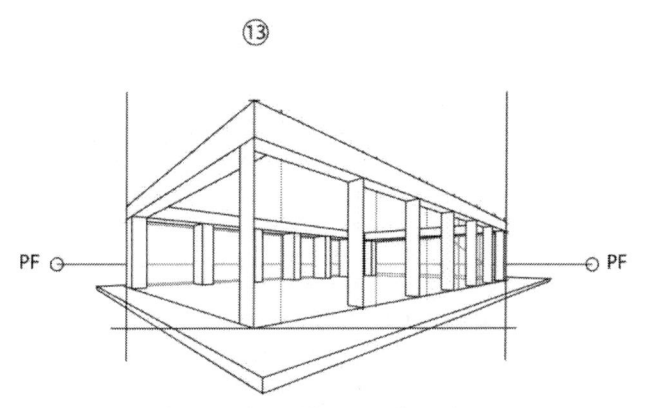

⑬

Así se verá la gráfica con los planos izquierdos de las columnas en el plano exterior derecho.

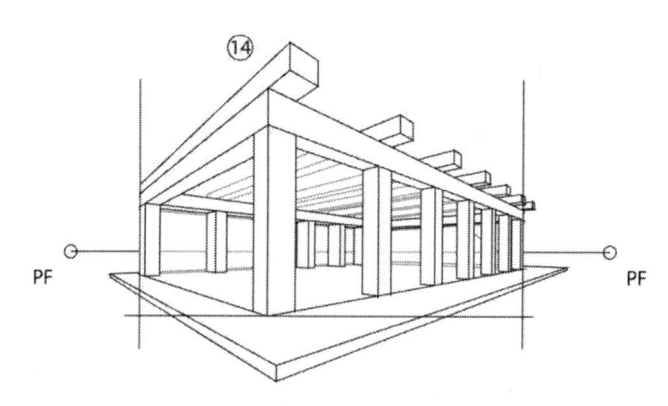

⑭

Así se verá la gráfica con los planos izquierdo y derecho de las columnas, junto con las vigas.

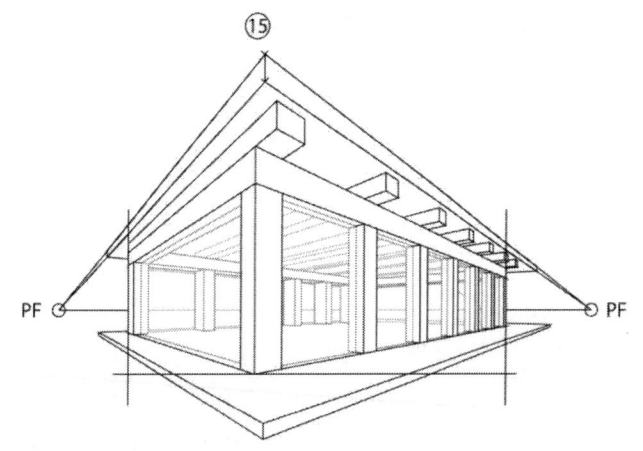

⑮

Seguidamente trazamos las líneas guías del techo con voladizo.

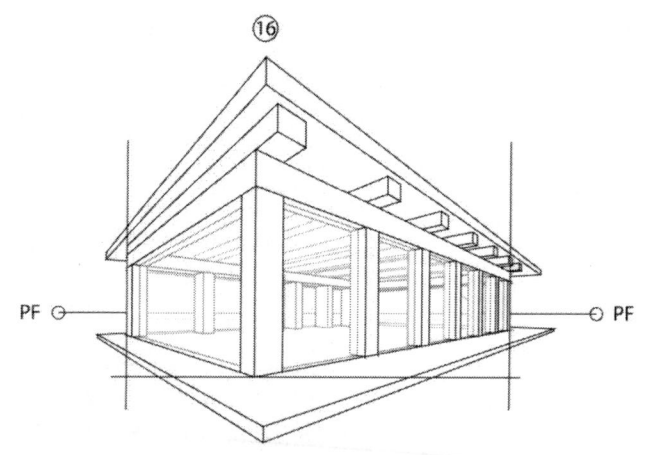

⑯

Así luce la gráfica con el techo de voladizo.

⑰ Trazamos las líneas guías de las puertas en ambos planos: izquierdo y derecho.

⑱ Ahora trazamos las líneas guías del falso soporte de las vigas.

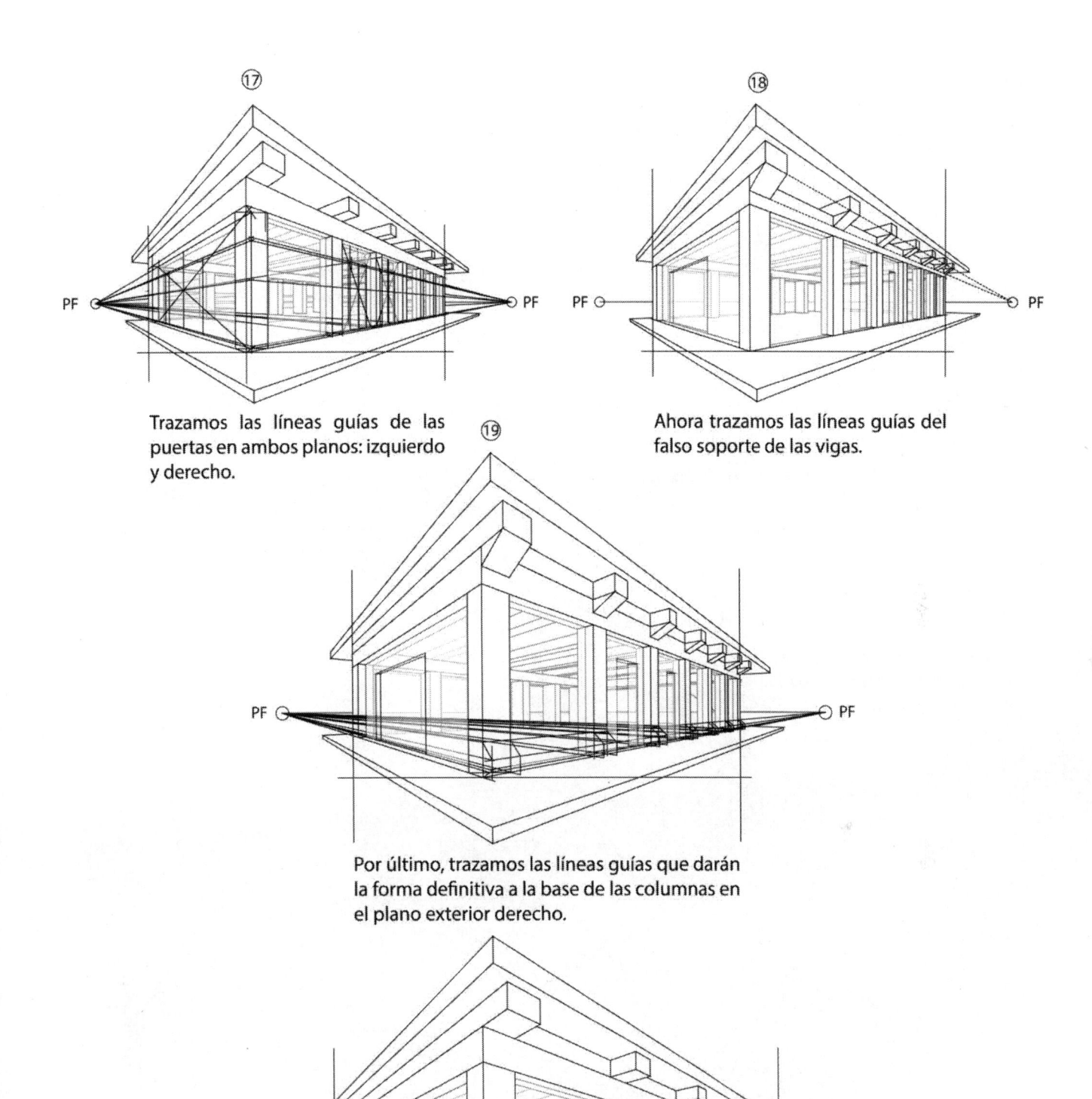

⑲ Por último, trazamos las líneas guías que darán la forma definitiva a la base de las columnas en el plano exterior derecho.

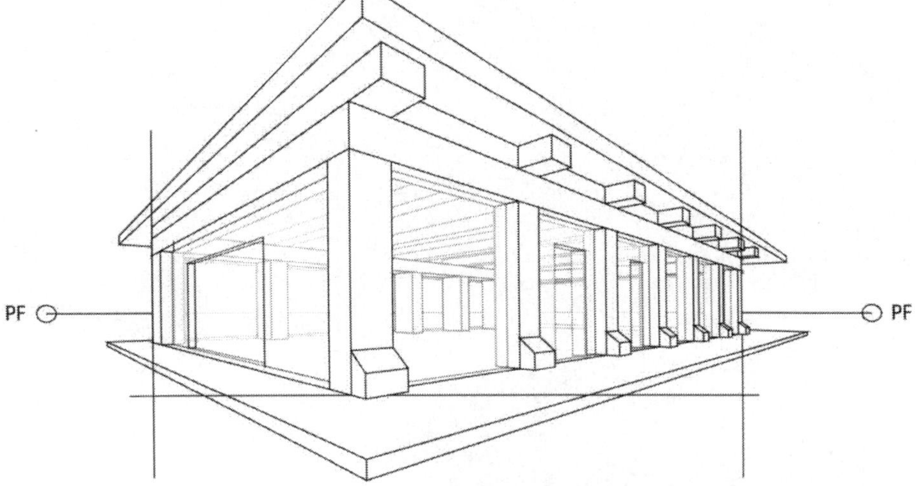

⑳ Así luce la gráfica final.

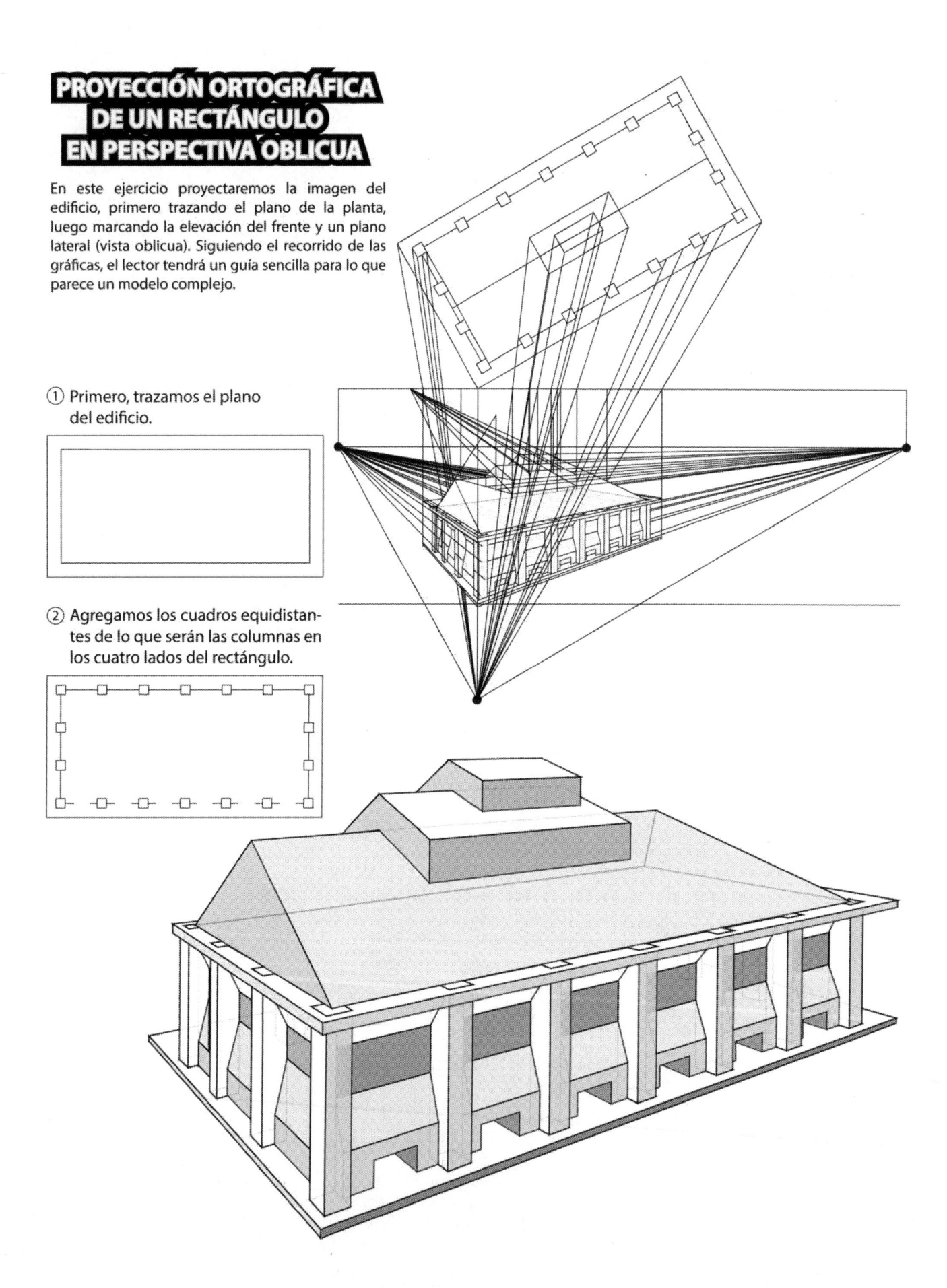

PROYECCIÓN ORTOGRÁFICA DE UN RECTÁNGULO EN PERSPECTIVA OBLICUA

En este ejercicio proyectaremos la imagen del edificio, primero trazando el plano de la planta, luego marcando la elevación del frente y un plano lateral (vista oblicua). Siguiendo el recorrido de las gráficas, el lector tendrá un guía sencilla para lo que parece un modelo complejo.

① Primero, trazamos el plano del edificio.

② Agregamos los cuadros equidistantes de lo que serán las columnas en los cuatro lados del rectángulo.

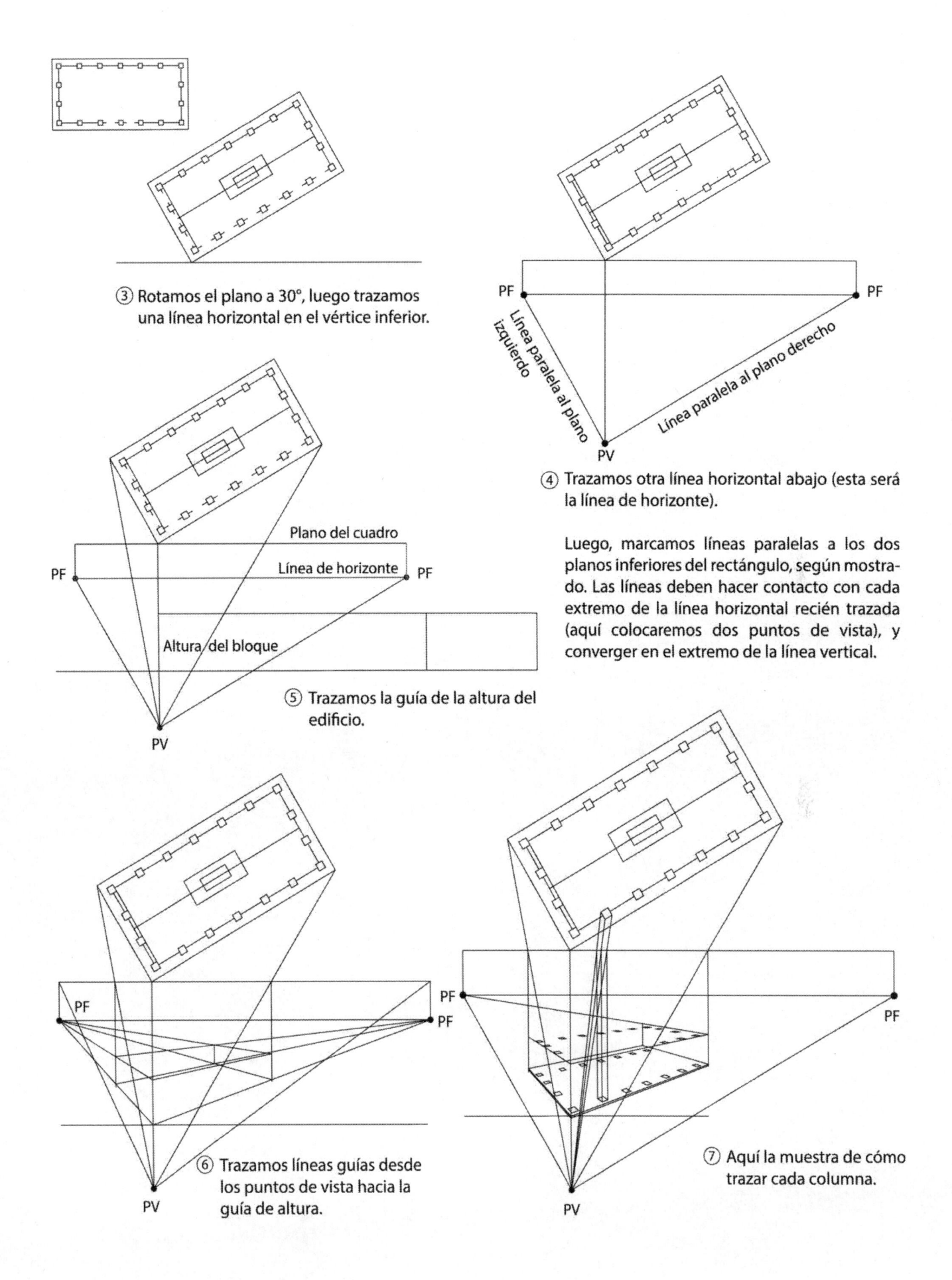

③ Rotamos el plano a 30°, luego trazamos una línea horizontal en el vértice inferior.

④ Trazamos otra línea horizontal abajo (esta será la línea de horizonte).

Luego, marcamos líneas paralelas a los dos planos inferiores del rectángulo, según mostrado. Las líneas deben hacer contacto con cada extremo de la línea horizontal recién trazada (aquí colocaremos dos puntos de vista), y converger en el extremo de la línea vertical.

Línea paralela al plano izquierdo
Línea paralela al plano derecho

PF — PF
PV

Plano del cuadro
Línea de horizonte
Altura del bloque

⑤ Trazamos la guía de la altura del edificio.

⑥ Trazamos líneas guías desde los puntos de vista hacia la guía de altura.

⑦ Aquí la muestra de cómo trazar cada columna.

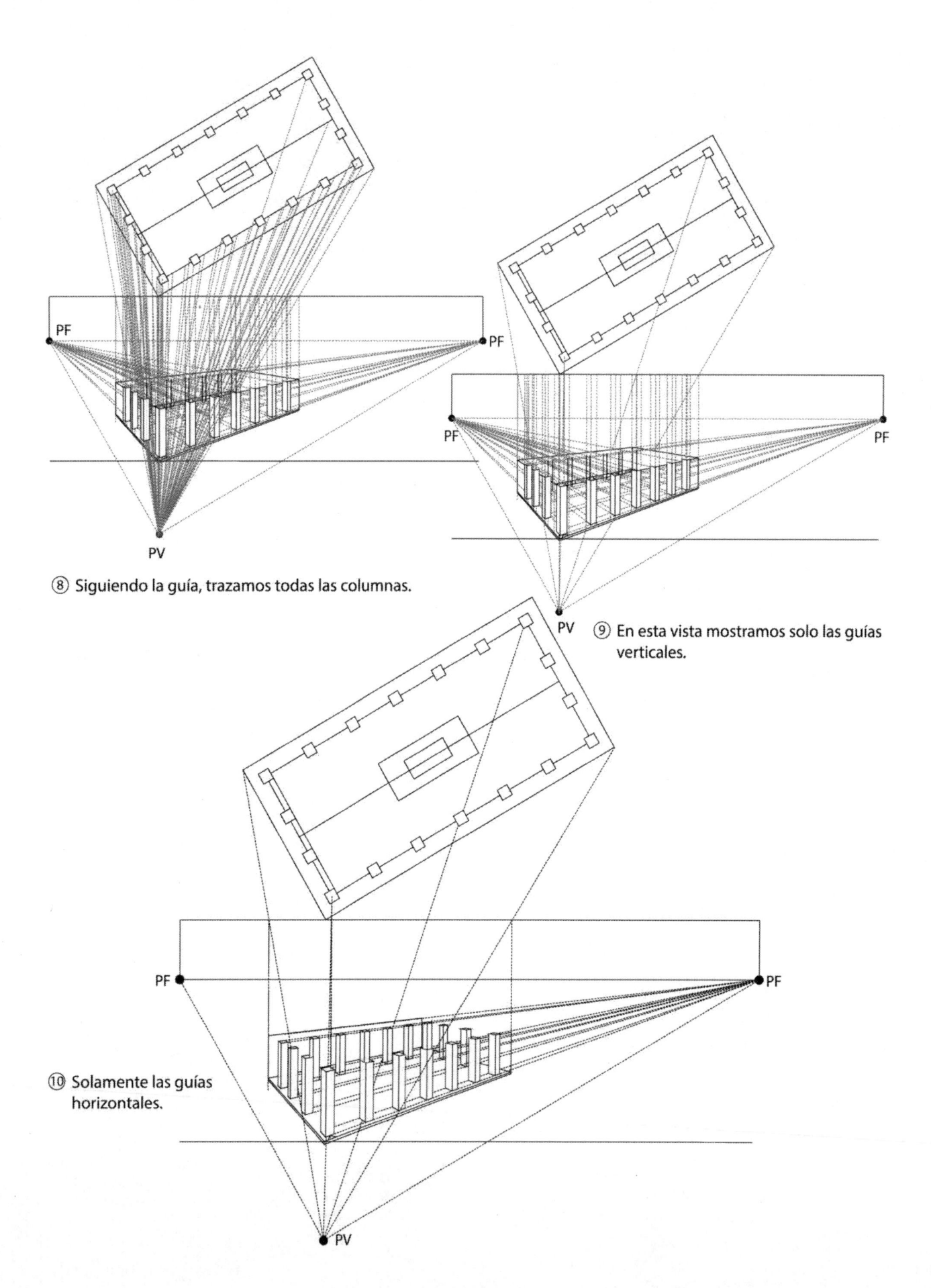

⑧ Siguiendo la guía, trazamos todas las columnas.

⑨ En esta vista mostramos solo las guías verticales.

⑩ Solamente las guías horizontales.

⑪ Vista en perspectiva sin el plano cenital.

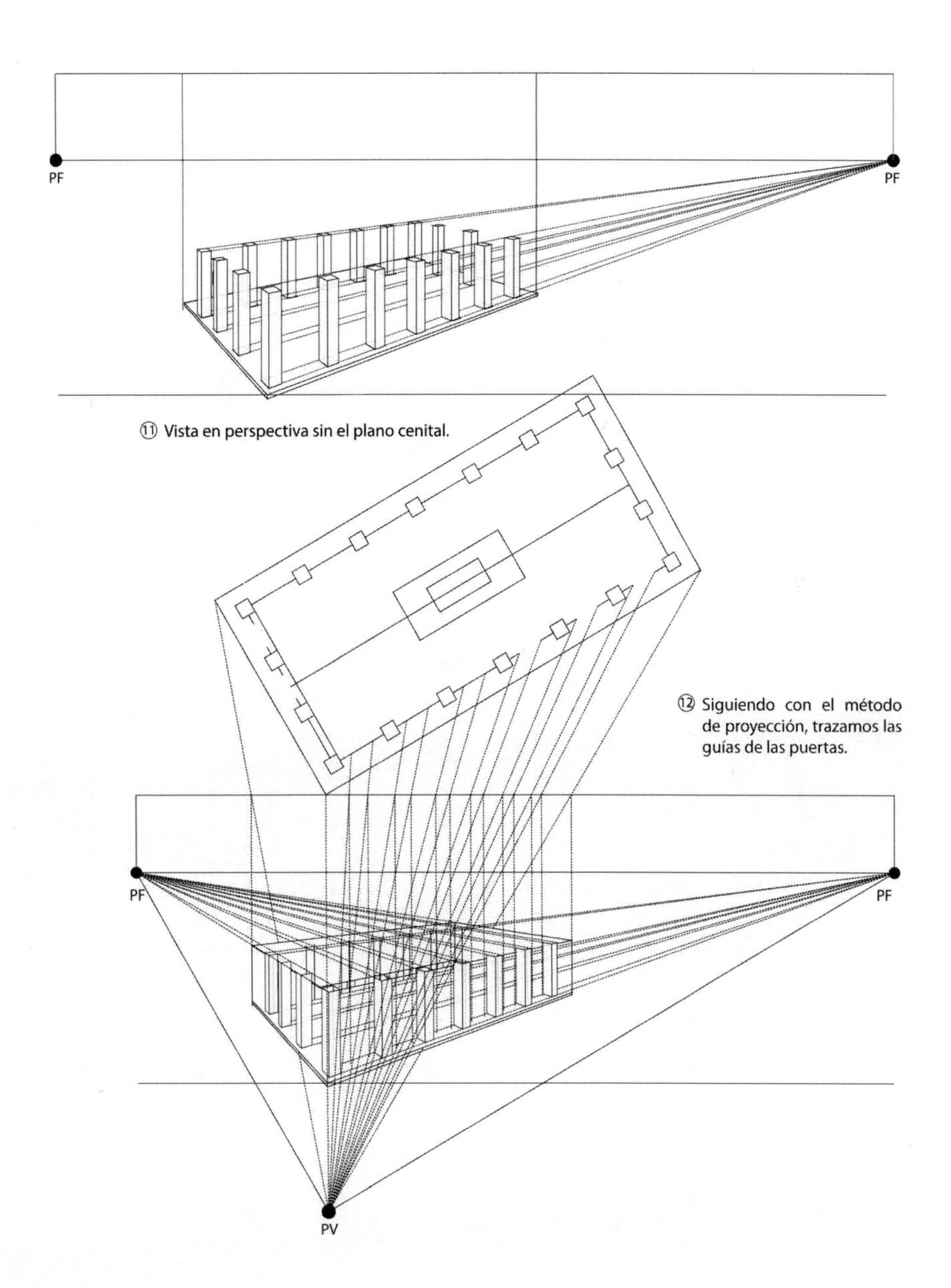

⑫ Siguiendo con el método de proyección, trazamos las guías de las puertas.

117

⑬ Entradas definidas y guías de los niveles.

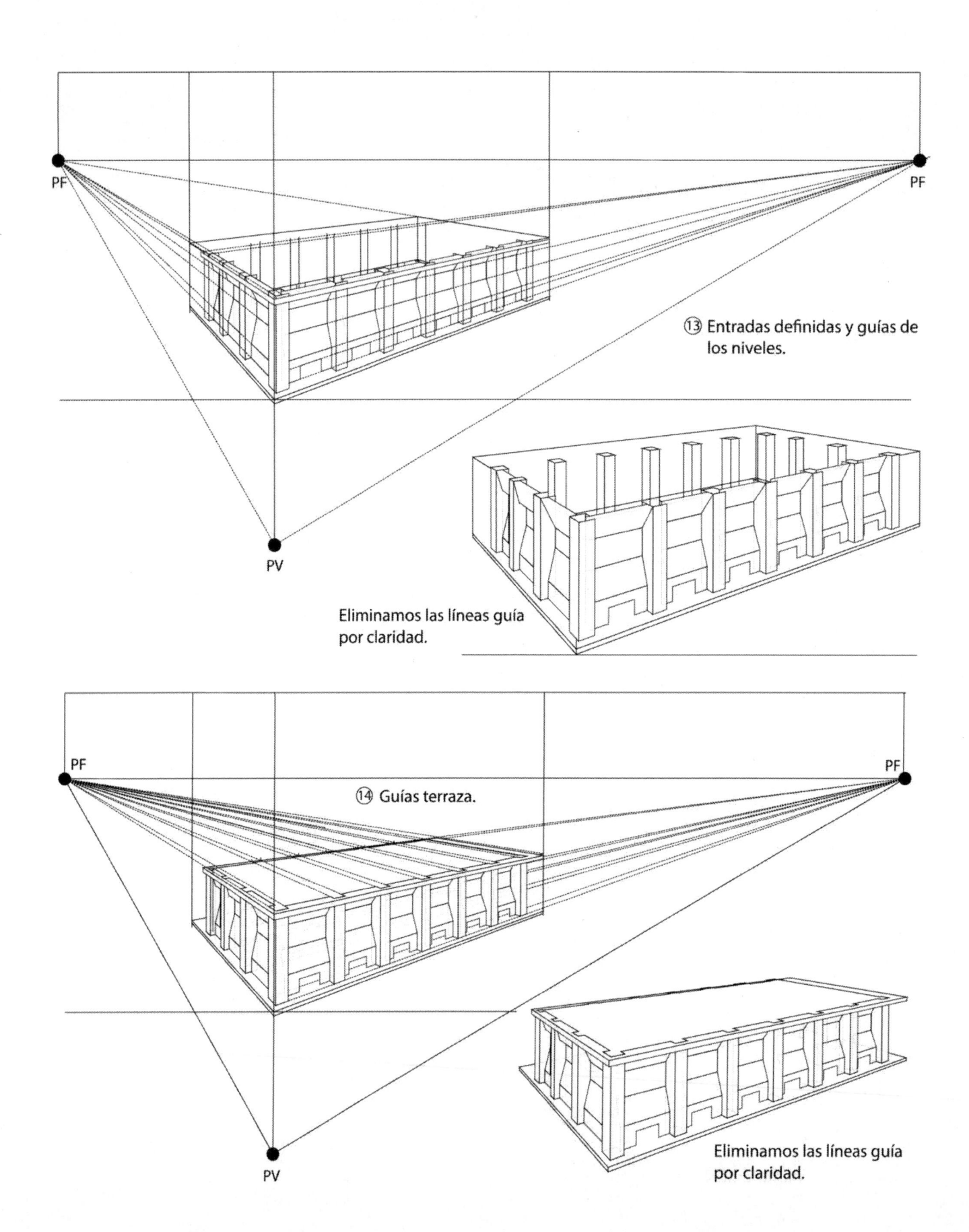

Eliminamos las líneas guía por claridad.

⑭ Guías terraza.

Eliminamos las líneas guía por claridad.

⑮ Guías de techos.

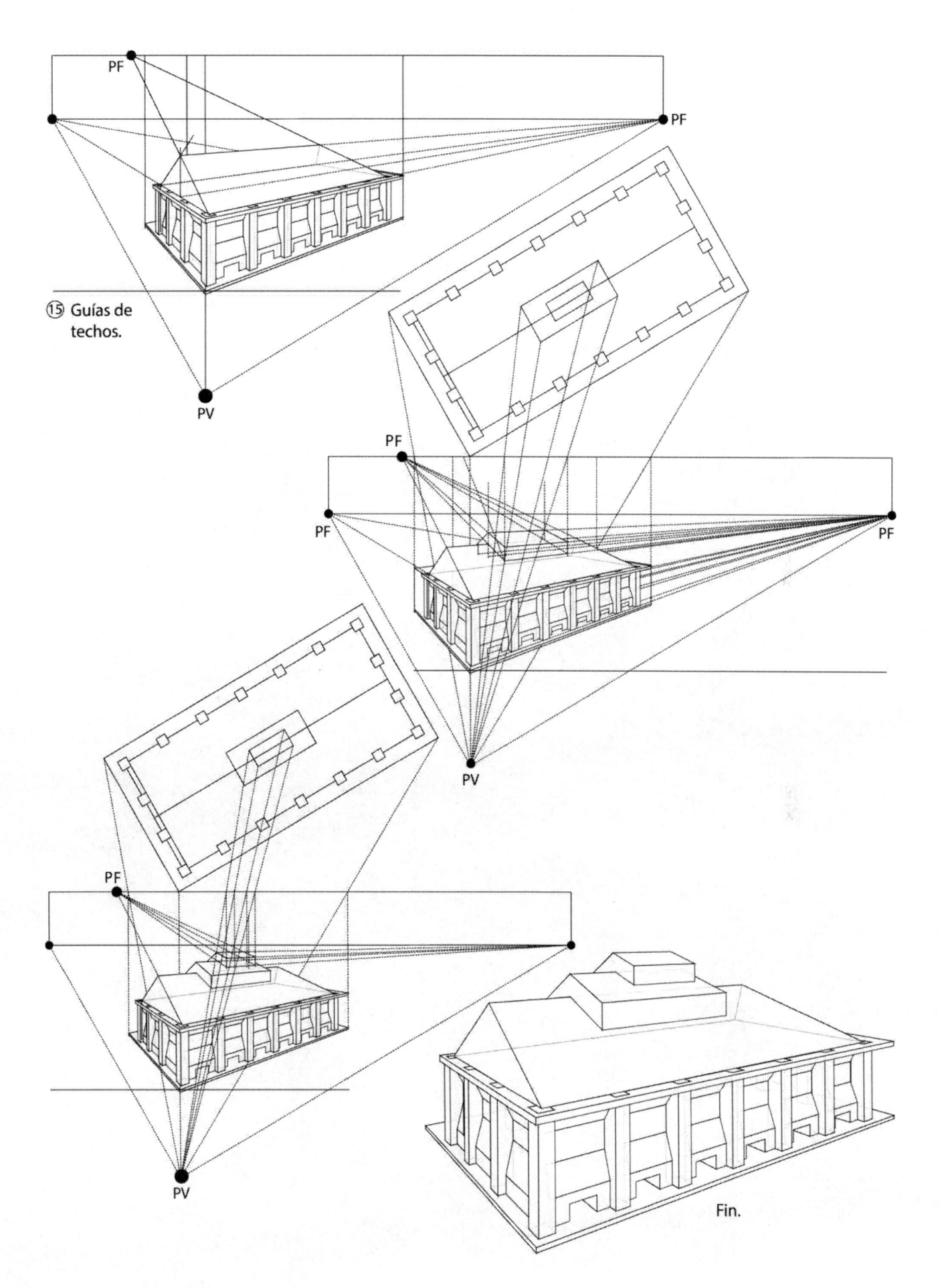

Fin.

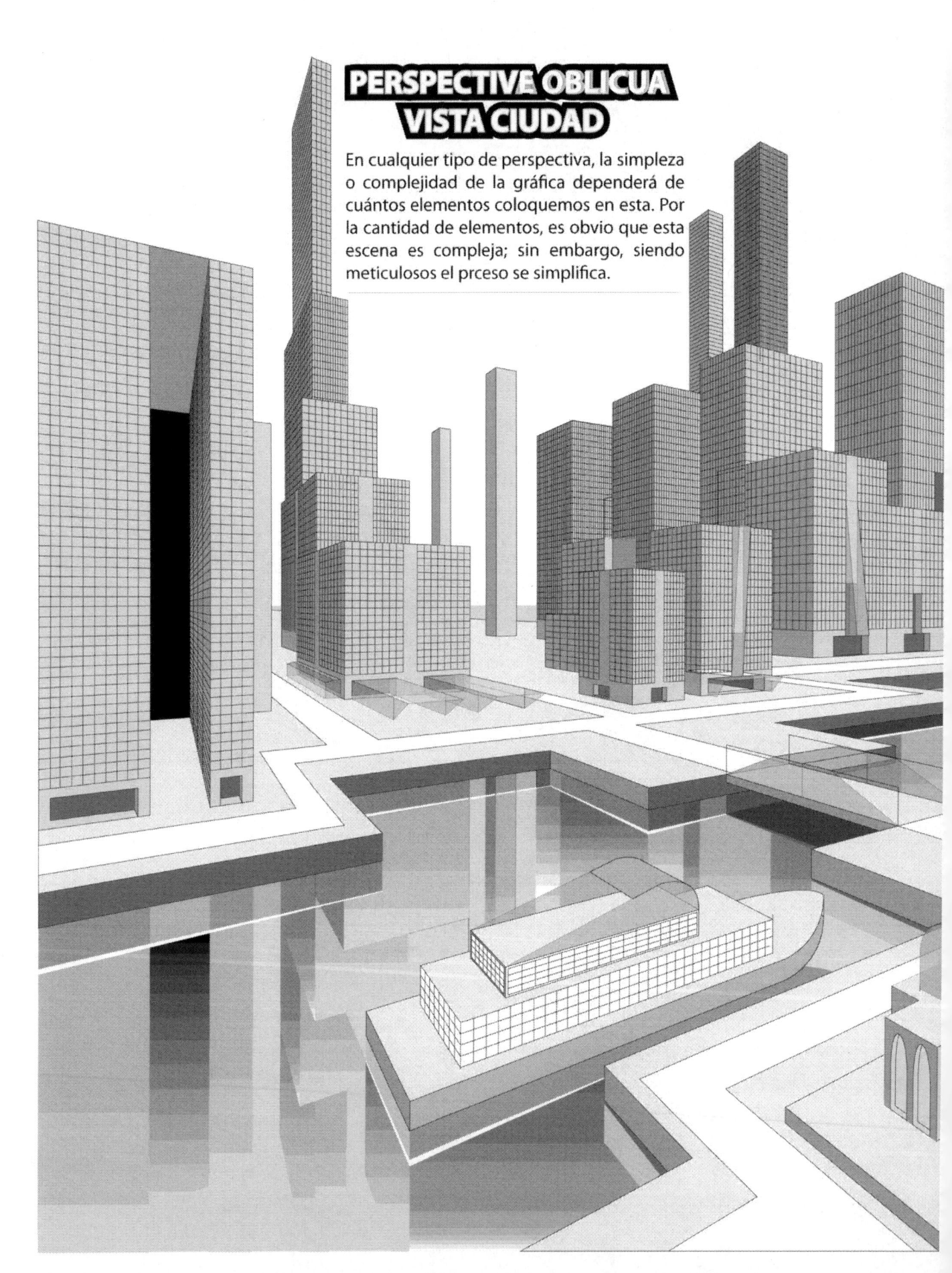

PERSPECTIVE OBLICUA VISTA CIUDAD

En cualquier tipo de perspectiva, la simpleza o complejidad de la gráfica dependerá de cuántos elementos coloquemos en esta. Por la cantidad de elementos, es obvio que esta escena es compleja; sin embargo, siendo meticulosos el prceso se simplifica.

Primero, debemos enfocarnos en los grandes bloques (como aquellos pertenecientes a los muelles y vías); luego, las plantas de los edificios, las manzanas (cuadras). Finalmente nos concentramos en los ventanales, puertas y otros detalles pequeños.

① Empezamos trazando la línea de tierra, la línea de horizonte y dos puntos de fuga.

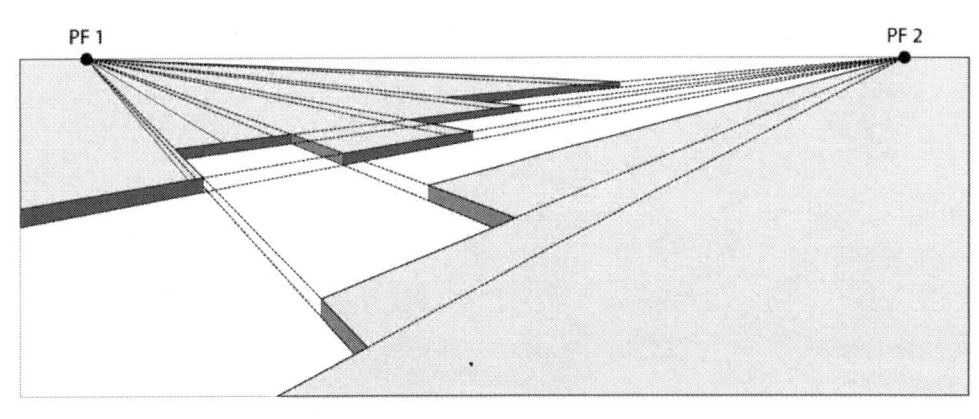

PF 1   PF 2

② Líneas guías de los bloques.

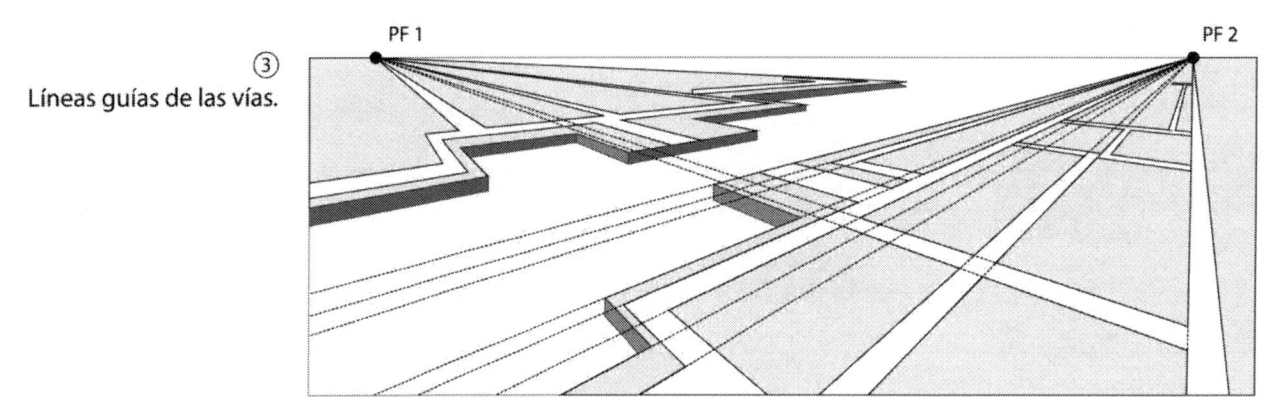

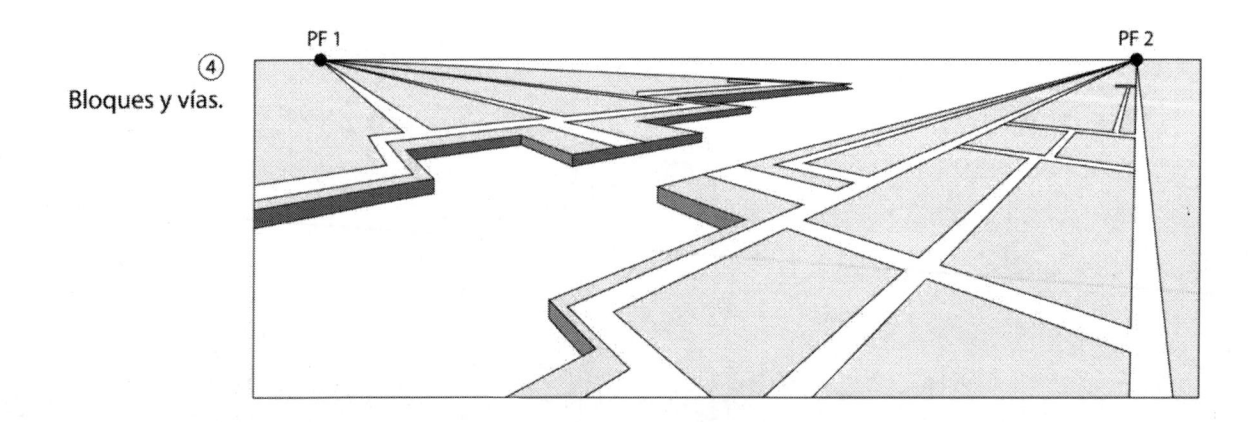

③ Líneas guías de las vías.

④ Bloques y vías.

PF 1

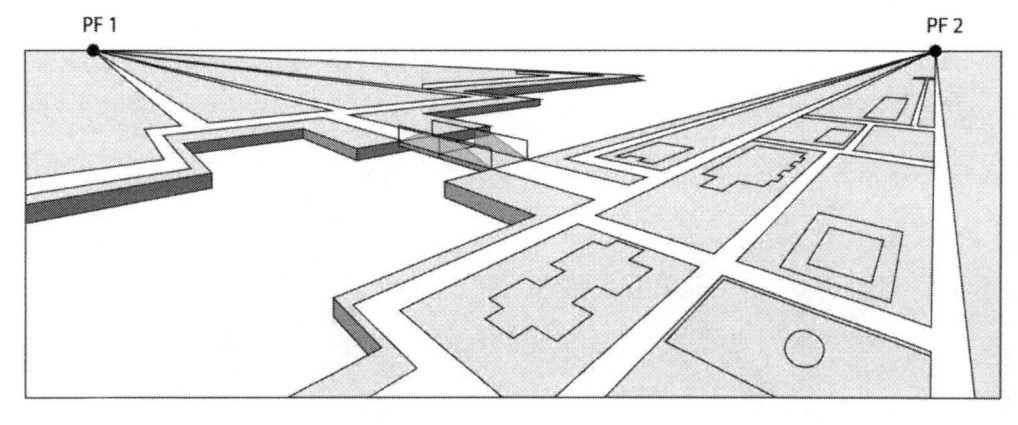

PF 2

⑤ Ahora, trazamos las plantas de los edificios a ambos lados del río (en la figura se muestran solo las del lado derecho).

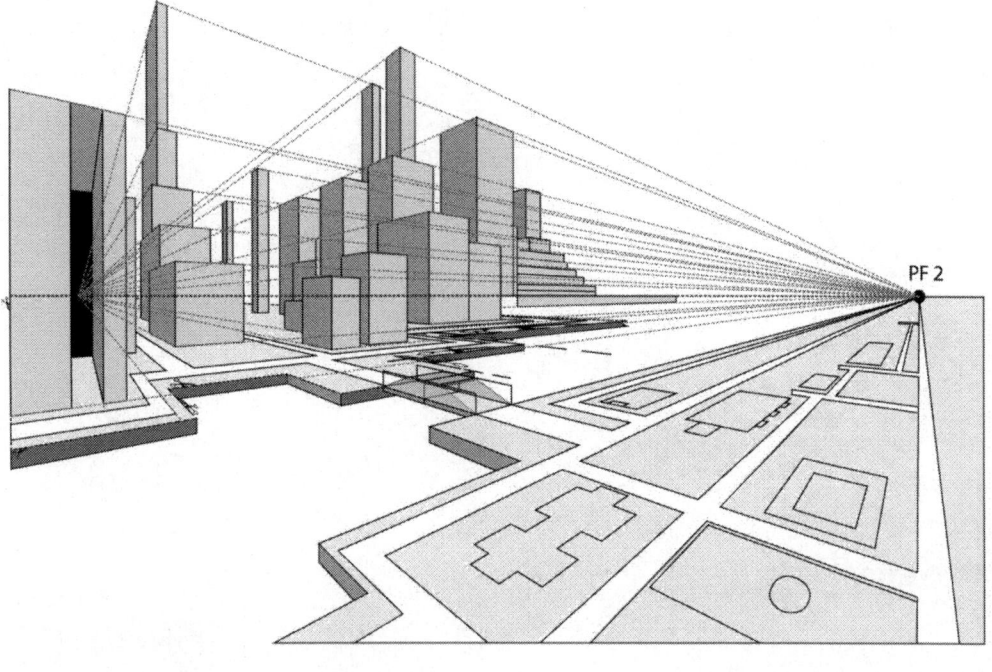

PF 2

⑥ Trazamos los bloques de los edificios del lado izquierdo.

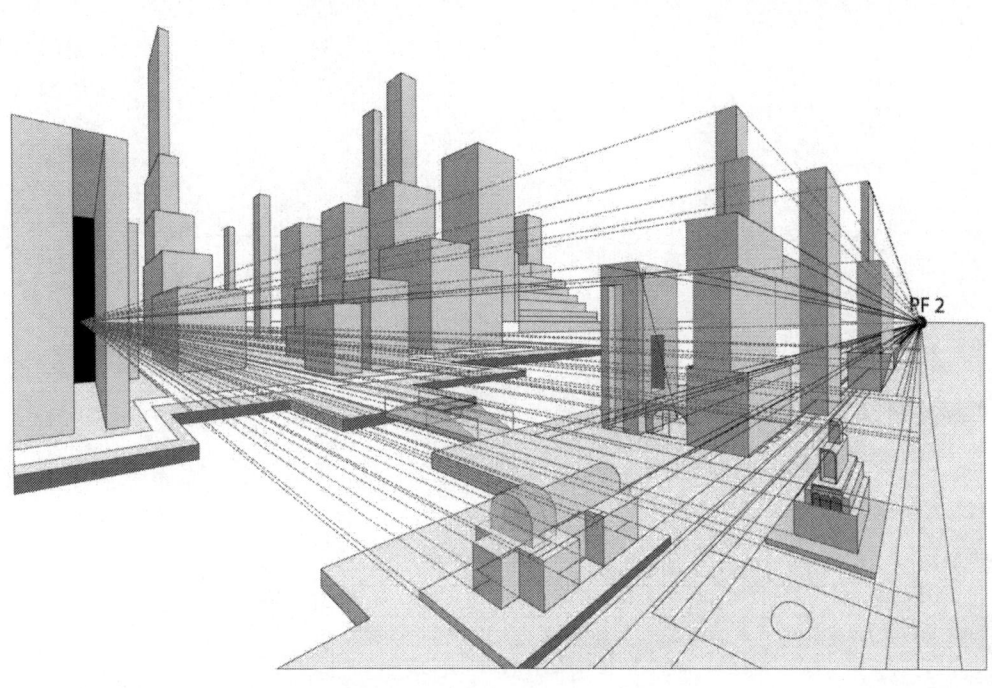

PF 2

⑦ Ahora los de la derecha.

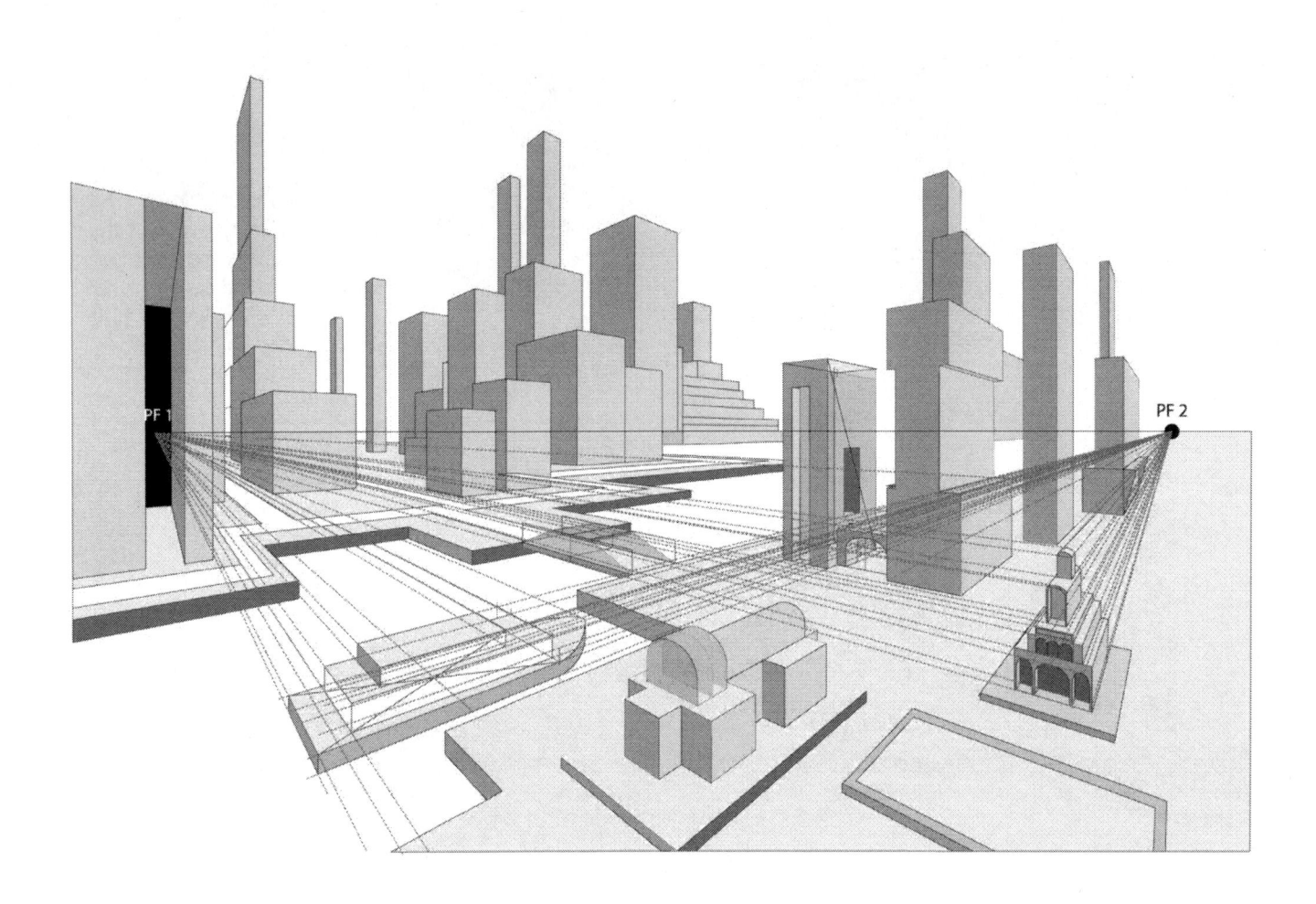

⑧ Agregamos un crucero y guías de templo.

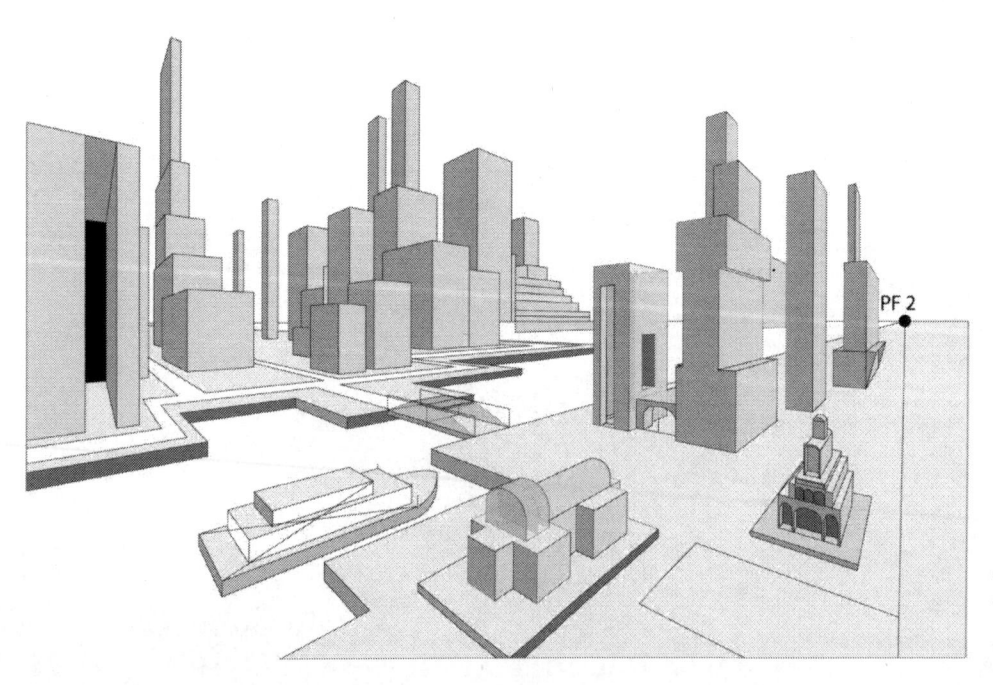

⑨ Vista sin líneas guías.

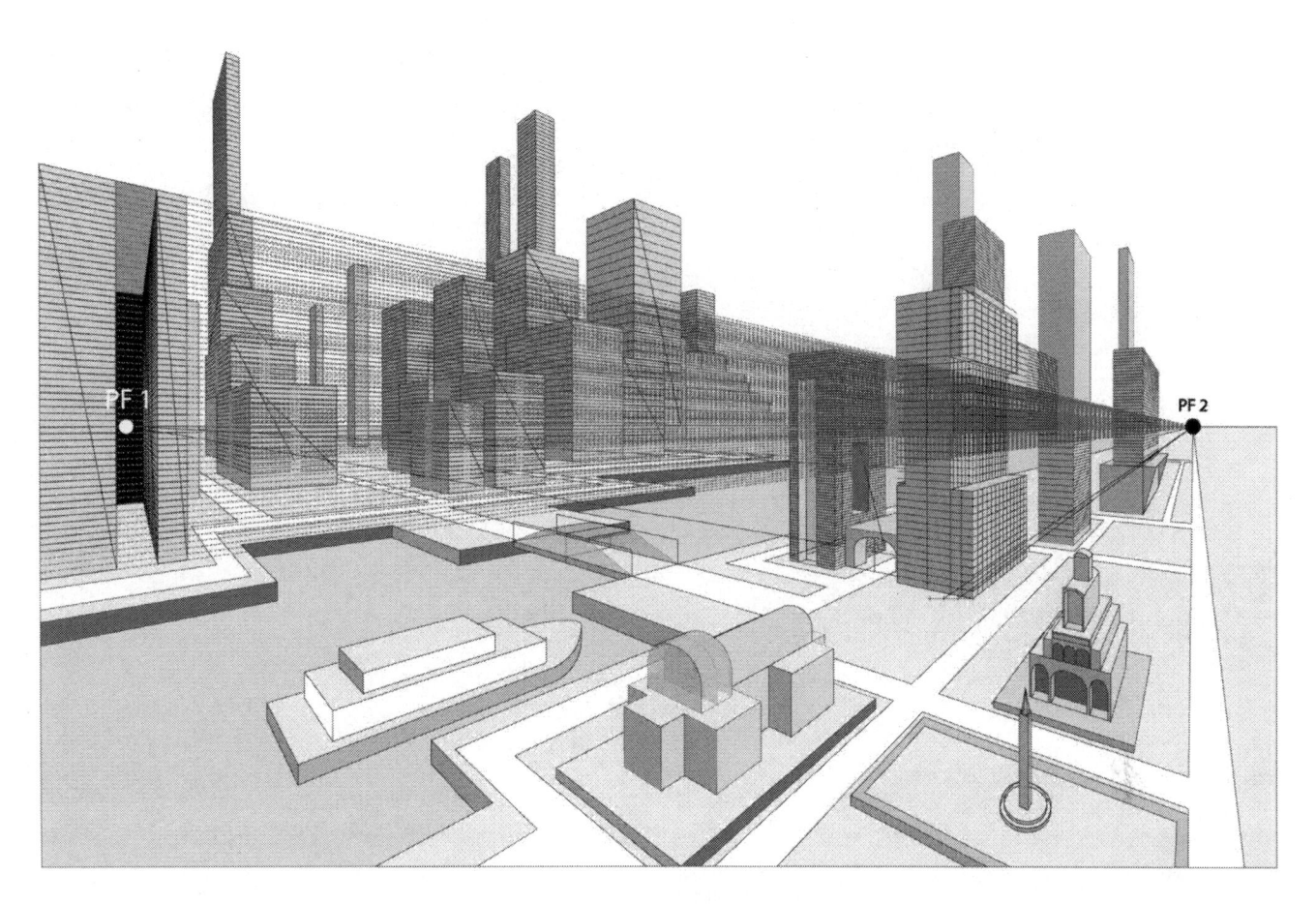

⑩ Líneas guías para edificio

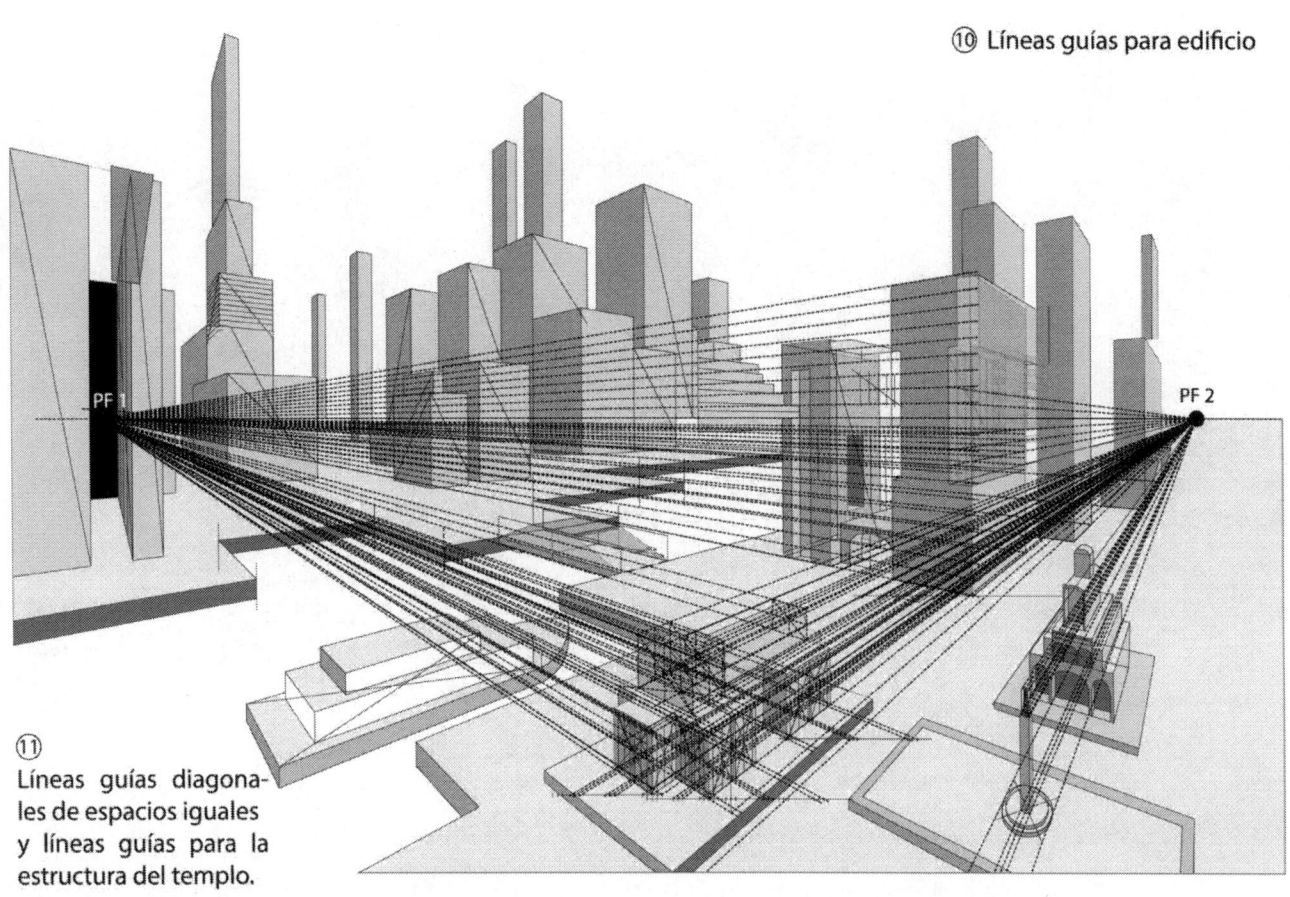

⑪ Líneas guías diagonales de espacios iguales y líneas guías para la estructura del templo.

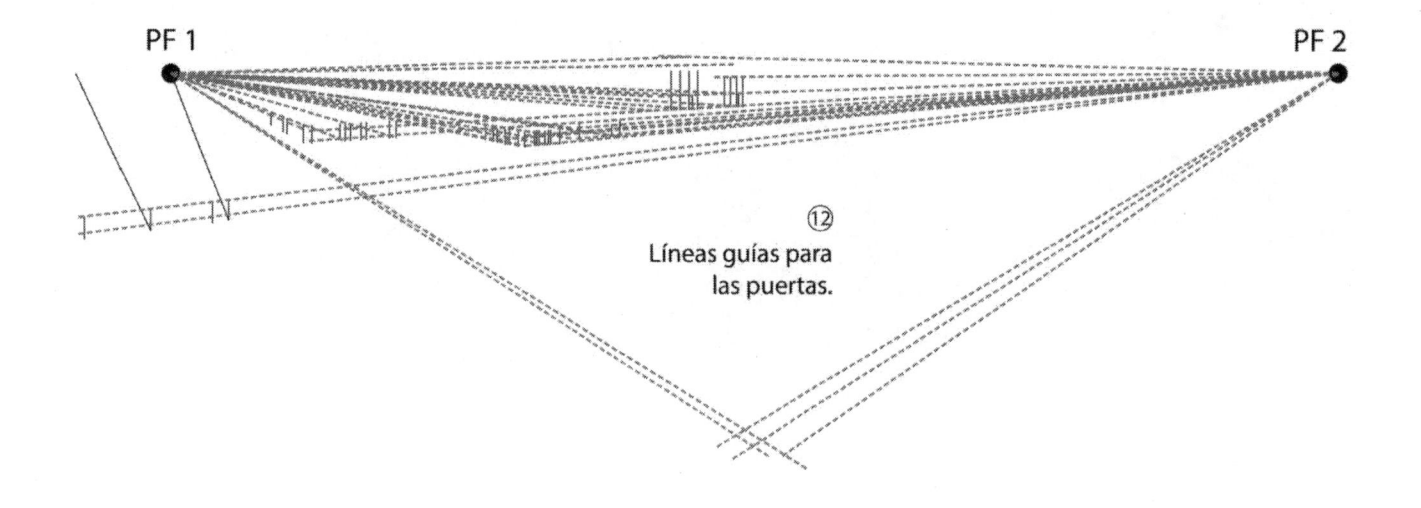

PF 1 PF 2

⑫
Líneas guías para
las puertas.

⑬
Trazamos espacios iguales verticales
en edificios restantes y crucero.

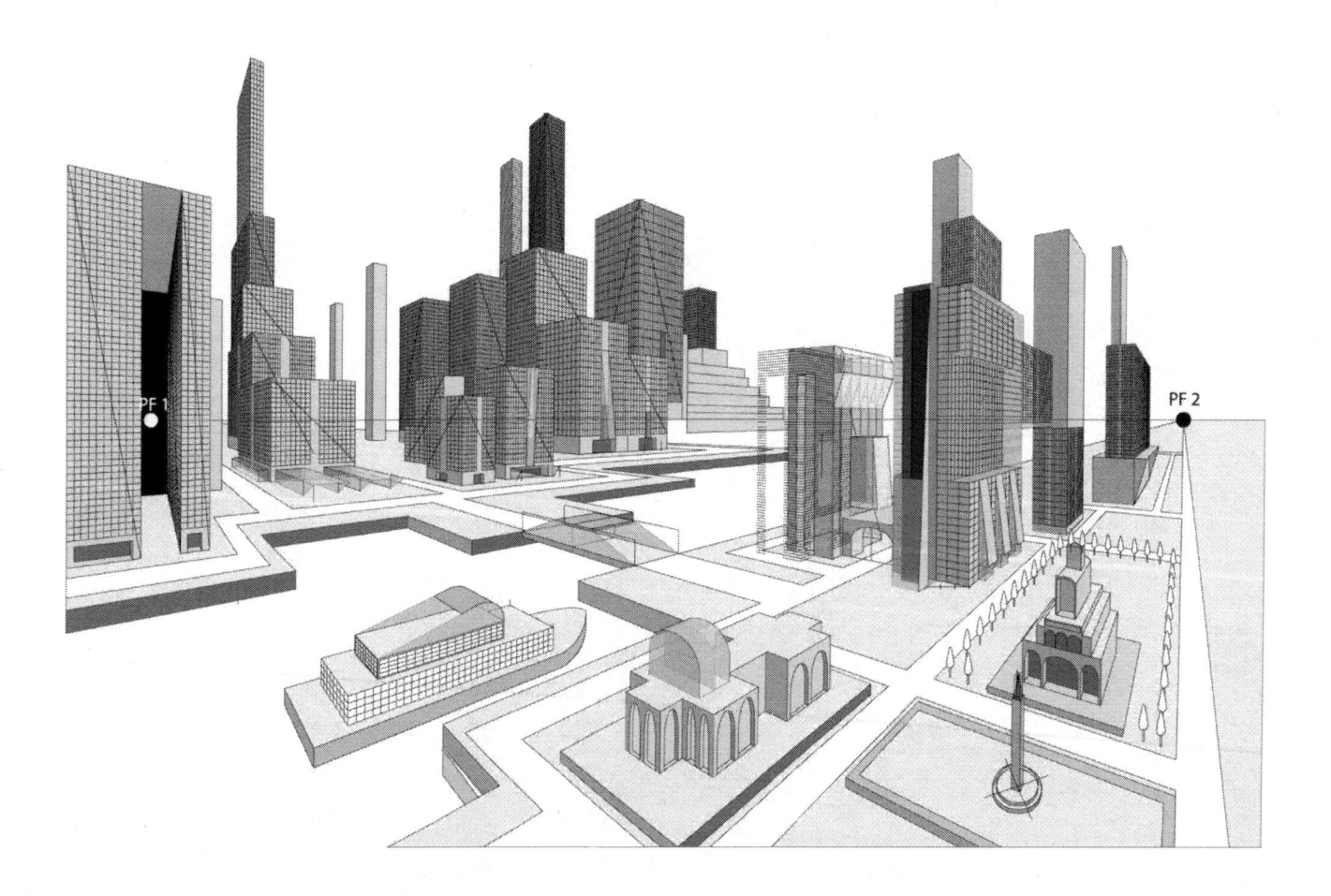

Punto de vista auxiliar

Punto de vista auxiliar

PF 2

⑭ Líneas guías para estructuras de vidrio.

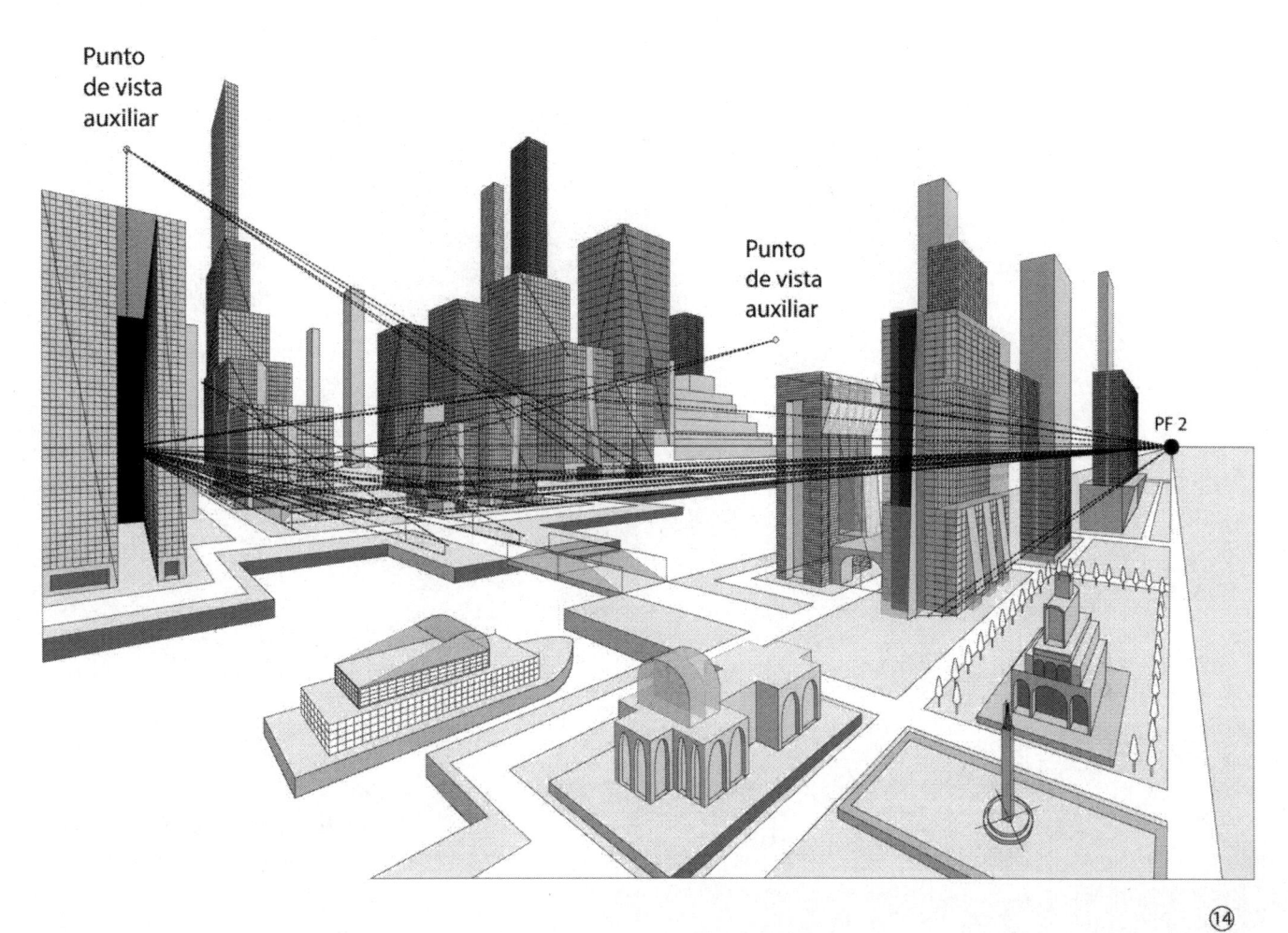

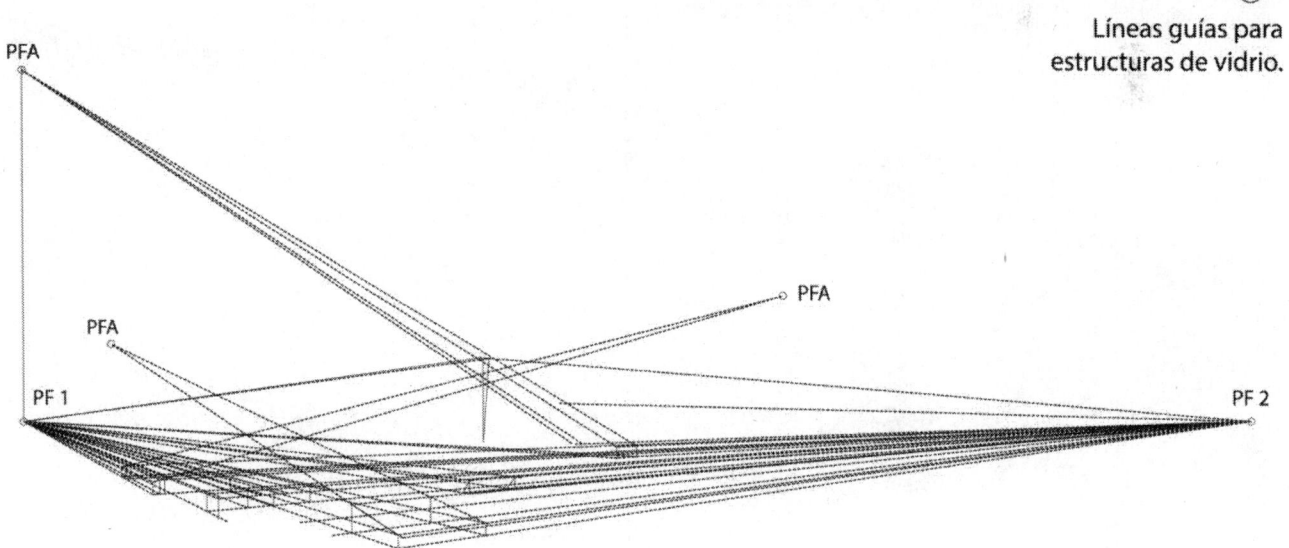

PFA

PFA

PFA

PF 1

PF 2

⑮ Líneas guías para estructuras de vidrio.

127

PFA

PF 2

⑯ Líneas guías para proyección de los edificios sobre el agua.

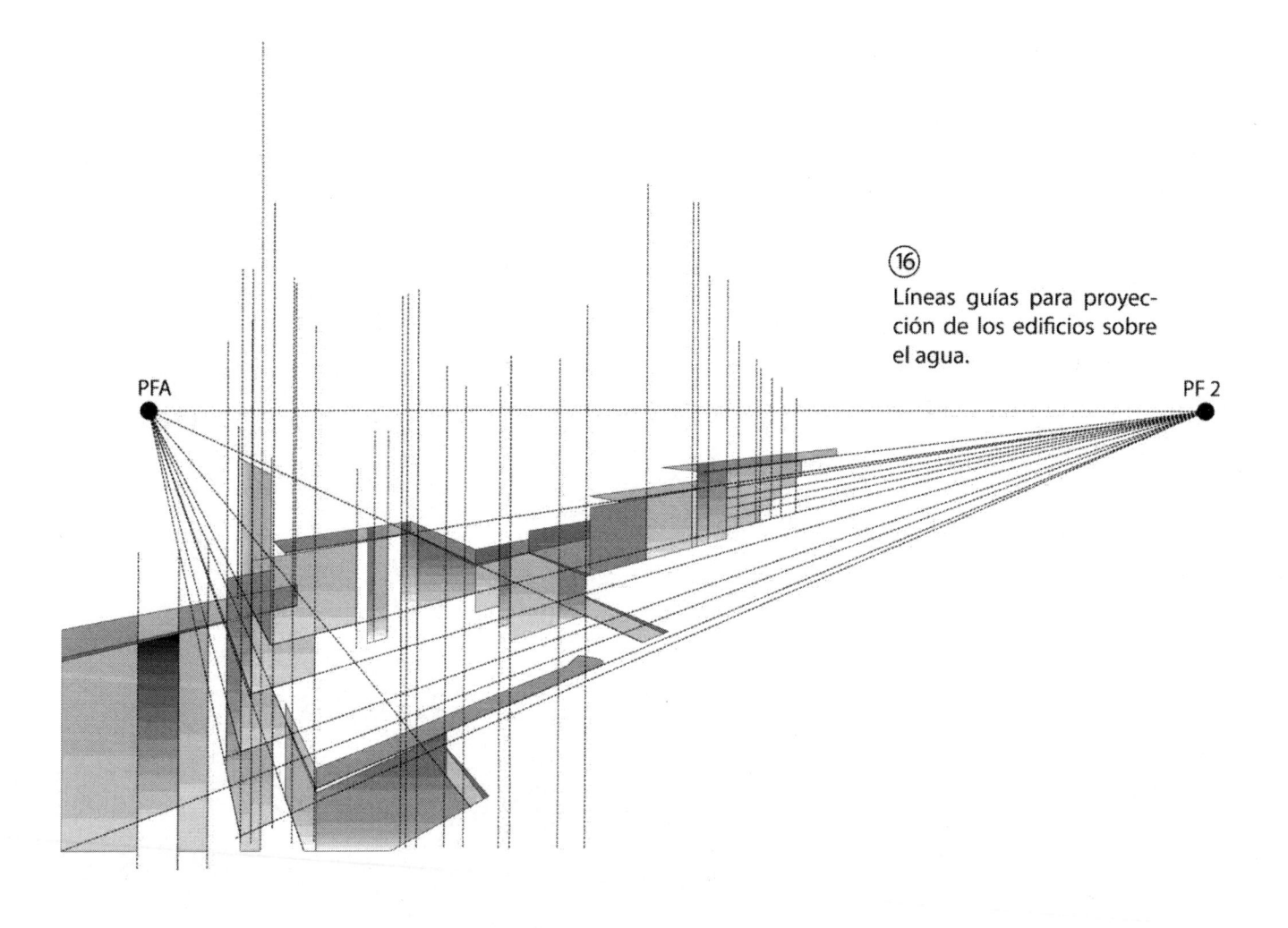

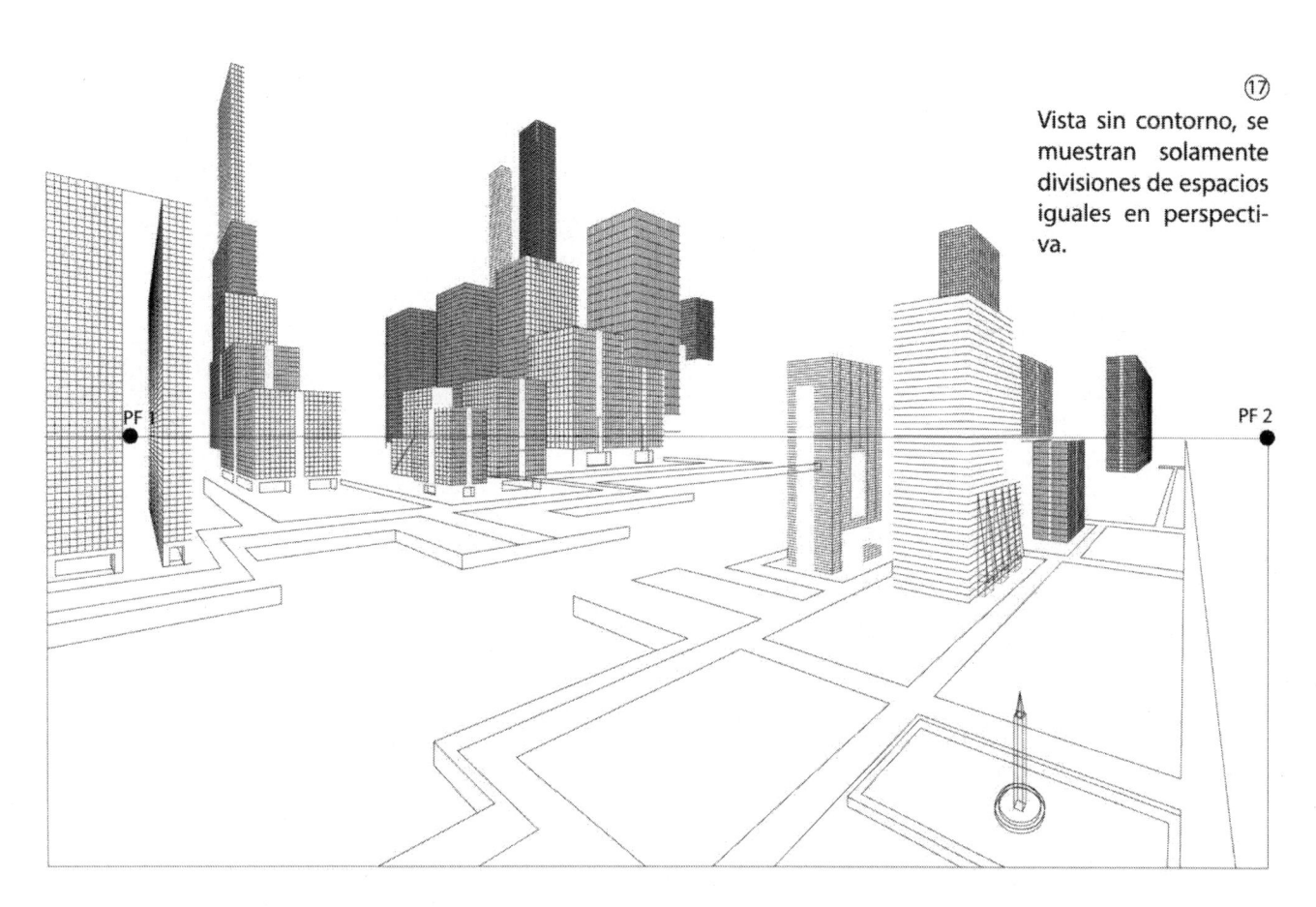

⑰ Vista sin contorno, se muestran solamente divisiones de espacios iguales en perspectiva.

PF 1

PF 2

⑱ Vista final.

PF 2

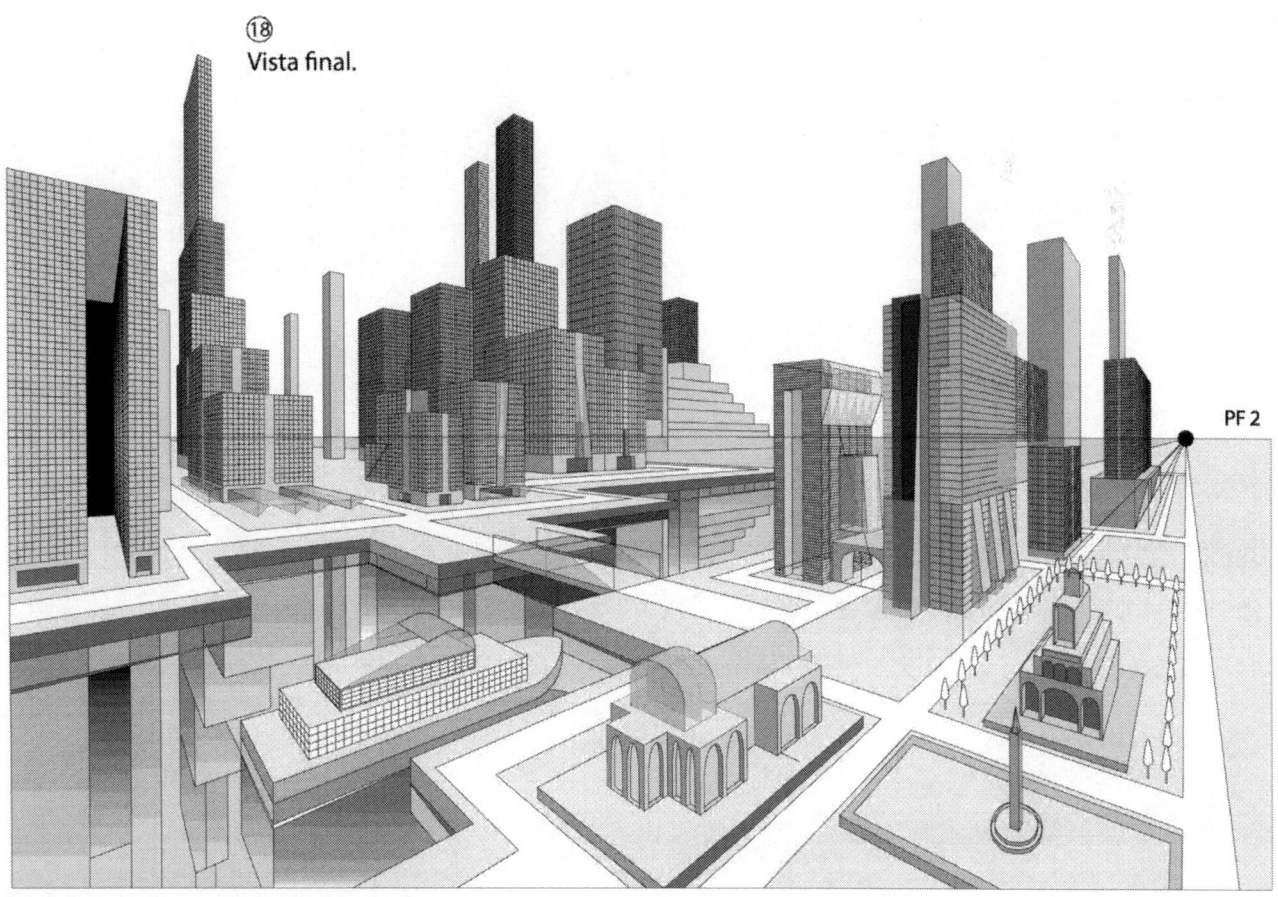

GRADAS EN CARACOL

Dibujar gradas en forma de caracol probablemente sea uno de los retos más difíciles en el ámbito de la perspectiva, dado que hay que trabajar en los 360°. Hay varios métodos para interpretarlas, a continuación mostramos uno de ellos.

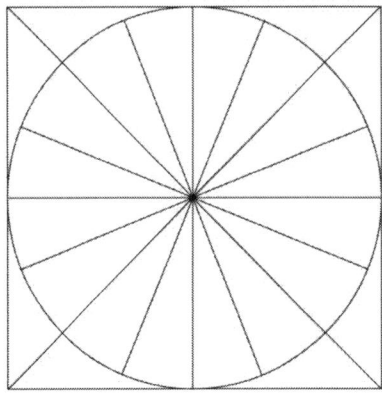

Vista en planta del círculo completo con divisiones de espacios iguales. Para efectos de proyección en perspectiva, solo trazaremos la mitad.

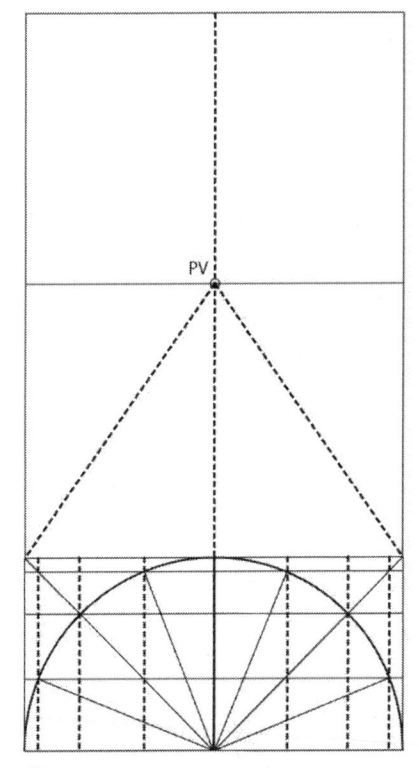

① Iniciamos con un rectángulo.

② Trazamos medio círculo equivalente a la vista de planta, lo dividimos en ocho segmentos.

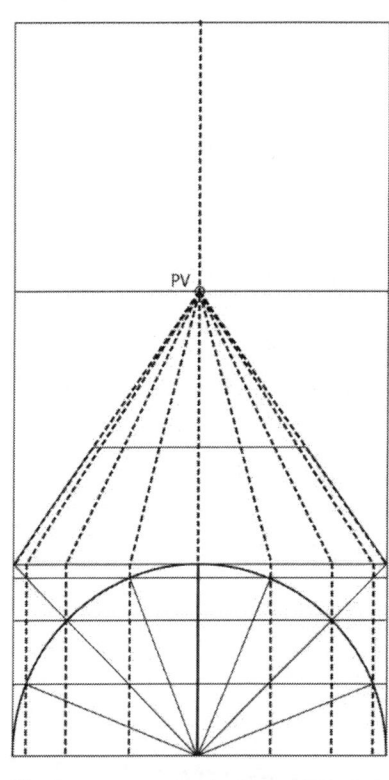

③ Desde el punto de fuga proyectamos líneas, que al tocar la línea de tierra, coincidan con las divisiones de la circunferencia.

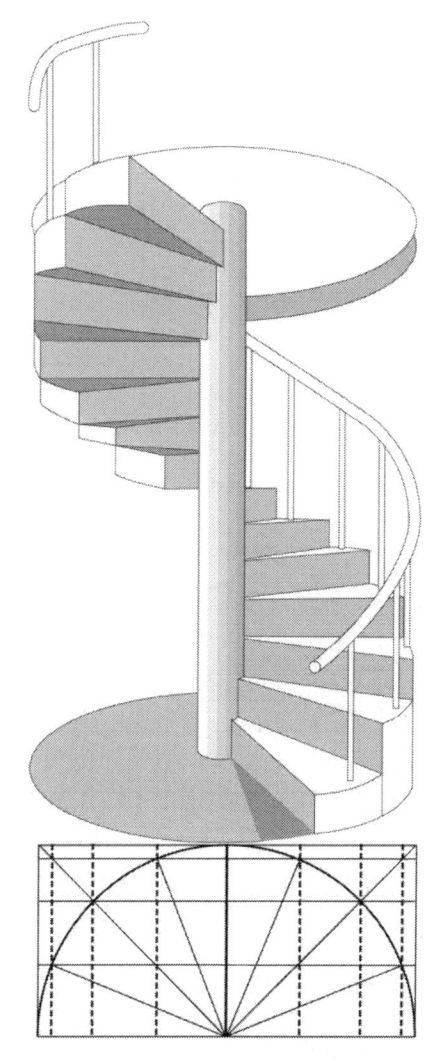

Utilizar esta vista de planta es muy importante porque nos facilita la división de espacios iguales en perspectiva y la ubicación de todas las verticales.

④

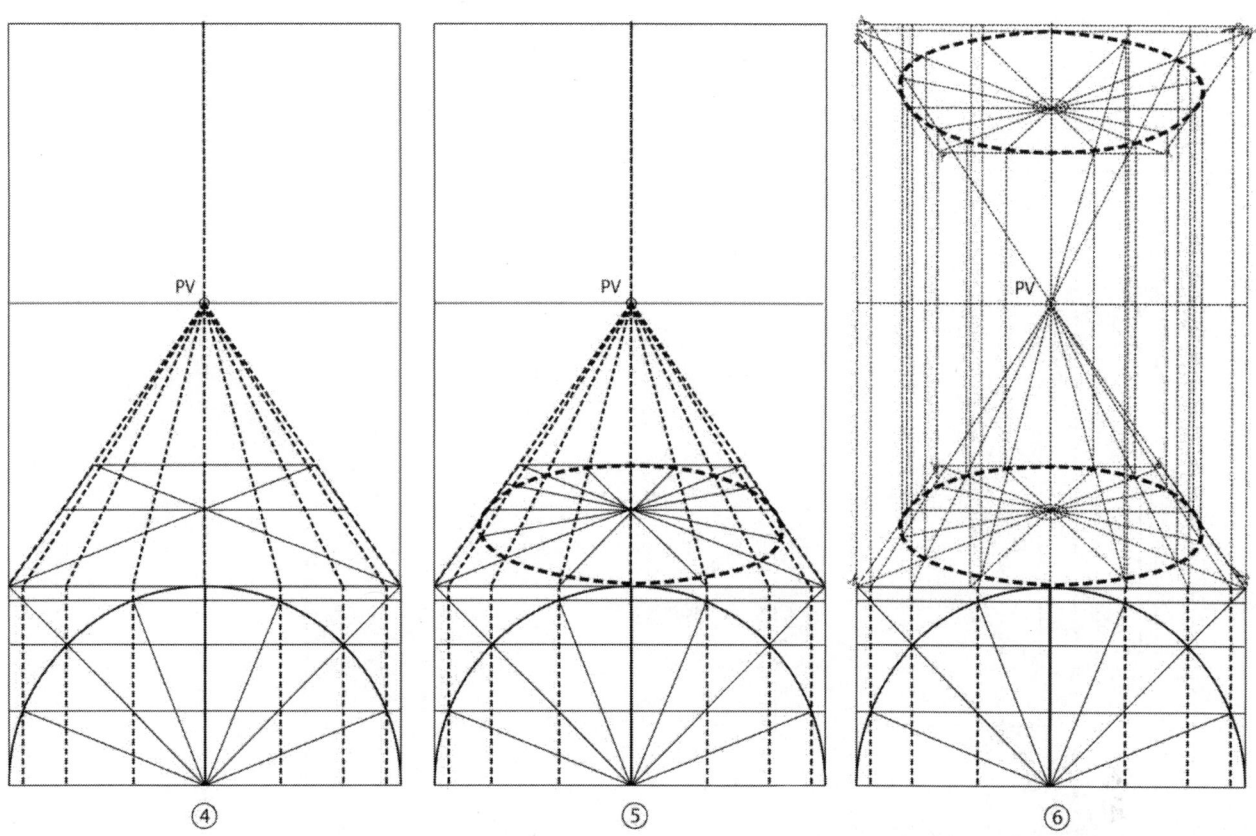

En el cuadrado en perspectiva trazamos líneas diagonales que nos permitirán encontrar el centro donde trazaremos una horizontal.

⑤

Completamos las divisiones y luego trazamos la elipse.

⑥

Como efecto de espejo, proyectamos desde la elipse "de abajo hacia arriba" líneas verticales y duplicamos la elipse en sentido inverso.

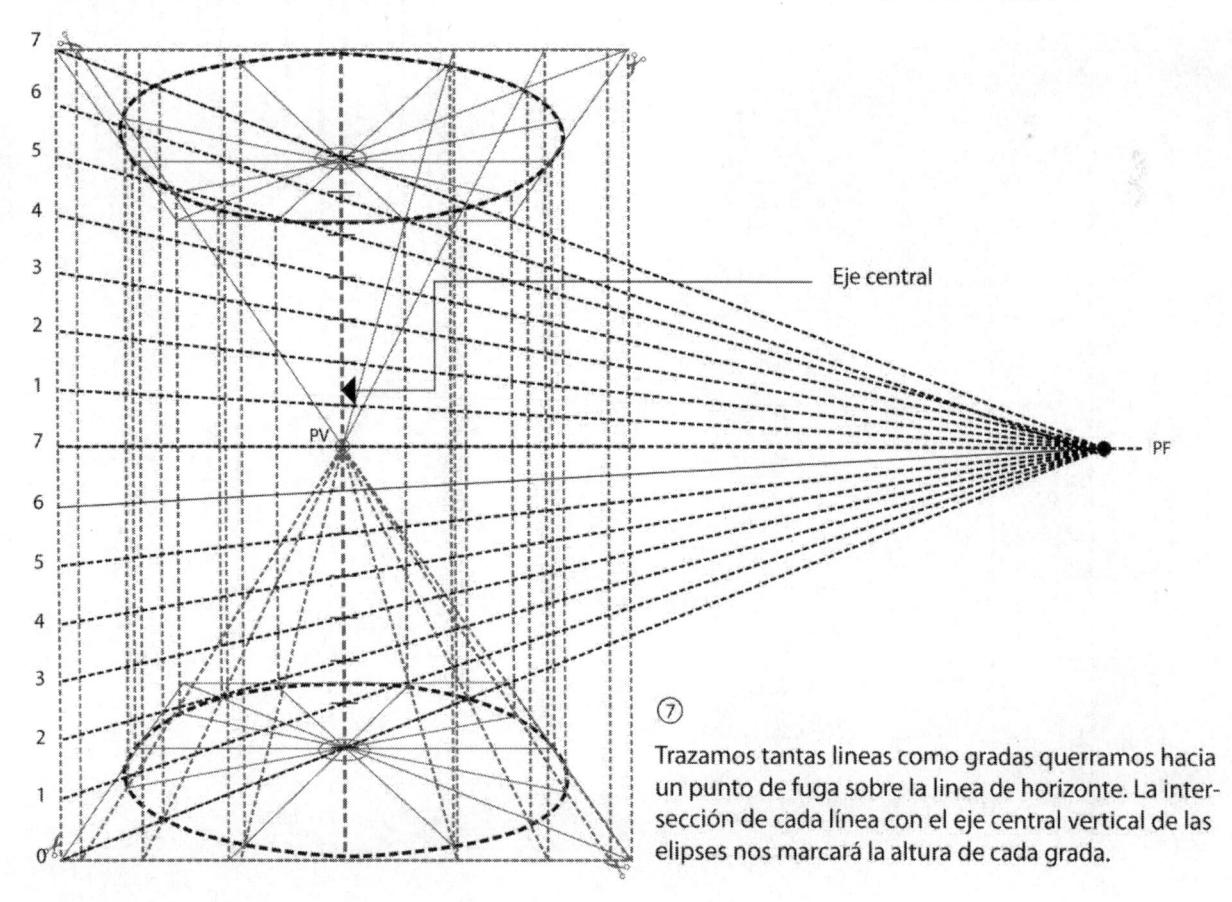

⑦

Trazamos tantas lineas como gradas querramos hacia un punto de fuga sobre la linea de horizonte. La intersección de cada línea con el eje central vertical de las elipses nos marcará la altura de cada grada.

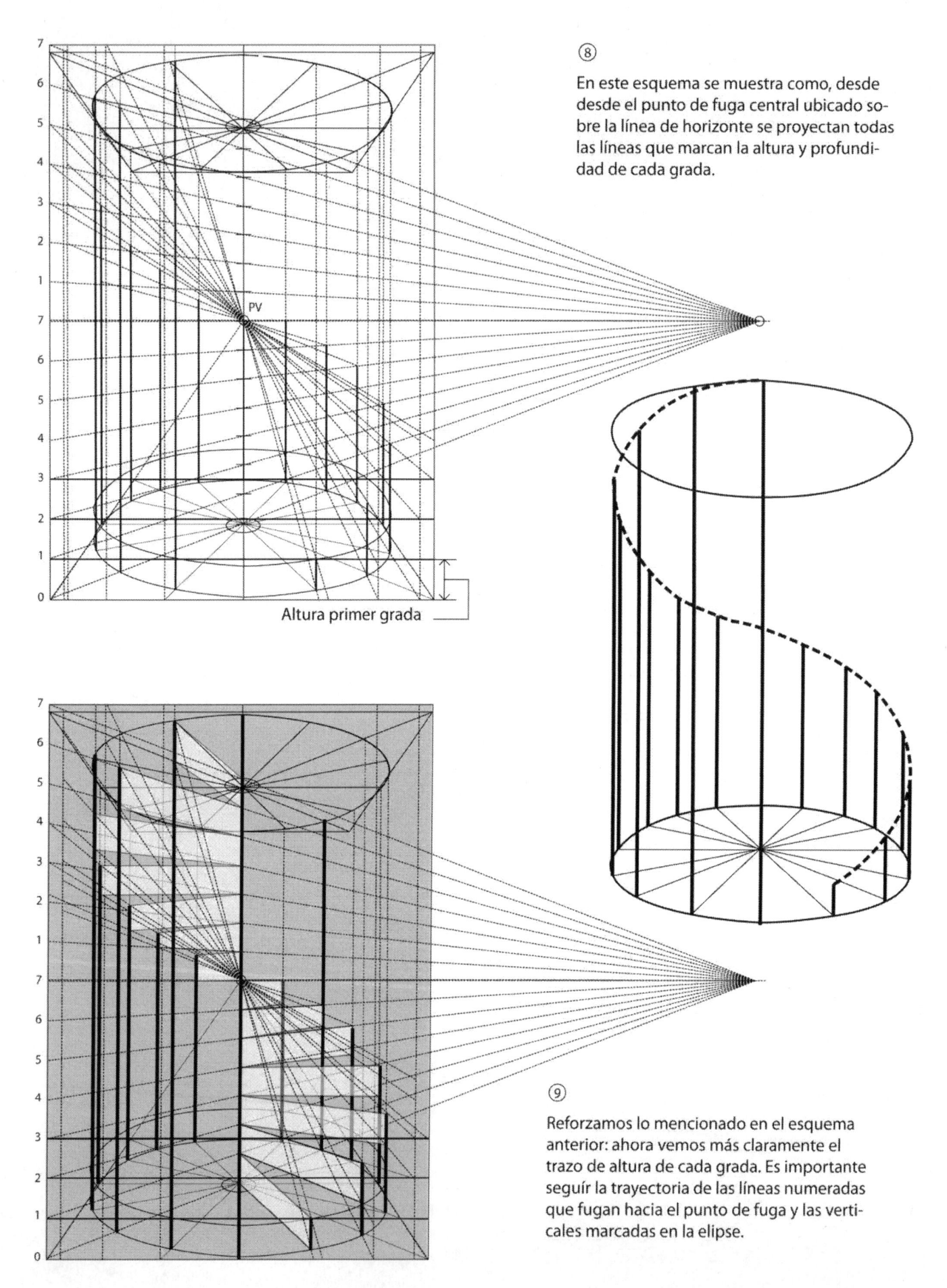

⑧

En este esquema se muestra como, desde desde el punto de fuga central ubicado sobre la línea de horizonte se proyectan todas las líneas que marcan la altura y profundidad de cada grada.

Altura primer grada

⑨

Reforzamos lo mencionado en el esquema anterior: ahora vemos más claramente el trazo de altura de cada grada. Es importante seguír la trayectoria de las líneas numeradas que fugan hacia el punto de fuga y las verticales marcadas en la elipse.

⑩

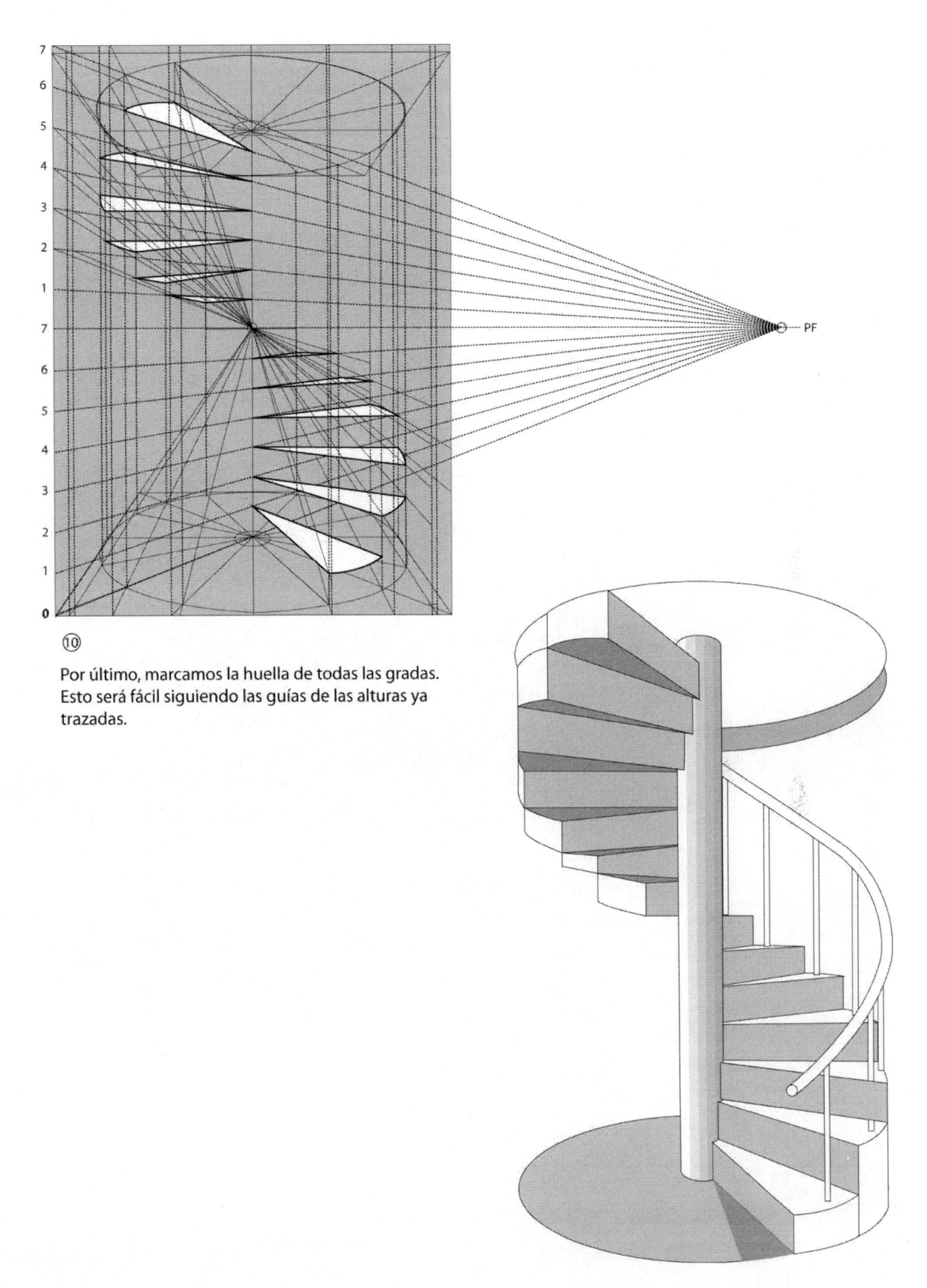

Por último, marcamos la huella de todas las gradas. Esto será fácil siguiendo las guías de las alturas ya trazadas.

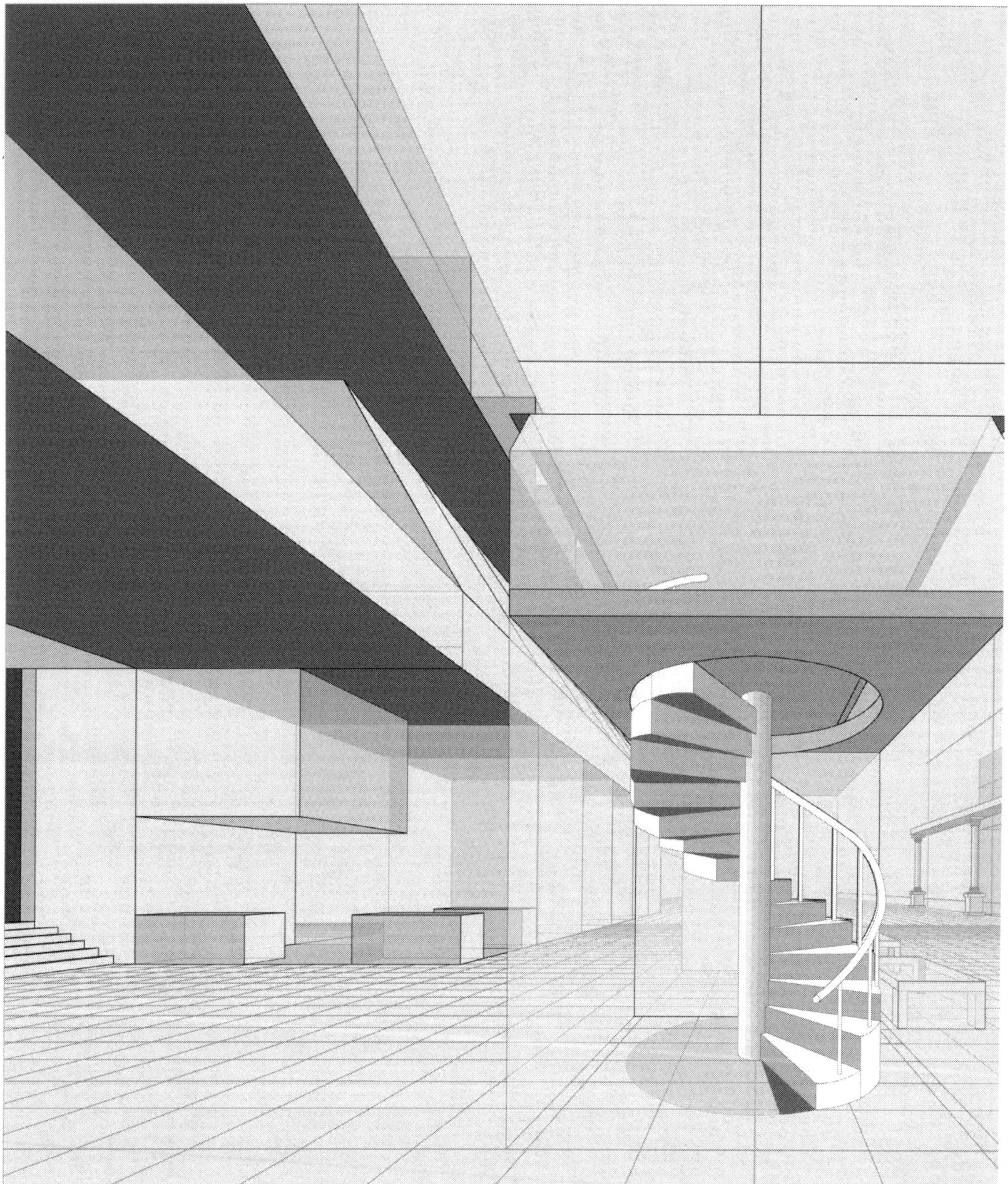

APLICACIÓN DE GRADAS EN CARACOL

Hemos integrado las gradas de caracol en esta escena para ilustrar de mejor manera el ejercicio completo.

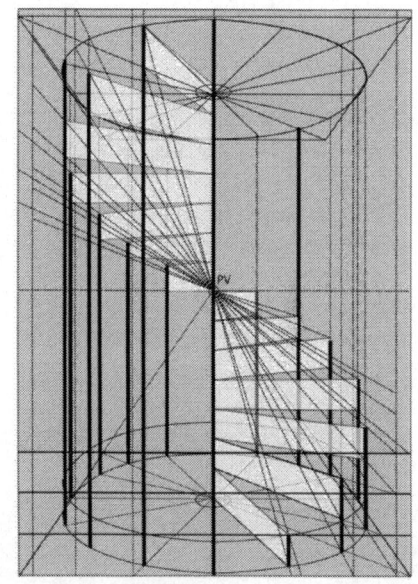

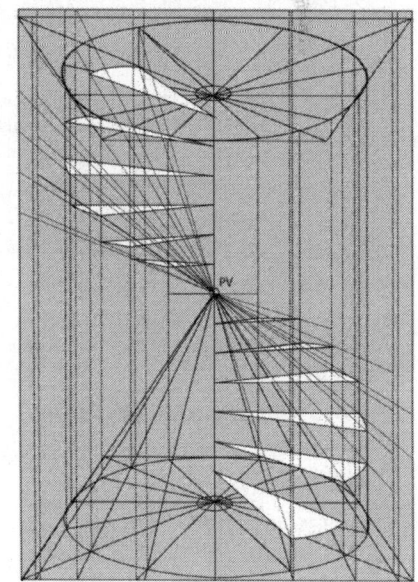

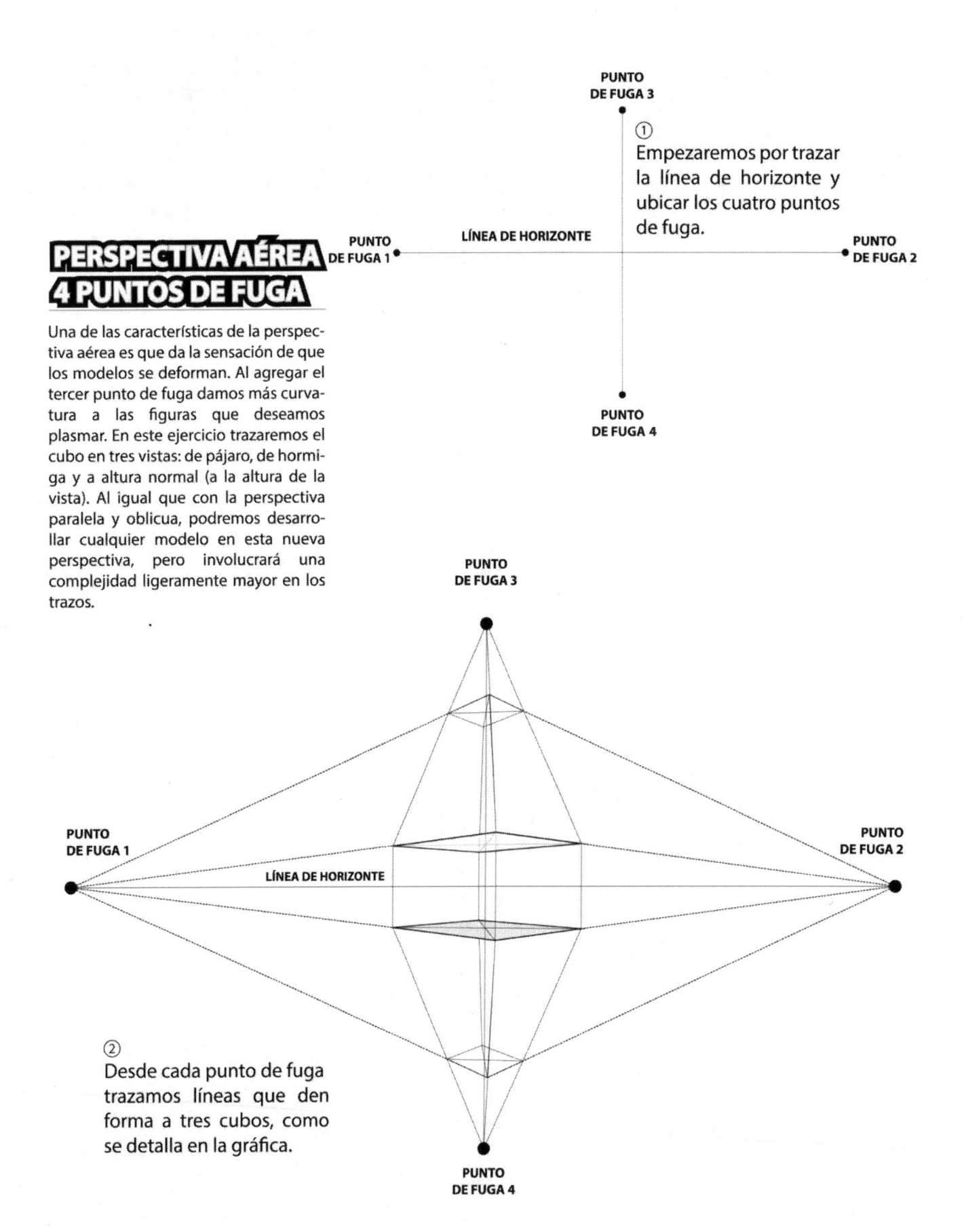

PERSPECTIVA AÉREA 4 PUNTOS DE FUGA

Una de las características de la perspectiva aérea es que da la sensación de que los modelos se deforman. Al agregar el tercer punto de fuga damos más curvatura a las figuras que deseamos plasmar. En este ejercicio trazaremos el cubo en tres vistas: de pájaro, de hormiga y a altura normal (a la altura de la vista). Al igual que con la perspectiva paralela y oblicua, podremos desarrollar cualquier modelo en esta nueva perspectiva, pero involucrará una complejidad ligeramente mayor en los trazos.

① Empezaremos por trazar la línea de horizonte y ubicar los cuatro puntos de fuga.

② Desde cada punto de fuga trazamos líneas que den forma a tres cubos, como se detalla en la gráfica.

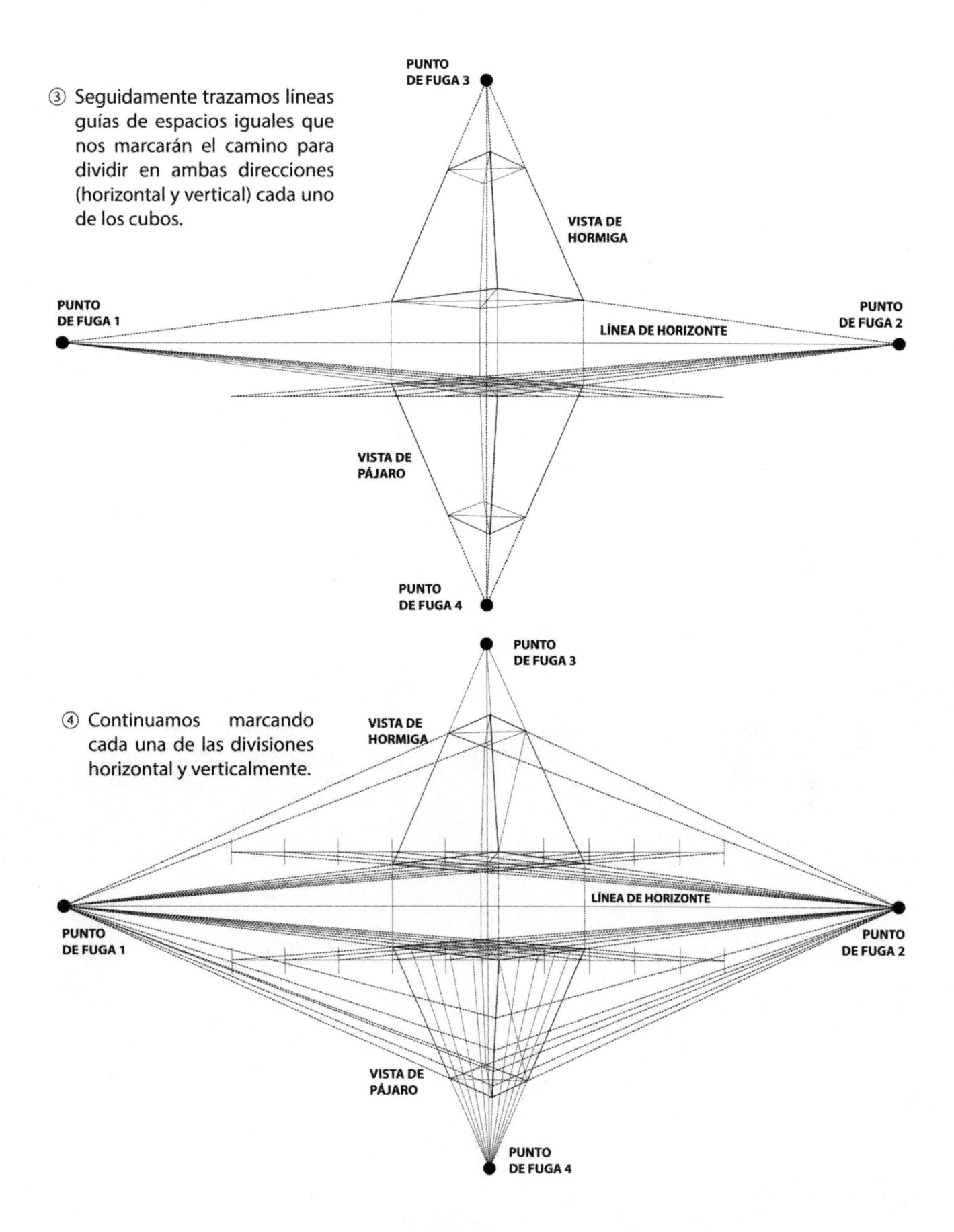

③ Seguidamente trazamos líneas guías de espacios iguales que nos marcarán el camino para dividir en ambas direcciones (horizontal y vertical) cada uno de los cubos.

PUNTO DE FUGA 3
VISTA DE HORMIGA
PUNTO DE FUGA 1
PUNTO DE FUGA 2
LÍNEA DE HORIZONTE
VISTA DE PÁJARO
PUNTO DE FUGA 4

④ Continuamos marcando cada una de las divisiones horizontal y verticalmente.

PUNTO DE FUGA 3
VISTA DE HORMIGA
PUNTO DE FUGA 1
PUNTO DE FUGA 2
LÍNEA DE HORIZONTE
VISTA DE PÁJARO
PUNTO DE FUGA 4

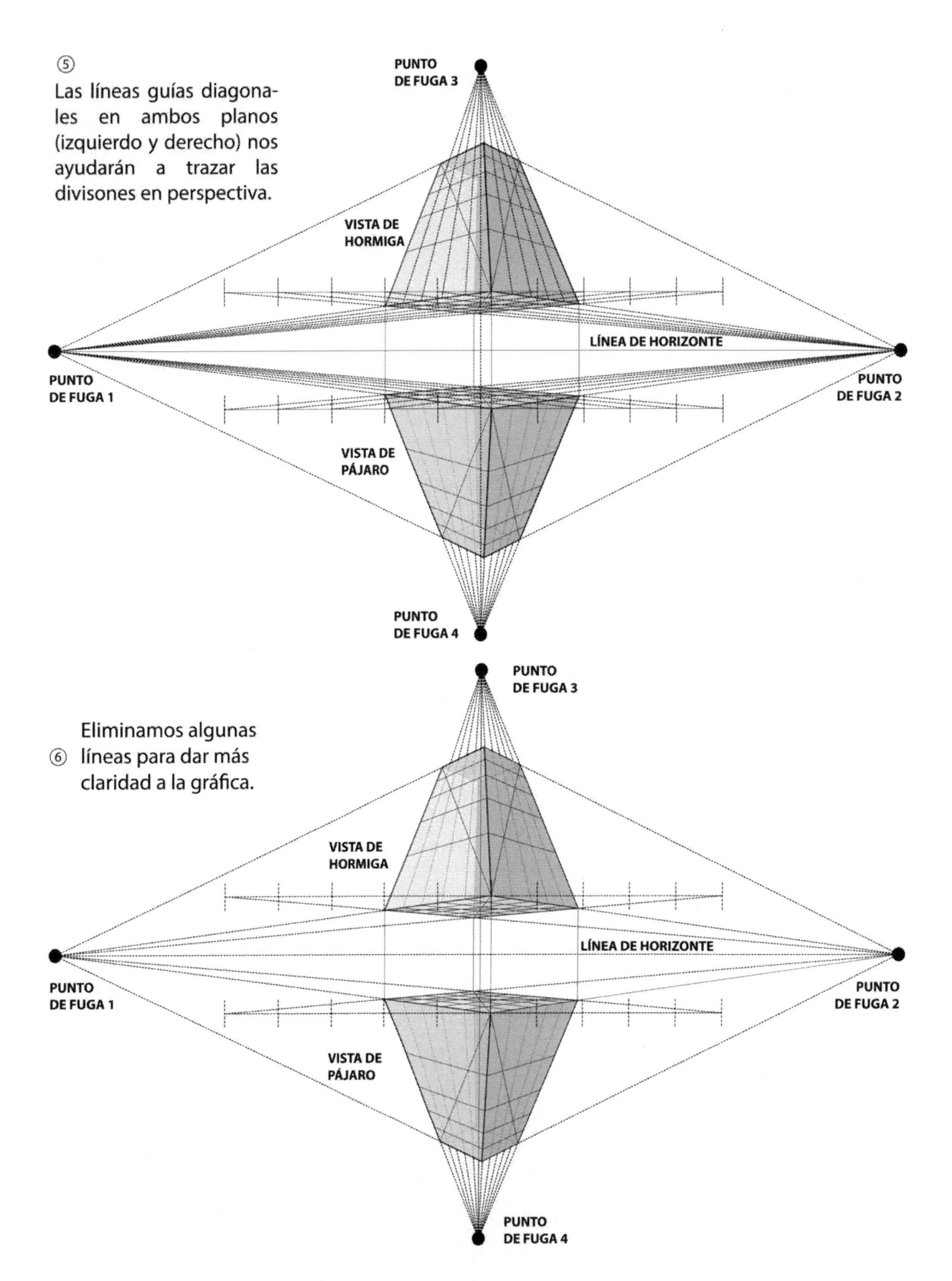

⑤ Las líneas guías diagonales en ambos planos (izquierdo y derecho) nos ayudarán a trazar las divisones en perspectiva.

PUNTO DE FUGA 3

VISTA DE HORMIGA

PUNTO DE FUGA 1

LÍNEA DE HORIZONTE

PUNTO DE FUGA 2

VISTA DE PÁJARO

PUNTO DE FUGA 4

⑥ Eliminamos algunas líneas para dar más claridad a la gráfica.

PUNTO DE FUGA 3

VISTA DE HORMIGA

PUNTO DE FUGA 1

LÍNEA DE HORIZONTE

PUNTO DE FUGA 2

VISTA DE PÁJARO

PUNTO DE FUGA 4

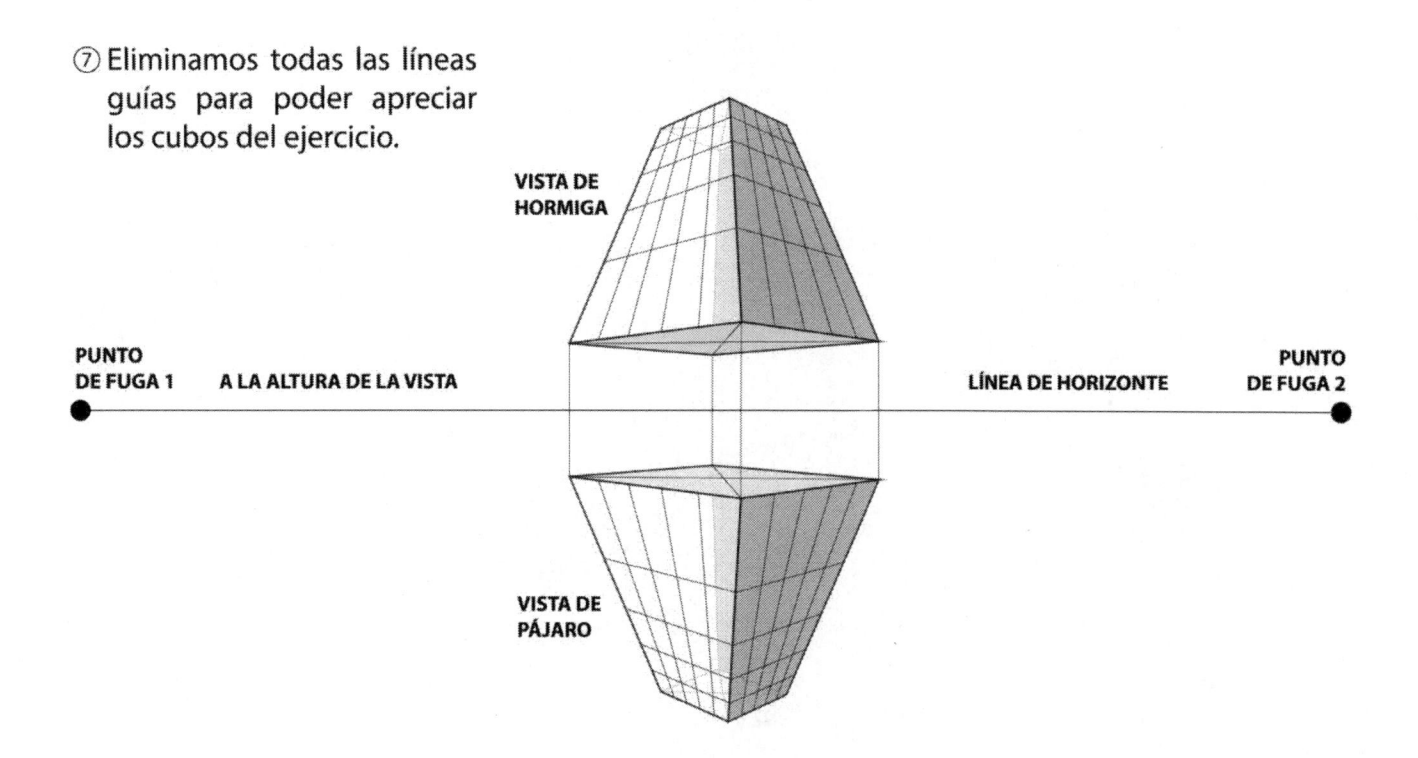

⑦ Eliminamos todas las líneas guías para poder apreciar los cubos del ejercicio.

VISTA DE HORMIGA

PUNTO DE FUGA 1 — A LA ALTURA DE LA VISTA — LÍNEA DE HORIZONTE — PUNTO DE FUGA 2

VISTA DE PÁJARO

⑧ Desmembramos los tres cubos y estas son las vistas.

VISTA DE HORMIGA

A LA ALTURA DE LA VISTA

VISTA DE PÁJARO

Cualquiér modelo que necesitemos trazar: una caja o edificio, por ejemplo, podrá lograrse utilizando el método de perspectiva aérea.

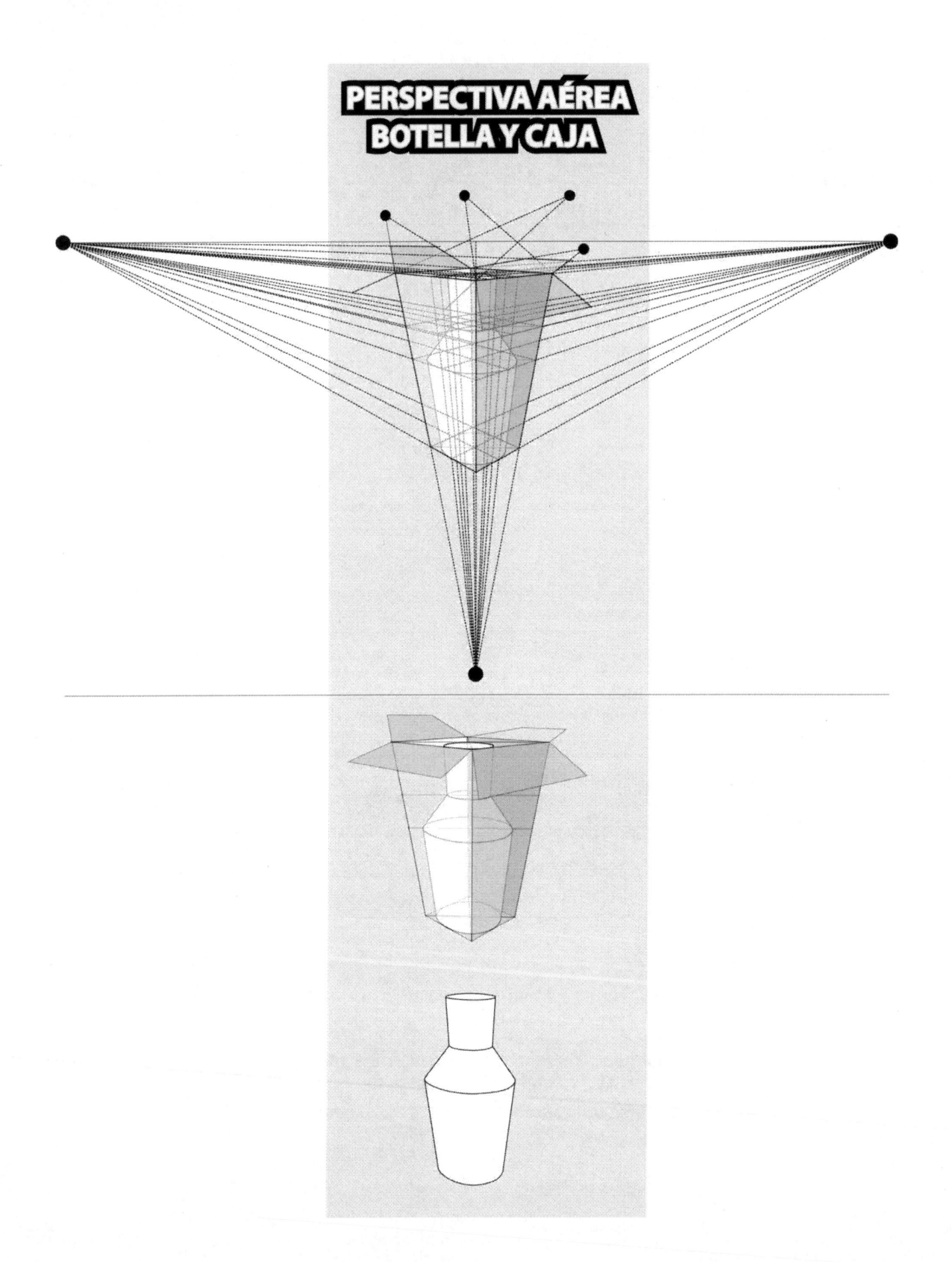

PERSPECTIVA AÉREA BOTELLA Y CAJA

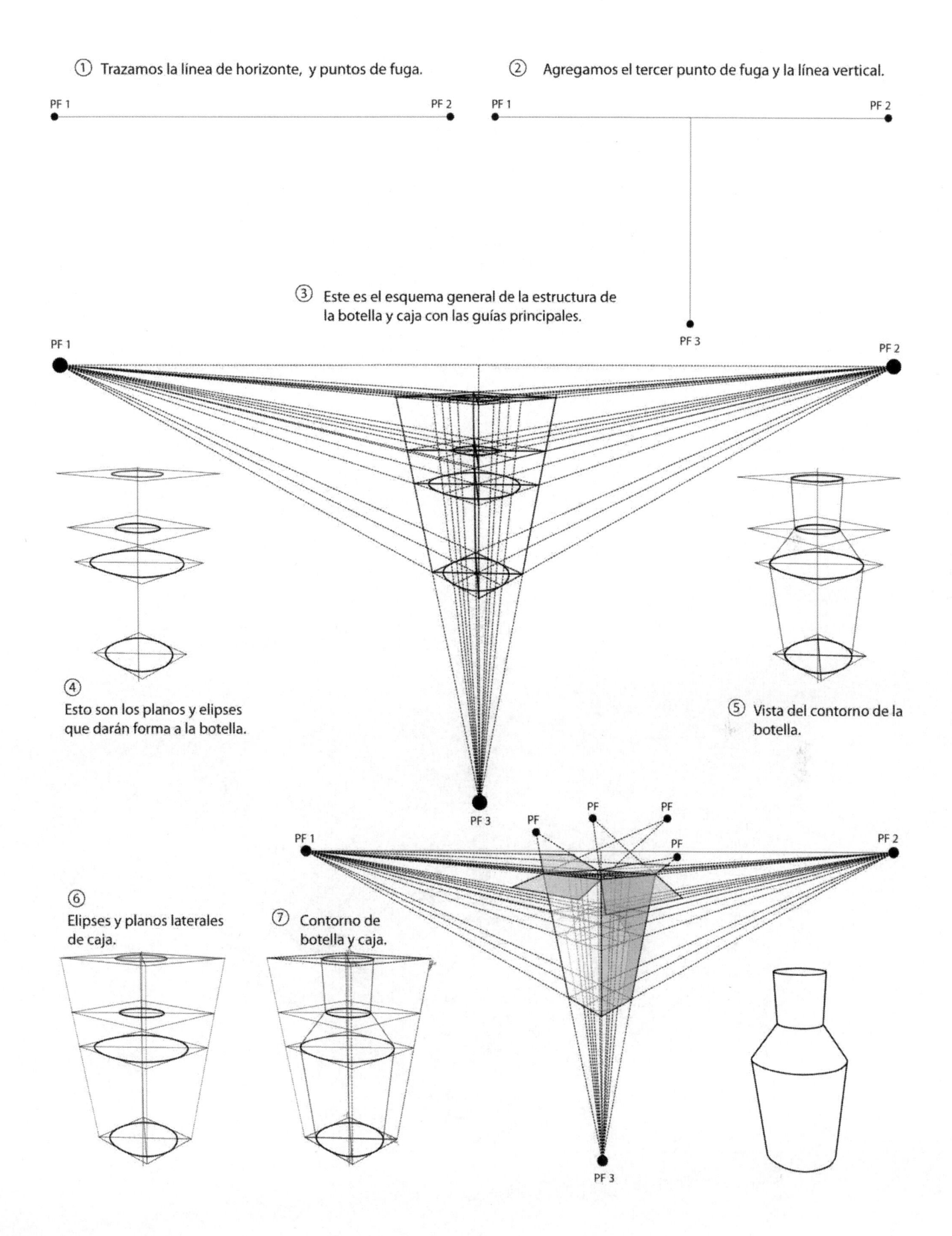

① Trazamos la línea de horizonte, y puntos de fuga.

② Agregamos el tercer punto de fuga y la línea vertical.

PF 1   PF 2   PF 1   PF 2

③ Este es el esquema general de la estructura de la botella y caja con las guías principales.

PF 3

PF 1   PF 2

④ Esto son los planos y elipses que darán forma a la botella.

⑤ Vista del contorno de la botella.

PF 3

⑥ Elipses y planos laterales de caja.

⑦ Contorno de botella y caja.

PF 1   PF   PF   PF 2
                    PF   PF

PF 3

141

PERSPECTIVA AÉREA INTERIOR COCINA

En esta gráfica corroboramos que cuantos más puntos de fuga se coloquen, más se curvan las líneas del inferiór. Asimismo, los planos laterales se ensanchan sobre la línea de horizonte.

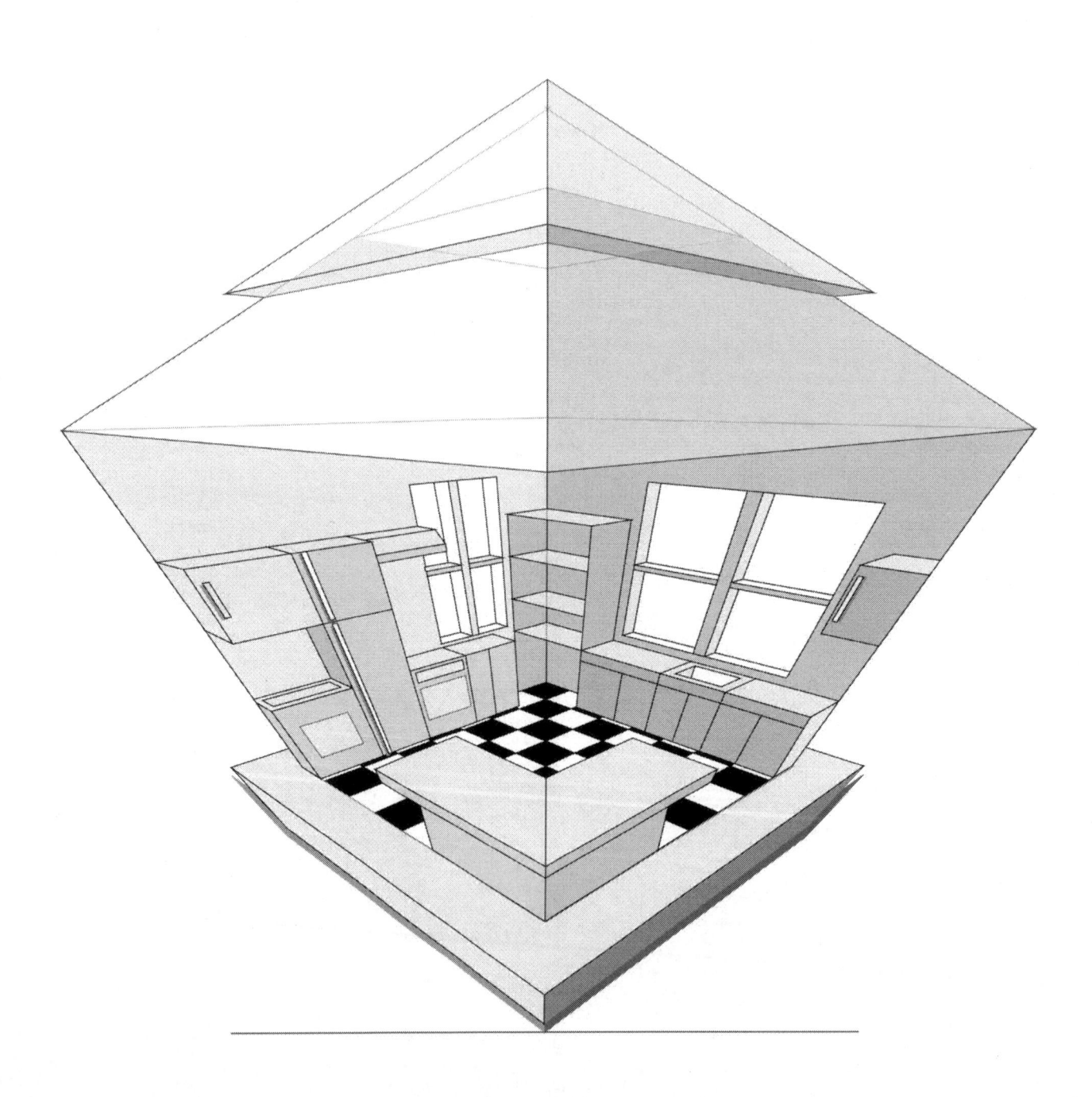

① Trazamos la línea de tierra, de horizonte, tres puntos de fuga y definimos el plano inferior justo al centro trazando una vertical.

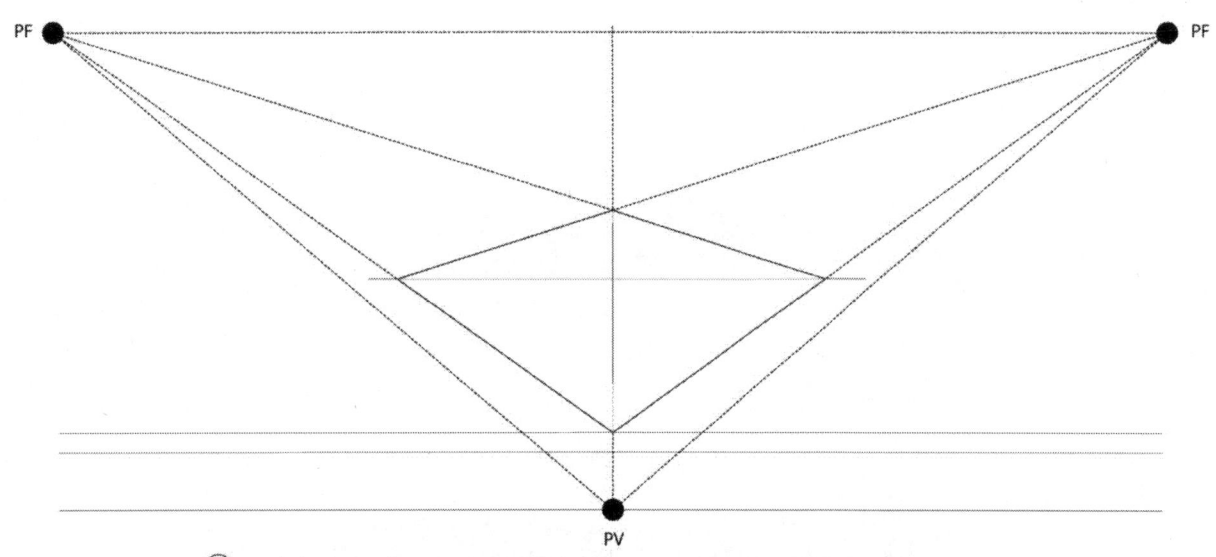

② Definimos el plano del piso y trazamos la línea horizontal de espacios iguales.

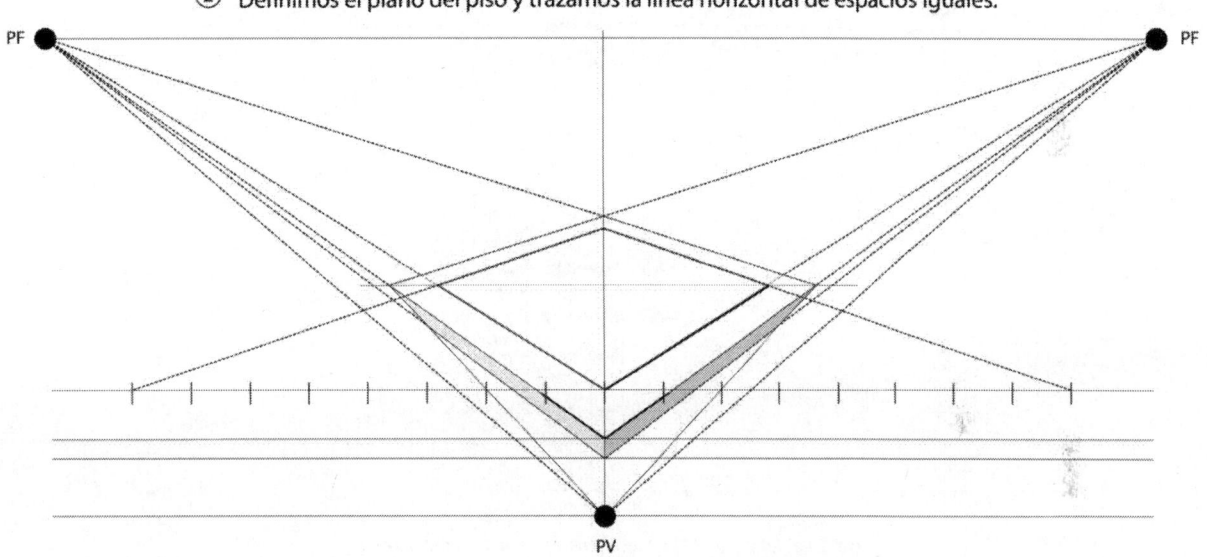

③ Siguiendo la guía marcamos los cuadros de los pisos.

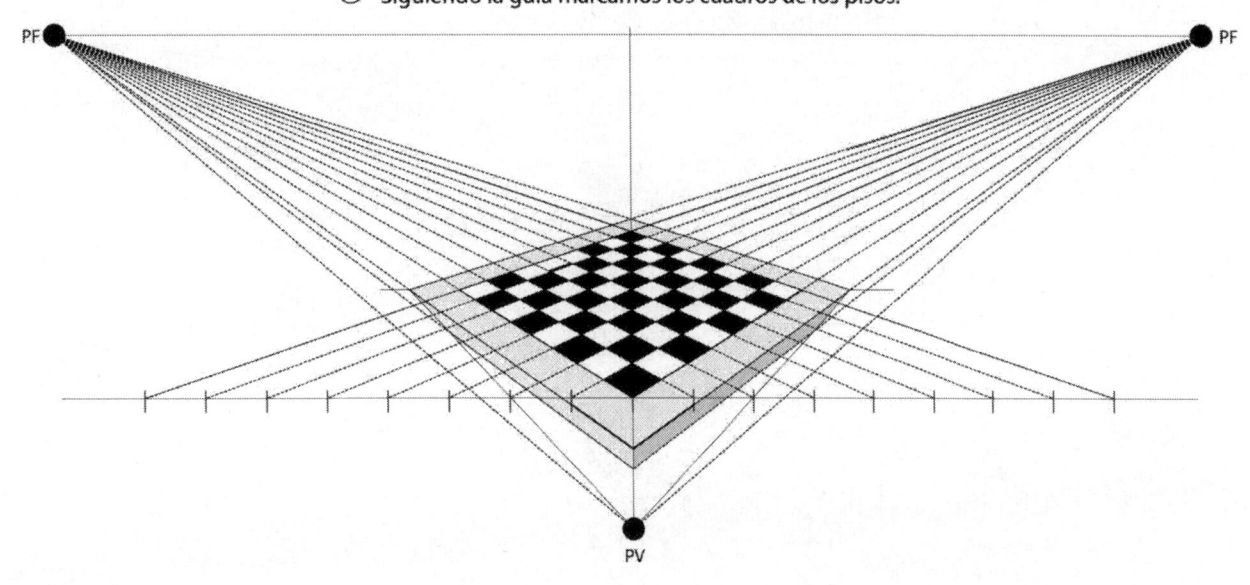

143

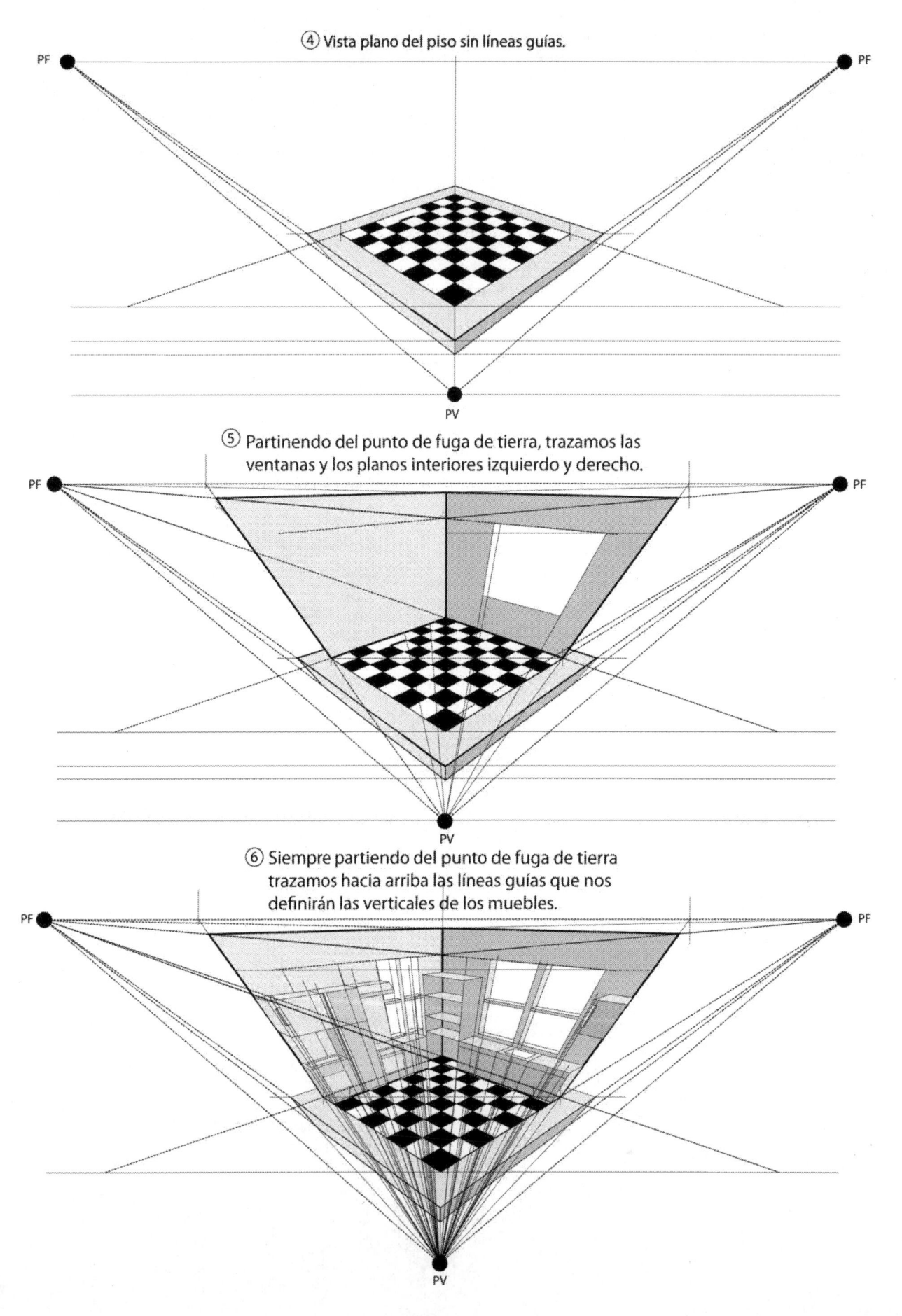

④ Vista plano del piso sin líneas guías.

⑤ Partiendo del punto de fuga de tierra, trazamos las ventanas y los planos interiores izquierdo y derecho.

⑥ Siempre partiendo del punto de fuga de tierra trazamos hacia arriba las líneas guías que nos definirán las verticales de los muebles.

144

⑦ Eliminamos las líneas verticales de la izquierda y las guías horizontales de la derecha para que sea más claro el esquema.

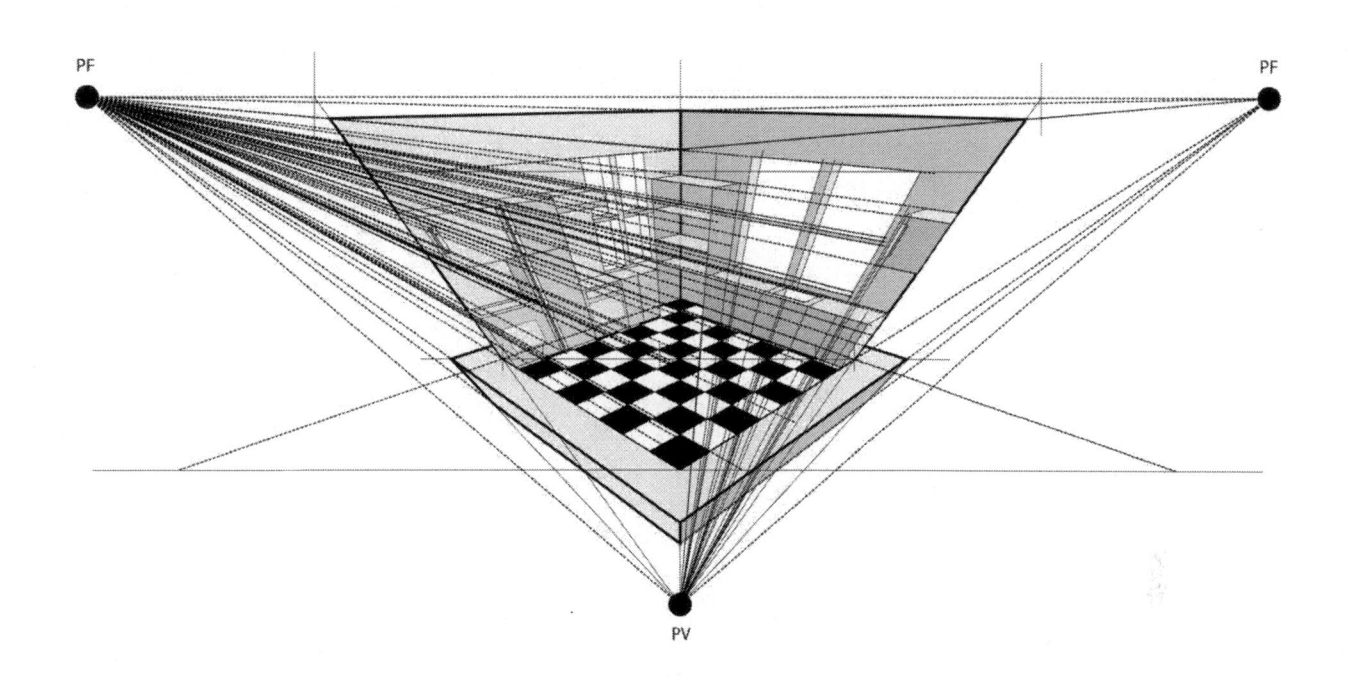

⑧ Líneas guías y barra.

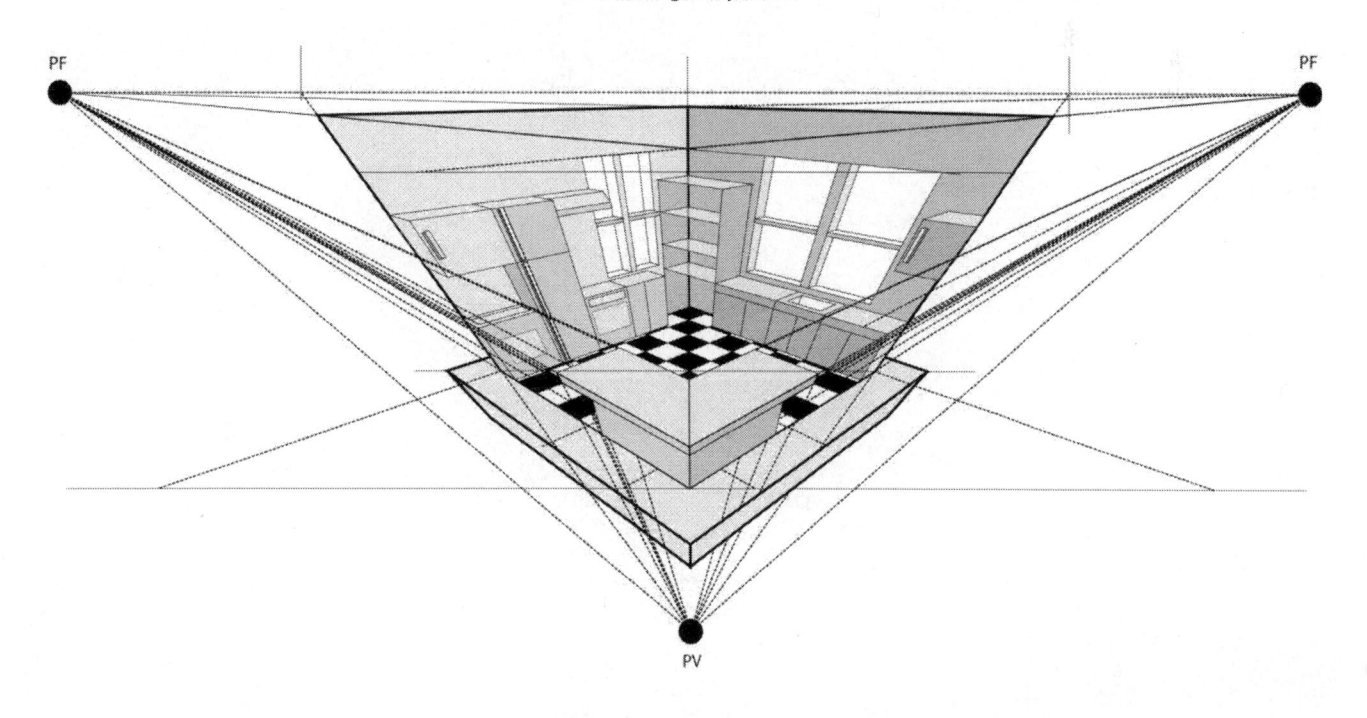

⑨ Trazamos las líneas guías del domo del techo.

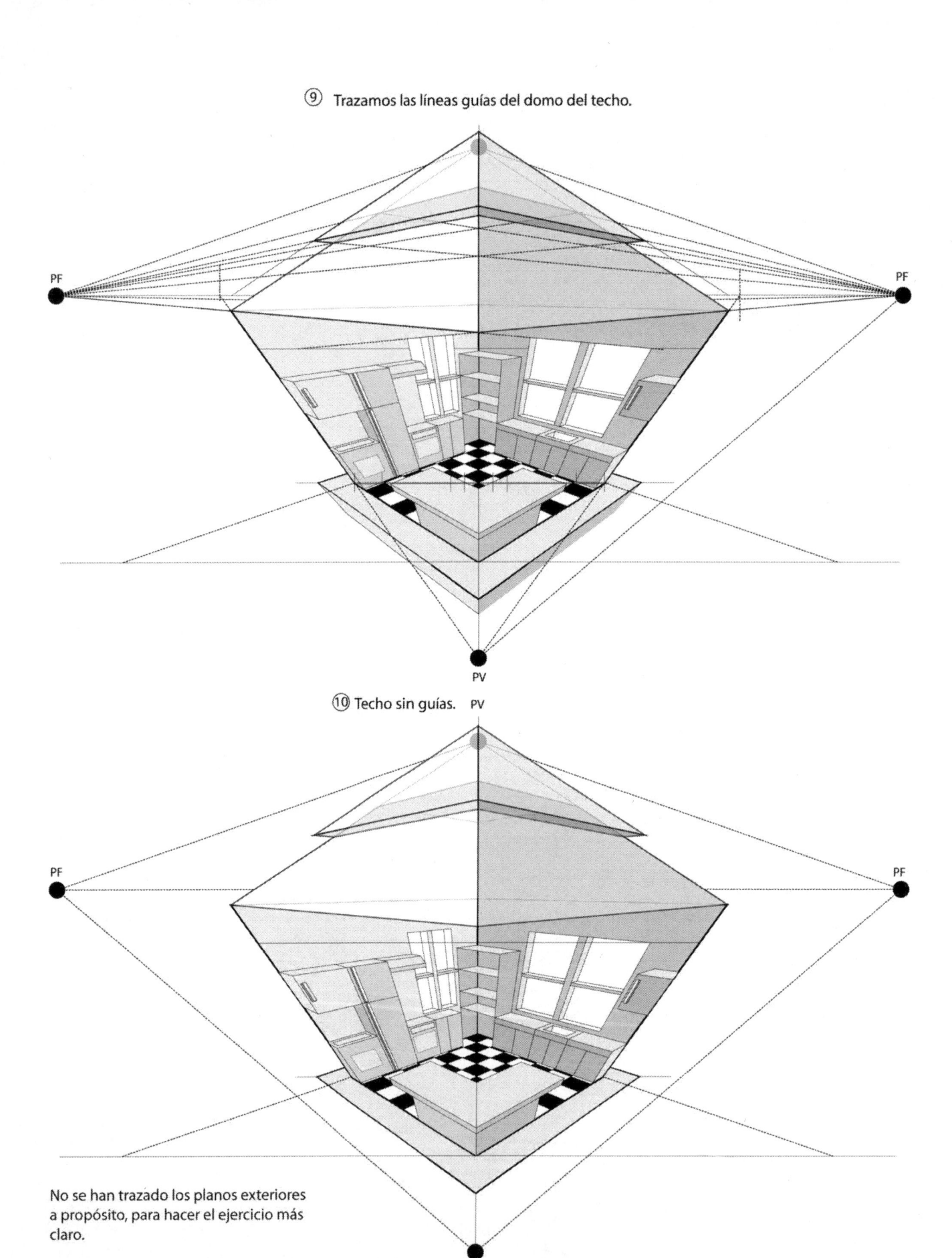

⑩ Techo sin guías. PV

No se han trazado los planos exteriores a propósito, para hacer el ejercicio más claro.

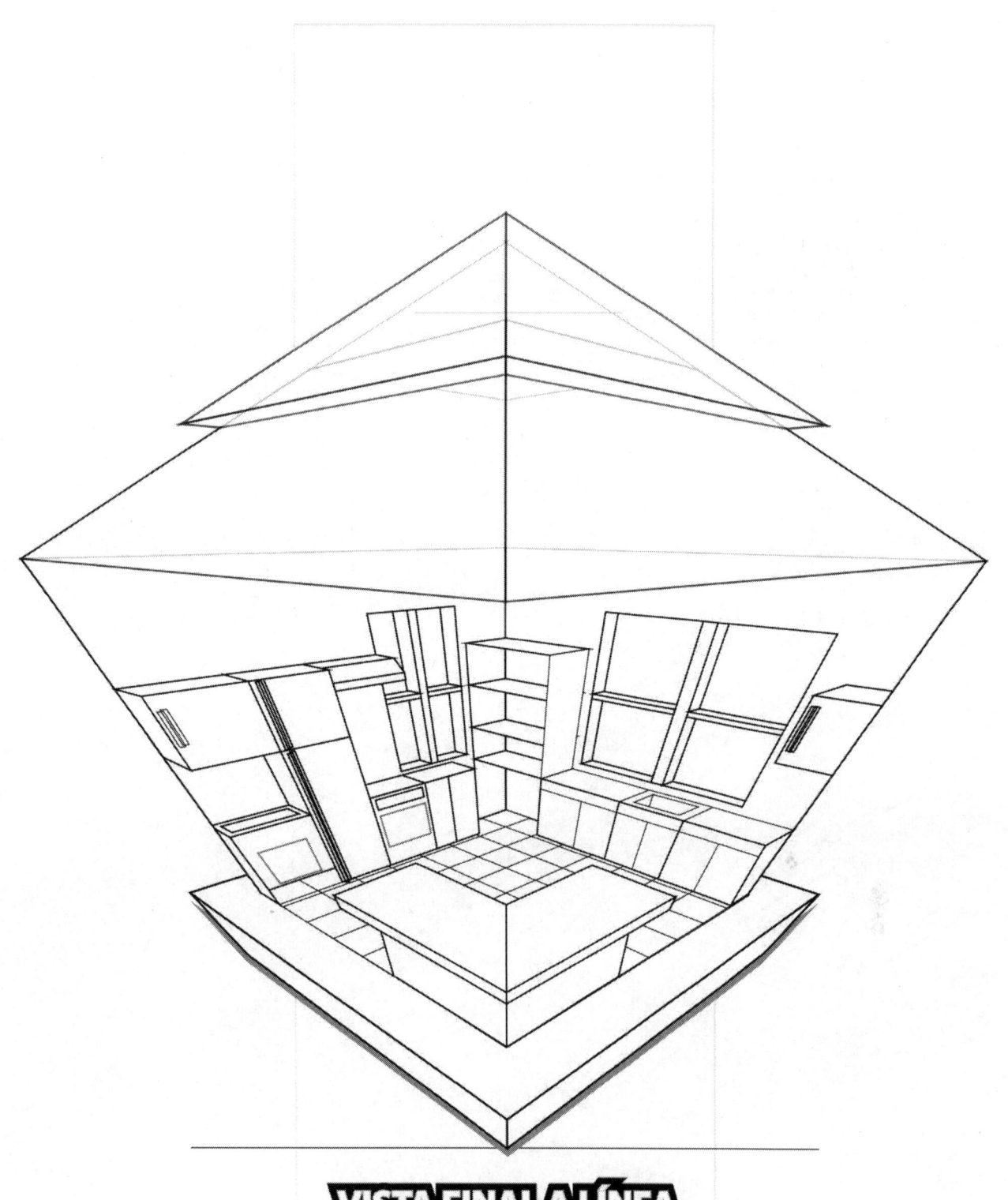

VISTA FINAL A LÍNEA

PERSPECTIVA AÉREA
CUATRO PUNTOS DE FUGA

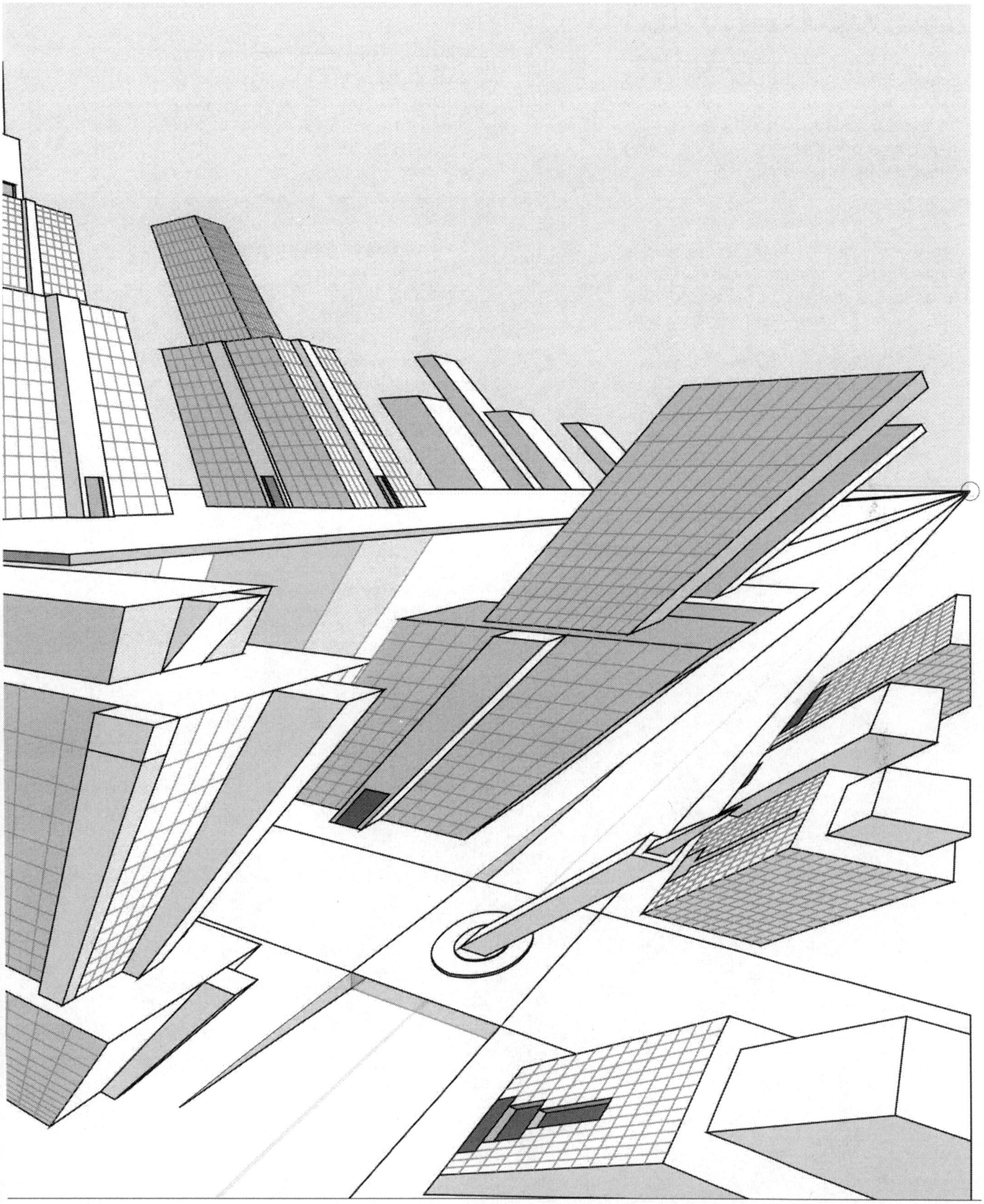

PERSPECTIVA AÉREA

Trazar la escena de una ciudad es un trabajo complejo, pero lo detallamos a continuación para deconstruirlo en pasos sencillos. La escena está trazada en perspectiva aérea, cuya característica principal es el uso de, como mínimo, tres puntos de vista.

La perspectiva áerea deforma las medidas de los planos; es decir, la altura, ancho y profundidad de los objetos. Así, al trabajar con tres puntos de fuga (sea en vista de pájaro o de hormiga), cada plano presenta una distorsión.

Dos de los tres puntos de vista se ubican en la línea de horizonte, y los siguientes se colocarán por encima o por debajo de esta. Luego, empezamos a trazar las líneas necesarias para formar los bloques principales de bulevares, plazas, casas, edificios, entre otros.

En perspectiva aérea, cuando el tercer punto de vista está úbicado por debajo de la línea de horizonte, la parte baja del modelo se verá pequeña y las partes superiores se verán grandes. Lo contrario sucederá si el tercer punto de vista está por encima de la línea de horizonte: las partes inferiores del modelo aparentarán ser grandes, mientras las partes superiores serán pequeñas.

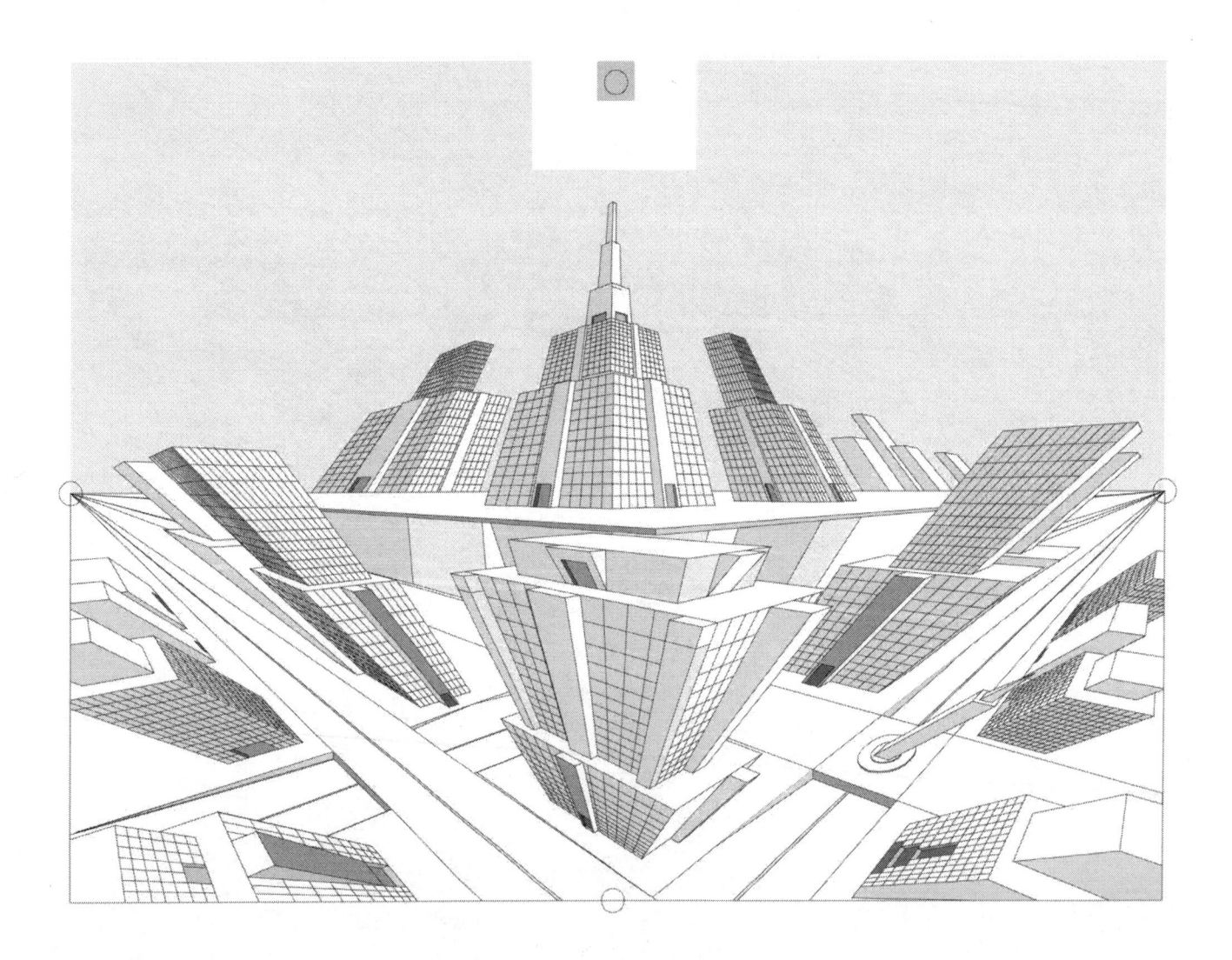

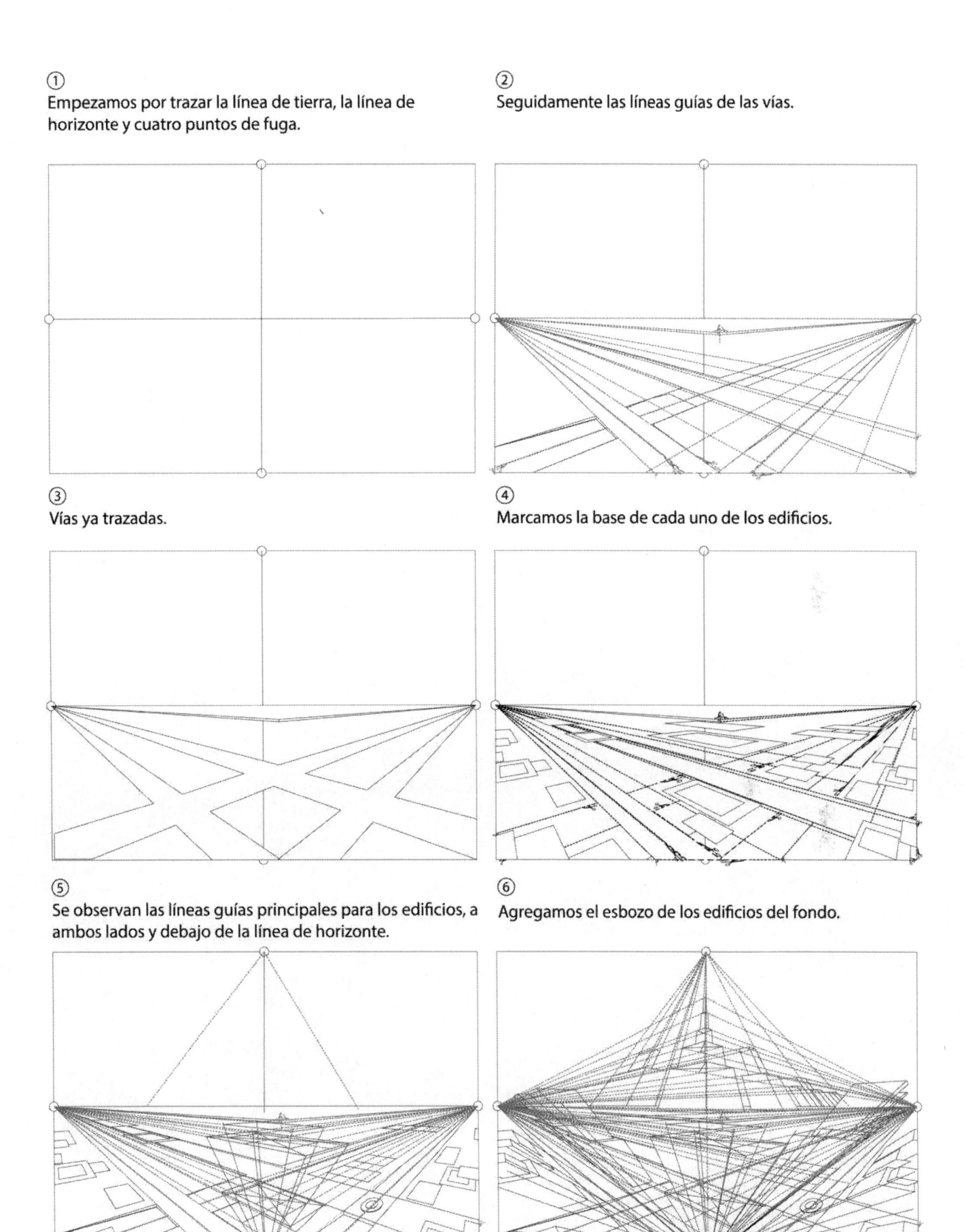

① Empezamos por trazar la línea de tierra, la línea de horizonte y cuatro puntos de fuga.

② Seguidamente las líneas guías de las vías.

③ Vías ya trazadas.

④ Marcamos la base de cada uno de los edificios.

⑤ Se observan las líneas guías principales para los edificios, a ambos lados y debajo de la línea de horizonte.

⑥ Agregamos el esbozo de los edificios del fondo.

⑦ Agregamos las terrazas de algunos edificios.

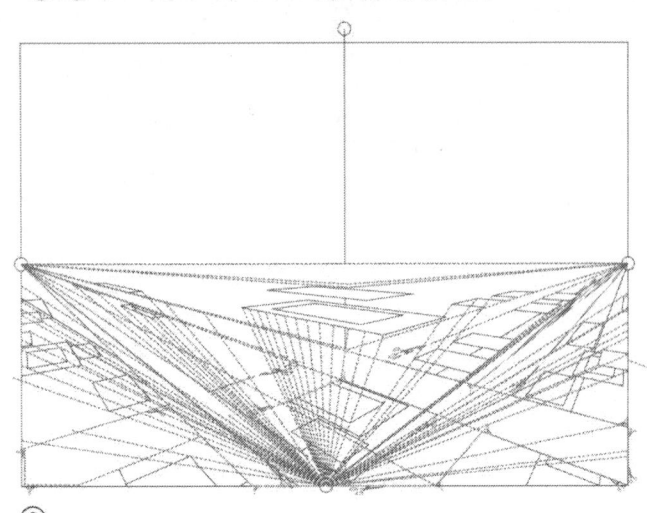

⑧ Empezamos a definir varios de los edificios del segundo plano

⑨ Aquí se muestra la división de espacios iguales verticales del plano izquierdo del edificio central.

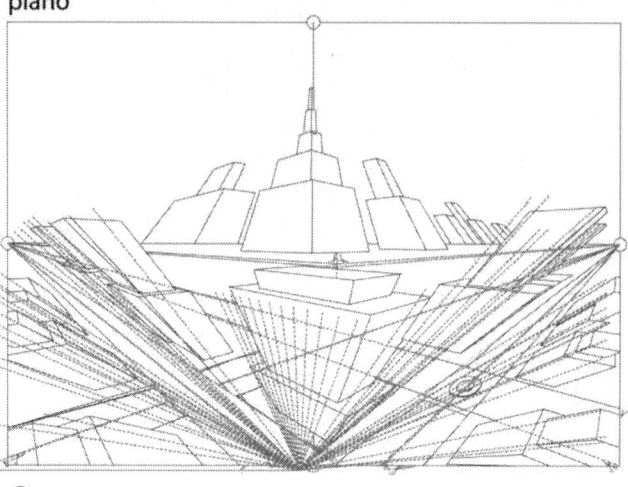

⑩ División de espacios iguales verticales a ambos planos del edificio.

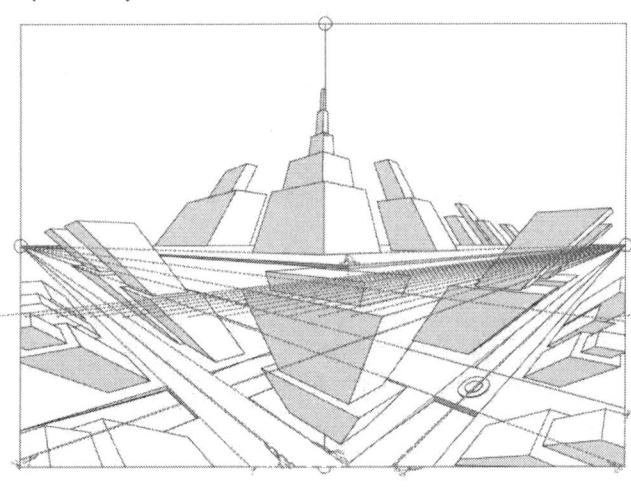

⑪ Líneas horizontales de espacios iguales en perspectiva.

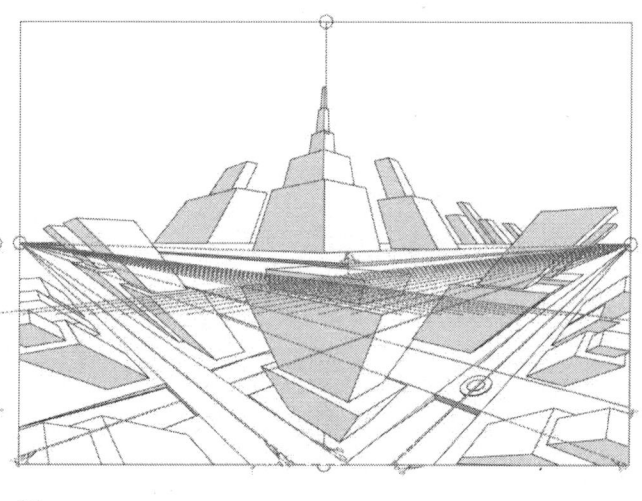

⑫ Líneas guías de algunos de los edificios.

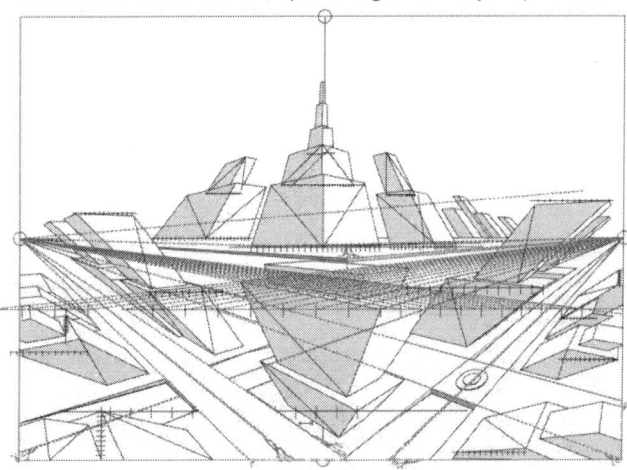

⑬ Aquí la imagen sin líneas guías, falta trazar las divisiones de espacios iguales horizontales en perspectiva.

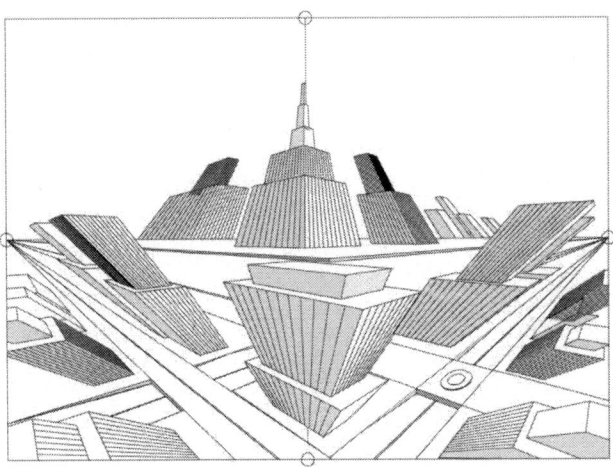

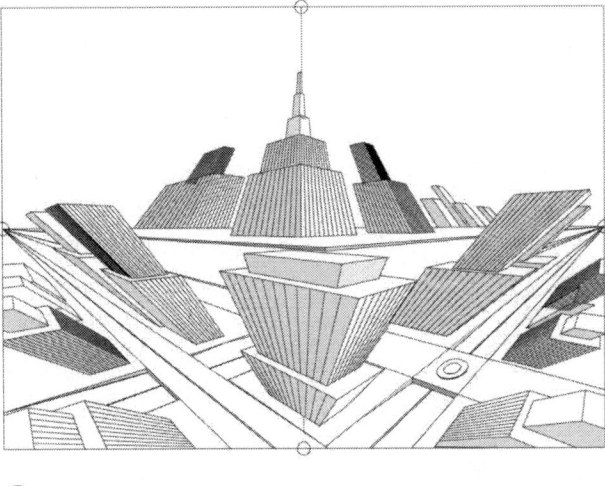

⑭ Líneas guías de división de espacios iguales de algunos de los edificios.

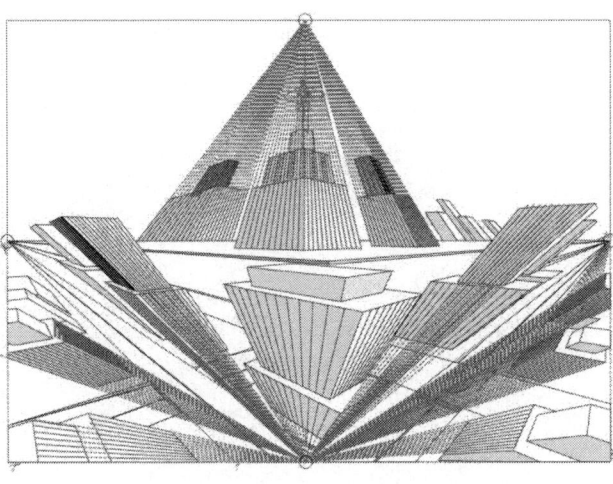

⑮ Líneas guías horizontales para espacios iguales en perspectiva en algúnos edificios.

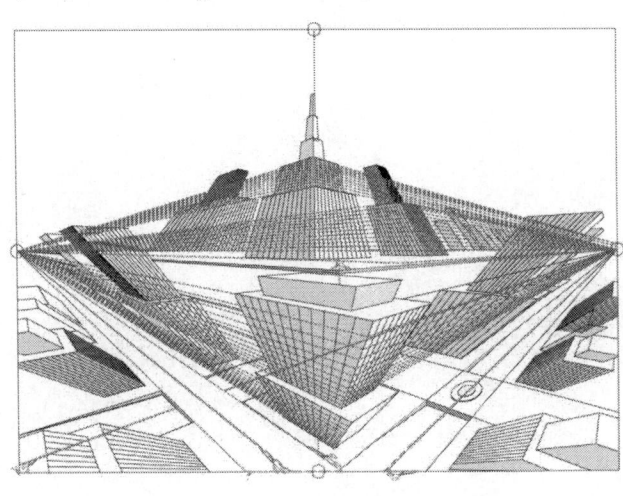

⑯ Aquí la imagen con las divisiones de espacios iguales en perspectiva, tanto verticales como horizontales.

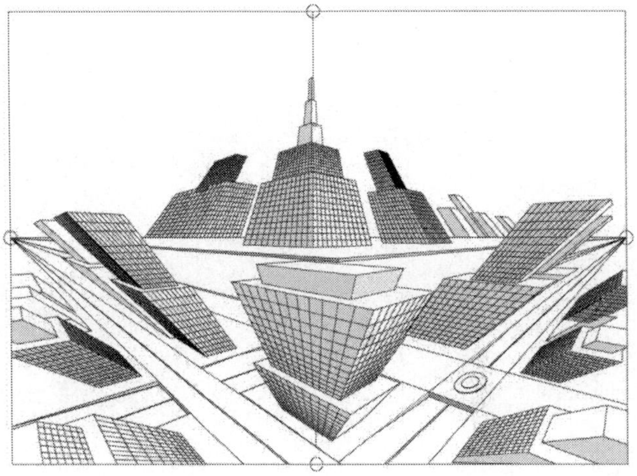

⑰ Proyección de espacios iguales en edificios del fondo.

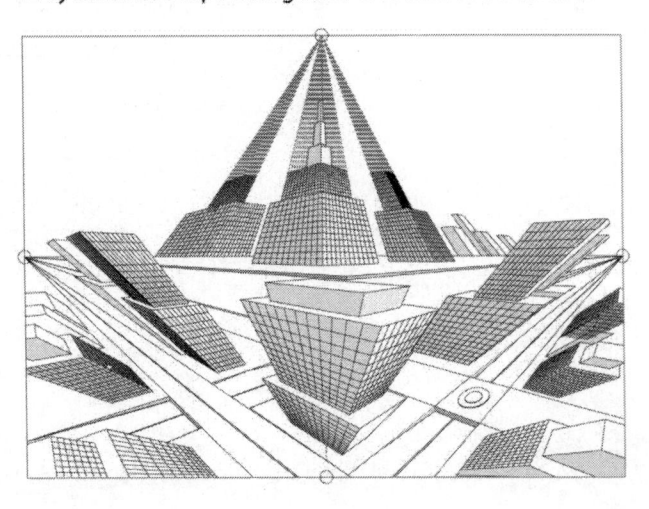

⑱
Líneas guías de relieves.

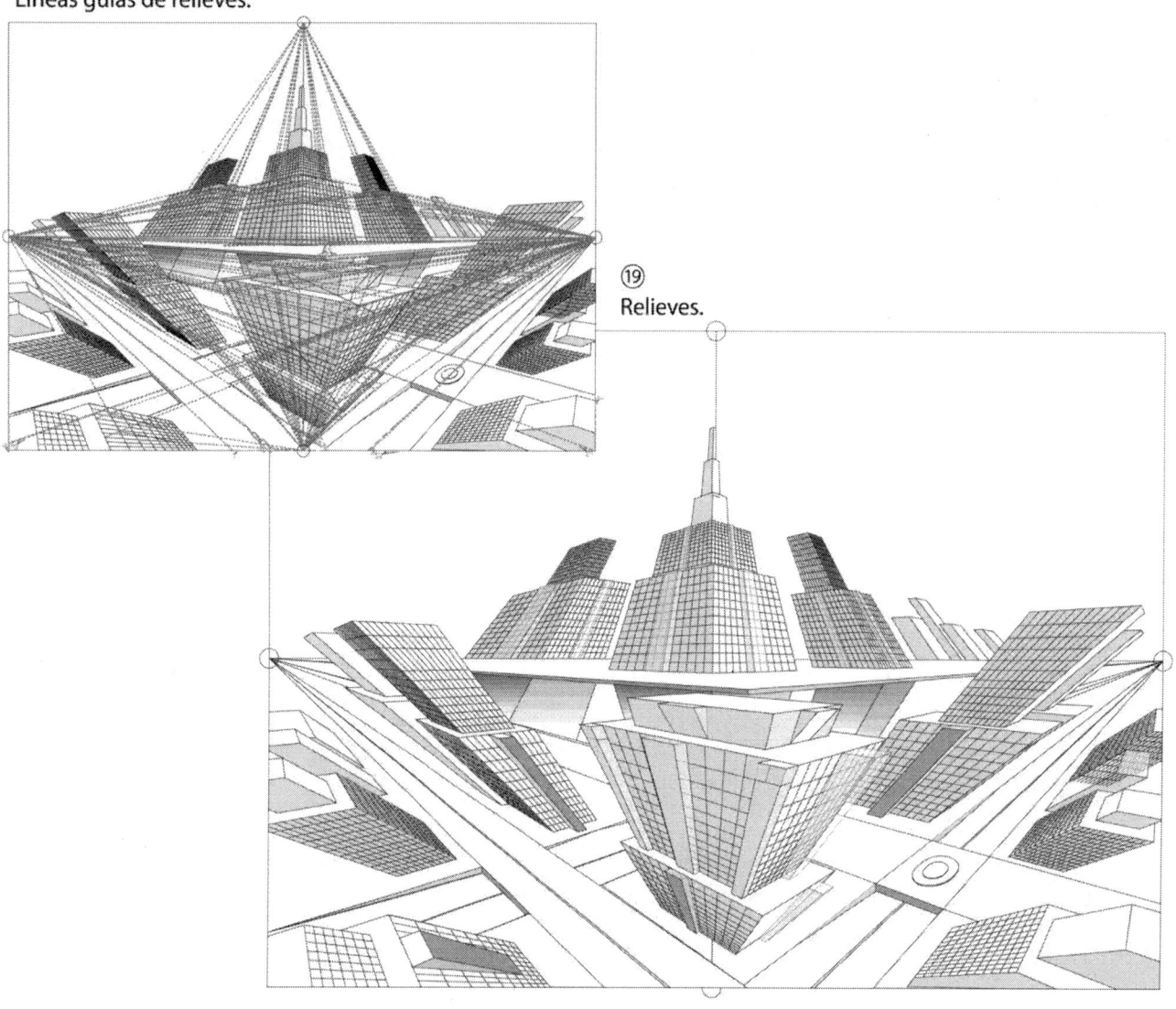

⑲
Relieves.

⑳
Todas las líneas horizontales de medidas que nos dan las divisiones verticales.

㉑
Puertas de todos los edificios.

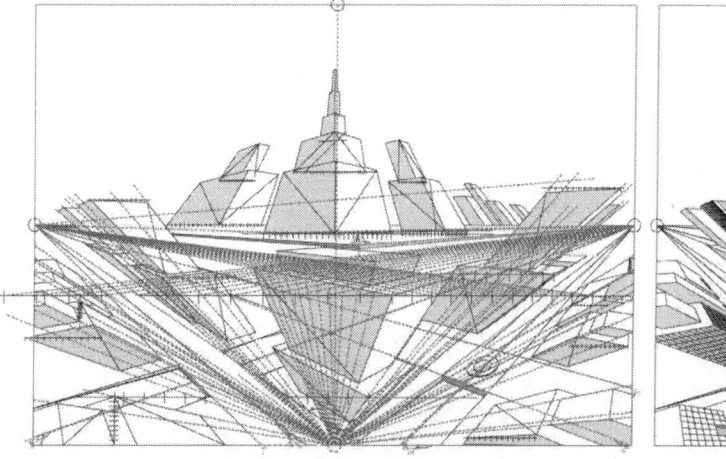

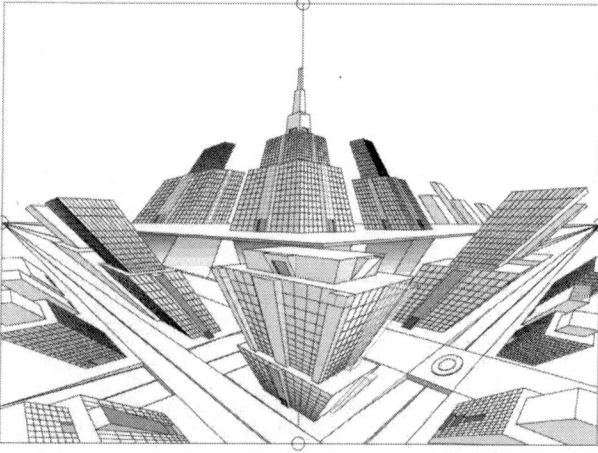

㉒ Guías obelisco.

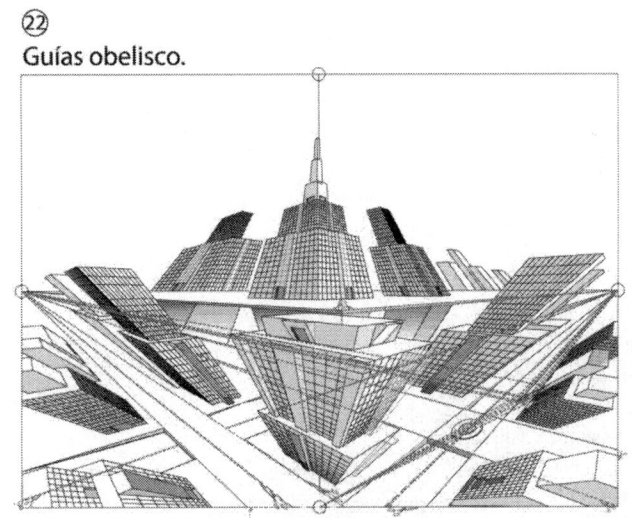

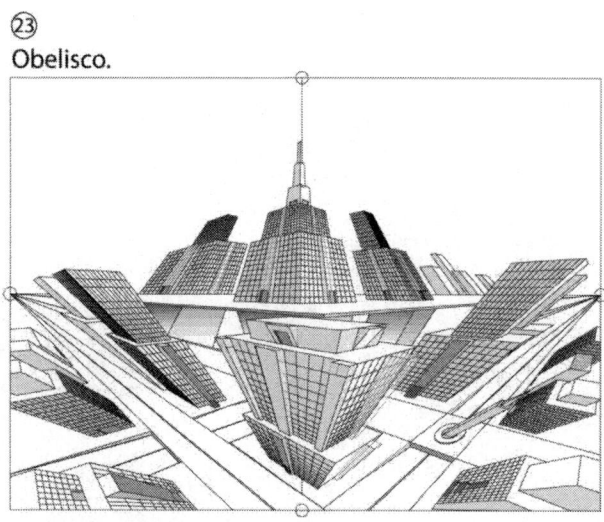

Punto de vista auxiliar

㉓ Obelisco.

㉔ Guías para proyección de sombras.

㉕ Escena final.

PERSPECTIVA AÉREA
TRES PUNTOS DE FUGA

Edificio Corte Suprema de Justicia de Guatemala

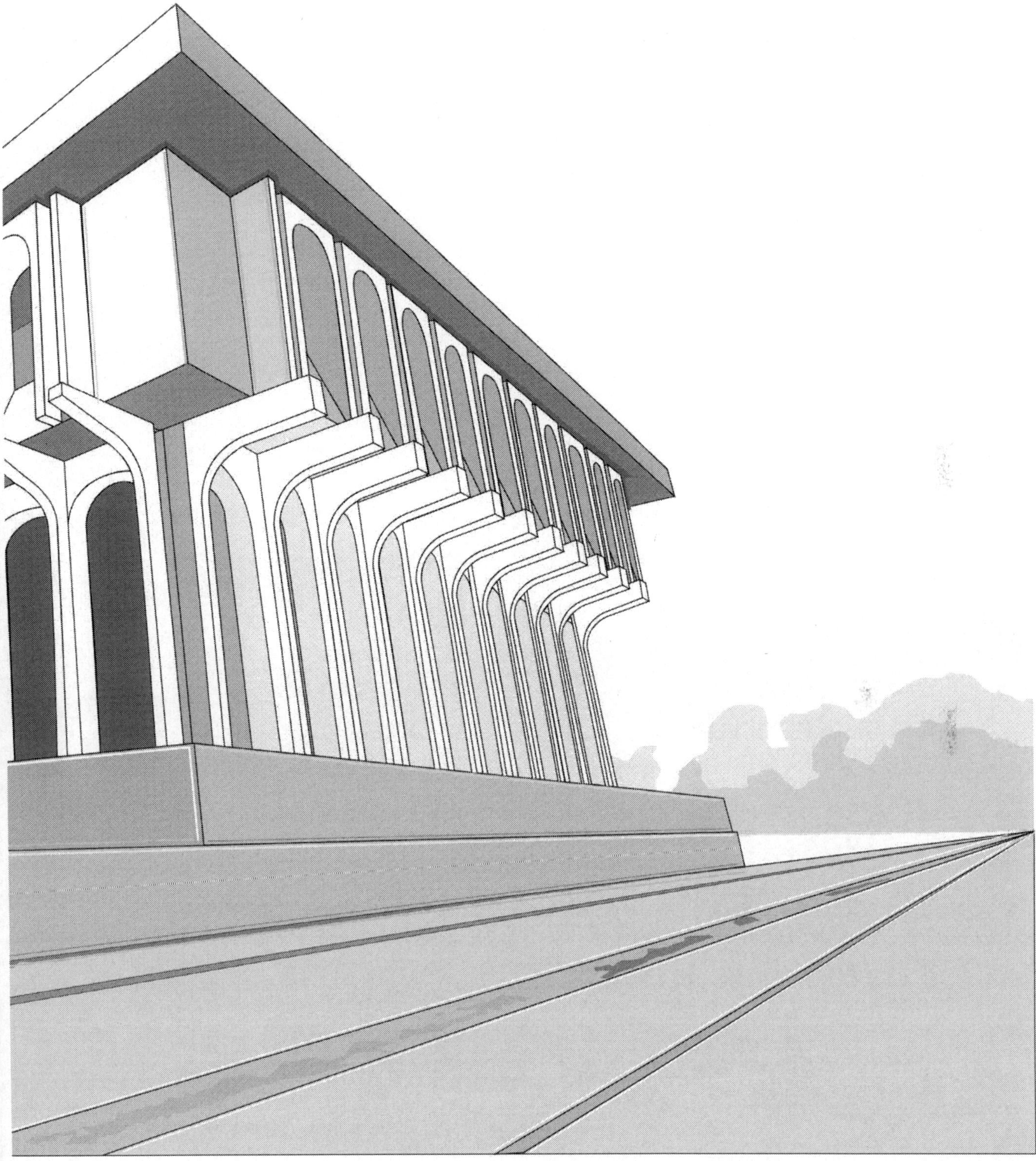

PERSPECTIVA AÉREA TRES PUNTOS DE FUGA

La peculiaridad de esta composición es que el tercer punto de fuga (ubicado arriba) está muy distante de ambos edificios, por lo que, proporcionalmente, empequeñece a estos. Hemos incluido los tres puntos para que el lector comprenda el conjunto total de la estructura. Además, hemos reducido varios pasos del procedimiento bajo el supuesto de que el estudiante ya adquirió los conocimientos necesarios.

Edificio Corte Suprema de Justicia de Guatemala

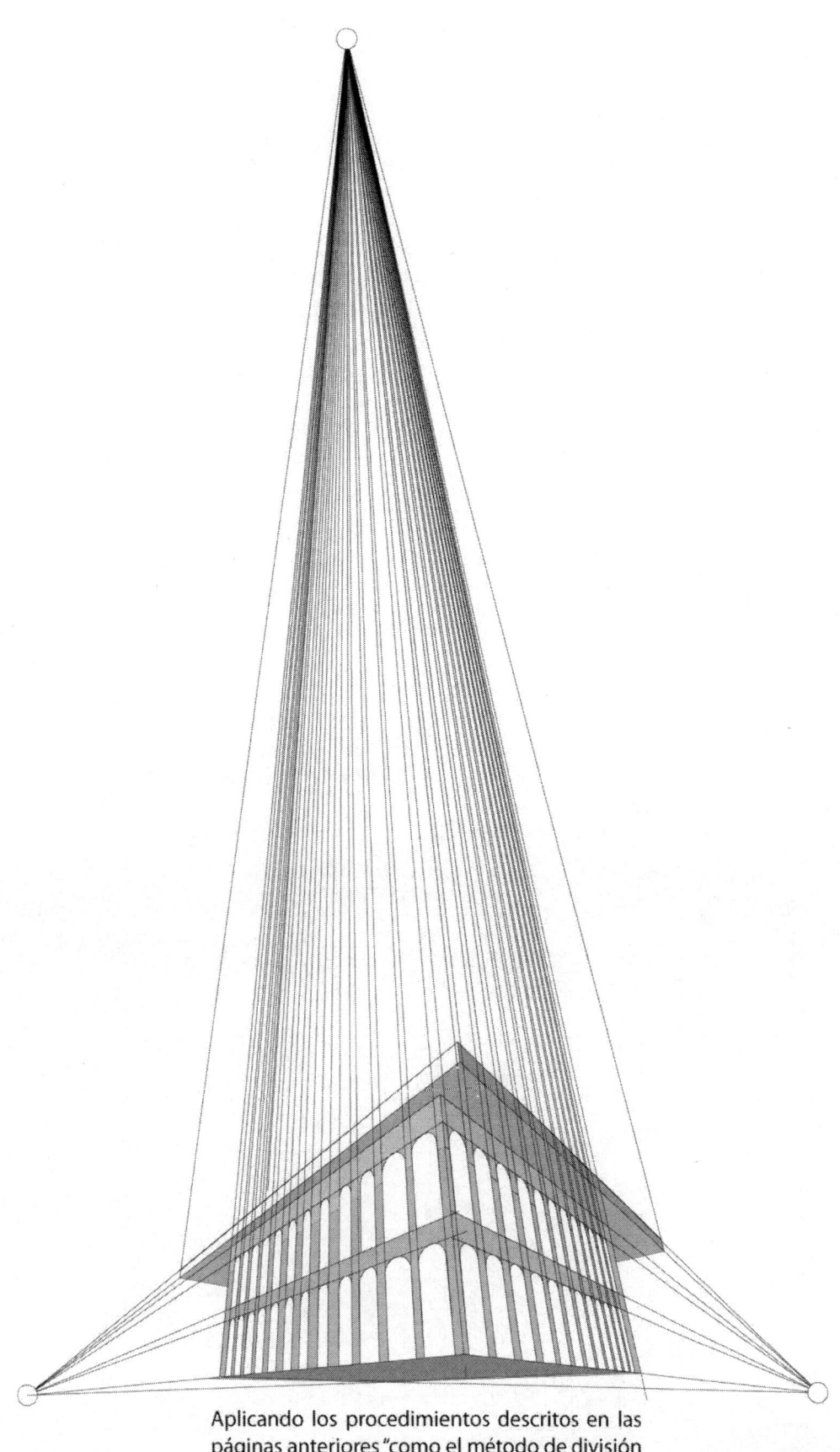

Aplicando los procedimientos descritos en las páginas anteriores "como el método de división de espacios iguales en perspectiva" trazamos todas las ventanas en los dos niveles.

① Estructura básica de los modelos.

② Guías división de espacios iguales en perspectiva.

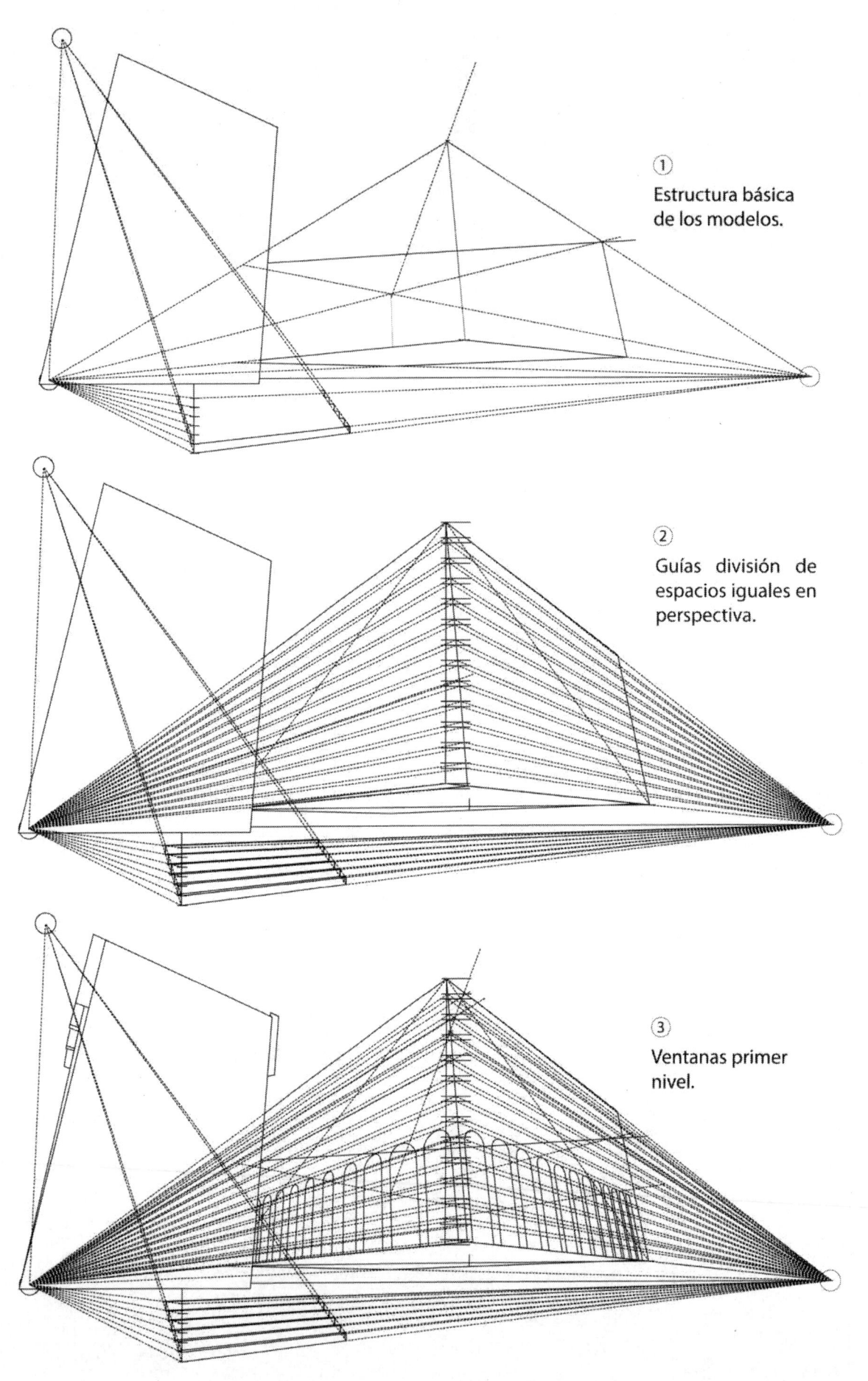

③ Ventanas primer nivel.

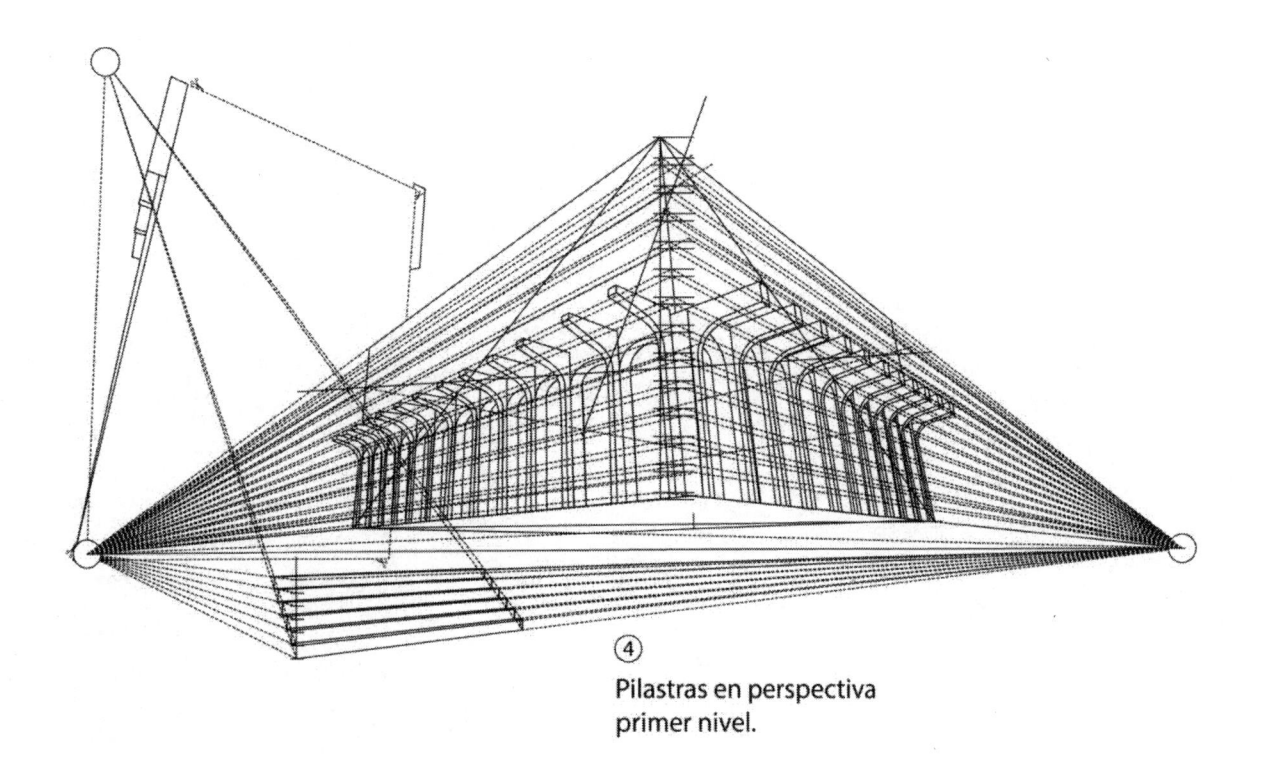

④ Pilastras en perspectiva primer nivel.

Encofrado ventanas segundo nivel.

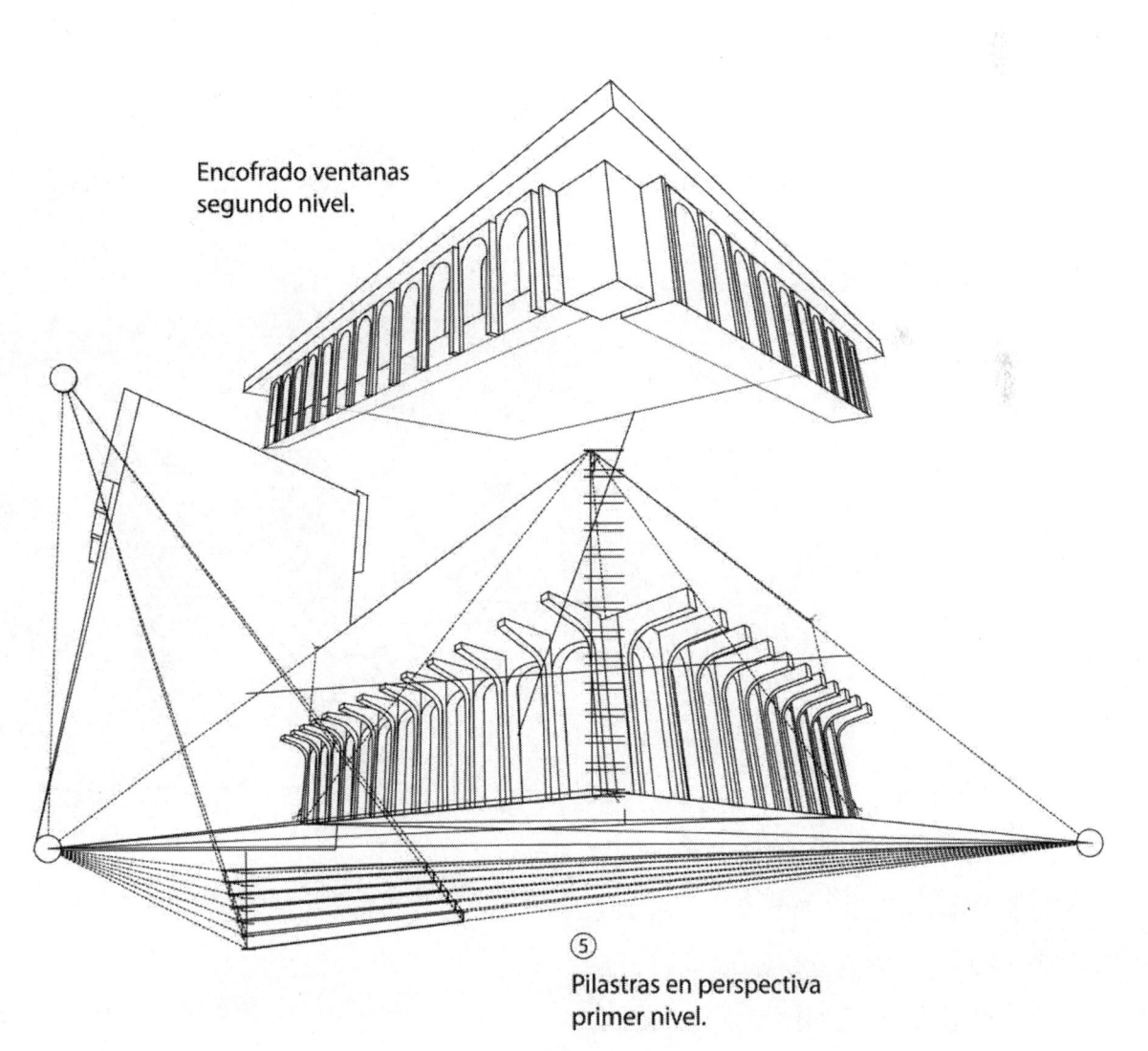

⑤ Pilastras en perspectiva primer nivel.

Esta vista tiene como característica dos perspectivas inversas es decir una que fuga hacia abajo y la otra hacia arriba, por tanto la llamaremos perspectiva aérea inversa.

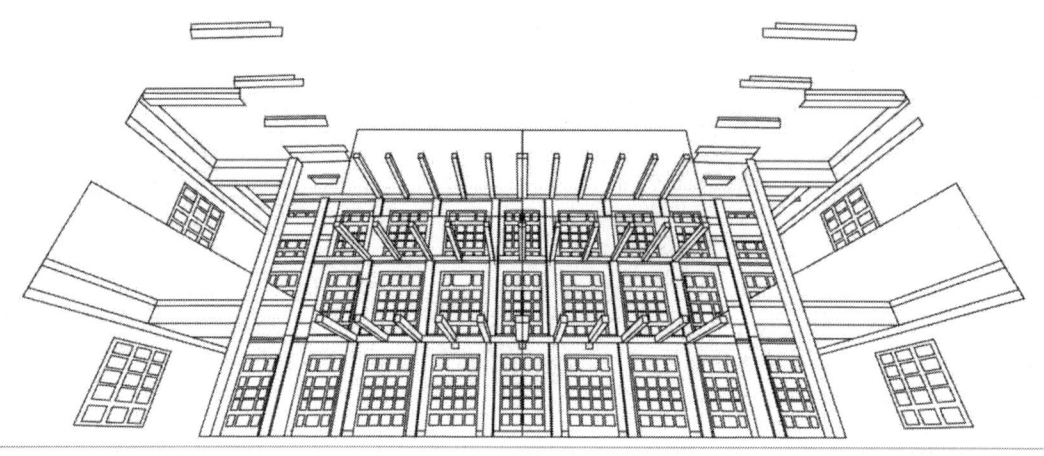

PERSPECTIVA AÉREA

La complejidad de este ejercicio es de un nivel bastante alto, ya que hemos trazado tres planos, el del fondo donde estan ubicadas las ventanas, (plano frontal) el intermedio donde estan las vigas y por último, el de los arcos. Otra de las caracteristicas de esta perspectiva es que se deforman en cierta manera los planos laterales izquierdo y derecho que fugan hacia el punto de fuga en el cenit o parte mas alta de esta perspectiva.

Espacio interior Palacio Nacional de Guatemala.

A continuación mostramos algunas capas que muestran los distintos elementos que dan la tridimensionalidad a esta escena.

VISTA DE HORMIGA

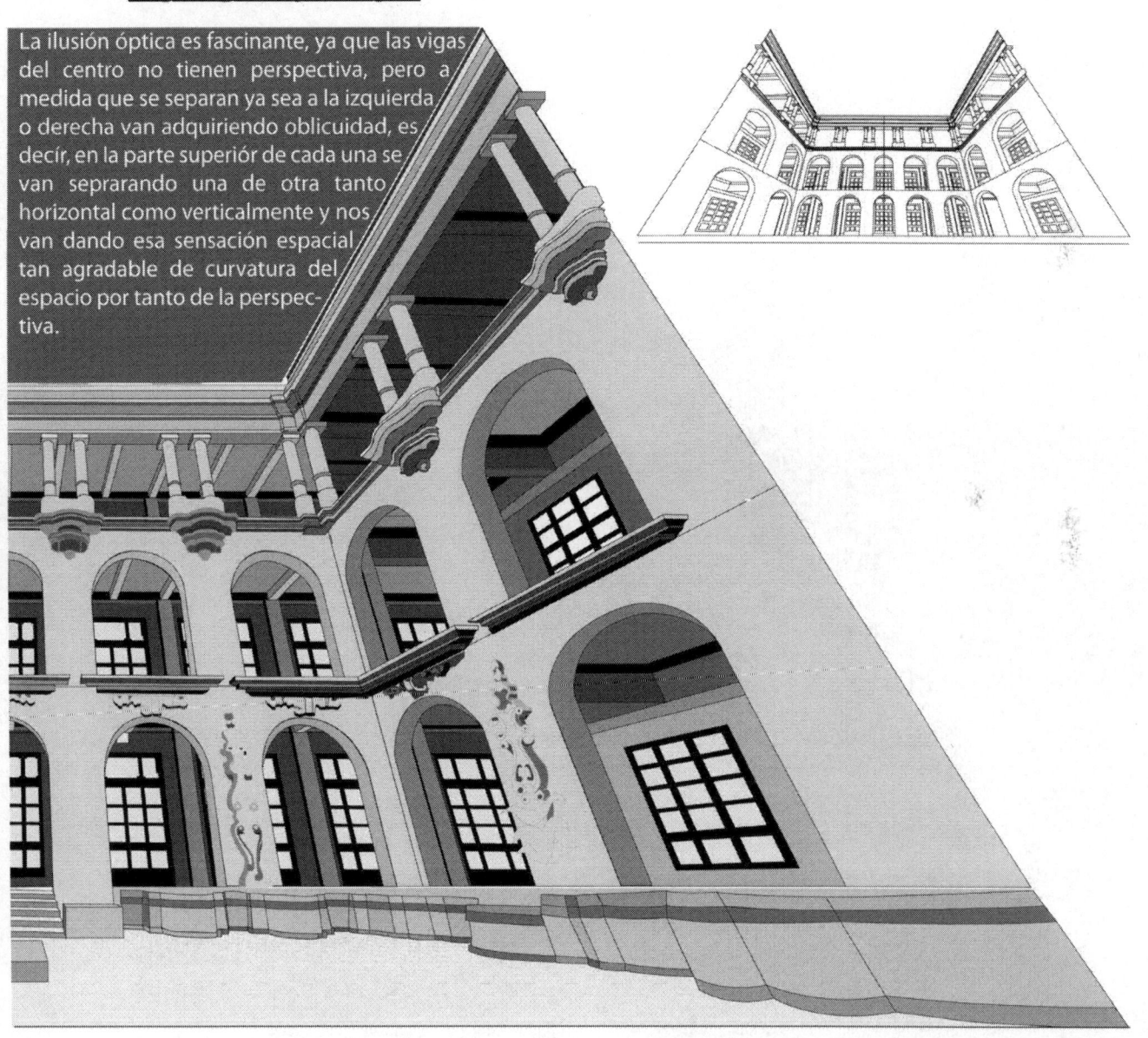

La ilusión óptica es fascinante, ya que las vigas del centro no tienen perspectiva, pero a medida que se separan ya sea a la izquierda o derecha van adquiriendo oblicuidad, es decir, en la parte superior de cada una se van separando una de otra tanto horizontal como verticalmente y nos van dando esa sensación espacial tan agradable de curvatura del espacio por tanto de la perspectiva.

En esta vista de los planos frontal y lateral derecho, vemos cómo todas las líneas y elementos del lado derecho (arcos y ventanas) se inclinan a medida que suben y fugan hacia el punto ubicado en el cénit de la composición.

① PF2

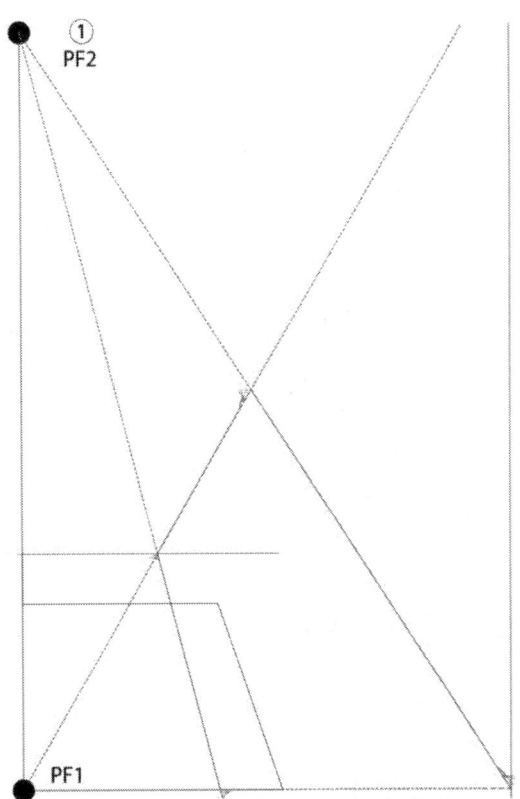

PF1

Empezamos por ubicar los dos puntos de fuga. Luego, desde la línea de tierra en el extremo derecho, trazamos una línea que fuga al punto de fuga. Con esto, trazamos el plano frontal (como se muestra en la gráfica).

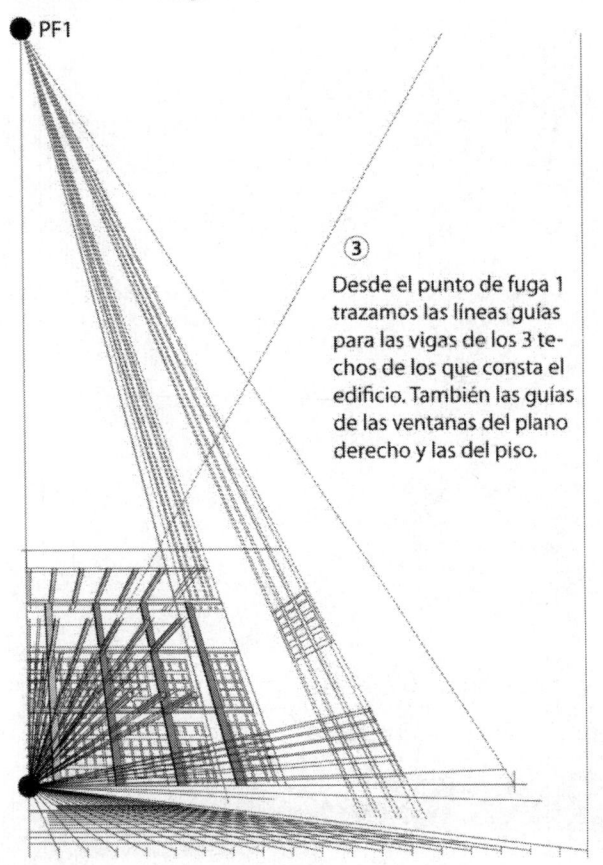

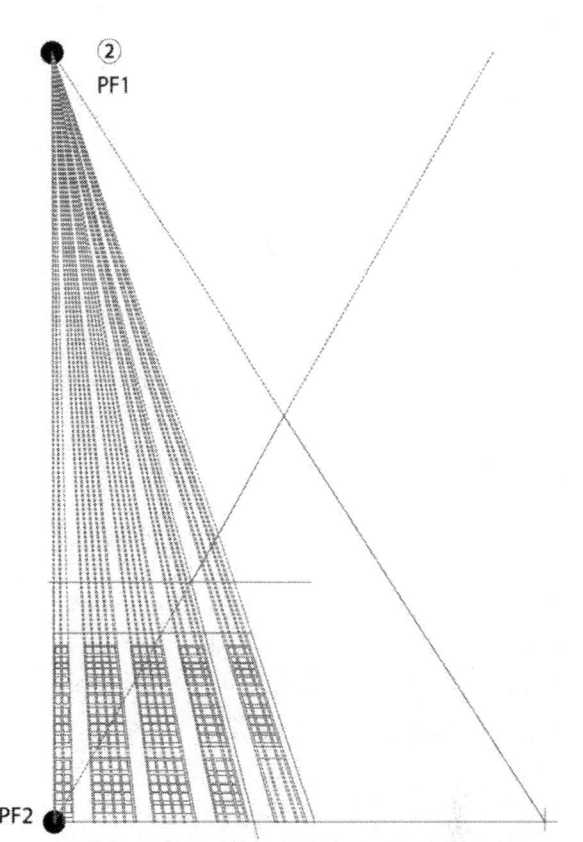

② PF1

PF2

Utilizando el método de división de espacios iguales en perspectiva, trazamos los ventanales de tres niveles.

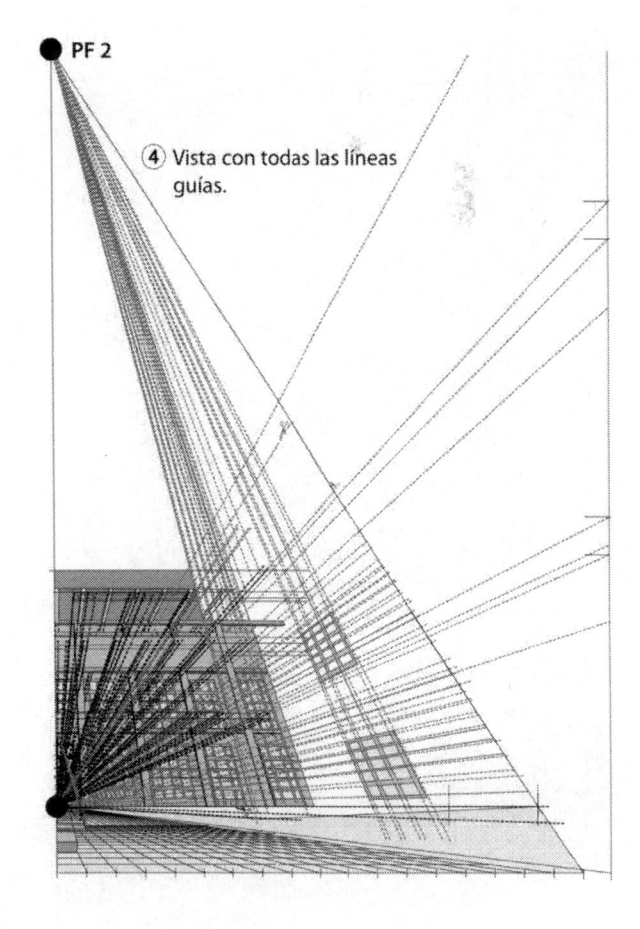

PF1

③ Desde el punto de fuga 1 trazamos las líneas guías para las vigas de los 3 techos de los que consta el edificio. También las guías de las ventanas del plano derecho y las del piso.

PF 2

④ Vista con todas las líneas guías.

PF1

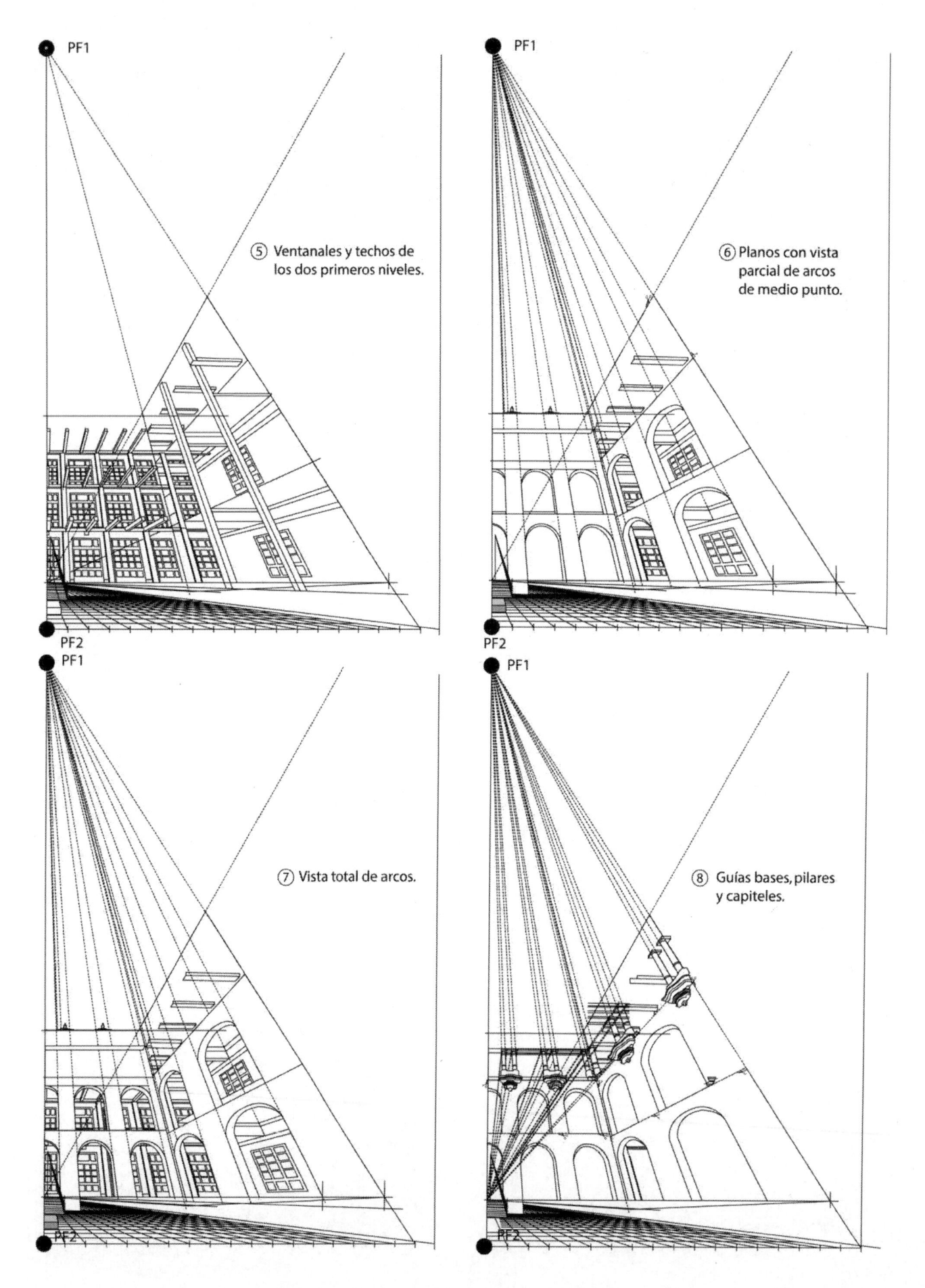

⑤ Ventanales y techos de los dos primeros niveles.

PF2

PF1

⑥ Planos con vista parcial de arcos de medio punto.

PF2

PF1

⑦ Vista total de arcos.

PF2

PF1

⑧ Guías bases, pilares y capiteles.

PF2

PF1

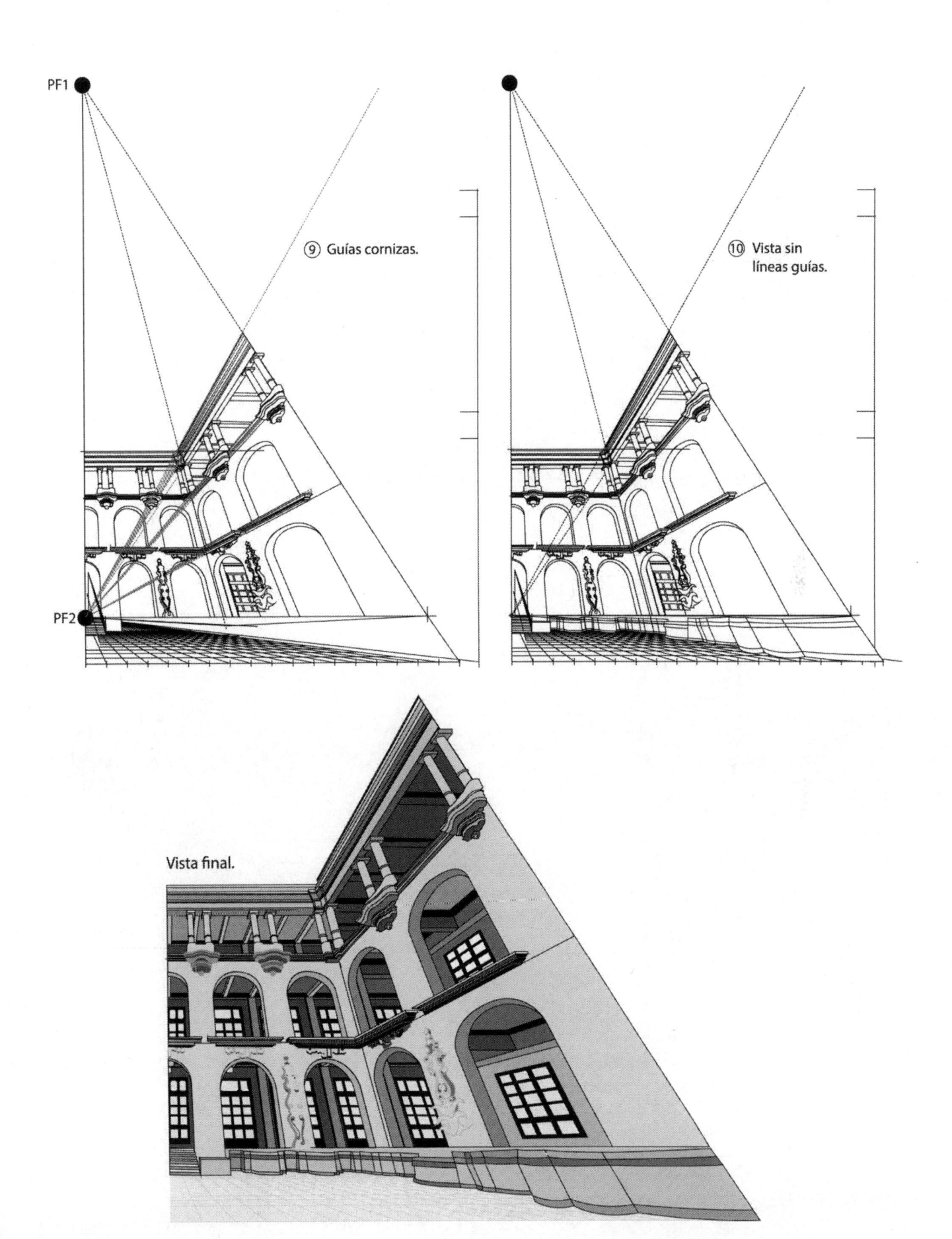

⑨ Guías cornizas.

⑩ Vista sin líneas guías.

PF2

Vista final.

ANEXO DE IMAGENES AMPLIADAS

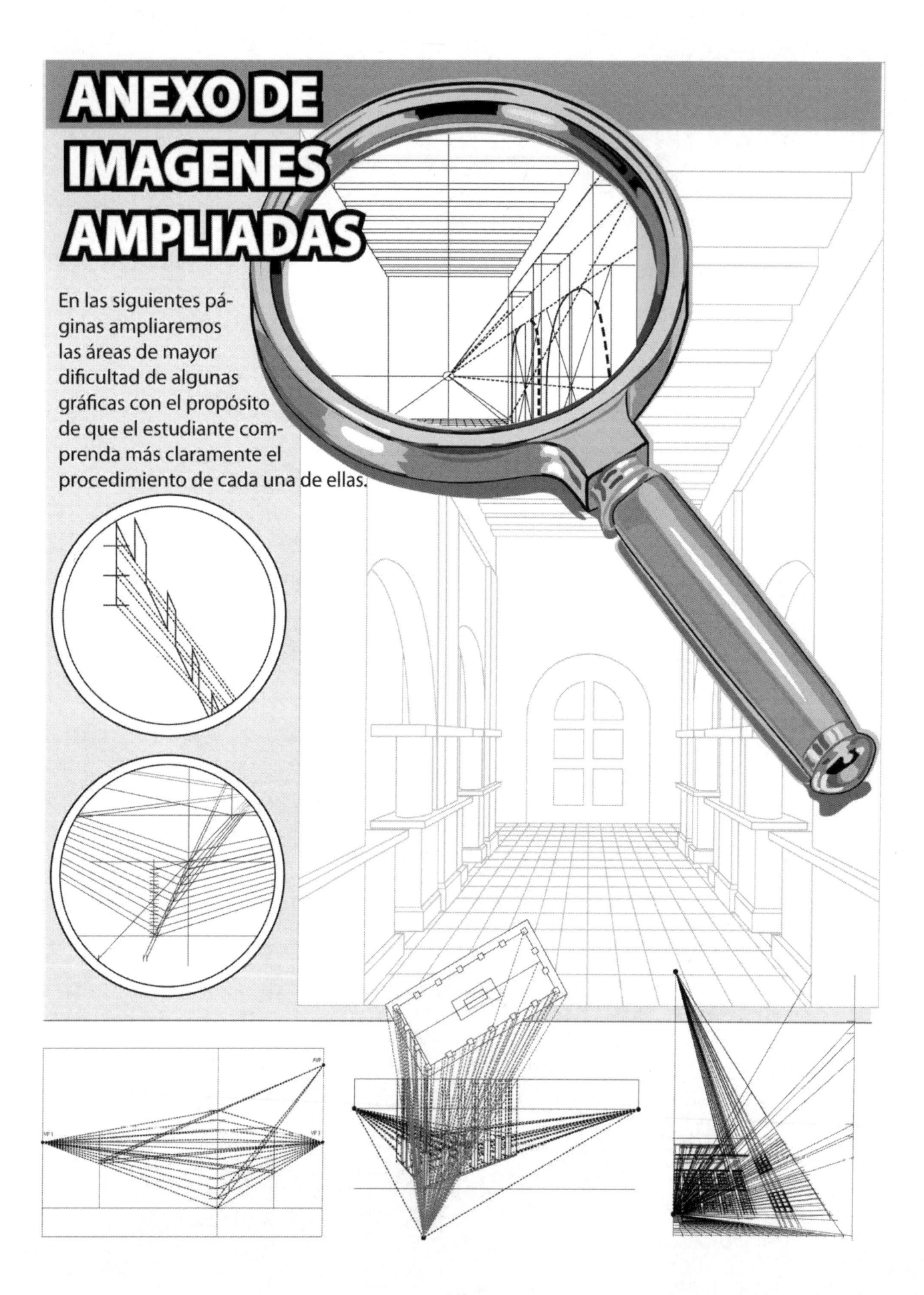

En las siguientes páginas ampliaremos las áreas de mayor dificultad de algunas gráficas con el propósito de que el estudiante comprenda más claramente el procedimiento de cada una de ellas.

⑤ Línea de medidas de espacios iguales y perfil para artesonado.

Viene de la página 44 gráfica 5

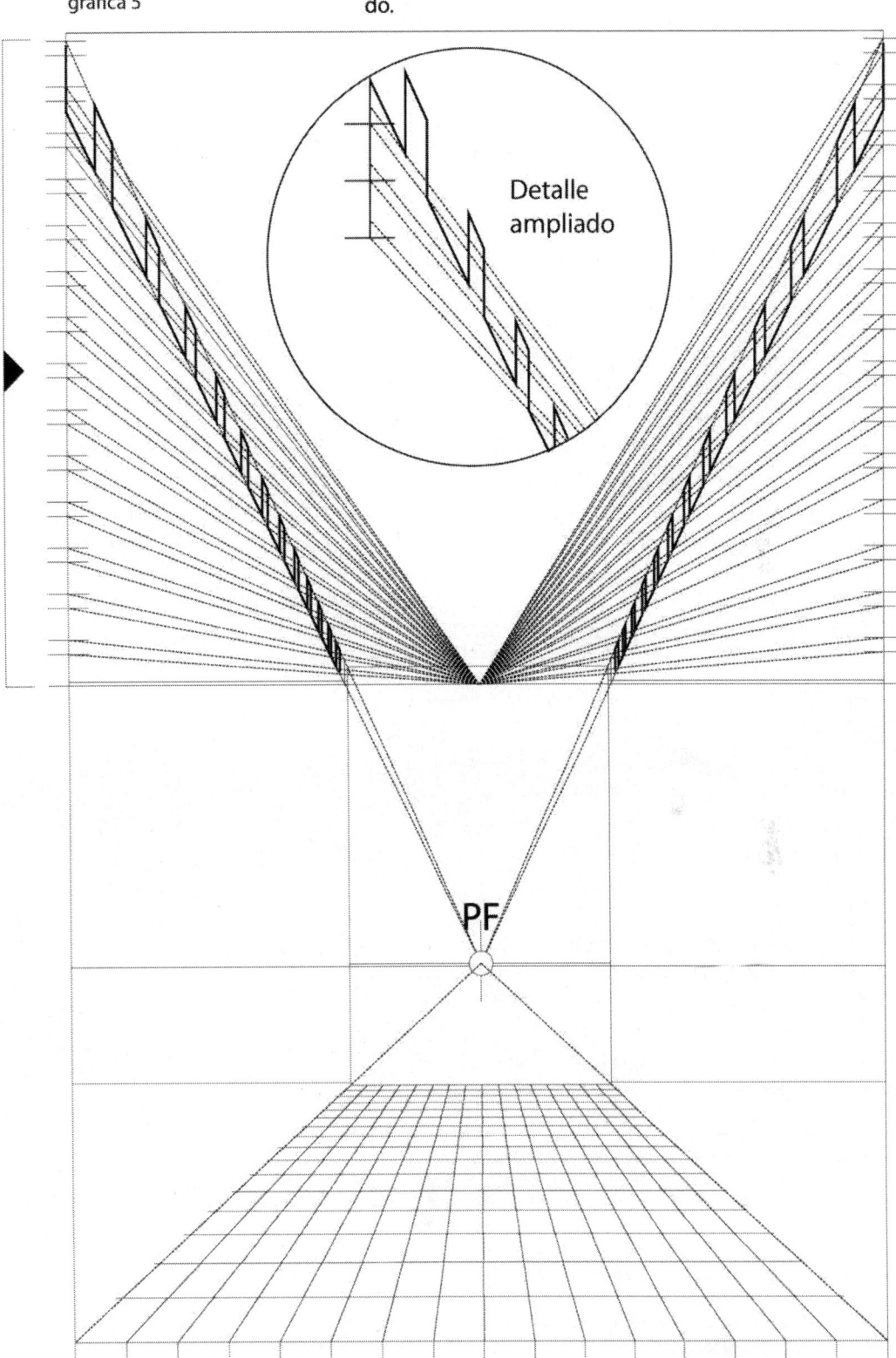

Detalle ampliado

Las divisiones horizontales que van hacia el punto de fuga nos dan la guía de la separación entre cada una de las vigas del artesonado.

PF

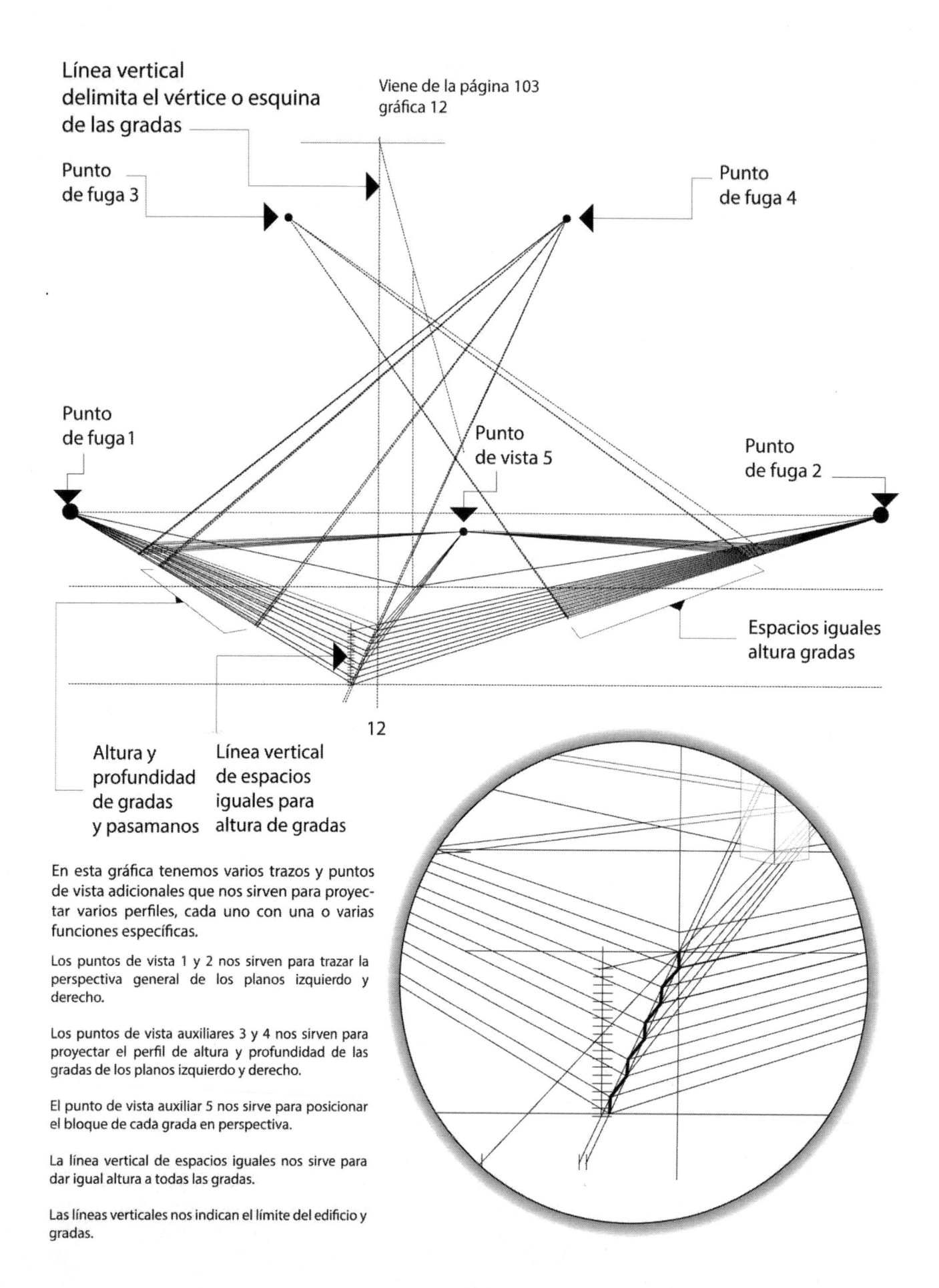

Línea vertical delimita el vértice o esquina de las gradas

Viene de la página 103 gráfica 12

Punto de fuga 3

Punto de fuga 4

Punto de fuga 1

Punto de vista 5

Punto de fuga 2

Espacios iguales altura gradas

12

Altura y profundidad de gradas y pasamanos

Línea vertical de espacios iguales para altura de gradas

En esta gráfica tenemos varios trazos y puntos de vista adicionales que nos sirven para proyectar varios perfiles, cada uno con una o varias funciones específicas.

Los puntos de vista 1 y 2 nos sirven para trazar la perspectiva general de los planos izquierdo y derecho.

Los puntos de vista auxiliares 3 y 4 nos sirven para proyectar el perfil de altura y profundidad de las gradas de los planos izquierdo y derecho.

El punto de vista auxiliar 5 nos sirve para posicionar el bloque de cada grada en perspectiva.

La línea vertical de espacios iguales nos sirve para dar igual altura a todas las gradas.

Las líneas verticales nos indican el límite del edificio y gradas.

Viene de la página 107 gráfica 8

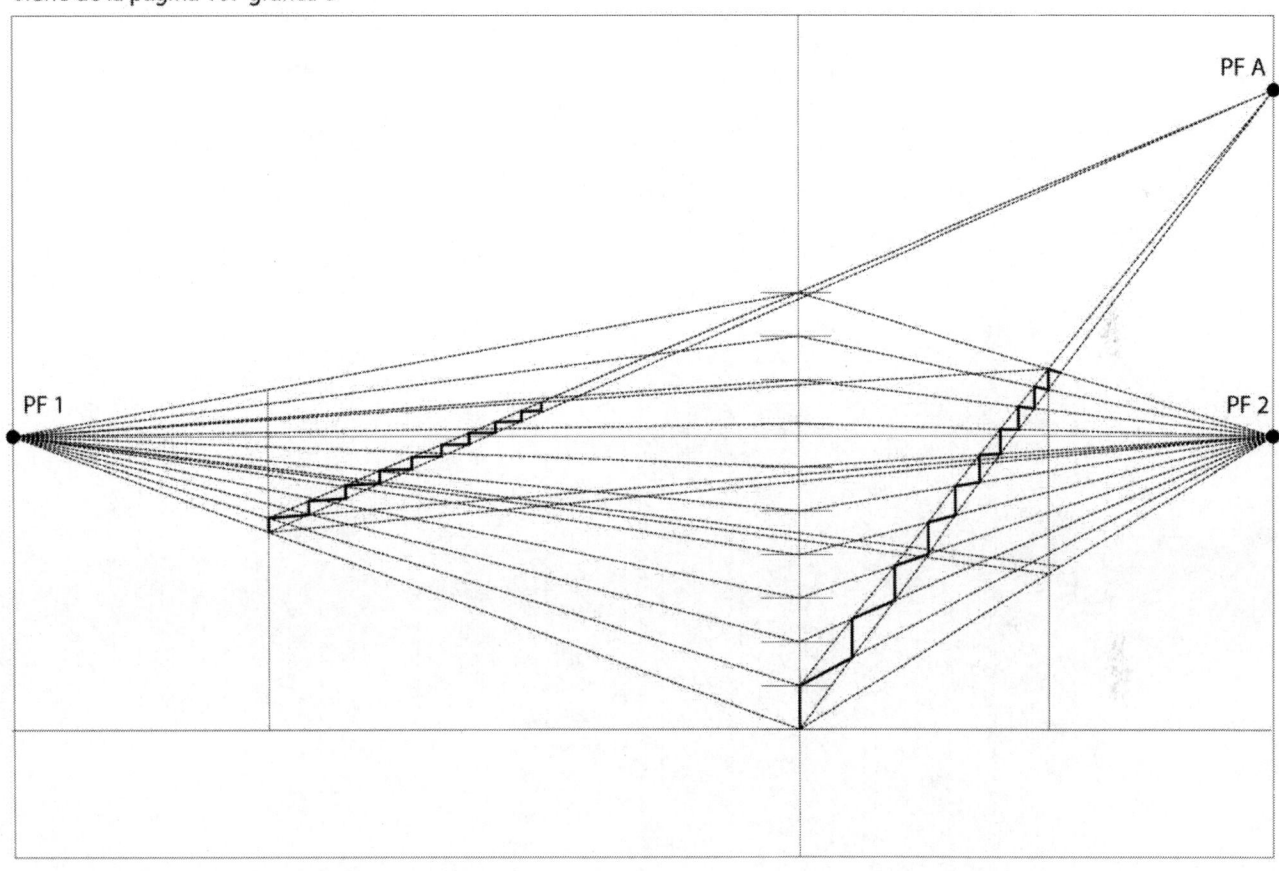

⑧ Ahora debemos trazar el perfil de las gradas siguiendo la guía de las líneas anteriormente dibujadas.

Viene de la página 116 gráfica 8

PF

PF

⑧ Siguiendo las guías trazamos todas las columnas

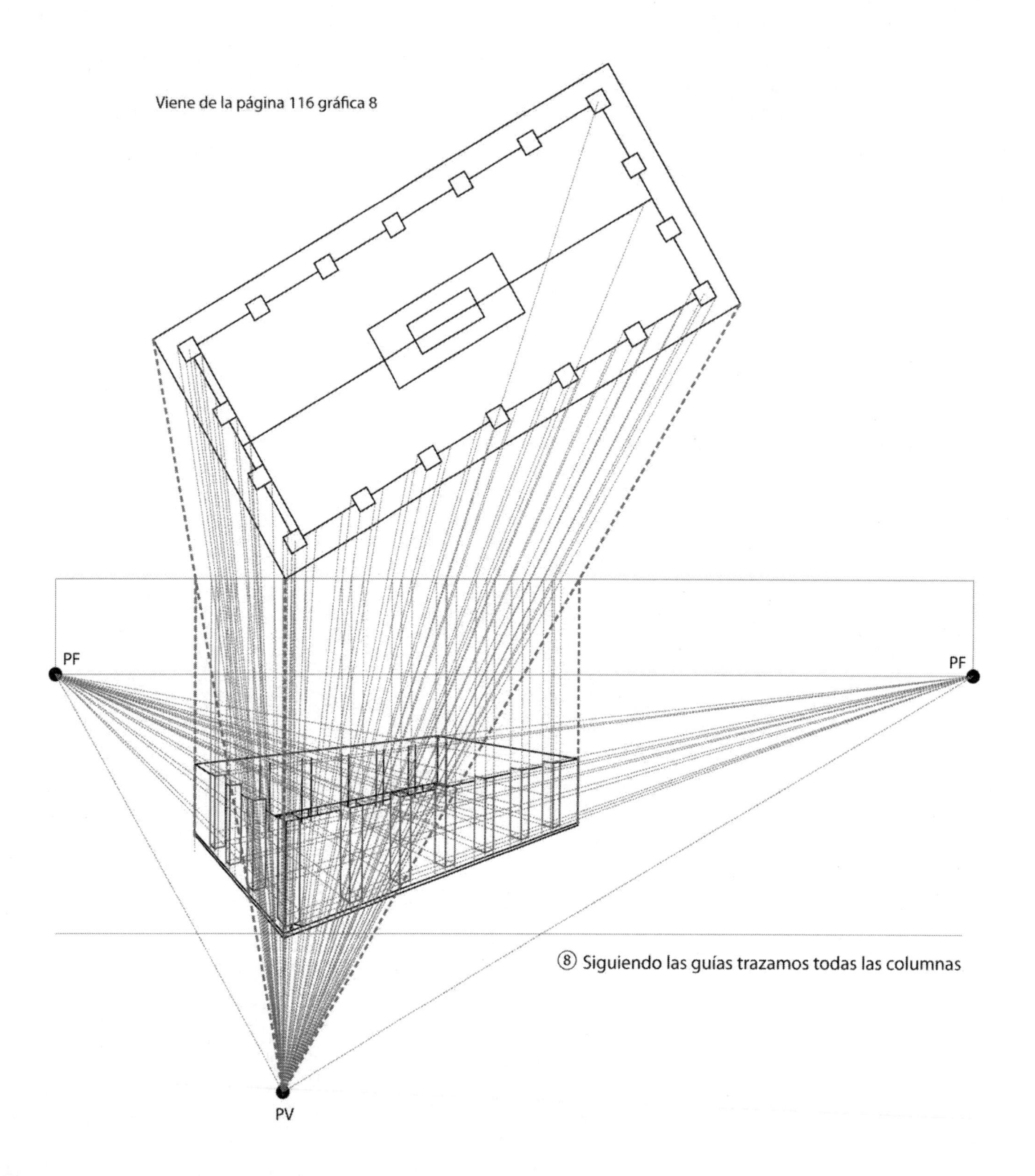

PV

Viene de la página 151 gráficas 5-6

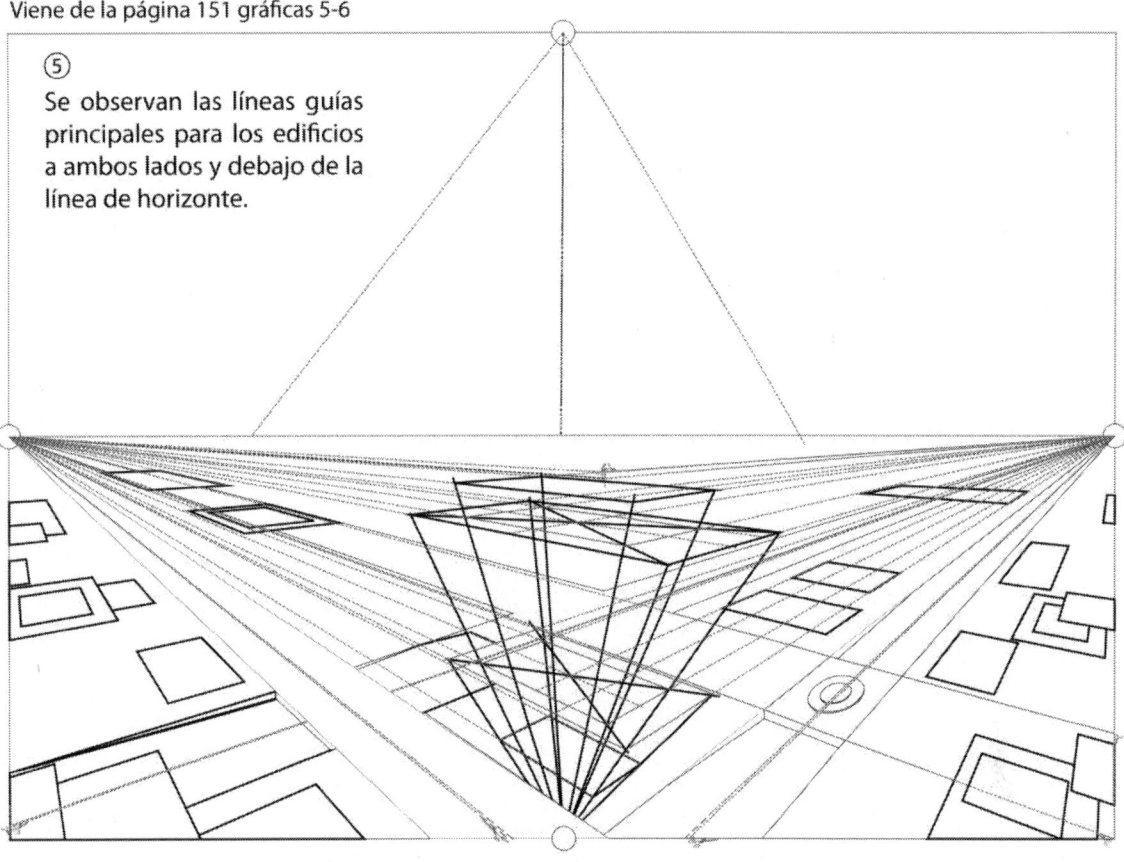

⑤ Se observan las líneas guías principales para los edificios a ambos lados y debajo de la línea de horizonte.

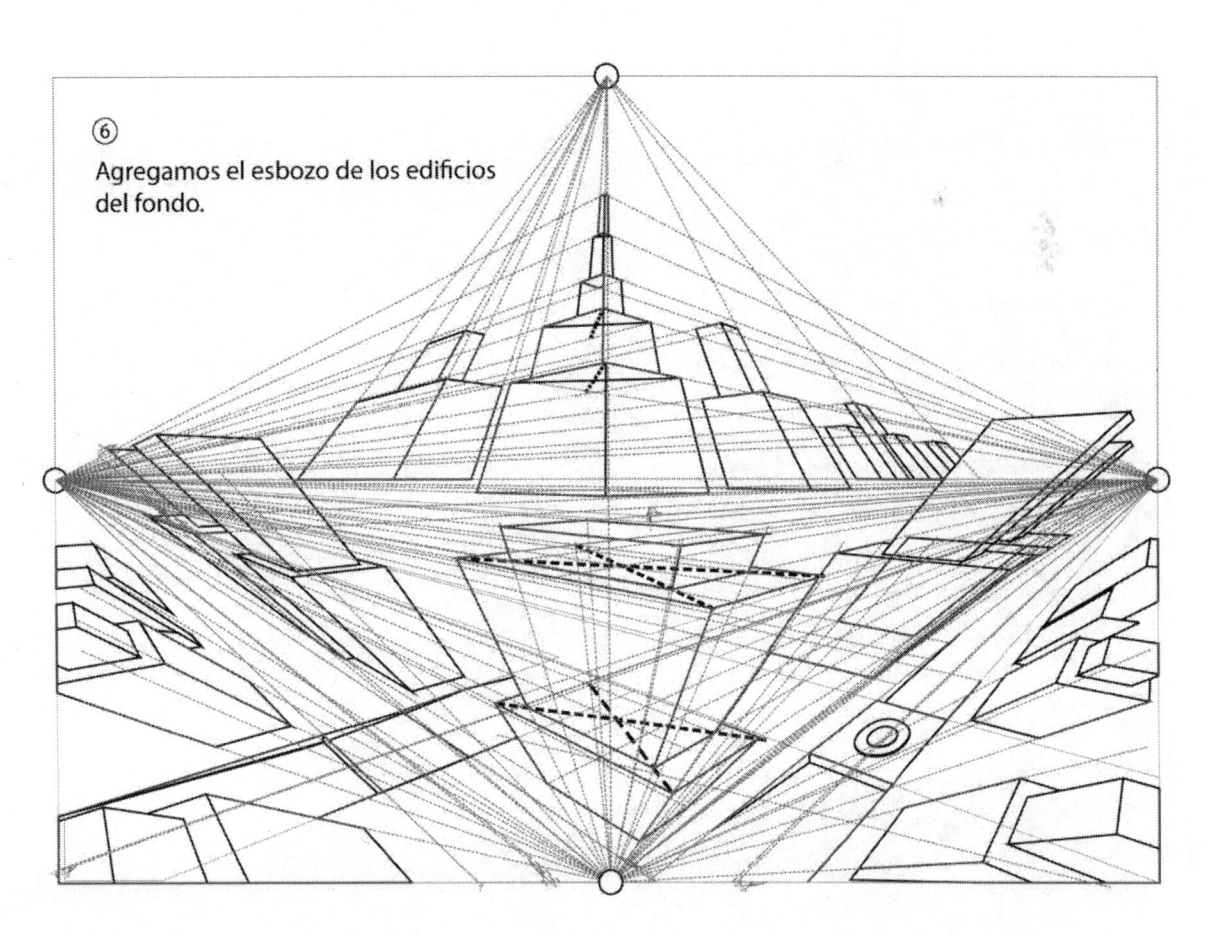

⑥ Agregamos el esbozo de los edificios del fondo.

PF1

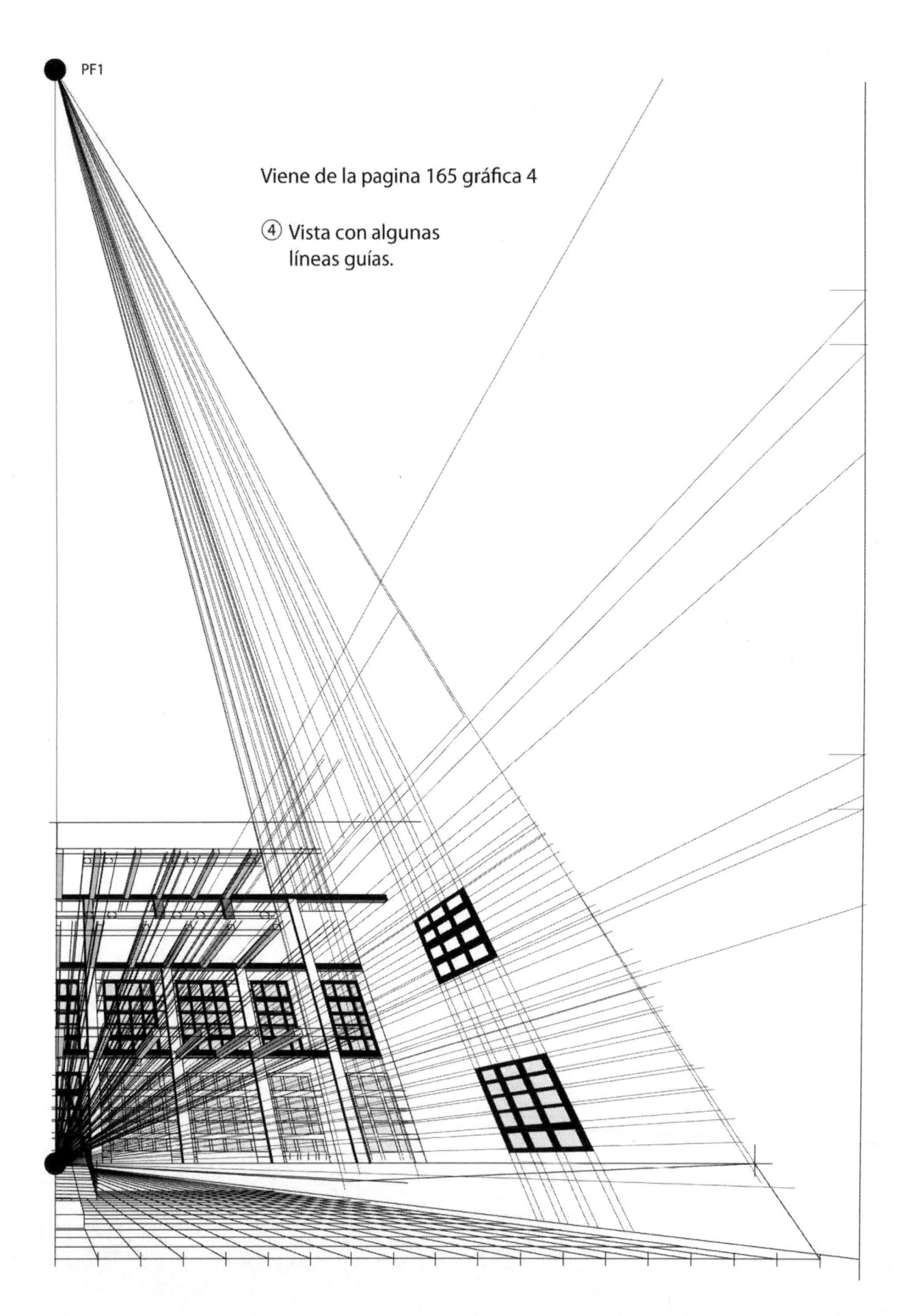

Viene de la pagina 165 gráfica 4

④ Vista con algunas
líneas guías.

Made in the USA
Columbia, SC
11 November 2024